21세기 대공황과 마르크스주의

# 21세기 대공황과
# 마르크스주의

로버트 브레너, 크리스 하먼, 제라르 뒤메닐, 장세훈, 정성진

정성진 엮음 | 천경록 외 옮김

책갈피

## 옮긴이 소개

### ● 천경록

이 책을 번역한 천경록은 한국외국어대학교 통번역대학원을 졸업했다. 프랑스, 모로코, 오스트리아, 미국 등지에서 지낸 경험이 바탕이 돼 세계 각지의 경제와 역사에 많은 관심을 가지고 있다. 번역한 책으로는 ≪민중의 세계사≫(책갈피) 등이 있다.

### ● 이수현

이 책을 번역한 이수현은 고려대학교 법대를 졸업했고 현재 프리랜서 번역가로 활동하고 있다. 번역한 책으로는 ≪마르크스주의에서 본 영국 노동당의 역사≫(책갈피), ≪체 게바라와 쿠바 혁명≫(책갈피), ≪세계를 뒤흔든 1968≫(책갈피), ≪미국의 이라크 전쟁≫(북막스) 등이 있다.

## 21세기 대공황과 마르크스주의

엮은이 | 정성진
지은이 | 정성진, 장시복, 크리스 하먼, 로버트 브레너, 짐 킨케이드
옮긴이 | 천경록, 이수현
펴낸곳 | 도서출판 책갈피
주소 | 서울특별시 중구 필동 2가 106-6 2층(100-272)
등록 | 1992년 2월 14일(제18-29호)
전화 | (02) 2265-6354
팩스 | (02) 2265-6395

ⓒ 정성진·장시복·크리스 하먼, 2009

초판 1쇄 발행 2009년 3월 16일
초판 2쇄 발행 2013년 8월 5일

값 13,000원
ISBN 978-89-7966-057-9 03320
잘못된 책은 바꿔 드립니다.

# c o n t e n t s
## 차례

# contents

## 일러두기

1. 인명과 지명 등의 외래어는 외래어 표기법에 맞춰 표기했다.

2. 번역한 글들에서 [ ]는 옮긴이가 우리말로 옮기는 과정에서 독자들의 이해를 돕고 문맥을 매끄럽게 하기 위해 덧붙인 것이다. 단, 인용문에서는 옮긴이 첨가와 저자 첨가를 구분하기 위해 [ — 저자 이름]이라는 표기를 두었다. 그리고 더 자세한 설명이 필요한 것은 해당 쪽 맨 아래에 설명해 놓았다.

3. 본문에서는 사람, 단체, 책 등의 영문을 대부분 표기하지 않았다. '찾아보기'와 '후주'를 참조하기 바란다.

4. 이 책에서 자주 언급되는 계간지 《인터내셔널 소셜리즘(International Socialism)》은 겨울/봄/여름/가을 호 순서로 출간된다. 사이트 주소는 http://www.isj.org.uk이다.

5. 도표들의 원본 출처는 책 뒤의 '도표 목록'에 상세히 명기해 두었다.

# 이 책을 엮으며

2007년 여름 미국의 서브프라임 금융 위기로 불거진 세계 경제 위기는 이제 제2차세계대전 이후 최악의 불황으로 심화되고 있다. 이번 위기는 1970년대 이후 시작된 이윤율의 장기적 저하가 대공황으로 이어지는 것을 차단하는 구실을 해 왔던 신자유주의의 약발이 모두 소진된 끝에 발생한 위기라는 점에서, 1930년대 대공황보다 더 심각한 상황으로 전개될 수 있다.

위기가 진행되면서 이번 위기는 탐욕이나 감독 부실, 정책 실패 때문에 빚어진 위기가 아니라 자본주의 시스템 그 자체의 위기라는 점이 점점 더 분명해지고 있다. 위기에 몰린 지배계급은 천문학적인 자금을 파산 위기에 몰린 자본에 쏟아붓고 있다. 그러면서 그들은 구조조정, 해고, 임금 삭감 등을 통해 노동계급을 더 착취하고 가난한 나라의 민중을 더 쥐어짜내 필요한 자금을 확보하려 한다. 그래서 자본주의 세계 체제 자체를 거부하고 변혁해야 할 당위성이 그 어느 때보다 절실해지고 있다. 실제로 한동안 득세했던 '신자유주의와 자본주의 이외의 대안은 없다'는 주장은 완전히 신용을 잃었으며, 그 대신 반자본주의 · 탈자본주의 사상, 특히 마르크스의 사상에 대한 관심과 이에 기반을 둔 사회운동이 전 세계적으로 다시 부활해 고조되고 있다. 최근 프랑스에서 반자본주의 계급투쟁과 혁명을 내건 '반자본주의 신당(NPA)'이 승승장구하고 있는 것은 그 한 사례일 뿐이다.

현재 세계 경제 위기는 자본주의 국가 정책 전체와 부르주아 경제학의 총체적 파산을 의미하는 동시에 마르크스의 사상이 21세기에도 여전히 유효함을 보여 준다. 마르크스의 사상, 특히 그의 공황론은 오늘날 세계 경제 위기를 설명할 수 있는 강력한 이론적 무기를 제공한다.

그렇지만 현재 우리나라에서 벌어지는 위기에 대한 논의들은 자본주의 시장경제의 틀 안에서 어떻게 하면 위기를 완화할 수 있을지에 관한 정책 대안 논의 구도로 여전히 흐르고 있다(진보 진영에서조차 그렇다). 실제로 현재 우리나라의 위기론을 지배하고 있는 것은 자본주의 시장경제밖에는 대안이 없다는 전제에 기초를 둔 케인스주의다. 이 책은 이런 기존 체제 내의 정책 대안 논의 구도, 즉 신자유주의와 케인스주의의 이분법을 넘어서 반자본주의·탈자본주의의 관점에서 현재의 위기를 분석하고 대안을 모색할 목적으로 기획됐다. 우선 이 책에서는 최근 위기에 대해 마르크스 공황론의 관점에서 수행된 주요 논의들을 소개한다.

마르크스의 공황론은 자본주의의 모순에 대한 예리한 분석과 통찰로 가득 차 있지만, 다양한 해석을 가능하게 하는 많은 쟁점들을 포함하고 있는 것도 사실이다. 예컨대 마르크스의 공황론을 과소소비론, 불균형론, 이윤율 저하론 중 어떤 쪽으로 해석하는 것이 맞는지, 예컨대 이윤율 저하론으로 해석한다 할지라도 그 이윤율의 저하가 임금 상승, 자본들 간의 경쟁 격화, 자본의 유기적 구성의 고도화 가운데 어떤 요인에서 비롯한 것인지를 둘러싸고 많은 논쟁들이 있어 왔다. 최근 위기가 심화되면서 마르크스주의 내부에서도 매우 다양한 시각에서 분석과 논쟁이 전개되고 있다.

이 책에서는 우선 크리스 하먼이 주로 《인터내셔널 소셜리즘》에 발표한 최근 논문들을 중심으로 현재 위기에 대한 마르크스주의적 분석을 소개한다. 크리스 하먼은 마르크스주의 관점에서 세계의 반자본주의 운동을 적극 조직하고 개입해 온 국제사회주의 경향(International Socialist Tendency)을 주도하고 있는 영국 사회주의노동자당(Socialist Workers Party)의 지도적 활동가다. 그래서 크리스 하먼은 다른 '학술적' 마르크스주의자들과 달리, 위기를 분석할 때 위기의 실천적·운동적 함의가 무엇인지를 구명하는 데 언제나 최우선 순위를 둔다. 나아가 크리스 하먼은 최근 위기에 관한 다른 많은 진보 논객들의 논의들처럼 서브프라임, 신용파생상품, 증권화 등 위기의 표면적 현상에 매몰되지 않고, 이런 현상들의 배후에서 작동하는 자본주의의 심층적 모순과의 연결 고리들을 정확하게 찾아낸다. 크리스 하먼은 종전에는 영국 사회주의노동자당의 핵심 이론 가운데 하나인 상시군비경제론(Permanent arms economy)의 관점에서 자본주의 위기를 분석해 왔지만, 최근의 위기는 주로 이윤율 저하론의 관점에서 분석한다. 이 책 말미에 수록된 정성진의 논문과 정성진과의 대담 형식으로 소개된 로버트 브레너 역시 이윤율 저하론의 관점에서 현재 위기를 분석한다. 또 정성진과 로버트 브레너는 케인스주의가 왜 현재 세계 경제 위기에 대한 좌파의 대안이 될 수 없는지를 철저히 분석한다.

그러나 현재 위기를 이윤율 저하론의 관점에서 분석할 수 있을지는 마르크스주의자들 내부에서도 쟁점이다. 이 책에서는 이 쟁점을 독자들이 잘 이해할 수 있도록 짐 킨케이드가 크리스 하먼의 논의에 대해 제기한 비판과 이에 대한 크리스 하먼의 답변을 수록했다. 아울러 이 책에는 2007년 여름 서브프라임 모기지에서 비롯돼 현재 세계 대공황으로 치닫고 있는 위기의 전개 과정을 간결하게 정리한 장시복의 논문과 세계 경제 위기 일지를 수록했다.

끝으로 이런 내용으로 책을 낼 것을 처음 제안한 다함께의 김인식 동지와 편집을 위해 수고하신 책갈피의 최수진 씨께 감사드린다. 또 이 책은 2007년 정부(교육인적자원부)의 재원으로 한국학술진흥재단의 지원을 받아 수행된 연구(KRF-2007-411-J04601)의 일환으로 출간됐음을 밝혀 둔다. 이 책의 출간을 계기로 현재 세계 경제 위기에 대한 마르크스주의적 논의와 대응이 활성화돼 빠른 시일 내 속편을 낼 수 있기를 기대한다.

2009년 3월 1일
엮은이 정성진

# 1부
# 고장 난 자본주의

# chapter 1

# 또다시 위기에 빠진 자본주의

크리스 하먼

"암담한 월요일, 끔찍한 화요일, 잔인한 수요일." 한 대중지가 2008년 9월 셋째 주를 묘사한 말이다. 지난 30년 동안 막대한 이윤과 엄청난 보너스 잔치를 벌이며 세계를 주름잡던 거대 금융기업들이 부채의 늪에서 허우적거리는 것을 보면서 전 세계 사람들은 당황하고 두려워했다. 값비싼 정장 차림의 여피*들이 개인 사물함을 들고 초고층 빌딩을 빠져나오며 거액의 연봉에 작별을 고하는 모습을 보면서 많은 구경꾼들은 내심 고소해 했다. 그러나 고소한 심정과 함께 강렬한 분노가 도처에 존재했다. 우리가 일하며 살아가는 이 체제가 심각한 위기에 빠지자 평범한 직업을 갖고 소박하게 생활하던 수많은 사람들은 위기의 대가를 자신들이 치르지 않을까 우려했다. 그 다음 주에 위기가 더 깊어지자 미국의 최고 부자 가운데 한 명은 "경제적

---

이 글은 2008년 11월에 출간된 소책자 "Capitalism's New Crisis : What Do Socialists Say?"를 번역한 글이다.
* Yuppie, 도시에 거주하는 고소득 청년층을 말한다.

진주만 공습"을 경고했고, 조지 W 부시는 TV 특별 담화에서 "우리 경제 전체가 위험에 빠졌다"고 경고했다.

일부 사람들은 이미 대가를 치르고 있었다. 8월에 영국에서는 구직 센터 앞에 줄을 선 사람들이 날마다 1000명씩 늘어났다. 휴가 여행객 약 8만 5000명은 공항에 도착했다가 [여행사의 부도로] 미리 예약하고 돈까지 낸 비행기 편이 없어졌다는 사실을 알게 됐다. 공항에서 사람들을 쫓아내기 위해서는 경찰이 나서야 했다. 2007년에는 미국인 200만 명이 집을 잃었다. 앞으로 무슨 일이 일어날지는 아무도 모른다. 특히, 우리를 위해 사회를 운영할 최고 적임자가 자신들이라고 떠들어대던 정치인들, 은행가들, 기업인들은 더욱더 모른다.

이 위기의 이면에는 그들이 거의 30년 동안 상류사회에서 사용을 금지하다시피 한 용어가 숨어 있다. 그것은 바로 자본주의라는 용어다. 사실, 그들은 말끝마다 '기업가 정신'을 들먹이며 우리가 '부의 창조자들'을 두려워하게 만들었다. 그래서 그들은 선출된 정부의 간섭을 받지 않고 중앙은행을 독립적으로 운영하고, 공립학교를 사립학교로 전환하고, 국민의료서비스 운영 기구와 산하 병원들을 재편할 수 있었다. 그리고 우리가 그들에게 축구팀과 교향악단을 후원해 달라고 간청하게 만들고, 그들의 영향력에 도전하려는 정당의 재정을 그들에게 의존하게 만들었다. 그런데 이렇게 에두른 말의 이면에 숨어 있던 현실이 갑자기 적나라하게 드러났다. 그것은 경쟁을 바탕으로 한 체제의 현실이었다. 그 경쟁은 누가 가장 탐욕스러운지, 다른 모든 사람을 희생시킨 대가로 돈을 긁어모으는 일에 누가 가장 능숙한지를 확인하는 시합이다. 이 탐욕스러운 자들은 일이 잘못되면, 자유기업을 지지한다고 공언하는 정치인들에게 기대면 된다는 것을 안다. 그리고 정치인들은 이 탐욕스러운 자들에게는 막대한 정부 보조금을 퍼주면서도, 우리 같은 사람들에게는 연금과 실업급여 삭감을 선물한다.

이것이 바로 2008년 9월 7일 미국 국가가 한 일이다. 그날 미국 정부는 수천억 달러를 들여 양대 모기지 업체인 패니메이와 프레디맥을 인수했다. 이를 두고 미국 정부 고문 출신인 뉴욕 경제학자 누리엘 루비니는 "인류 역사상 최대 규모의 국유화"라고 말했다. 9일 뒤 미국 정부는 다시 똑같은 일을 했다. 세계 최대의 보험회사인 AIG를 인수한 것이다. 그보다 9개월 전에 영국 정부가 마침내 노던록*을 인수했을 때도 똑같은 일이 벌어졌다.

이런 국유화 조치들은 정치인들과 언론 평론가들이 우리에게 강요해 온 자유시장 '신자유주의'에 대한 가장 통렬한 반박이었다. 그들은 눈앞에서 벌어진 사건들 때문에 자신들이 수십 년 동안 떠들어 온 것들을 모두 거부할 수밖에 없었다.

왜? 일자리나 집을 잃을 사람들, 휴가를 망치거나 연금이 위험해진 사람들을 보호하기 위해서가 아니었다. 영국 정부에 인수된 뒤 노던록은 담보 주택을 압류해서 사람들을 집에서 쫓아내는 모기지 업체들의 선두에 서 있었다. 8월에 노던록은 날마다 열 가구씩 집에서 쫓아냈다. 국유화 조치의 진정한 보호 대상은 지금의 위기를 만들어 낸 금융 시스템, 즉 거액의 헤지 펀드, 은행, 투자 펀드 등을 바탕으로 한 시스템이었다. 그런 펀드나 은행은 감히 어느 누구도 자신들의 끝없는 탐욕을 거부하지 못할 것이라고 생각했다. 미국 정부는 9월 14일 가장 유명한 투자은행 가운데 하나인 리먼브러더스가 파산하도록 내버려뒀다. 그러나 이 때문에 헤지펀드, 은행, 투자 펀드 등이 저마다 살아남으려고 제멋대로 행동하기 시작하자 미국 정부는 갑자기 태도를 180도 바꿔서 9월 15일, 16일, 17일에 더 많은 돈을 쏟아붓지 않으면 안 됐다. 미국에서 가장 우파적인 정부가 부자들을 보호하려고 75년 만에

---

* Northern Rock, 영국 5위의 모기지 은행.

전례 없는 규모의 국유화를 단행한 것이다. 30년 동안 이윤을 사유화하더니 이제는 손실을 사회화하고 있다. 이를 두고 친자본주의 경제학자인 윌럼 보이터가 "우리가 아는 미국식 자본주의의 종말"이라고 말한 것도 당연하다.

핵심 문제는 미국식 자본주의의 대안이 무엇이냐 하는 것이다.

기업들의 '다운사이징'으로 일자리 경쟁이 치열해져 고통을 겪는 사람들, 구직 센터에서 굴욕을 당하는 실업자들, 복지 급여를 받기 전에 취업 가능성이 있음을 보여 줘야 하는 장애인들이나 모자가정의 어머니들, 평생 박봉에 시달렸으면서도 연금을 위해 쥐꼬리만 한 월급조차 줄여야 하는 사람들, 학업을 지속하기 위해 아르바이트 등으로 돈을 벌어야 하고 졸업 후에는 그동안 대출받은 거액의 학자금을 상환해야 하는 학생들에게 자본주의 옹호자들은 항상 "남에게 의존하지 말고 자립하라"고 충고했다. [자본주의 말고] "대안은 없다"는 것이 마거릿 대처의 구호였고, 토니 블레어와 고든 브라운은 총리 관저와 총리 별장으로 대처를 초청해서 그 구호를 물려받았다. 그들이 스코틀랜드 실리콘밸리의 전자 회사들이나 대그넘 지역과 버밍엄의 롱브리지에 있는 자동차 회사들의 파산으로 일자리를 잃은 사람들에게 가장 하기 싫은 말이 그런 회사들을 국가가 통제하겠다는 말이었을 것이다. 그런 조치는 "경쟁"을 파괴하고 "창의력을 억누르고" "[기업인의] 염원을 방해할" 것이기 때문이다. 그러던 그들이 이제 국가 개입과 기업 인수를 칭송하고 있다. 그러나 이 조치들의 목적은 파생상품 시장에서 도박을 일삼고, '금융상품'으로 사기 치고, 자기 자신은 엄청난 부채 외에 아무것도 만들지 않으면서 남들이 만들어 낸 부(富)로 어마어마한 호화 사치 생활을 하던 사람들을 보호하는 데 국한돼야 한다는 것이 그들의 주장이다.

## 경제 위기의 원인

경제 위기의 원인에 대한 간단한 설명이 하나 있다. 돈을 가진 자들의 탐욕 때문이라는 것이다. 항상 자본주의를 반대해 온 우리 같은 사람들만 그렇게 주장하는 것이 아니다. 자본주의를 가장 열렬히 지지하는 사람들 중 일부도 그렇게 설명한다. 존 매케인은 "시장을 카지노 판으로 만들어 버린 투기꾼들과 헤지펀드들"을 비난했다. 백만장자 포르노업자가 소유한 신문 〈데일리 익스프레스〉도 "결코 용납할 수 없는 런던 시티 지구*의 행위들"과 "영국을 말아먹고 있는 건달들"을 비난했다. 전 IMF(국제통화기금) 수석 경제학자인 라구람 라잔은 은행가들이 받는 막대한 보너스를 비난했다. 영국 금융계를 대변하는 〈파이낸셜 타임스〉의 수석 칼럼니스트이자 3년 전까지만 해도 《왜 세계화가 효과적인가》라는 책을 썼던 마틴 울프도 은행가들의 "무책임한 태도"를 비난했다.

금융의 파괴적인 구실은 매우 간단했다. 금융업자들은 이윤을 추구하고, 그래서 막대한 이자 수입을 올릴 수 있는 대출 기회를 찾아 전 세계를 휩쓸고 다니며 투기를 일삼고 각종 인수, 합병, 민영화에서 수수료를 챙겼다. 1970년대와 1980년대에 금융업자들은 전 세계의 가난한 나라들에 주목했다. 그런 나라들에 아주 높은 금리로 돈을 빌려 줘서 그들이 원리금을 계속 상환하려면 훨씬 더 높은 금리로 돈을 빌릴 수밖에 없게 만들었다. 이 가난한 나라들에 문제가 생기면 미국, 영국, 유럽연합 정부들은 IMF를 보내 본인들의 요구를 관철시켰다. 즉, 가난한 나라들이 서방의 거대 기업들에게 자국 시장을 개방하고, 기업체들을 헐값에 매각하고, 의료를 민영화하고, 가난한 부모들에게 자녀 교육비를 부담시키도록 강요했다. 그러나 가난한 나라들을 쥐어짜서 돈을 버는 데는 한계가 있었다. 그런 나라들이 너무 가난

---

* The City of London, 영국 금융의 중심지.

하다는 단순한 이유 때문이었다. 금융업자들은 점차 부유한 나라들로 눈을 돌렸다. 특히 주식, 상업용 부동산, 석유 같은 상품들, 연금 기금, 무엇보다 주택시장에서 뽑아낼 수 있는 이윤에 주목했다.

그런 자금 대출로 벌어들일 수 있는 돈은 어마어마했다. 그 돈이 엄청난 거액이다 보니 채무자의 부채 상환 약속이 담긴 종이 쪼가리들이 무척 비싸졌다. 모기지 업체들은 이런 종이 쪼가리들을 은행에 팔았다. 그러면 은행은 그것들을 모아 이른바 '금융상품'으로 만들어서 다른 은행들에 팔아 이익을 챙겼다. 아주 부유한 사람들이 끼리끼리 모여서 각자 수백만 달러씩 돈을 내 헤지펀드를 설립하고 이 사업에 뛰어들었다. 그런 거래를 중심으로 성장한 이 산업에 종사한 사람이 전 세계에서 수십만 명이었다.

고압적인 판매 기법으로 남들을 설득해서 채무자로 만드는 데 능숙한 사람들은 '달인', 채무자들의 부채를 모아 금융상품으로 만들어 이익을 남기고 파는 사람들은 '혁신가', 그것을 훨씬 더 많은 이익을 남기고 되파는 사람들은 '천재적 기업가'였다. 영국 은행 노던록의 경영자들이 이런 천재들이었다. 그래서 〈파이낸셜 타임스〉는 노던록이 "혁신적인 금융 기법으로 금융가의 화려한 만찬 석상에서 엄청난 칭찬을 받았다"고 보도했다.

자금을 대출하고, 그 부채들을 모아 금융상품으로 만들고, 그 금융상품들을 다시 판매하는 데서 나오는 이윤이 사람들로 하여금 또 다른 대출 분야와 이윤 원천을 찾아 나서도록 자극했다. 기존의 시장은 포화 상태가 되기 시작했다. 그래서 천재적 기업가들이 찾아낸 것이 바로 '서브프라임 모기지(비우량 주택담보대출)' 시장이었다. 서브프라임 시장의 고객들은 소득이 적거나 불안정한 사람들, 과거에 흔히 신용 대출을 거부당한 사람들이었다. 그러나 이제 그들이 원하는 것들, 특히 주택을 살 수 있도록 돈을 빌려 줘서 더 많은 이윤을 챙기는 것이 아주 매력적인 사업으로 부각되기 시작했다.

처음에 낮은 금리로 대출해 주겠다고 제안하면 고객들은 채무를 떠안는 약정서에 서명할 것이고, 2~3년 뒤 금리가 오르면 모기지 업체의 수익이 엄청 늘어날 것이다. 노던록 같은 모기지 업체들은 이런 수익성 모델은 결코 실패할 수 없다고 생각했다. 서브프라임 대출을 받은 사람들이 늘어난 이자를 계속 갚을 수 있다면 모기지 업체는 많은 이윤을 남길 것이다. 그리고 그들이 이자를 갚을 수 없다고 하더라도 주택을 압류해서 집값이 오를 때 경매 처분하면 되므로 역시 많은 이윤을 챙길 수 있을 것이다. 그렇게 생각한 사람들은 모두 그런 이윤의 매력에 속아 넘어갔다. 월스트리트와 런던 시티 지구의 모든 사람들이 이 사업에 뛰어들고 싶어 했다. 그 사람들은 부채 꾸러미[금융상품]들을 사기 위해 거액을 빌리고, 자신들에게 돈을 빌려 준 다른 은행이나 헤지펀드를 설득해서 자신들이 빚을 갚을 수 있도록 계속 돈을 빌려 주게 만들었다. 그들의 부채가 너무 컸기 때문에 은행이나 헤지펀드도 그렇게 할 수밖에 없었다.

제정신을 가진 사람이라면 이런 게임은 어느 순간 갑자기 끝날 수밖에 없다는 것을 알 수 있었을 것이다. 집값을 끌어올린 것은 바로 가난한 사람들을 상대로 한 모기지 업체들의 미친 듯한 대출 경쟁이었다. 대출금을 갚을 수 없는 사람들이 조금이라도 늘어나면 압류와 경매 처분에 넘어가는 주택이 눈덩이처럼 늘어날 수 있었다. 그러면 집값이 떨어지기 시작할 것이고, 서브프라임 모기지 사업에 뛰어든 사람들이 모두 손해를 보기 시작할 터였다. 2006년에 미국의 실업률이 조금 오르고 금리가 많이 오르자 바로 이런 일이 일어났다. 그러나 빌리고 빌려 주는 사슬 속에 들어 있던 사람들은 경고 신호를 무시했다. 그러다가 2007년 8월 둘째 주에 은행 소유의 헤지펀드들이 대출금을 회수해서 자신의 빚을 갚을 수 없다는 사실이 갑자기 분명해졌다. 이제 모든 은행이 다른 은행들에 빌려 준 돈을 돌려받을 수 없을까 봐 두려워했다. 빌려 주기 위해 빌리는 미친 듯한 게임이 갑자기 중단됐다. 제아무리 금융에 통달한 대가라 하더라도 자신이 갖고 있지 않은 돈을 채무 상환 능력도 없는 사람에게 빌려 주는 일을 무한정 지속할 수는 없는 법이다.

타격을 입은 것은 서브프라임 모기지 대출만이 아니었다. 우량한 모기지 대출도 타격을 입었다. 모기지 대출이 급감했고(영국에서는 절반으로 줄었다) 그나마 이뤄지는 대출조차 높은 금리를 조건으로 하는 것들이었다. 그러나 그것이 뜻하는 바는 모든 종류의 주택 판매 시장이 꽁꽁 얼어붙고, 집값이 훨씬 더 급격히 떨어지기 시작하고, 사람들이 높은 금리 때문에 빚을 갚을 수 없게 되자 주택 압류 건수가 늘어나고, 은행과 헤지펀드가 막대한 대출금을 회수하기가 훨씬 더 힘들어졌다는 것이다.

그 폐해가 금융 시스템의 여러 부문으로 확산됐다. 빌려 주기 위해 빌린 사람들만 피해를 본 것이 아니었다. 은행과 헤지펀드의 대출금을 보험에 가입시키고 거기서 이윤을 뽑아낼 수 있다고 믿은 탐욕스러운 자들도 있었다. 이렇게 다양한 형태의 모든 도박에 투입된 돈은 어마어마하게 많았다. 신용 파생상품 시장의 거래 규모는 2008년 9월 현재 약 62조 달러이고 1조 달러 이상의 현금이 시장에 묶여 있는 것으로 추산된다.

산더미 같은 부채에서 이윤이 나오는 동안에는 신문 칼럼니스트들, 각국 정부, 신노동당 정치인들은 금융 시스템을 지배하는 자들을 그저 칭찬하기만 했다. 신노동당 정부는 2002년에 다른 사람도 아닌 앨런 그린스펀에게 명예 기사 작위를 수여했다. 미국 연방준비제도이사회 의장인 그린스펀이 "세계 경제 안정에 기여"했다는 것이 그 이유였다. 그러나 그린스펀이야말로 탐욕의 광란을 부추긴 자였고, 바로 그 탐욕이 다른 나라 자본주의까지 망가뜨리고 있다.

자본주의 경제의 모든 사업에는 대출과 차입이 있다. 제조업체는 도매상에게 외상으로 제품을 공급하고, 도매상은 소매상에게 외상을 주고, 소매상은 소비재 구매자들에게 외상을 준다. 은행들이 서로 돈을 빌려 주기를 갑자기 두려워하게 되면(이른바 '신용경색')이 모든 신용 거래가 중단될 수 있다. 이것은 마치 자본주의 체제가 심장마비를 일으킨 것과 비슷하다. 그 때문에, 전에는 자유로운 경쟁의 미덕을 떠들어대던 각국 정부와 중앙은행이 과거를 망각한 채 금융 시스템을 보존하기 위해 개입하는 것이다.

지금까지 투입된 돈만 해도 엄청나다. 미국 국가는 2008년 3월과 4월에 거대 투자은행인 베어스턴스가 파산 위기에 직면하자 4000억 달러를 금융 시스템에 쏟아부었다. 이 조치로 몇 주 동안 잠잠했다. 위기가 끝났다고 생각한 사람들도 있었다. 9월 초에 존 매케인은 미국 경제가 근본적으로 튼튼하다고 강조했다. 그런 사람들은 체제에 대한 자신들의 신념에 속아 넘어간 셈이다. 결국은 가장 우파적인 미국 정부가 75년 만에 오직 대규모 국가 개입만이 자본주의 체제 자체를 보호할 수 있다고 결정하고 양대 모기지 업체인 패니메이와 프레디맥을 인수했다. 모든 것을 시장에 맡기려던 최후의 노력, 즉 4대 투자은행 가운데 하나인 리먼브러더스의 파산을 방치한 것은 엄청난 혼란을 초래했고, 모든 평론가들이 1929년 이후 최악의 위기라고 부른 전례 없는 금융 붕괴를 가져왔을 뿐이다. 국가는 또 다른 대규모 국유화를 단행해야 했다. 거대 보험회사인 AIG를 국유화한 것이다. 그리고 조지 부시는 본인이 속해 있는 당인 공화당이 그 국유화 조치를 '사회주의'라고 비난하자, 국가가 나서서 7000억 달러어치의 의심스러운 부채들을 모두 사들이지 않으면 체제 전체가 붕괴할 것이라고 경고했다.

이제 이 모든 것이 금융업자들 탓이고 체제의 다른 부문은 무고하다는 인상을 주기 위한 노력들이 벌어지고 있다. 일부 논평가들은 위기에 빠진 것은 금융뿐이므로 걱정하지 말라고 한다. '실물경제'의 상황은 사뭇 다르다는 것이다. 노동당 당대회 때 고든 브라운이 한 연설의 진정한 메시지가 바로 그것이었다. 고든 브라운은 런던 시티 지구를 정화할 필요가 있다고 말했다. 그러나 런던은 "세계 금융의 중심지로서 정당한 지위를 유지해야" 한다고 서둘러 덧붙였고, 이튿날 TV 인터뷰에서는 노동당은 여전히 "친기업 정부"로 남을 것이라고 강조했다.

그러나 금융은 자본주의의 나머지 부문과 동떨어진 것이 아니다. 금융의 원동력도 맹목적인 이윤 경쟁이다. 지난 몇 년 동안 최대 규모의 제조업체들은 이윤을 늘리기 위해 금융에 의존해 왔다. 미국 최대 제조업체인 제너럴일렉트릭(GE)뿐 아니라 포드와 제너럴모터스(GM)도 그랬다. 거대 금융회사들의 이사회에는 부유한 제조업자들도 참석한다. 리먼브러더스의 이사진에는 퇴역 미군 제독(이 사람은 미국 걸스카우트협회 지도자이기도 하다), 미술품 경매회사인 소더비의 전 사장, 전 살로먼브러더스 사장뿐 아니라 전 IBM 회장, 전 핼리버턴 사장, 미디어 그룹인 텔레문도의 전 사장(이 사람은 소니와 MGM의 이사이기도 하다), 현 글락소스미스클라인 회장(이 사람은 보다폰 사장 출신이다)도 포함돼 있다. 최대 투자은행인 골드만삭스의 이사진에는 제너럴모터스, 모빌오일, 노바티스, 크래프트푸드, 콜게이트파몰리브, 뒤퐁, 보잉, 텍사스인스트루먼츠, 아르셀로미탈의 이사들도 포함돼 있다.

탐욕은 금융이든 제조업이든 상업이든 가리지 않는다. 그리고 문화 분야나 젊은이들의 머리에 군사주의의 미덕을 주입하는 분야도 마찬가지다. 지난 몇십 년 동안 엄청난 이윤을 창출하고 거액의 보수를 받을 것으로 기대한 사람들은 금융업자들만이 아니었다. 대서양 양안에서 기업체를 소유하고 통제하는 사람들은 모두 그랬다. CNN의 금융 섹션에 따르면, 미국에서

"기업 최고경영자의 보수와 노동자 평균임금의 격차는 2003년 301 대 1에서 2004년 431 대 1로 벌어졌다. 1990년에는 최고경영자의 보수가 노동자 평균임금의 107배였고, 1982년에는 42배에 불과했다." 영국에서는 신노동당의 존 허턴*이 그런 불평등을 보며 기뻐하고 있다. 허턴은 금융 위기가 시작된 지 8개월이 지난 2008년 4월에 다음과 같이 썼다. "우리는 높은 보수가 도덕적으로 정당한지 아닌지 따지기보다는 사람들이 이 나라에서 엄청나게 성공할 수 있다는 사실을 축하해야 한다."

## 경제 위기와 자본주의

2007년 금융 시스템에서 분출한 경제 위기는 전혀 새로운 현상이 아니다.

산업자본주의 역사는 호황과 불황(주류 경제학자들이 말하는 '경기순환')의 역사였다. 생산이 미친 듯이 확장되다가 갑자기 붕괴해서 산업의 모든 부문이 멈춰서는 일이 거의 200년 동안 되풀이됐다.

세계는 20세기의 마지막 25년 동안 매우 심각한 위기를 네 번이나 경험했고 그것보다 덜 심각한 위기는 더 많이 경험했다. 그럴 때마다 자본주의 체제를 지탱해 주며 묵묵히 일하던 사람들이 끔찍한 부담을 져야 했고, 생계수단을(때로는 집도) 잃은 많은 사람들의 삶이 파탄 났다. 그 위기들은 금융비리의 사소한 결과가 아니라 체제의 작동 방식 자체의 고유한 것이다.

중·고등학교나 대학교에서 가르치고 압도 다수의 언론에서 인정받는 주류 경제학자들은 이 사실을 한사코 부인하려 한다. 벤 버냉키는 현대 자본주의의 최고 유력자 가운데 한 명이고, 미국 연방준비제도이사회 의장이자, 사상 최악의 위기인 1930년대 대공황 전문가이기도 하다. 버냉키는 대공황

---

\* John Hutton, 전 기업규제개혁부 장관.

에 대한 설명을 경제학의 '성배'라고 말했다. 즉, 많은 주류 경제학자들이 대공황을 설명하기 위해 도전했지만 늘 실패하고 말았다는 것이다. 이 실패는 주류 경제학의 방법 자체에서 비롯한 것이다. 주류 경제학자들은 자본주의가 인간의 필요(그들이 '효용'이라고 부르는 것)를 충족시키기 위한 체제라고 생각한다. 따라서 그들은, 랜들 E 파커가 경제 위기를 다룬 글에서 지적했듯이, 모든 생산 영역이 갑자기 폐쇄되는 동안에도 사람들은 여전히 일하려 하고 사용할 원료도 그대로 있고 생산할 제품을 원하는 사람들도 여전히 존재한다는 것을 도저히 이해할 수 없다.

그러나 경제 위기를 설명하는 것은 간단하다. 자본주의의 원동력은 사람들의 필요 충족이 아니라 자본가들의 이윤 경쟁이다. 자본주의 체제에서는 인간의 필요 충족이 이윤 추구에 도움이 될 때만 인간의 필요가 충족된다.

모든 인간 사회에서 사람들은 자연에서 생계수단을 얻기 위해 함께 노동해야 했다. 어떤 사회에서는 사람들이 소규모 무리를 이뤄서 과일을 채집하고 식물의 뿌리를 캐고 야생동물을 사냥했다. 다른 사회에서는 사람들이 마을을 이루고 땅에서 곡식을 재배했다.

오늘날에는 사람들의 생계수단을 공급하는 데 필요한 협력의 수준이 과거 어느 때보다 높아졌다. 우리가 입고 있는 옷을 살펴보면 분명히 알 수 있다. 옷감의 원료는 세계 어디선가 생산된 양털이거나 다른 데서 만들어진 면사이거나 또 다른 곳에서 채굴된 석유의 최종 산물인 인조섬유일 것이다. 이것들은 모두 서로 국적이 다른 사람들이 모는 배나 비행기로 운송된다. 우리는 모두 많은 사람들의 노동 덕분에 생존할 수 있다. 사실, 우리가 사는 이 체제는 60억이 넘는 전 세계 사람들의 상호 협력 네트워크다. 그러나 그 네트워크를 조직하는 방식은 협력이 아니라 전혀 다른 원칙을 바탕으로 하고 있다. 생산에 필요한 도구, 기계, 토지 등을 소수 특권층이 통제하고 있다. 먹고살기 위해 이런 도구, 기계, 토지를 이용하려는 사람들은 누구든지 이 소수 특권층이 시키는 대로 그들을 위해 일해야 한다. 그리고 이 특권층은 이윤을 더 많이 차지하기 위해 자기들끼리 서로 경쟁한다. 그런 자본가들의 목표 달성에 도움이 되지 않는 생산은 중단된다. 생산 중단으로 생기는 어려움이 아무리 심각하더라도 말이다.

자본주의 옹호자들이 그런 이윤을 정당화하는 방식은 주로 두 가지다. 그들은 자본가들이 소비하지 않고 '금욕'한 대가로 받는 '보상'이 이윤이라고 주장한다. 그러나 자본가들이 노동자들보다 훨씬 더 많이 소비한다. 자본주의를 옹호하는 자들은 자본가들의 '기업가 정신'에 대한 보상이 이윤이라고도 말한다. 그러나 오늘날 압도 다수 자본가들의 기업가 정신은 손익계산서 검토에서 멈춘다. 왜냐하면 실제로 기술을 연구하는 사람들은 자본가들보다 훨씬 더 낮은 보수를 받으며 자본가들에게 고용된 사람들이기 때문이다. 자본주의 체제에서 중요한 것은 약을 발명하거나 소프트웨어 프로그램을 짜거나 석유를 채굴하는 방법을 아는 것이 아니라 특허권을 등록하는 방법을 아는 것이다.

흔히 자본주의 경제학의 아버지로 일컬어지는 애덤 스미스는 이보다는 정직했다. 산업자본주의가 막 본격적으로 발전하기 시작한 18세기 말의 영국에서 저술 활동을 한 스미스는 다음과 같이 썼다.

"세계의 모든 부는 원래 금이나 은으로 산 것이 아니라 노동으로 얻은 것이다. …… 토지가 사유재산이 되고 주식이 축적되기 전에 사물의 원래 상태에서는 모든 노동 생산물이 노동자 것이었다. …… 그러나 토지가 사유재산이 되자마자 지주는 생산물의 일부를 요구한다. …… 모든 노동 생산물은 이윤의 공제를 피할 길이 없다. …… 모든 …… 수공업 공장에서 상당수 노동자들에게는 그들에게 작업 원료를 대줄 장인이 필요하다. …… 그 장인과 노동자들은 노동 생산물을 나눠 갖는다.”

사실, 스미스는 인간이 자연에서 부를 얻을 수 있는 것은 노동 덕분이라는 것, 따라서 이윤은 특권층이 생산에 필요한 도구, 기계, 토지 등에 대한 통제권을 이용해 다른 사람들한테서 빼앗아 가는 노동 생산물에 불과하다는 것을 인정했다. 스미스의 견해는 일관되지 않았지만, 그의 저작들은 청년 칼 마르크스가 자본주의에 대한 설명을 발전시키는 데 도움을 줬다. 물론 마르크스의 자본주의 설명은 자본주의 비판이기도 했다.

마르크스는 남들의 노동을 착취해서 생산한 제품을 판매하려는 자본가들의 상호 경쟁은 반드시 인간의 통제를 벗어난 체제를 만들어 내고, 그 체제를 떠받치는 노동자들과 체제 자체를 대립시킬 것이라고 봤다. 사실, 자본주의 지지자들이 ‘시장의 법칙’이라고 부른 것은 모종의 강박이다. 그런 강박은 자신을 창조한 사람들을 거역하는 프랑켄슈타인의 괴물과 비슷한 체제에서 비롯한다. 마르크스는 이 과정을 ‘소외’라고 불렀다.

자본주의 체제는 대중의 예속을 끊임없이 재생산했다. 사람들에게 필요한 것들을 생산하는 수단을 자본가들이 통제하기 때문에 자본가들은 사람들한테서 노동을 뽑아내고 그것을 이윤으로 전환시킨다. 그러나 자본가들은 다시 이 이윤을 이용해 생산수단을 확대하고 사람들이 자본가들을 위해 더 많이 일하도록 강요한다. 이것이 흔히 말하는 자본의 축적이다. 자본가계급의 부는 훨씬 더 커지지만, 그것은 ‘금욕’ 때문이 아니라 생산수단을 이용할 수 없는 사람들이 자신의 노동 가운데 많은 부분을 자본가가 이윤으로 가져가도록 허용하기 때문이다.

그러나 자본주의 체제는 노동자들의 통제에서 벗어나 있을 뿐 아니라 상당 부분 자본가들의 통제에서도 벗어나 있다. 한 자본가가 생산수단의 축적과 확대에 성공할 때마다 다른 자본가들도 똑같이 하지 않으면 안 된다.

사업을 계속하고 싶다면 말이다. 경쟁이 뜻하는 바는 자본가들이 축적 말고는 선택의 여지가 없다는 것이다. 자본가는 이윤을 얻기 위해 축적해야 하고 축적으로 얻은 이윤을 다시 축적해야 한다. 이것은 끝없는 과정이다. 그리고 이것이 뜻하는 바는 자본가들이 자신들을 위해 일하는 노동자들의 임금을 깎고 노동강도를 강화하려고 끊임없이 압력을 가해야 한다는 것이다.

자본주의 사회의 의사 결정 과정은 대단히 비인간적이고 비합리적이기 때문에 심지어 자본가들조차 자기 마음대로 모든 것을 결정하지 못한다. 자본가들은 노동자들을 착취하는 이런저런 방식을 선택할 수는 있지만 노동자들을 아예 착취하지 않겠다고 할 수는 없다. 또는 다른 자본가들보다 덜 착취하겠다고 할 수도 없다. 그랬다가는 경쟁에서 밀려 파산하고 말 것이다. 개인의 감정 따위는 아랑곳하지 않고 가차 없이 제 갈 길을 가는 이 체제에는 자본가들도 종속돼 있다. 자본주의는 정말이지 아귀다툼 체제다. 여러 가지 점에서 그렇다. 아귀다툼이 싫어서 경쟁 압력보다 노동자들의 필요를 더 중시하고 노동자들을 잘 대해 주는 자본가는 오래가지 못할 것이다.

자본가들조차 자신들의 체제를 통제할 수 없다는 사실은 다른 측면으로도 드러난다. 자본주의 체제의 맹목적 경쟁은 필연적으로 체제를 대혼란에 빠뜨릴 수 있는 상황을 만들어 낸다. 서로 경쟁하는 기업들의 생산은 시장을 통해 연결돼 있다. 생산한 제품을 팔 수 없는 자본가는 생산을 지속할 수 없다. 그러나 그 자본가가 판매할 수 있는 능력은 다른 자본가들의 소비에 달려 있다. 그 소비는 자본가들이 직접 사용할 사치품을 구입하는 것일 수도 있고, 새로운 공장과 설비에 대한 투자일 수도 있고, 그들에게 고용된 노동자들이 상점에서 소비할 임금을 지급하는 것일 수도 있다. 시장은 체제의 특정 지점에서 이뤄지는 생산이 다른 모든 지점에서 벌어지는 일에 의존하게 만든다. 어느 지점에서 구매와 판매의 사슬이 끊기면 체제 전체가 멈출 수 있다. 그러면 경제 위기가 찾아온다.

경쟁적인 축적 압력은 단지 생산만 좌우하지 않는다. 소비도 좌우한다. 노동자들이 무엇을 구매할 수 있는지를 좌우하는 것은 그들의 필요가 아니라 자본가들의 고용 의지와 노동자들의 임금이다. 축적이 급속하게 진행될 때는 노동자들의 소비도 증가할 것이다. 공장 건설과 기계 제작에 사용되는 철강, 전기, 시멘트 등에 대한 기업들의 소비도 증가할 것이다. 주류 경제학은 대중의 필요에 따라 생산이 이뤄진다고 주장한다. 그렇다면 그것은 제정신 박힌 사회일 것이다. 그러나 자본주의 사회에서는 그 반대다. 이윤을 위한 경쟁적 생산 논리가 대중의 소비를 좌우한다. 그러나 경쟁 논리는 필연적으로 이윤이 급감하고 위기가 시작되는 상황으로 이어진다.

모든 기업은 저마다 이윤을 극대화하려고 애쓴다. 이윤을 얻기가 쉬울 듯하면, 모든 기업들이 최대한 빨리 생산을 확대한다. 기업들은 생산한 재화를 쉽게 팔 수 있을 것이라고 믿는다. 그래서 새로운 공장과 사무실을 개업하고 새 기계를 구입하고 종업원을 고용한다. 그렇게 함으로써 그들은 다른 기업들에게 시장을 제공한다. 그러면 다른 기업들은 쉽사리 그들에게 기계와 건물을 판매하거나 그들이 고용한 노동자들에게 소비재를 팔 수 있다. 경제 전체가 호황을 누리고 더 많은 재화가 생산되고 실업률이 떨어진다.

그러나 이런 일은 오래 지속될 수 없다. '자유'시장이 여러 경쟁 기업들 사이의 조정을 불가능하게 만들기 때문이다. 그래서 예컨대, 철강 제조업체나 타이어용 고무를 생산하는 말레이시아 농장이 생산을 확대하지 않는데도 자동차 제조업체들은 생산을 확대하기로 결정할 수 있다. 마찬가지로 숙련 노동자를 더 많이 양성하기 위한 훈련을 책임지겠다고 나서는 기업이 전혀 없는 상황에서도 기업들이 숙련 노동자들을 고용하기 시작할 수 있다. 어느 기업에게나 중요한 것은 오로지 최대한 빨리 더 많은 이윤을 얻는 것이다.

그러나 무턱대고 그렇게 덤비다가는 원료와 부품, 숙련 노동자, 자금 등의 공급이 금세 바닥날 수 있다.

지금까지 자본주의가 경험한 모든 호황에서는 항상 원료, 부품, 숙련 노동자, 자금 등이 갑자기 부족해지는 때가 찾아왔다. 그러면 물가와 금리가 갑자기 오르기 시작한다. 그리고 이에 자극받은 노동자들은 자신들의 생활수준을 지키기 위해 행동에 나선다.

호황 때는 보통 갑자기 물가가 오른다. 그리고 개별 자본가에게 더 심각한 문제는 비용 증가로 말미암아 갑자기 이윤이 줄어든 일부 기업들이 파산위기에 몰린다는 것이다. 그들이 자신을 보호하는 방법은 생산을 감축하고 노동자들을 해고하고 공장 문을 닫는 것뿐이다. 그러나 그렇게 하면 다른 기업들의 시장이 무너진다. 그러면 호황이 끝나고 불황이 찾아온다.

갑자기 '과잉 생산' 상황이 된다. 사람들이 상품을 구매할 여유가 없으므로 창고에 재고가 쌓인다. 상품들이 팔리지 않으므로 그 상품을 생산한 노동자들이 해고된다. 그러나 그 때문에 노동자들이 구매할 수 있는 상품이 더 줄어들고 체제 전체의 '과잉 생산' 규모는 더 커진다.

자동차 판매량이 감소하면 자동차 회사들의 철강 구매량도 감소한다. 그 결과로 철강 공장들이 문을 닫고 철강 노동자들이 해고된다. 그러나 해고된 철강 노동자들은 자동차를 살 수 없고, 따라서 자동차 생산이 더욱 위축된다. 이제 자동차 노동자들이 해고될 차례. 그러나 그렇게 해고된 자동차 노동자들은 철강으로 만든 세탁기나 냉장고 따위를 살 수 없게 되고, 그래서 철강 수요가 줄어들고 더 많은 철강 공장들이 문을 닫게 되고 더 많은 철강 노동자들이 해고되고, 결국 자동차 판매량이 더 줄어든다. 각 기업들이 저마다 임금을 억제하고 생산성을 향상시키고 노동자들을 해고해야만 살아남을 수 있는 악순환이 되풀이된다. 그러나 그런 일이 벌어질 때마다 항상 다른 기업들의 시장도 축소되고 해고도 증가하고 임금은 삭감되고, 결국은 자기 회사 상품 시장도 축소된다.

호황이 불황으로 바뀔 때는 언제나 대형 악재가 터진다. 마르크스가 지적했듯이, "사업은 항상 만사형통처럼 보이다가 느닷없이 붕괴한다." 붕괴는 늘 찾아온다. 그와 함께 대중의 삶도 파탄 나고 막대한 자원이 낭비된다.

그래서 1990년대 초의 불황 때 영국 경제의 생산량은 연간 생산 가능 총량보다 늘 6퍼센트 이상 적었다. 그래서 거의 3년 동안 연간 생산 손실이 약 360억 파운드나 됐다. 다시 말해, 해마다 국민의료서비스 비용에 거의 맞먹는 생산 손실을 겪은 셈이다. 미국의 불황은 영국만큼 심각하지 않았다. 그렇지만 미국의 생산 손실도 연간 500억 달러를 웃돌았다. 미국 경제가 정상적으로 성장했다면 1500억 달러를 더 생산할 수 있었을 것이다. 이것은 사하라 사막 이남의 아프리카에 사는 흑인 전체를 먹여 살릴 만한 액수다.

그러나 불황에 대한 사용자들과 정부의 반응은 항상 "모든 사람에게 고루 돌아갈 만큼 넉넉하지 못하니까" "모두 희생을 감수해야 하고" "허리띠를 졸라매야" 한다고 대중에게 강요하는 것이었다. 이번 위기에도 우리는 이미 그런 말을 듣고 있다. 신노동당 재무장관인 앨리스테어 달링은 영국노총 대의원대회에서 경제 위기가 닥쳤으므로 공공 부문 임금은 2퍼센트 넘게 올라서는 안 된다고 말했다.

전 세계에서 경제 위기로 말미암은 자원 낭비가 온갖 자연재해(지진, 화산 폭발, 홍수, 전염병)로 생긴 피해보다 훨씬 더 크다. 그러나 경제 위기는 자연재해가 아니다.

사람들에게 절실히 필요한 것들을 생산할 수단은 경제 위기가 한창일 때도 여전히 존재한다. 한편에는 재화를 생산할 수 있는 공장, 광산, 조선소,

농경지 등이 있고 다른 한편에는 거기서 일할 수 있는 노동자들이 있다. 남녀 실업자들이 폐업한 공장에서 일하지 못하게 가로막는 것은 모종의 자연재해가 아니라 자본주의 구조다.


## 불황, 호황, 공황

자본주의의 원동력은 이윤이다. 단지 이윤의 양뿐 아니라 자본가들이 공장과 기계류에 투자한 양과 이윤 양의 관계(이윤율)도 중요하다. 자본가들은 저마다 다른 자본가들과의 경쟁에서 이기기 위해 부지런히 축적한다. 그래서 시간이 흐를수록 공장과 기계류에 대한 투자가 점점 더 커지고 고용된 노동자들의 수보다 훨씬 더 빠르게 증가한다. 그러나 그것이 뜻하는 바는 이윤율을 유지하려면 자본가들이 벌어들이는 이윤의 양이 훨씬 더 많이 증가해야 한다는 것이다. 그것은 마치 작은 차를 몰던 사람이 큰 차로 바꿔 모는 것과 마찬가지다. 차가 커졌는데도 전과 똑같은 양의 기름을 넣어 봐야 소용없다. 기름을 더 많이 넣지 않으면 목적지에 닿기도 전에 기름이 떨어져 차가 멈춰 서고 말 것이다. 또는 다른 비유를 들자면, 자본주의는 사막에 구멍을 파는 사람과 비슷하다. 더 깊이 팔수록 작업을 계속하는 데 필요한 물도 더 많아질 것이다.

애덤 스미스와 칼 마르크스가 지적했듯이, 이윤의 원천은 노동이다. 축적은 노동자 한 사람이 사용하는 설비와 기계류가 더 많아진다는 것을 뜻한다. 따라서 이윤의 원천보다 투자가 더 빠르게 증가한다. 자본가들이 이 경향을 상쇄하는 방법은 여러 가지다. 그들은 노동자들의 임금을 삭감하거나 노동강도 강화나 노동시간 연장 등 노동조건을 악화시켜서 노동자 1인당 이윤을 증가시킬 수 있다(미국 자본주의는 지난 30여 년 동안 두 방법을 모두 사용했고, 유럽 자본가들도 지금 그렇게 하려고 한다). 자본가들은 노동자들이 소비하는 제품의 가격이 떨어지게 만들 수도 있다. 그러면 생활수준 저하에 대한 노동자들의 불만이 많지 않을 것이고, 자본가들은 노동자 1인당 이윤을 더 많이 가져갈 수 있을 것이다. 그러나 시간이 흐르면 자본가들은 이윤율 하락 압력에서 비롯한 문제들을 피할 수 없을 것이라고 마르크스는 지적했다. 특히, 공황이 되풀이될 때마다 사태는 전보다 더 나빠질 가능성이 크다.

그러나 마르크스는 일부 자본가들이 이윤율 문제를 해결할 수 있는 방법 하나를 지적했다. 그것은 공황 때 파산한 다른 자본가들의 공장, 설비, 원료를 헐값에 사들이는 것이다. 자본주의의 아귀다툼 논리는 공황 때 특히 두드러진다. 그러나 공황은 살아남은 자본가들의 이윤율을 회복시켜 주고 그들이 새로운 번영을 구가할 수 있게도 해 준다. 마르크스는 이렇게 공황을 통해 축적이 회복되는 과정이야말로 자본주의의 비인간성을 단적으로 보여 준다고 주장했다. 그러나 일부 우파 경제학자들은 놀랍게도 마르크스의 이 주장을 자본주의 옹호론으로 바꿔 버렸다. 그 경제학자들은 지금 여기서 얼마나 많은 사람들이 고통을 겪고 있든지 간에 장기적으로는 사정이 나아질 것이라고 말한다. 공황은 설사가 나게 하는 약 같은 것이어서, 체제의 수익성을 떨어뜨리는 해악들을 완전히 싹쓸이한다는 것이다. 1930년대 대공황 때 프리드리히 폰 하이에크가 바로 그렇게 주장했다. 자유시장을 옹호하는 보수주의자인 하이에크는 마르크스가 자본주의 공황을 분석한 최초의 인물 가운데 한 명이라는 사실을 인정했다. 하이에크는 정부가 개입해서 시장을 왜곡하고 임금이 이윤을 회복시킬 만큼 충분히 떨어지는 것을 막거나 하지 않는다면, 불황은 저절로 해결될 것이라고 주장했다. 하이에크만큼 우파적이지는 않았지만 마찬가지로 자본주의를 옹호한 경제학자인 조지프 슘페터도 비슷한 주장을 폈다. 슘페터는 자본주의가 '창조적 파괴'를 통해 발전한다고 말했다. 공황의 결과가 대중에게 아무리 불쾌하더라도 공황 자체는 꼭 필요한 것이라고 믿는 경제학자들과 정치인들은 슘페터의 이 말을 지금도 애용한다.

그런 자들은 마르크스가 지적한 또 다른 것의 함의를 이해하지 못한다. 자본주의가 나이를 먹을수록 비교적 소수의 거대 기업들이 갈수록 중요해진다. 이를 두고 마르크스는 자본의 집중과 집적이라고 불렀다. 공황이 되풀이될 때마다 이 집중과 집적 경향이 강화된다. 일부 기업들이 다른 기업들을 인수하고 합병하기 때문이다. 그러나 기업들의 규모가 커질수록 공황 때 그 기업들이 파산할 경우의 피해도 커진다. 그 피해는 그 기업들뿐 아니라 그 기업들에게 원료와 부품을 공급하는 크고 작은 다른 기업들에도 미치기 마련이다. 거대 기업 하나가 수익성 악화로 파산하면 지금껏 수익성이 양호했던 다른 기업들의 시장까지 파괴될 수 있다.

1929년에 전 세계를 덮친 대공황의 이면에는 바로 이런 논리가 숨어 있었다. 한 기업이나 은행의 파산이 다른 기업이나 은행의 파산으로 이어지자 위기가 저절로 해결되기는커녕 더욱 악화했다. 심지어 가장 열렬한 자본주의 지지자들조차 아무것도 하지 않는 것이 위기 타개책이라고 생각하지 않았다.

1933년쯤 대다수 자본주의 정부들(과 많은 대자본가들)은 "공황이 스스로 문제를 해결하도록 내버려 두라"는 태도를 거부했다. 정도 차이는 있었지만, 어디서든 국가가 경제에 개입하는 쪽으로 방향 전환이 있었다. 이를 두고 흔히 '국가자본주의'라고 불렀다. 일본에서는 군사 정부 치하에서, 독일에서는 나치 정권 치하에서 군비 지출 증가가 실업을 없애는 데 도움이 됐다. 미국에서는 루스벨트 정부가 '뉴딜' 계획을 실행해서 자본주의를 회복시키려 애썼다. 농부들의 파산을 막기 위해 농산물 가격을 높게 고정시키고, 파산한 은행들을 국가가 인수하고, 공공사업을 벌여서 일부 실업자들에게 일자리를 제공하고, 심지어 노동자들에게 고임금을 보장하면 기업들의 상품 판매 시장이 확대될 것이라는 기대로 노동조합 결성을 장려하기도 했다. 그러나 이런 노력들은 모두 효과가 별로 없었다. 1933~1936년에 경제는 생산량이 1928년의 절반 수준까지 떨어졌던 최악의 수준을 벗어나서 부분적으로 회복됐다. 그러나 여전히 실업률이 14퍼센트를 웃돌았고, 1937년 8월에 다시 불황이 시작됐다.

이 불황도 마침내 끝나기는 했다. 그러나 그 원인은 루스벨트의 뉴딜 정책이 아니었다. 진정한 원인이 무엇이냐는 랜들 E 파커의 질문에 거의 모든 주류 경제학자들이 내놓은 답은 단 하나, 즉 '제2차세계대전'이었다. 존 케네스 갤브레이스가 썼듯이, "1930년대의 대공황은 결코 끝나지 않았다. 단지 1940년대의 총력 동원 체제 속으로 사라졌을 뿐이다."

그러나 1930년대의 경험과 제2차세계대전으로 자본주의 이데올로기에 매우 중요한 변화가 일어났다. 이제 국가 개입(국가자본주의)이 미래의 파괴적인 위기를 피할 수 있는 방안으로 여겨지게 된 것이다. 1930년대 중반에 영국 경제학자 케인스가 내놓은 주장들이 널리 받아들여졌다. 케인스는 생산된 재화를 모두 구매할 수 있을 만큼 투자와 소비 수준이 충분히 높지 않은 것이 공황의 원인이라고 주장했다. 임금을 삭감하고 기업 파산을 방치하는 것도 사태를 악화시킬 수 있지만, 재화에 대한 수요 감소는 사태를 훨씬 더 악화시킬 수 있다. 정부가 개입해서 금리를 낮추고 재정지출을 늘려야 한다. 그러면 더 많은 재화가 팔릴 수 있을 것이고 생산이 확대되고 고용이 증가할 것이다. 그러면 정부는 세수 증대로 재정지출을 벌충할 수 있을 것이다. 그런 '경기 조절형' '통화'·'재정' 대책으로 위기를 해결할 수 있다는 것이다. 한때 케인스는 더 급진적인 결론을 내릴 뻔했다. 그는 이윤율이 낮은 이유에 대한 나름의 이론을 내놓았고(골수 보수파인 폰 하이에크도 그랬다), 정부가 '투자를 사회화'해야 할지 모른다고 시사했다. 그러나 케인스는 이런 생각을 더 발전시키지는 않았다. 특히 케인스의 전기 작가인 스키델스키가 강조했듯이, 케인스가 1930년대의 공황 타개책으로 제시한 방안들은 매우 협소한 것들이었다. 그리고 이후의 연구 결과들을 보면 알 수 있듯이, 그런 정책들은 매우 제한적인 영향만 미쳤을 뿐이다.

그러나 대공황의 기억이 여전히 사람들의 머릿속에 남아 있는 제2차세계대전 직후의 상황에서 케인스의 사상은 자본주의와 매우 잘 어울리는 것처럼 보였다. 케인스주의는 또 다른 불황을 피할 수 있는 길을 제시하는 듯했고 사회주의 혁명이라는 사상에 대항하기에도 안성맞춤이었다. 자본주의가 제한적인 국가 개입을 통해 대중의 생활수준을 개선해 주고 스스로 안정될 수 있다면 굳이 철저한 사회주의를 추구할 필요가 있을까? 영국에서는 노동당 정치인들뿐 아니라 보수당 정치인들도 케인스주의를 받아들였고, 1970년에 미국 대통령 리처드 닉슨은 "이제 우리는 모두 케인스주의자들이다" 하고 선언했다.

[전후] 오랫동안(영국은 35년, 미국은 25년 동안) 1930년대 대공황 비슷한 것은 물론 보통의 경제 위기도 없었다는 사실이 케인스주의의 매력을 강화시켰다. 사람들은 이것이 정부가 케인스주의 정책들을 실행한 결과라고 생각했다. 그리고 래리 엘리엇*처럼 오늘날 자본주의를 온건하게 비판하는 많은 사람들도 그렇게 생각한다. 그러나 이 생각도 경험의 검증을 통과하지 못했다. 대다수 정부들은 케인스주의 정책을 사용하지 않았고 그런 정책을 실시한 극소수 정부도 아주 드물게 실시했을 뿐이다.

---

* Larry Elliot, 〈가디언〉의 경제부장.

전후 호황을 지속시킨 것은 케인스주의가 아니라 1930년대 공황을 끝낸 요인과 똑같은 요인, 즉 대규모 군비 지출이었다. 군비 지출은 제2차세계대전 때와 똑같은 수준은 아니었지만, 그래도 미국의 경우는 여전히 매우 높은 편이었고 영국과 프랑스도 미국보다는 낮았지만 꽤 높았다. 1930년대에 미국의 군비 지출은 국민 총소득의 1퍼센트 미만이었다. 그러나 1950년대 초에는 12퍼센트나 됐다. 이것은 산업투자 규모와 맞먹는 수준이었다. 때때로 '상시군비경제'라고도 부르는 이런 군비 지출이 미국 경제의 견인차 구실을 했다. 그리고 미국보다 군비 지출 수준이 훨씬 낮았던 서독이나 일본 같은 나라들에 수출 시장을 제공했다. 팔레스타인 태생의 영국 마르크스주의자인 토니 클리프가 당시 지적했듯이, 전후 호황은 수소폭탄 꼭대기 위에서 균형을 잡고 있었다.

이런 자본주의 부양 방식은 한동안 기막히게 효과적인 듯했다. 전쟁 기간에 상승한 이윤율은 매우 높은 수준을 유지했다. 경제는 빠르게 성장했고 대중의 생활수준도 높아졌다. 영국의 보수당 총리인 해럴드 맥밀런이 1959년 총선에서 "지금 같은 호시절은 없었다"는 구호를 내걸었을 때, 대다수 사람들은 아무리 못마땅했을지라도 그 말 자체에는 동의했다.

그러나 군비 지출은 자본주의 경제 체제의 고질병에 대한 단기 해결책에 불과했음이 드러났다. 미국은 독일과 일본이 경제적으로 추격해 오자 국민소득에서 군비 지출이 차지하는 비중을 서서히 줄여 과거의 절반 수준까지 낮췄다. 1960년대 말에 이윤율은 다시 옛날처럼 떨어지기 시작했다. 1971년에, 그리고 1974년과 1980년에는 훨씬 더 큰 규모로, 호황과 불황의 낡은 패턴이 다시 나타났다.

처음에 각국 정부는 그동안 신줏단지 모시듯이 떠받들어 왔지만 실제로는 거의 사용하지 않았던 케인스주의 처방으로 대응했다. 그러나 케인스주의가 효과가 없다는 것을 금세 깨달았다. 경제가 과거의 활력을 되찾기는커녕, 저성장이나 마이너스 성장에도 불구하고 물가가 오르는 기현상(당시의 전문용어로 '스태그플레이션')이 나타났다. 그리고 자본가들과 각국 정부는 물가 인상의 중요한 부산물 하나를 매우 우려했다. 그것은 노동자들이 물가 상승분만큼 임금 인상을 요구하며 투쟁할 수 있다는 것이었다. 각국 정부는 케인스주의를 포기했고 새로운 경제 정설이 확립됐다. 처음에는 그것을 통화주의라 했고 나중에는 신자유주의라 했다. 그 정설은 자연실업률*이라는 것이 있다고 주장했고, 경제 위기 때 국가가 해야 할 일은 통화 공급을 적정 수준으로 유지하는 것뿐이며 나머지는 모두 '자유시장'에 맡겨야 한다고 주장했다. 점차 유력한 학파로 득세하게 된 '신고전학파 경제학자들'이 보기에는 이조차도 너무 많은 개입이었다. 그들은 통화 공급도 자유시장에 맡겨야 한다고 주장했다. 신고전학파 경제학의 주요 권위자 가운데 한 명인 노벨 경제학상 수상자 에드워드 프레스콧은 실업의 "순환적 변동"은 사실, "여가 수요가 경기순환과 반대 방향으로 움직이는 것"이라고 주장했다. 자본주의 옹호자들은 전에는 국가가 개입하면 자본주의가 제대로 작동할 것이라고 말하다가 이제는 국가가 개입하지 않아야 자본주의가 제대로 작동할 것이라고 말했다.

과거에 케인스주의가 경제 위기의 재발을 막지 못했던 것과 꼭 마찬가지로 신자유주의라는 이 새로운 정설도 실천에서 아무 효과가 없음이 입증됐다. 1980년대 초에 영국 대처 정부의 '통화주의'는 안 그래도 심각한 경제 위기를 더 악화시켰을 뿐이다. 그래서 당시 재무장관 나이절 로슨조차 마침내 자신의 지론이었던 통화주의를 포기해야 했다. 당시 미국에서는 레이건 정부의 정책을 흔히 '군사적 케인스주의'라고 불렀다. 왜냐하면 레이건 정부

---

* 경기순환과 무관하게 구조적으로 존재할 수밖에 없는 실업률.

가 군비 지출을 대폭 늘렸기 때문이다. 거대 기업들이 파산 위기에 몰릴 때마다 각국 정부는 그동안 떠들어 온 자유시장 이데올로기를 망각한 채 그 기업들에 돈을 쏟아부어 정상화시켰다. 신자유주의는 강자가 약자에게 강요한 것이었다. 약자란 서방의 거대 은행들에게 빚을 진 가난한 나라들, 일자리를 잃고 "이제 씀씀이를 줄여라"는 말을 들어야 했던 노동자들, 시장 경제에 적응해야 했고 일자리를 지키기 위해 치열한 경쟁을 벌여야 했던 노동자들, 복지 혜택을 거부당한 빈민들을 말한다. 신자유주의 정책들은 자본주의에 득이 됐다. 미국에서는 실질임금이 1970년보다 1995년에 더 낮았고, 대다수 자본주의 나라들에서 이윤율은 1982년 이후에 약간 높아졌다. 그러나 이 정도의 이윤율 상승으로는 체제 전체가 1950년대와 1960년대 수준의 활력을 회복할 수 없었다. 바로 여기서 금융이 전례 없는 규모로 끼어들었다. 그리고 이와 함께 회계장부의 수치 조작과 증권 시세 조작도 이뤄졌다. 이런 사기와 조작이 절정에 달한 것이 2008년 9월의 금융 붕괴였다.

## 부채 경제

자본주의 경제가 원활하게 작동하려면 체제 전체에서 생산된 것이 모두 팔려야 한다. 앞서 봤듯이, 노동자들은 자신들이 소비하는 몫보다 더 많이 구입할 수 없다. 왜냐하면 노동자들의 생활수준은 이윤 창출을 위해 억제되기 때문이다. 따라서 [사회 전체의 생산물에서 노동자들이 소비하는 몫을 뺀] 나머지는 자본가들이 구입해야 한다. 자본가들 자신의 호화 사치 소비에 들어가는 몫도 어마어마하지만, 더 중요한 것은 자본가들이 더 많은 이윤을 기대하며 신규 설비나 기계에 투자하는 몫이다. 자본가들이 이윤율에 만족하지 못하면, 모든 생산물이 다 팔릴 만큼 충분히 높은 수준으로 투자가 이뤄지지 않을 것이다.

생산된 것과 팔리는 것 사이의 격차가 벌어지면 '과잉 생산 위기'가 발생한다. 이 위기는 체제 전체로 마구 확산된다. 생산품을 판매할 수 없는 기업은 다른 기업들에 대한 부품 구입 주문을 줄이고 노동자들을 해고한다. 그러면 부품을 공급하는 기업들과 소비재나 식품을 생산하는 기업들은 자신의 시장이 줄어든 것을 깨닫고, 역시 생산을 감축하고 노동자들을 해고한다. 그렇게 해서 불황이 찾아온다.

그러나 노동자들과 자본가들에게 팔리는 것과 총 생산물 사이의 격차를 메울 수 있는 방법들이 있다. 하나는 많은 제품들을 해외로 수출하는 것이다. 다른 하나는 군비 지출이다. 셋째는 사람들에게 돈을 빌려 줘서 정상적인 소득으로는 구매할 수 없는 제품들을 구매하게 하는 것이다.

이 셋째 방법이 1980년대와 1990년대, 그리고 2000년대 초에 미국, 영국, 기타 나라들에서 널리 확산됐다. 1980년대 초에 미국의 총 부채는 국민총생산의 약 1.5배였지만 2007년에는 거의 3.5배나 됐다. 그중 일부는 1980년대에 레이건 정부와 2000년대 초에 부시 정부의 군비 지출로 말미암아 급증한 정부 부채였다. 또 다른 일부는 1980년대 중반과 1990년대 중반에 늘어난 기업 부채였다. 미국 부채의 많은 부분은 1980년대 초와 2006년 사이에 거의 20배나 증가한 개인 부채였다. 2006년에 미국의 가계 부채는 개인소득을 모두 합친 금액의 127퍼센트였다. 반면에 1952년에는 36퍼센트에 불과했고 1970년대 말에도 60퍼센트 수준이었다. 이 가계 부채의 일부는 빚보다 재산이 훨씬 더 많은 부유층의 부채였다. 그러나 임금이 정체하거나 하락한 노동자들의 가계 부채가 점차 늘어났다. 1990년대 말과 2000년대 초에 미국 소비자들의 평균 지출은 소득보다 2~4퍼센트 더 많았다.

자본주의에서 부채는 두 가지 기능을 했다. 부채는 이자 상환을 통해 자본가들의 이윤을 늘려 줬다. 미국 국내총생산에서 금융 부문의 이윤이 차지하는 몫은 1982년과 2007년 초 사이에 6배 이상 증가했고, 전체 이윤에서 금융 부문 이윤이 차지하는 비율도 1950년대 초의 약 15퍼센트에서 2001년에는 거의 50퍼센트로 증가했다. 1990년대에 제너럴모터스와 포드는 갈수록 줄어드는 실물 부문의 이윤을 만회하기 위해 금융 부문에 의존했다. 1992년부터 1999년까지 제너럴모터스가 벌어들인 이윤의 절반 이상은 '금융 서비스' 부문에서 나온 것이었다.

그러나 부채의 다른 기능, 즉 개인, 기업, 정부가 자신들의 소득이나 수입으로는 구매할 수 없는 것들을 사고파는 시장을 제공하는 기능이 훨씬 더 중요해졌다. 거칠게 말하면, 부채 증가가 없었다면 자본가들이 생산한 많은 재화가 팔리지 않았을 것이고 그래서 거의 상시적인 불황이 지속됐을 것이다. 따라서 마치 전후의 상시군비경제가 상시부채경제로 바뀐 듯했다.

부채 경제는 엄청나게 낭비적이었다. 점점 더 많은 자산이 금융기관의 대형 빌딩과 사무실을 건축하는 데 들어갔다. 1980년대 말과 1990년대에 미국 총 고정 투자의 4분의 1을 금융 부문이 차지했다. 낭비는 노동당 정부 하의 영국에서 훨씬 더 심했다. 2004년에 금융과 사업 서비스에 투자된 금액이 제조업과 기타 산업보다 4배나 많았고, 부가가치 생산 총액 3445억 파운드 가운데 거의 3분의 1이 금융과 사업 서비스 부문에서 나왔다. 그러나 자본가들이든 정부든 경제가 잘 나갈 때는 그런 낭비를 우려하지 않았다. 오히려 낭비가 호황을 만들어 내고 있다고 큰소리쳤다.

사실, 1990년대 말부터 2000년대 중반까지 영국에서는 150만 개의 제조업 일자리가 사라지고 '금융과 사업 서비스' 부문에서 100만~150만 개의 일자리가 생겨났다. 그러자 이 새로운 노동자들의 필요를 충족하기 위해 다른 많은 서비스 시장이 생겨났다. 택시, 패스트푸드 식당, 샌드위치 가게, 도심

선술집 등이 그런 시장이었는데, 여기서 일하는 노동자들의 임금은 최저임금과 비슷한 수준이었다. 낡은 산업들이 사라진 지역에서 새로운 일자리들이 생겨난 경우는 드물었다. 따라서 런던과 일부 지방 도시들에서는 고용이 증가했지만, 오래된 산업 지역들은 대체로 꾸준히 쇠퇴했다. 그러나 심지어 런던에서도 [새로 생겨난] 일자리들이 고질적인 노동력 문제를 해결하지는 못했다. 530억 파운드의 해외직접투자*가 런던으로 유입됐지만(그중 31퍼센트는 미국에서, 16퍼센트는 인도에서 왔다) 타워햄리츠, 해크니, 해링게이, 바킹앤드대그넘 같은 구(區)들의 고용 사정은 별로 나아지지 않았고 런던 전체의 실업률은 전국 평균보다 2퍼센트쯤 높았다.

금융은 아무것도 만들어 내지 않는다. 금융은 화폐와 유가증권의 융통이다. 그중 일부는 꼭 필요한 것일 수 있다. 예컨대, 임금이나 물품 대금을 지급하는 경우가 그렇다. 그러나 금융의 대부분은 자본가계급의 서로 다른 부문 사이에 이윤을 분배하는 일에만 관여한다. 예컨대, 모기지 금융이나 주식시장의 투기 도박이 그렇다. 이것이 부채 경제의 커다란 모순이었다. 금융은 소유자들에게는 이윤을, 금융 투자자들에게는 배당금을, 금융 노동자들에게는 봉급을, 돈이 필요한 사람들에게는 대출을 해 줬다. 그러나 금융 자체는 이윤, 배당금, 봉급, 대출금으로 구입할 수 있는 재화를 전혀 공급하지 않았다. 금융은 아무것도 만들어 내지 않았지만, 남들이 만든 것들을 구매할 수 있는 화폐를 사람들에게 공급했다.

그 결과로 금융은 체제 전체의 성장 속도를 떨어뜨리고 있던 근본 문제들을 은폐할 수는 있었지만 완전히 제거할 수는 없었다. 1980년대 중반, 1990년대 중반, 2000년대 중반에는 거품(금융이 만들어 낸 호황)이 경제 불황을 끝낼 수 있었다. 재화들은 팔릴 수 있었고 이에 힘입어 생산이 확장됐

---

* 자본, 기술, 인력 등 국내 생산요소를 해외로 이전하는 대외 거래.

다. 1990년대 중반에 미국에서 그랬듯이 가끔은 아주 크게 확장되기도 했다. 그러나 구매 거품에서 비롯해 체제 전체로 확산된 수요를 충족시키는 것이 더는 수익성 없게 되는 때가 항상 찾아왔다. 그래서 1990년에 갑자기 위기가 닥쳤고 2001~2002년에도 그랬다. 영국에서는 첫 번째 위기가 파괴적인 영향을 미쳐서 집값이 폭락하고 주택 압류가 기록적으로 증가하고 주요 기업들이 파산했다. 두 번째 위기가 경제 전체에 미친 영향은 그것보다 덜해서 경기 확장은 유지됐지만, 제조업의 주요 부문들이 파괴됐고 영국 자본주의의 가장 유명한 기업들인 GEC-페란티와 ICI가 무너졌다.

서방 국가들을 휩쓴 이 두 차례 위기 중간에 또 다른 위기가 전 세계의 40퍼센트를 휩쓸었다. 그 위기는 1997년에 타이와 한국 같은 아시아 나라들(자본주의가 얼마나 기적적일 수 있는지를 보여 주는 사례로 거론됐다)에서 시작돼, 이듬해 러시아(1991년 소련 국가자본주의 붕괴 후 경제가 성장할 것으로 여겨졌다)와 대다수 라틴아메리카 나라들로 확산됐다. 그리고 헤지펀드인 롱텀캐피털매니지먼트(이 회사의 이사들 중에는 노벨 경제학상 수상자가 두 명이나 있었다)가 무너지기 시작한 1998년 9월에는 미국 경제도 거의 위기에 빠질 뻔했다. 그러자 앨런 그린스펀으로 대표되는 미국 국가는 공식적인 신자유주의 자유시장 이데올로기, 즉 남에게 의존하지 말고 자립하라고 강조하던 이데올로기를 완전히 무시한 채 한밤중에 은행장들을 불러 모아 롱텀캐피털매니지먼트가 파산하지 않도록 협조하라고 지시한 뒤 금리를 낮춰서 경제 전체가 동반 몰락하는 것을 막았다. 당시 정부 지시에 따라 롱텀캐피털매니지먼트의 지분을 1억 달러어치나 매입한 회사가 리먼브러더스였다.

그린스펀의 구제금융은 미국 경제가 위기로 빠지는 것을 막았다. 그러나 겨우 2년 동안만 막았을 뿐이다.

1999년을 지나 2000년 초까지 주가는 훨씬 더 높이 치솟았다. 각종 투자 펀드와 부자들이 서로 앞을 다퉈 닷컴 기업*의 주식을 사들이자, 아무것도 소유하지 않고 아무것도 만들어 내지 않는 닷컴 기업들이 수십억 달러의 가치가 있는 것으로 여겨졌다. 통신 기업들은 거액을 빌려서 새로운 광섬유 케이블 네트워크 사업에 투자했다. 대다수 주류 경제학자들은 자본주의가 '새로운 패러다임'을 발견했다고 떠들어댔다. 이 말은 다시는 경제 위기가 일어나지 않을 것이라는 뜻이었다. PwC라는 회계 법인은 1999년에 다음과 같이 예측했다. "2000~2002년은 세계 경제와 사업 역사상 가장 심대한 변화의 시기가 될 것이다. 그 변화는 산업혁명과 비슷하겠지만 속도는 그보다 훨씬 더 빠를 것이다." 그보다 얼마 전에 선출된 영국의 신노동당 정부도 그렇게 주장했다. 고든 브라운은 그 뒤 10년 동안 "호황과 불황의 순환이 다시 나타나는 일은 결코 없을 것"이라는 말을 끊임없이 되풀이했다. 노후에 그런 대로 괜찮은 연금을 받을 수 있을지 우려하는 사람들에게 정부가 공식적으로 내놓은 답변은 연금 기금을 주식시장에 투자해서 안정시키겠다는 것이었다.

그 뒤 늘 그랬듯이 환상은 여지없이 깨졌다. 2000년 말에 닷컴과 첨단기술 기업들의 주가가 떨어지기 시작했고, 2001년 초여름에는 새로운 위기의 징후들이 도처에서 나타났다. 8월에 〈이코노미스트〉는 다음과 같이 보도했다. "미국의 급격한 경기 둔화로 말미암아 미국 국내에서는 아닐 수 있지만 멕시코, 싱가포르, 대만 등지에서는 이미 불황이 시작됐다. 점점 더 많은 나라들에서 생산이 하락까지는 아니더라도 정체하고 있다. 이사분기에 세계 총 생산은 십중팔구 20년 만에 처음으로 하락할 것이다. 세계 산업 생산 성장률은 연간 6퍼센트로 하락했다. 여러분, 21세기의 첫 세계 불황을 맞이

---

* Dot com company, 주로 컴퓨터나 인터넷 따위와 관련 있는 벤처기업.

하신 것을 환영합니다." 위기의 원인은 다름 아닌, 겨우 몇 달 전만 해도 기적의 원동력으로 칭송되던 대규모 대출과 차입이었다. 〈파이낸셜 타임스〉는 다음과 같이 보도했다.

"1조 달러의 돈 잔치가 세계를 불황 직전까지 끌고 왔다. 영국의 통신 장비 그룹인 마르코니의 심슨 경과 로저 헌 경은 통신 혁명의 도박판에 모든 것을 다 걸었다가 날려 버린 수많은 경영자들 가운데 최근 사례일 뿐이다. …… 매주 루슨트와 노텔 같은 더 큰 통신 장비 제조업체들에서 수만 개의 일자리가 사라지고 있다. 유럽과 미국에서 통신 장비 등에 투자된 돈이 4조 달러가 넘는다. 1996년부터 2001년까지 은행들은 8900억 달러를 신디케이트론*으로 대출해 줬다. …… 그 밖에 채권시장에서 조달된 부채가 4150억 달러, 사모펀드**와 주식 발행을 통해 공급된 돈이 5000억 달러였다. 세계 금융 시스템은 이 돈 잔치에 푹 빠져서 헤어 나오지 못했다."

이 위기로 말미암아 미국의 거대 기업 두 곳, 즉 에너지 기업인 엔론(최고경영자인 케네스 레이는 네오콘의 '새로운 미국의 세기를 위한 프로젝트' 선언서에 서명했던 자다)과 통신·미디어 기업인 월드콤이 무너졌다. 두 기업의 우두머리들은 모두 이윤을 부풀린 사기 혐의로 훗날 기소돼 유죄 판결을 받았다. 이런 기업 파산으로 고통받은 사람들은 통신 산업에 종사한 수많은 노동자들이었다. 6개월이 채 안 돼 통신 장비 제조업체들에서 일자리 30만 개가 사라졌고, 부품 공급업체나 연관 산업들에서도 20만 개의 일자리가 사라졌다. 〈파이낸셜 타임스〉에 따르면, "십중팔구 1조 달러"가 "연기 속으로" 사라져 버렸다.

이런 보도들은 위기의 원인으로 흔히 거론되는 2001년 9월 11일 세계무

---

* Syndicated loan, 둘 이상의 은행이 해외 기업체에 공동으로 자금을 대출하는 일.
** Private equity, 소수의 투자자들에게서 자금을 모아 주식이나 채권 등에 투자하는 펀드.

역센터 공격 며칠 전에 나왔다. 9 · 11은 위기를 끝내기 시작한 두 종류의 국가 개입을 촉진했다. 조지 부시는 아프가니스탄과 이라크 공격을 명령했고 군비 지출을 대폭 늘렸다. 미국의 군비 지출은 2001년과 2008년 사이에 갑절로 늘어 총 7000억 달러에 달했다. 그리고 부시가 군사력을 이용해 세계 2위의 석유 매장량을 차지하려 하고 있을 때, 그린스펀은 금리를 대폭 낮춰서 미국 은행들이 부채를 바탕으로 한 거품 호황을 다시 만들어 내기 위해 연방준비은행에서 돈을 빌릴 수 있게 해 줬다. 불황 때 미국 제조업 노동자 6명 가운데 1명꼴로 일자리를 잃었다. 그러나 다시 대출이 크게 유행하자 소비 지출도 증가했다. 2002년 말에 자본주의 옹호자들은 "불황이 시작되기도 전에 끝나 버렸다"고 떠들어댔다. 신노동당과 보수당, 머지않아 자유민주당 당수가 되는 닉 클렉은 모두 "자유시장은 더할 나위 없이 훌륭한 최상의 세계를 우리에게 제공한다"고 선언했다.

그러나 사실은 사상 최대 규모의 부채가 쌓이고 있었다. 언젠가는 무너져 내릴 수밖에 없는 빚더미가 계속 커지고 있었던 것이다.

이런 빚더미는 미국과 영국에만 영향을 미친 것이 아니었다. 무역, 투자, 대출의 국제화는 전 세계를 거품 속으로 끌고 들어갔다. 미국의 경제 회복은 그런 거품을 바탕으로 하고 있었다. 미국은 해마다 생산보다 지출이 5퍼센트씩 더 많았다. 이것이 가능했던 이유는 동아시아 경제들, 특히 일본과 중국이 미국 재무부와 은행들에 해마다 수천억 달러씩 빌려 줬기 때문이다. 이 돈으로 미국 정부는 군비 지출로 말미암은 부채를 감출 수 있었고 미국 소비자들은 중국 기업들이 일본 기계와 설비로 만든 제품들을 살 수 있었다. 또 그 덕분에 월마트 같은 주요 미국 기업들이 중국에 지사와 지점을 개설하고 운영하면서 이윤을 늘릴 수 있었다. 중국은 미국 시장에 수출해서 매우 급속한 경제성장을 이룰 수 있었고 미국은 중국에서 빌린 돈으로 중국산 제품들을 수입할 수 있었다. 또다시 미국의 비금융기업들은 미친 듯이 돈놀이에 뛰어들었다. 그들은 이윤의 대부분을 다시 투자하지 않고 금융 시스템을 통한 돈놀이에 쏟아부었다. 나중에 IMF 보고서는 다음과 같이 지적했다.

"세계 경제가 점차 부채의 피라미드 위에서 아슬아슬하게 버티고 있다. 그리고 그 피라미드의 밑바닥에는 실업이나 임금 삭감 때문에 가난해져서 빚을 갚을 능력도 없고 그럴 기회도 거의 얻지 못하는 사람들에게 돈을 빌려 주는 서브프라임 광기가 놓여 있다."

이런 상황을 경고하는 말들이 간간이 들렸다. 심지어 자본주의 지지자들 사이에서도 그런 경고가 흘러나왔다. 그러나 그 경고는 괴짜 예언자의 헛소리쯤으로 무시당했다. 예컨대, 루비니는 경제 상황이 위험하다고 경고했지만 IMF는 루비니가 주류 경제학자들이 좋아하는 정교한 수학 모델을 제시하지 못했다는 이유로 그의 말을 무시했다. 2007년 7월 IMF의 보고서는 매

**도표** 1-1 1966~2006년 미국 가계 부채(단위 : 10억 달러)

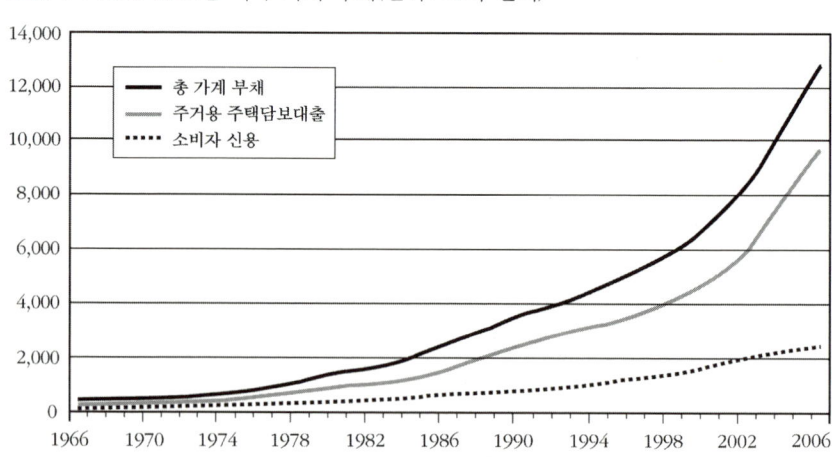

우 낙관적이었다. "강력한 세계 경제 확장이 지속되고 있다. 2007년과 2008년 세계 경제의 성장 전망치는 4.9퍼센트에서 5.2퍼센트로 상향 조정됐다."

고든 브라운과 당시 그의 상관이었던 토니 블레어도 전혀 의심하지 않았다. 그들은 호황과 불황의 순환이 완전히 사라졌다고 계속 주장했다.

그러나 그들의 정책 자체는 점차 개인 부채에 의존하고 있었다. 영국 재정연구소에 따르면, "2004~2005년과 2006~2007년 사이에 숙련 육체노동자, 미숙련 노동자, 빈민 실업자를 포함하는 극빈층 가구의 소득은 하락했다." 대다수 화이트칼라 노동자들의 상황은 약간 더 나았다. 그러나 약간만 더 나았을 뿐이다. 중간층 가구의 소득은 2001~2002년부터 2006~2007년까지 5년 동안 겨우 4퍼센트 증가했을 뿐이다. 반면에 집값은 엄청나게 폭등했다. 2007년의 집값 수준은 10년 전보다 10배나 높은 반면, 공공 임대주택 보급은 사상 최저 수준이었다. 집이 없는 많은 젊은이들은 집을 사려면 대

**도표 1-2** 영국의 총 개인 부채(단위 : 10억 파운드)

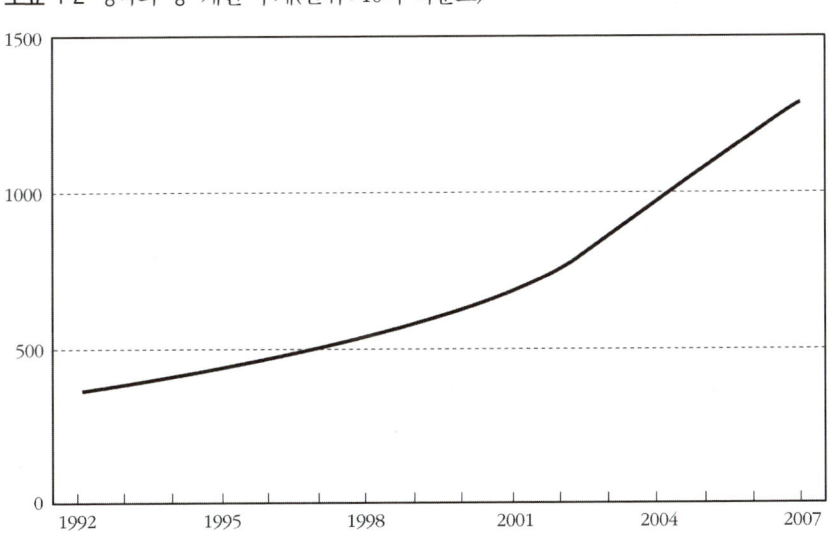

출을 받는 것 말고는 달리 선택의 여지가 없다고 생각했고, 집이 있는 사람들은 흔히 대출 조건을 조정하지 않으면 대출금을 계속 갚아 나갈 수 없을 것이라고 우려했다.

이 모든 것이 대붕괴를 준비하고 있었다. 그것은 단지 금융 부문의 붕괴가 아니라 금융을 포함하는 체제 전체의 붕괴가 될 터였다. 2007년 7월 베어스턴스 은행과 연계된 한 헤지펀드가 파산했다. 그 뒤 8월 9일에 한 프랑스 은행이 자사의 펀드 투자자들에게 돈을 돌려줄 수 없게 됐다고 선언했다. 마침내 8월 17일 모든 금융시장이 혼란에 휩싸이자 각국 중앙은행들이 대거 개입했다. 그러나 그때조차 이 체제를 관리하는 많은 사람들은 뭔가 근본적인 것이 잘못됐다는 사실을 시인하려 하지 않았다. 그들은 위기를 일시적 패닉으로 치부하고 미국이 금리를 약간 내리면 해결될 것으로 봤다. 9월 13일 영국은행 총재인 머빈 킹은 '구제금융' 따위는 없을 것이라고 말했다. 그날 밤에 노던록은 파산 직전임을 시인했다. 예금을 인출하려는 사람들이 은행 지점 앞에 길게 늘어선 것은 영국에서 거의 150년 만에 처음이었다. 머빈 킹이 허겁지겁 돈을 빌려 줘서 노던록 은행을 정상화시키는 동안, 노동당 정부는 노던록을 국유화하는 것만큼은 피하려고 애를 썼다. 그러나 2008년 1월 마침내 국유화 말고는 선택의 여지가 없다는 것을 깨달았다. 이런 패턴은 영국뿐 아니라 2008년 미국에서 위기가 재발했을 때도 되풀이됐다. 앞서 봤듯이, 2008년 9월 14일의 위기는 2007년 9월 14일보다 훨씬 더 심각한 위기였다.

## 복합적 위기

2007년 내내, 그리고 2008년 상반기까지 대부분의 언론 보도를 보면, 위기는 소수의 고위 은행가들의 문제일 뿐이거나 기껏해야 그들에게 고용된 수천 명의 문제일 뿐이라는 인상을 받게 된다.

부채가 세계 경제 체제의 버팀목이었다면 부채 감소는 사람들의 구매력 저하와 일자리 상실로 이어질 것이다. 이미 그런 전례가 있었다. [2008년 8월 말~9월 초에] 항공사 줌과 여행사 XL의 파산으로 고용이 감소했다. 그래서 주류 경제학자들은 지금 160만 명인 국제 실업 규모가 몇 달 뒤에는 200만 명까지 늘어날 것으로 예측한다.

그러나 주류 경제학자들이 정직하다면 앞으로 무슨 일이 일어날지 모르겠다고 말할 것이다. 1년 전에 그들은 미국 경제가 후퇴하더라도 중국과 인도가 미국 대신 성장할 수 있을 것이라고 말했다. 이제는 미국의 어려움이 중국과 인도에 적어도 약간은 영향을 미칠 것이라고 예상한다. 6개월 전에 그들은 미국은 위기에 빠지겠지만 유럽은 그렇지 않을 것이라고 말했다. 영국 경제는 "강력하고" 독일 경제는 "좋아지고 있다"고 했다. 이제는 유럽이 어려움에 부딪혔고 영국 경제가 매우 나빠질 수 있다고 본다. 주류 평론가들은 한두 명만 제외하면 붕괴를 예측하지 못했다. 그런 그들이 붕괴의 결과를 예측할 것으로 기대할 수는 없는 노릇이다. 그들에게, 그리고 그들의 체제 안에서 살아가는 우리 모두에게도 어려운 문제 한 가지는 붕괴가 복합적인 위기들 가운데 하나일 뿐이라는 것이다. 위기가 유령처럼 되살아나 체제를 괴롭힌 지난 몇 달 동안 또 다른 낡은 유령, 즉 물가 인상도 되살아났다. 밀, 옥수수, 쌀 가격이 때로는 100퍼센트씩 갑자기 올라서 전 세계의 수많은 빈민들이 굶어 죽을 위험에 처했다. 수십 개 나라에서 식량 폭동이 일어났고 방글라데시, 이집트, 베트남 같은 곳에서는 파업도 벌어졌다. 오랜 공업국들에서는 대다수 사람들의 상황이 그만큼 나쁘지는 않았다. 그래도 8월까지 식품 가격이 12.5퍼센트, 에너지 가격이 30~50퍼센트 올라서 사람들의 삶이 힘들어졌다. 유스위치*의 조사 결과를 보면, 소득이 중간 정도인 가구가 주당 40파운드씩 날린 셈이고 그들이 전통적인 노동계급 지역 주민들만큼 심각한 고통을 겪고 있음을 알 수 있다. 사람들은 금융 붕괴의 폐해가 더 심각해지자 사소한 사치품뿐 아니라 필수품에 대한 소비 지출도 줄일 수밖에 없었다. 연금으로 살아가는 많은 사람들은 이번 겨울에 얼어 죽을 수도 있다.

식량 위기와 에너지 위기도 빚더미나 호황–불황 순환을 만들어 내는 바로 그 정신 나간 짓에서 비롯한다.

1980년대와 1990년대에 전 세계 자본주의는 느리게 성장했다. 그래서 석유 수요는 전처럼 급격하게 증가하지 않았고, 1970년대 중반과 1980년대 초에 매우 높았던 실질 물가도 점차 떨어졌다. 거대 석유 기업들은 여전히 이윤을 벌어들였지만, 새로운 유전을 발굴하는 사업에는 돈을 많이 투자하지 않았고 정유 시설에 대한 투자는 그보다 더 적었다. 탄소 가스가 잠재적으로 파괴적인 기후변화를 일으키고 있다는 증거가 이미 명백했는데도 석유나 석탄을 대체할 대안 에너지 자원에 대한 실질적 투자는 훨씬 더 적었다. 그 뒤 1990년대 말과 2000년대 초에 부채가 주도한 호황이 찾아왔다. 미국 경제는 빠르게 성장했고 중국의 공업 성장도 세계 체제 전체에 영향을 미치기 시작했다. 세계의 석유 소비량이 증가하기 시작했다. 바로 그때 미국 제국주의의 이라크 전쟁이 시작됐다. 1990년대 말에 배럴당 10달러였던 유가가 30달러, 70달러로 치솟더니 한동안 100달러를 넘는 고공행진을 계속했다. 석유 기업들의 이윤이 급증하고 석유, 천연가스, 석탄 가격이 상승하자 금융 투기꾼들은 주택 투기 자금의 일부를 빼서 에너지 투기에 사용했다.

식품 가격 인상의 이면에도 비슷한 요인들이 있었다. 1980년대와 1990년

---

* Uswitch, 가격 비교 사이트.

대에 세계 경제가 비교적 느리게 성장할 때는 식품 생산에 대한 투자를 부추기는 압력이 크지 않았다. 각국 정부는 식품 생산에 대한 연구와 개발을 무시한 채 몬산토 같은 거대 기업들에게 연구와 개발을 맡겨두었다. 그런 기업들의 주된 관심사는 농민들한테서 특허권 사용료를 뽑아내는 것이었다. 중국과 인도에서 중간계급들의 육류 수요가 증가하고 있는 상황에서 갑자기 오스트레일리아 같은 주요 곡물 생산지의 날씨가 나빠지자 세계적인 식량 부족 사태가 벌어졌다. 사정을 더욱 악화시킨 것은 국제 유가 급등이었다. 질소 비료를 생산하고, 농장에서 사용되는 각종 기계를 움직이고, 식품을 운송하는 데 꼭 필요한 원료가 바로 석유였기 때문이다. 세계의 가난한 지역 농민들이 유가 상승으로 타격을 받았다. 미국과 유럽 각국 정부가 사람들의 식량으로 사용될 수 있는 곡물들을 이용해서 바이오 연료를 생산하는 정책을 채택한 것도 식량 사정 악화에 한몫했다. 그들은 겉으로는 바이오 연료로 온실가스를 줄여야 한다는 명분을 내세웠지만, 속셈은 '에너지 안보'를 추구하는 것이었다.

사태를 이렇게 엉망진창으로 만들어 놓은 작자들이 지금 우리더러 위기의 대가를 치르라고 말하고 있다. 브라운과 달링은 우리가 식품과 에너지 가격 상승에 따른 손실을 보상받으려고 임금, 연금, 복지 급여 인상을 요구해서는 안 된다고 말한다. 그러면 물가가 오를 것이기 때문이란다. 이런 주장에 대해서는 캐머런*이나 클렉도 이견이 없다. 위기가 터지면 늘 그랬듯이 저들은 우리가 모두 같은 배를 타고 있다고 주장하면서, 대다수 사람들은 사슬에 묶인 채 소수 특권층의 채찍 아래서 힘들게 노를 젓고 있다는 사실을 우리가 깨닫지 못하기를 바란다. 영국에서 에너지 기업들은 횡재세**를

---

\* David Cameron, 영국 보수당 당수.
\*\* A windfall tax, 뜻밖에 얻은 이익에 대해 매기는 세금.

납부하는 식으로 위기의 대가를 치를 생각이 눈곱만큼도 없는 반면, 공공 부문 노동자들은 임금 인상률을 공식 물가 상승률의 절반으로 제한해야 한다. 과거에 흔히 그랬듯이, 우리는 허리띠를 졸라매고 소비를 줄여야 한다는 말을 듣고 있다. 너무 많은 것이 생산됐기 때문이란다!

## 세계 경제는 어디로?

1930년대에 위기에 직면한 자본주의 정치인들과 경제학자들은 크고 작은 국가자본주의로 위기를 극복하려 했다. 1970년대와 1980년대 초에 또다시 위기에 직면한 그들은 태도를 거의 180도 바꿔서 완전한 자유시장으로 돌아가 위기를 극복하려 했다. 두 방법 모두 성공하지 못했다. 첫 번째 위기를 극복하기 위해서는 전쟁이 필요했고, 두 번째 위기에서 부분적으로 회복되기 위해서는 산더미 같은 부채가 필요했다. 2007년에 그들은 한 방향으로 나아갔다가 다른 방향으로 나아가고 그러다가 다시 원래 방향으로 나아가는 등 필사적으로 노력하며 위기가 걷잡을 수 없이 악화하는 것을 막으려고 애를 썼다. 2008년 9월 7일 그들은 프레디맥과 패니메이의 파산을 막기 위해 사상 최대의 국유화를 단행했다. 9월 14일 그들은 답이 없다고 주장하면서 리먼브러더스를 구제하지 않았다. 미국 역사상 최대 규모의 은행 파산을 막지 않은 것이다. 금융업자들이 자신들이 잘못을 저질러도 정부가 나서서 구해 줄 것이라고 생각하는 '도덕적 해이'를 막기 위해서는 리먼브러더스의 파산이 반드시 필요했다고 〈파이낸셜 타임스〉는 강조했다. 9월 15일 밤에 미국 정부는 다시 거대 보험회사인 AIG를 국유화했다. AIG의 위기가 파생 금융상품 시장에서 영업 중인 헤지펀드들의 손실로 이어지고 그래서 금융 시스템 전체가 무너지는 것을 막기 위해서였다. 〈파이낸셜 타임스〉의 사설은 이 조치에 박수를 보냈다. 그들은 모두 자신들이 잠근 문의 열쇠를 찾아 헤매는 장님들과 비슷하다.

그들은 다음에 무슨 일이 일어날지 전혀 모른다. 어떤 사람들은 1930년 대와 비슷한 매우 심각한 불황을 예상한다. 다른 사람들은 1990년대 초의 일본 상황과 비슷하다고 생각한다. 당시 일본에서는 경제 위기가 장기간의 정체로 이어졌고 그 여파는 아직까지도 지속되고 있다. 어떤 사람들은 7000 억 달러 이상의 엄청난 돈을 들여 금융 시스템을 구제하더라도 그 돈이 훨 씬 더 강력한 물가 상승 압력으로 작용하고, 달러 환율을 끌어내리고, 어쩌 면 미국 국가의 신용 등급에도 악영향을 미칠 것이라고 생각한다. 어떤 시 나리오가 실현되든 간에 2009년에는 세계 경제의 혼란이 심화할 가능성이 크다.

자본주의 정치인들과 경제학자들의 문제는 그들이 어리석다는 것이 아니 다. 물론 그들 가운데 일부는 분명히 어리석은 자들이다. 그들이 옹호하는 체제 자체가 근본적으로 예측 불가능하다는 것이 그들의 문제다. 자본주의 체제는 크고 작은 자본가들(부를 생산하는 수단을 소유한 자들) 사이의 맹 목적인 경쟁을 바탕으로 한 체제다. 수천 개의 주요 다국적기업들이 있고, 수십 개의 주요 국가들이 있고, 수많은 중소기업들이 있는데, 이들의 상호작 용은 전혀 계획적이지 않다. 그것은 마치 교통 신호등도 없고 속도 제한도 없고 심지어 차량 통행 방향조차 정해져 있지 않은 도로 위의 수많은 차량 들에 폭탄이 떨어진 것과 마찬가지다.

그러나 마르크스처럼 외부에서 자본주의 체제 전체를 비판적으로 바라보 는 사람이라면 누구나 알 수 있는 분명한 사실이 두 가지 있다. 첫째, 체제 의 혼란과 파괴적 성격이 더욱 심해질 것이라는 점이다. 미국 정부가 위기 해결을 위해 돈을 쏟아부으면 국가 채무가 많이 늘어날 텐데, 미국 자본가들은 이 빚을 갚기 위해 돈을 내는 것을 달가워하지 않을 것이다. 특히, 미국 정부의 재정지출로 유럽과 아시아의 은행들도 덕을 보고 있으니 말이다. 미국 자본가들은 물가 인상이나 경기후퇴를 통해, 또는 더 가능성이 높기로는 둘 다를 통해 위기 극복 비용을 노동자들에게 떠넘기려 할 것이다. 그리고 다른 국가들과 다른 나라 자본가들에게 압력을 가해 자신들이 저지른 실수의 대가를 치르도록 강요하려 할 것이다. 아프가니스탄 전쟁과 이라크 전쟁을 부른 '새로운 미국의 세기를 위한 프로젝트'는 미국 자본주의의 세계 패권을 강화하려는 것이었고, 이번 금융 위기가 터지기 전에 미국 국가는 아프가니스탄과 이라크 점령이 겪고 있는 후퇴를 역전시킬 방안을 여러모로 모색하고 있었다. 그래서 2년 전에 이스라엘을 부추겨 레바논을 공격하게 했고, 2007년에 에티오피아를 부추겨 소말리아를 공격하게 했고, 2008년 8월 초에 그루지야를 부추겨 남오세티야를 공격하게 했다. 지금 미국 국가는 자신의 힘을 과시하고픈 의욕이 더욱 강렬하다. 경제 위기의 대가를 치러야 하는 부담이 자신의 어깨 위에 떨어졌기 때문이다. 독일 재무장관 슈타인브뤼크는 이제 미국의 '금융 초강대국' 구실이 끝났다고 말했다. 그리고 미국 정부는 기후변화를 막는 데 필요한 재정지출을 지금보다 훨씬 더 꺼리게 될 것이다.

둘째, 규제 강화나 금융 시스템에 대한 자금 투입 확대 같은 어설픈 조치들로는 지금의 혼란을 막을 수 없다. 철두철미하게 자본주의를 옹호하는 두 사람 마틴 울프와 존 케이가 〈파이낸셜 타임스〉에서 아주 흥미로운 논쟁을 벌였다. 울프는 오직 규제 강화만이 자본주의를 자본주의 자체의 해악에서 구해 낼 수 있을 것이라고 주장했다. 케이는, 아직도 엄청난 부를 틀어쥐고 있는 은행가들은 늘 그랬듯이 가장 똑똑한 사람들을 고용하고 가장 값비싼 기술을 이용해서 모든 규제를 빠져나갈 수 있을 것이라고 반박했다. 게다가 은행가들은 당장 눈앞의 문제가 해결되면 전에 하던 짓을 또다시 되풀이할 것이라는 점도 명심해야 한다. 은행가들은 정부가 너무 심하게 규제하면 재산을 해외로 이전시키거나 '투자 파업'으로 국가 경제를 붕괴시키겠다고 위협할 것이다.

자본주의 체제를 규제할 필요가 있는 것은 맞지만 이 체제를 규제하는 것은 불가능하다. 그것이 자본주의 체제의 문제점이다. 우리의 문제점은 이 체제는 이렇게 하나 저렇게 하나 대중에게 이롭지 않다는 것이다. 9월 15일 카나리워프*의 리먼브러더스 사무실에서 걸어 나온 사람들 가운데 적어도 일부는 막연하게나마 그렇게 느꼈을 것이다. 그리고 예약한 비행기 편을 탈 수 없게 된 여행객 8만 5000명과 7월에 주택을 압류당한 미국인 18만 명 가운데 많은 사람들도 그렇게 느꼈을 것이다.

지금의 위기는 이 체제가 커다란 모순을 바탕으로 하고 있다는 사실의 결과다. 전 세계 사람들은 생계를 꾸리는 데 필요한 재화들을 얻기 위해 국제 생산 체제를 통해 서로 협력한다. 그러나 통제권은 우리를 착취하기 위해 서로 경쟁하는 소수 특권층의 수중에 있다. 이런 모순의 해결책은 단 하나뿐이다. 부를 창출하는 수단에 대한 통제권을 대중의 수중으로 가져오기 위해 투쟁하는 것이다. 그래서 우리에게 필요한 것들을 생산하기 위한 협력이 이윤 경쟁을 대체하게 해야 한다. 그래야만 소비와 투자가 서로 조화를 이뤄 과잉 생산 위기를 막을 수 있을 것이다. 그래야만 풍요 속의 빈곤이라는 모순, 너무 많이 생산됐기 때문에 소비를 줄여야 하는 부조리를 제거할 수 있을 것이다. 그래야만 사람들의 집, 일자리, 빚으로 도박판을 벌이는 미친 짓을 민주적 계획으로 대체할 수 있을 것이다. 요컨대, 자본주의의 위기를 완전히 제거하려면 자본주의 자체를 제거해야 한다.

---

* Canary Wharf, 런던의 초고층 빌딩이 즐비한 새로운 금융 중심지.

물론 이렇게 말하기는 쉬워도 실천하기는 어렵다. 세계에서 가장 강력한 사람들이 가장 강력한 무기들(금융, 경제, 이데올로기, 군사 무기들)로 무장한 채 변화에 저항할 것이다. 그러나 자본주의 자체를 제거해야 한다는 것을 아는 것이 중요한 첫걸음이다. 그리고 그런 첫걸음을 내딛기 위해 필요한 간단한 주장들이 있다. 은행 위기의 해결책은 규제나 한두 은행의 국유화가 아니라 은행 시스템 전체를 인수하는 것이다. 그리고 국유화는 은행가들의 천문학적 보수, 저축, 연금을 구제하기 위한 것이 아니라 주택 압류를 막고 전 세계 빈민의 숨통을 죄고 있는 부채 상환을 중단시키기 위한 것이어야 한다. 마찬가지로, 세계 에너지 위기의 해결책은, 그리고 언뜻 보면 도저히 막을 수 없는 것처럼 보이는 끔찍한 기후변화의 해결책도 석유, 천연가스, 석탄 산업을 국유화하는 것이다. 그래서 당장 난방과 전기가 필요한 사람들에게 난방과 전기를 공급하고, 그런 것들을 공급하는 데 필요한 에너지의 규모를 대폭 감축하는 것이다.

이런 주장들은 모두 한 가지 요점을 강조한다. 루비니는 조지 부시가 실행하고 고든 브라운이 지지한 조치들을 "이윤의 사유화와 손실의 사회화", "부자들과 연줄 든든한 사람들과 월스트리트를 위한 사회주의와 기업 복지"라고 묘사했다. 자신의 노동으로 사회를 떠받치는 평범한 사람들에게 필요한 것은 노동자들과 빈민들과 인류의 미래를 위한 사회주의다.

그러나 불황, 식품 가격 [상승], 연료 부족이라는 3중의 위기에서 사람들을 보호하기 위해 당장 해야 할 일들도 있다. 현 체제 지지자들은 위기로 말미암아 수많은 사람들이 아무리 큰 고통을 겪더라도 거짓말, 조그마한 뇌물, 위협을 잘 섞어 쓰면 얼마든지 위기를 극복할 수 있다고 믿는다. 그들은 일자리 감소나 주택 부족이 자본주의 때문이 아니라 중국의 혹사 공장 노동자나 폴란드 출신 배관공이나 지구 반대편에서 미국이 일으킨 전쟁을 피해

떠나 온 난민들 때문이라고 거짓말을 할 것이다. 그리고 실업급여를 쥐꼬리만큼 인상하거나 실질임금과 연금의 삭감 분을 쥐꼬리만큼 줄여 주는 식으로 조그마한 뇌물을 먹일 것이다. 또 공장을 외국으로 옮겨서 일자리를 없애겠다거나 실업급여 수급 자격을 박탈하겠다고 위협도 할 것이다. 이런 방법들을 이용해서 미국과 영국의 정치·경제 중심지의 말쑥한 신사 양반들은 대중의 엄청난 분노를 피해 다니면서, 사람들이 실업이나 주택 압류, 감당하기 힘들 만큼 급등한 물가와 생활비 등 암울한 현실에 굴복하고 체념하기를 바랄 것이다. 이에 대항하려면 우리는 기회가 생길 때마다 단결하고 연대해서 싸워야 한다.

그런 위기 앞에서 개인들은 무기력하다. 그러나 위기가 대중을 덮칠 때 생겨나는 분노는 저항으로 분출할 수 있고 우리 지배자들은 그런 저항을 완전히 무시할 수 없다. 그리고 그런 저항은 우리가 함께 반격한다면 얼마나 많은 것을 쟁취할 수 있는지도 보여 준다. 미국에서는 거대 은행들과 기업들이 양대 정당과 거의 모든 국회의원들을 쥐락펴락한다. 그러나 아래로부터 저항의 물결 때문에 그들은 집이나 직장에서 쫓겨날 처지에 놓인 사람들의 처지를 걱정하는 척이라도 하지 않을 수 없었다. 노동 대중이 자본가들이 야기한 위기의 대가를 치르지 않고 공동의 대의를 중심으로 서로 다른 투쟁들을 단결시키는 방향으로 분노를 모을 수 있다면, 훨씬 더 많은 것을 쟁취할 수 있을 것이다.

[이수현 옮김]

# 2부

# 위기를 어떻게 설명할 것인가

# 스냅사진으로 보는 자본주의의 오늘과 내일

크리스 하먼

오늘날 세계 자본주의의 상태는 어떠한가? 이 글에서 나는 그래프와 표를 이용해 자본주의의 현재 모습을 스냅사진으로 담으려 한다. 더 광범한 이론적 쟁점들에 대한 논의는 다른 글에서 이미 다루었으므로 여기서는 가급적 피하겠다.[1]

우선 세계 경제성장률이 호황기와 침체기를 평균했을 때 1950년대와 1960년대의 '황금기'에 견줘 하락했을 뿐 아니라 1970년대와 1980년대에 비해서도 하락했다는 점이 의미심장하다(〈도표 2-1〉 참조).[2]

성장률의 하락은 노동자 1인당 자본 투하율(마르크스가 '자본의 유기적 구성'이라 했던)의 지속적인 상승과 함께 나타났다(〈도표 2-2〉 참조).

노동자 1인당 자본 투하율이 증가하는 것은, 기업들이 노동생산성을 끌어올림으로써 경쟁사를 앞지르기 위해 끊임없이 생산수단에 투자하기 때문

---

이 글은 《인터내셔널 소셜리즘》 113호(2007년 겨울)에 실린 "Snapshots of capitalism today and tomorrow"를 번역한 글이다.

이다. 이런 투자에 소요되는 가치는 노동자들이 새로 생산하는 가치보다 훨씬 빨리 증가한다.

그렇게 되면 총 산출량은 증가하지만 상품 한 개당 가치(그리고 결국에는 가격)는 하락한다. 그래서 최근 몇 년 사이에 컴퓨터, 텔레비전, DVD 플레이어 등 고투자 산업의 상품 가격은 대폭 하락했다.

따라서 체제 전체로 보면 총 투자는 총 생산 가치보다 빨리 증가한다. 그러나 바로 이 가치가 이윤의 원천이다. 그러므로 자본가들이 총 생산 가치 중 노동자에게 갈 몫을 더 빼앗아 오지 않는 한, 투자 대비 이윤 비율이 하락하는 경향이 나타날 수밖에 없다. 이것이 마르크스가 말한 '이윤율 하락 경향'이다. 〈도표 2-3〉은 지난 30년 동안 제조업에서 나타난 이윤율 하락을 보여 준다.[3]

**도표** 2-1 1961~2003년 세계 1인당 국내총생산 성장률(연간 성장률을 퍼센트로 표기)

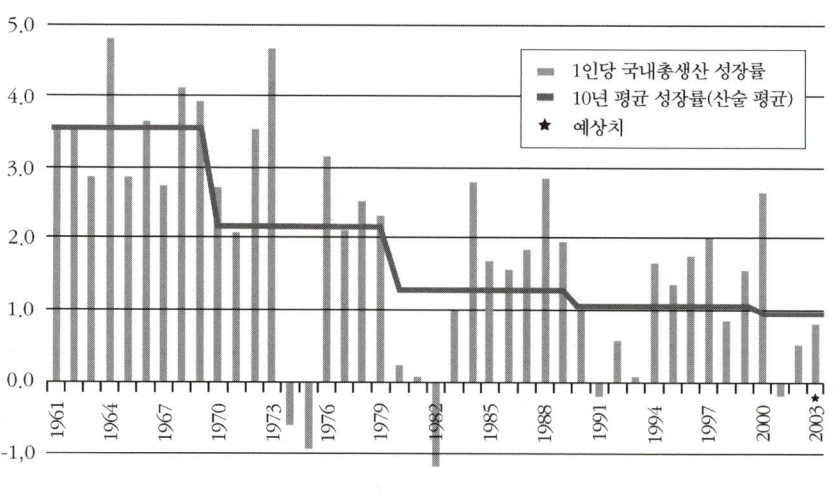

출처 : 세계은행, 《2003년 세계 경제 발전 지표》(인터넷 판)과 《2004년 경제 전망》

**도표 2-2** 유럽(독일, 프랑스, 영국) 기업들과 미국 기업들의 자본-노동 비율 비교(단위 :
1990년 가치로 환산한 1000달러)

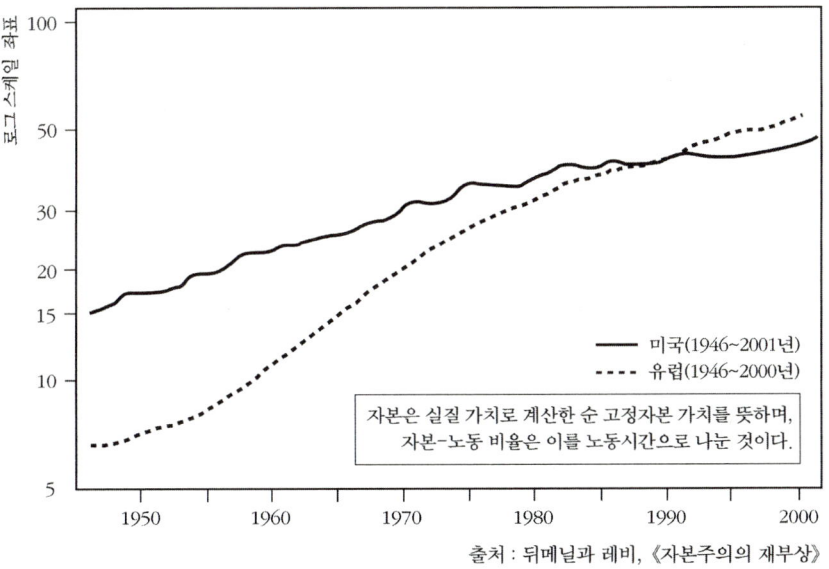

출처 : 뒤메닐과 레비, 《자본주의의 재부상》

**도표 2-3** 1949~2001년 미국, 일본, 독일 제조업 부문의 순 이윤율(단위 : 퍼센트)

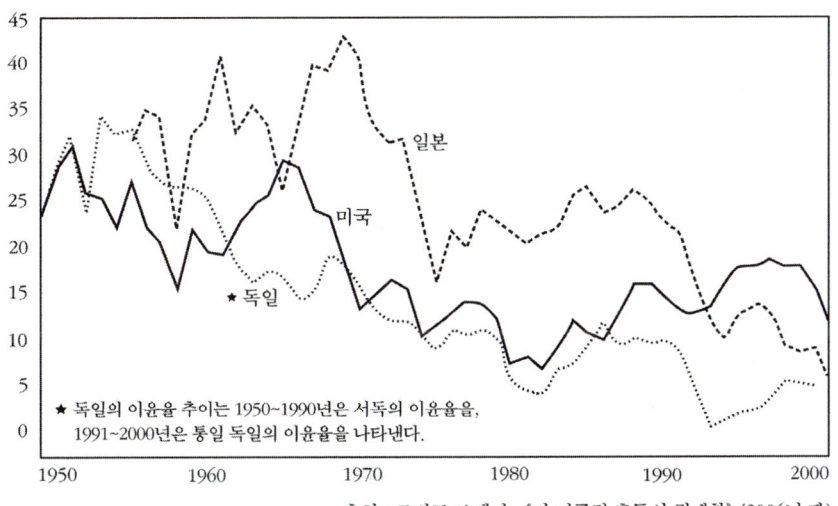

출처 : 로버트 브레너, 《전 지구적 혼돈의 경제학》(2006년 판)

이윤율 하락은 필연적으로 다음 세 가지 결과를 낳는다.

- 자본가들 사이의 경쟁 격화.
- 노동자와 여타 피착취 집단에 대한 자본가들의 압박 심화.
- 체제 전반의 불안정성 증대.

## 전 세계적 경쟁

다국적기업들의 등장은 지난 40년 중 가장 의미심장한 현상의 하나다. 최상위 500대 기업이 전 세계 해외직접투자의 90퍼센트와 무역의 절반 가까이를 차지하는 등 세계 경제를 주름잡고 있다.

국제연합무역개발회의(UNCTAD)는 "6만 개의 다국적기업과 50만 개의 현지 협력업체들이 이제 전 세계 산출량의 4분의 1에 해당하는 11조 달러 상당의 부를 좌지우지한다"고 1999년에 보고했다.[4] 또 국제연합무역개발회의는 국가와 기업을 포함한 "세계 최대 경제 주체 100개 가운데 다국적기업

도표 2-4 2003년 현재 세계 최상위 다국적기업들의 평균 '다국가성' 지수

| 소재 국가별 기업 평균 | 지수 |
| --- | --- |
| 미국 | 45.8 |
| 영국 | 69.2 |
| 일본 | 42.8 |
| 프랑스 | 59.5 |
| 독일 | 49.0 |
| 소규모 유럽 국가들 | 72.2 |
| 100대 기업 평균 | 55.8 |
| 50대 기업 평균 | 47.8 |

출처 : 국제연합무역개발회의/에라스무스 대학교 데이터베이스(국내 자산·판매·고용 대비 해외 자산·판매·고용 비율). 국제연합무역개발회의,《2001년 세계 투자 보고서》참조.

이 29개"라고 2002년에 덧붙였다.[5]

이 때문에 많은 평론가들은 다국적기업들이 국가를 무시해도 될 정도로 커졌다고 주장한다. 그러나 이런 주장은 다음 세 가지 이유에서 잘못됐다.

1. 가장 중요한 국가들의 경제 규모는 가장 큰 다국적기업들에 비해서도 아직 월등히 크다. 터키, 이집트, 타이, 아르헨티나를 포함한 44개국은 세계 최대의 다국적기업인 엑손보다 규모가 크다. 반면 엑손의 매출은 미국 국내 총생산의 0.75퍼센트, 독일 국내총생산의 3퍼센트에 불과하다.

2. 다국적기업들은 하나같이 개별 국가들을 기지 삼아 세계로 뻗어 나간다. 〈도표 2-4〉의 숫자들은 다국적기업들의 해외 시장 진출, 해외 노동력 고용, 그리고 해외투자 정도를 나타내는 복합 지수로서, 다국적기업들이 실제로 얼마나 '다국적'인지 보여 준다.

**도표 2-5** 1990~1999년 세계 100대 다국적기업들의 평균 '다국가성' 지수

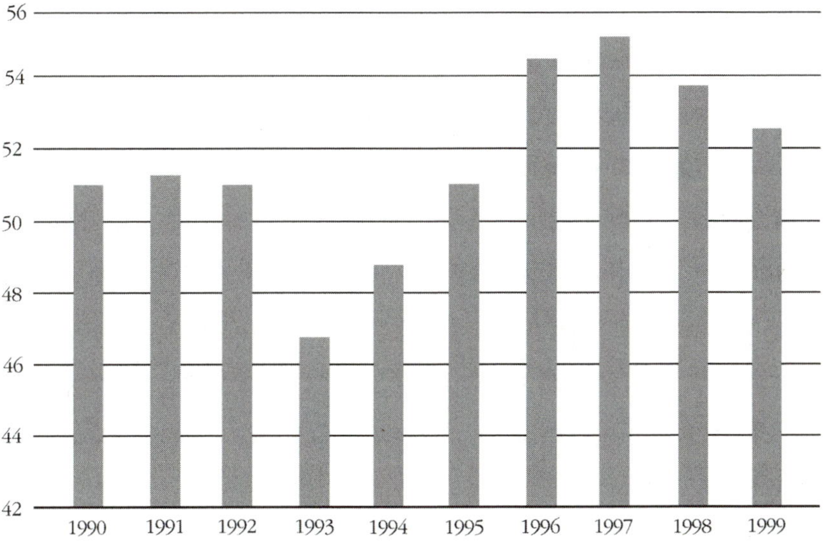

출처 : 국제연합무역개발회의

때때로 이 수치들은 다국적기업들이 모국 기반에 더는 의존하지 않는 증거로 인용된다. 그러나 이 도표에서 드러나는 진실은, 최상위 50개 다국적기업의 사업 기반에서 모국 시장이 절반 이상을 차지한다는 것이다. 게다가 이런 의존도는 세계 경제가 둔화하거나 침체할 때마다 여지없이 높아진다 (〈도표 2-5〉 참조).

즉, 민족국가는 다국적기업들에게 여전히 중요한 존재이며, 경제 위기 때는 특히 더 그렇다.

3. 다국적기업은 자신의 세계적 사업 이익을 보호하기 위해 민족국가에 의존한다. 그들의 이익을 지켜 줄 세계 정부 따위는 없다. 그래서 각각의 다국적기업은 개별 국가(또는 유럽연합 같은 국가군)에 의지해 WTO(세계무역기구) 같은 무역 협상, 환율 책정, 정부 계약 수주, 국유화 예방, 지적재산권 보호, 외채 상환 등의 문제에서 자신의 이익을 관철하려 한다.


## 자본주의 국가들 사이의 위계질서

자본주의 국가들은 서로 자국에 기반을 둔 다국적기업을 밀어주기 위해 경쟁한다. 그러나 이것은 애초부터 불공정한 경쟁이다.

국가들 간 위계질서의 맨 꼭대기에는 무역 협상 등에서 가장 영향력이 센 국가들이, 그리고 밑바닥에는 가장 약한 국가들이 있다. 강대국에 기반을 둔 다국적기업들은 약소국 기업들을 상대로 자신의 이익을 관철시킬 정치적 수단을 지닌 셈이다. 강대국의 기업들은 국가에 기댐으로써 자신에게 더 유리한 무역협정을 따낼 수 있을 뿐 아니라, 다른 나라의 자본시장을 개방시키고, 지적재산권 관련법이 자신들에게 유리한 방향으로 해석되게끔 하고, 현지에서 벌어들인 이윤을 본국으로 이체할 때 부과되는 세금을 낮추

며, 자신에게 유리한 환율을 관철시키는 등의 혜택을 누릴 수 있다.[6]

## 불균등 발전

자본주의 국가들 사이의 위계질서는 유동적이다. 각국 경제의 발전 속도는
서로 다르며, 각국 기업들이 국경을 넘어 시장을 개척하고 자본을 축적하는
속도에도 서로 차이가 있다.

　다국적기업들은 국가들 사이의 서열 변화에 대응해 다음 세 가지 전략을
구사한다.

• 노동자들을 더 쥐어짬으로써 자기 국가의 패권 약화로 생기는 불이익을
　상쇄하는 것.

도표 2-6 국가별 세계시장 수출 비중(단위 : 퍼센트)

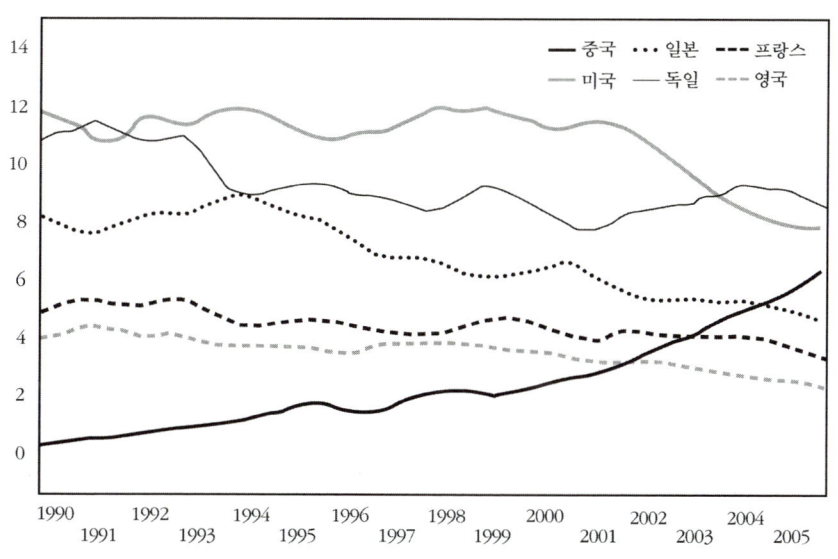

출처 : IMF, 국제연합무역개발회의, 맥킨지

- 해외투자를 늘림으로써 위험을 분산시키는 것.
- 경제 원조의 정치적 활용, 세계 금융 시스템을 통한 압력 행사, 군사력 과시 등의 정치적 수단으로써 자국의 경제적 지위 하락을 만회하도록 자국 국가에 압력을 가하는 것.


## 경쟁의 무대

자본주의에서는 이윤이 있는 곳에 투자가 따라간다. 그러므로 해외투자에 관한 통계를 보면 자본가들이 안정적이고 장기적인 이윤의 원천으로서 어느 나라를 가장 유망하게 여기는지 알 수 있다. 〈도표 2-7〉과 〈도표 2-8〉은 해외직접투자와 관련한 근래의 추이를 보여 준다.

〈도표 2-7〉을 보면 막대한 해외투자액 가운데 3분의 2 이상이 선진국(북미, 일본, 유럽을 포함하는 소위 '3대 축')으로 갔음을 알 수 있다. 선진국으

**도표 2-7** 1980~2004년 국가별과 세계 전체의 해외직접투자 유입 증감 추이(단위 : 10억 달러)

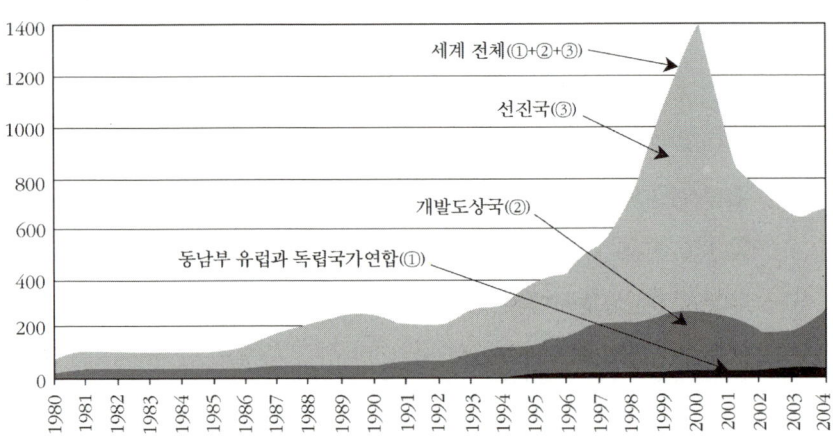

출처 : 국제연합무역개발회의, 해외직접투자/초국적기업 데이터베이스(www.unctad.org/fdistatistics)

로 가는 해외직접투자 비중은 특히 1990년대 말의 호황기에 커졌다가 이후에 다시 줄었지만, 여전히 나머지 세계에 돌아가는 것의 두 배다. 선진국들은 세계의 부가 집중돼 있는 곳일 뿐 아니라 자본가들이 추가 착취를 통해 가장 큰 이윤을 획득할 수 있다고 여기는 곳이다. 자본가들은 무엇보다 이 나라들에서 시장 지분과 투자 기회를 확대하기 위해 경쟁한다.

자본주의가 '남반구'의 가난한 나라들에 대한 착취를 통해 존속한다는 낡은 '제3세계주의' 관념은 오늘날의 현실에 들어맞지 않는다. 물론 자본주의는 가난한 나라들에게서 가져갈 수 있는 것은 가져가며("티끌 모아 태산"이므로) 이는 그 나라 민중에게 끔찍한 고통을 부과한다. 그러나 이들은 결코 주된 착취 대상은 아니다.

**도표 2-8** 1990년대 개발도상국의 공산품 수출 총액에서 개별 국가들이 차지한 비중

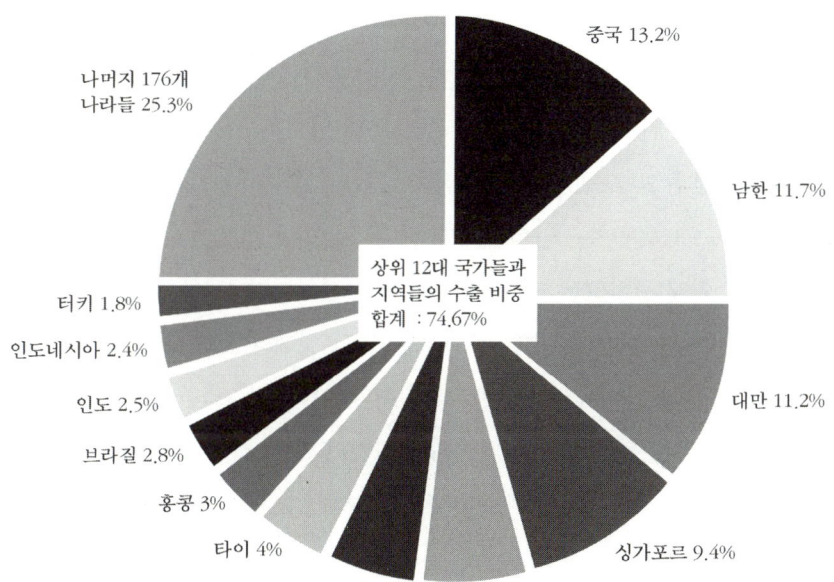

출처 : 국제연합무역개발회의, 《2002년 통계 핸드북》을 토대로 작성

해외투자의 3분의 1이 '남반구'를 향하는 것은 사실이다. 그러나 그조차도 몇몇 나라에만 집중되며 나머지 국가들은 소외된다.

'남반구'를 향하는 해외투자는 거의 절반이 중국(홍콩 포함), 브라질, 멕시코 이 세 곳으로 몰린다. 반면 세계에서 가장 가난한 176개국으로 향하는 투자액은 전 세계 해외투자의 8퍼센트에 불과하다. 이처럼 불균등한 투자 배분의 효과는 '남반구'의 제조업 수출 유형을 보여 주는 〈도표 2-8〉에서 드러난다.

그러나 이것으로 자본가들의 이해관계에 관한 그림이 완성되지는 않는다. 원자재와 특히 석유에 관한 그림을 추가해야 한다. 석유를 빼놓고는 중동의 전략적 중요성을 이해할 수 없다. 오늘날 같은 고유가 시대에는 베네수엘라와 아프리카 서부 일부 지역도 중동만큼은 아니지만 상당히 중요하며, 러시아도 종종 간과되지만 빼놓을 수 없다.

많은 경우, 주요 원자재를 수출하는 나라들은 해외투자가 집중되는 바로 그 소수의 국가들이기도 하다. 사람들은 보통 가장 가난한 나라들이 가장 부유한 나라에 원자재를 공급하는 줄로 안다. 그러나 현실은 사뭇 다르다. 곡물의 경우 2000~2001년에 미국이 수출한 물량이 8000만 톤 이상이었고, 아시아는 1500만 톤, 남미는 1750만 톤, 그리고 아프리카는 겨우 300만 톤이었다. 현재 브라질은 세계 최대 설탕 생산국이다. 광물의 경우도 사정은 비슷하다. "10대 광물 수출국 가운데 오직 칠레와 브라질만이 개발도상국인데, 이 두 나라의 순위 역시 각각 9위와 10위다."[7] 남반구의 대다수 국가들이 원자재와 식품 수출에 의존해 살아가는 것은 사실이다. 그러나 세계 자본주의가 남반구에서의 필수 원자재 수입이나 이윤 추출에 의존하는 정도는 아주 미미하다.

따라서 자본주의 착취의 관점에서 중요한 지역은 유럽, 북미, 일본, 중국,

브라질, 멕시코, 그리고 그 밖에 서너 개 정도의 산유국에 한정된다.

선진국 지배계급이 수세기에 걸쳐 지구를 강탈한 탓에 세계 나머지 지역에 남아 있는 부는 얼마 안 된다. 따라서 제3세계 국가들이 무역을 통해 가난에서 벗어날 수 있다는 신노동당의 주장은 어불성설이다. 오늘날의 체제에서 무역을 통해 성공하기에는 그 나라들에게 남아 있는 부존자원이 너무나 빈약한 까닭이다.


## 헤게모니를 지키려고 애쓰는 미국

1980년대에 서유럽 국가들과 일본은 미국보다 빠르게 성장했다. 그러나 지난 10년 동안 상황은 역전됐다. 미국 지배계급은 다음 세 가지 상호 연관된 전략을 구사함으로써 역전하는 데 성공했다.

도표 2-9 1947~2001년 미국 생산직 노동자의 주당 급여(1996년 달러 가치로 환산)

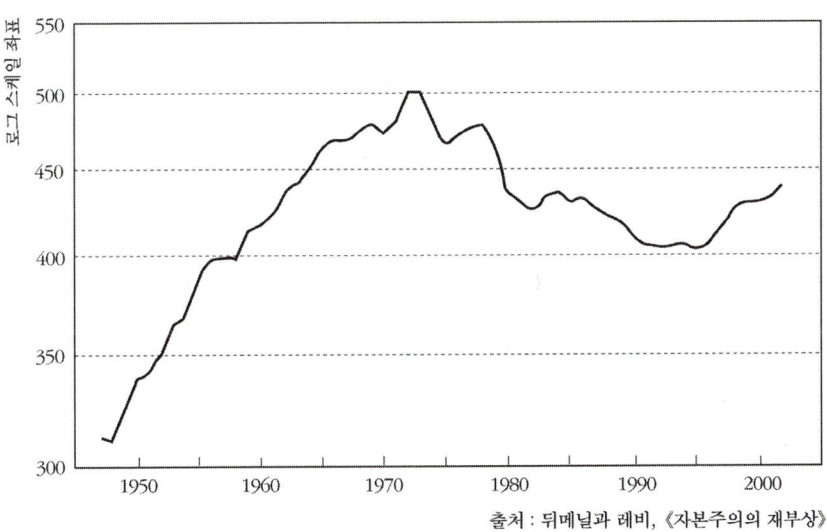

출처 : 뒤메닐과 레비, 《자본주의의 재부상》

1. 미국 노동자들에 대한 착취율이 엄청나게 증가했다. 이 점은 실질임금 (〈도표 2-9〉)과 노동시간(〈도표 2-10〉)에 관한 통계에서 드러난다. 여기서 사용한 것은 미국 노동부 통계다. 그러나 약간 다른 방식으로 산출한 국제 노동기구(ILO) 통계에 따르면 미국 노동자들의 평균 노동시간은 1980년

**도표 2-10** 2004년 노동자 1인당 연간 노동시간

| 국가 | 노동시간 |
|---|---|
| 한국 노동자 | 2380 |
| 멕시코 노동자 | 1848 |
| 미국 노동자 | 1824 |
| 영국 노동자 | 1689 |
| 프랑스 노동자 | 1441 |
| 네덜란드 노동자 | 1357 |

출처 : 미국 노동부

**도표 2-11** 미국 국내총생산 대비 순 외채 비중의 증감 추이(단위 : 퍼센트)

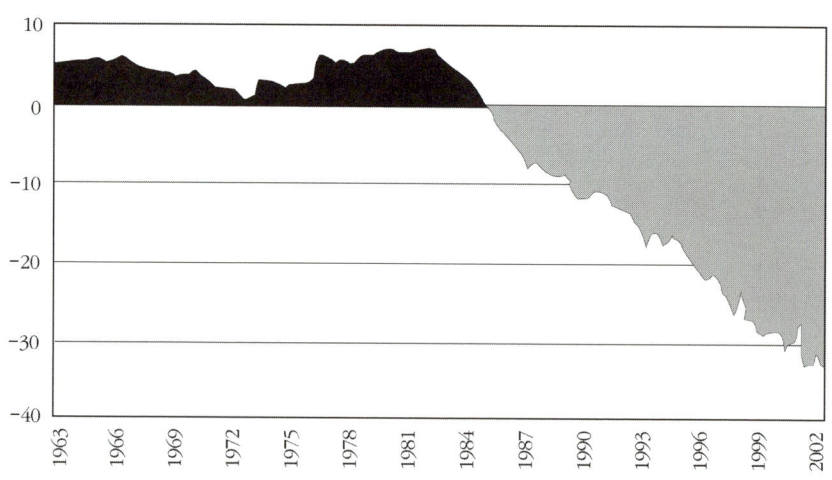

1883시간에서 1997년 1966시간으로 늘었다.[8]

2. 미국은 달러화의 기축 통화 지위(세계 각국은 외환 보유고를 달러로 채우며, 덕분에 미국은 다른 나라한테서 돈을 빌릴 때조차 자국 통화로 빌린다)로 뒷받침되는, 국제 금융 시스템에 대한 지배력에 의존해 미국 경제를 부양하려 해 왔다. 10년 넘게 미국 소비와 투자는 국내 소득이나 저축보다 훨씬 빠르게 증가해 왔다. 이 때문에 미국은 세계 최대 채무국이 됐다(〈도표 2-11〉 참조).

일본, 중국, 한국 등의 중앙은행은 대미 수출에서 번 돈으로 미국 국채를 사들였고, 이렇게 미국으로 다시 흘러간 돈을 미국 기업들과 소비자들이 은행을 통해 융자를 받았다. 또 이 돈으로 미국의 다국적기업들은 미국에 돈을 빌려 준 나라들을 포함한 여러 나라에 다시 투자했다.

도표 2-12 미국의 상품과 서비스 교역(단위 : 10억 달러)

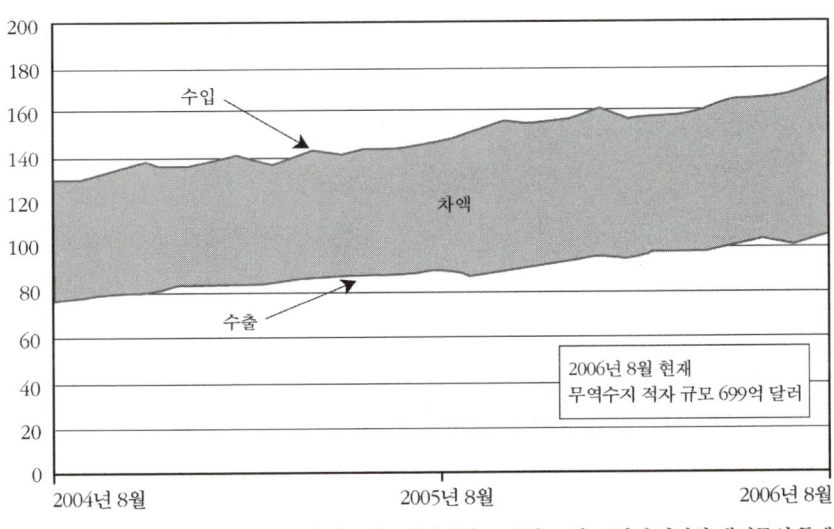

출처 : 미국 통계청이 2006년 10월 12일에 발간한 대외무역 통계

이 덕에 미국 경제는 8000억 달러에 육박하는 무역 적자에도 불구하고 확장세를 유지할 수 있었다.

미국의 총 해외투자 가치는 미국으로 들어오는 외국인 투자 가치의 80퍼센트밖에 안 된다. 그런데도 미국의 해외투자가 벌어들이는 이윤과 이자 수익의 총량이 더 크다. 사실상 나머지 세계의 정부들과 자본가들은 미국에 자본을 들여놓는 대가로 미국 경제에 보조금을 지불하고 있는 셈이다.

자본가와 정부 관료는 자선 사업가들이 아니다. 그들이 미국에 사실상의 보조금을 지급하는 것은 미국 국가의 힘 때문이다.

3. 이런 국가의 힘이야말로 미국 지배계급이 자신의 헤게모니를 유지하기 위해 활용해 온 세 번째 무기다. 그들의 이데올로기는 신자유주의였을지 모르나 국내에서 그들이 보인 행동은 사뭇 달랐다. 미국 지배계급은 미국에 기반을 둔 다국적기업들과 은행들을 보호하기 위해 국가 개입을 유도했고, 그러면서도 다른 나라에는 신자유주의 정책과 국가 구실 축소를 요구했다. 국가 개입이 미국 기업들에 가져다 준 혜택에는 여러 가지가 있다. 한번 살펴보자.

- 군비 증강의 한 가지 혜택은 기업에 대한 보조 효과다. 미 국방부는 1990년대 초 일본 컴퓨터 산업의 도전에 대응하기 위한 미국 컴퓨터 산업의 재편에서 중요한 구실을 했다. 또 클린턴 행정부도 항공 우주 산업 부문에서 유럽의 경쟁사보다 더 큰 기업을 탄생시키려고 1996년 보잉과 맥도넬더글러스의 합병을 적극 고무했다.

- 연방준비제도이사회와 역대 미국 정부는 미국 기업들에게 유리한 환율을 관철시키려고 노력해 왔다(1980년대 중반에 일본·독일과 맺은 플라자 합의가 대표 사례다). 미국 재무부는 외채로 고통받는 나라들에 대한 구제금융을 기회 삼아 미국 금융기관들의 세계적 영향력을 강화했다.

- 공화당과 민주당 정부 모두 대기업의 도산을 막기 위해 팔 걷고 나섰다. 그렇게 해서 1980년에는 크라이슬러가, 1980년대 중반에는 저축대부조합이, 1998년에는 롱텀캐피털매니지먼트가 구제받았다.
- 무엇보다 군사력으로 뒷받침되는 미국 국가의 힘은 미국 기업들의 이해관계에 맞게 세계를 좌지우지할 수 있는 수단으로 여겨진다. 이는 다른 선진국과 무역 협상을 하는 데서도, 그리고 약소국들에게 다국적기업을 위한 시장 개방과 신자유주의 정책을 강요하는 데서도 마찬가지다.

## 샌드위치 신세인 유럽

유럽 경제는 두 방향에서 압력을 받고 있다. 한편으로는 동아시아와의 경쟁 압력이 점점 거세지고 있다. 중국은 일본과 '아시아 호랑이'들한테서 수입한 부품을 조립해 만든 상품을 세계시장에 내놓는 방식으로 다양한 산업에 걸쳐 유럽의 중요한 경쟁자로 떠올랐다. 그뿐 아니라 일본 역시 경제 침체에도 불구하고 지난 15년 동안 꾸준히 투자해 왔다.

다른 한편에는 지난 30년 동안 노동력 착취율을 높여 온 미국 경제의 압력이 있다. 비록 유럽의 몇몇 나라는 시간당 노동생산성을 미국보다 높은 수준까지 끌어올리는 데 성공했지만 미국의 절대 노동시간이 워낙 높은 탓에 노동자 1인당 산출량은 여전히 미국이 유럽을 앞서간다.

이런 사태 전개는 유럽 자본가들이 다른 나라 자본가들과 마찬가지로 이윤율 저하 압력에 직면한 상황에서 나타났다. 유럽 자본가들의 처지를 더욱 어렵게 하는 것은 그들이 제2차세계대전 이후 체제 안정을 위해 사용해 온 전략이다. 즉, 짧은 노동시간, 노동권, 복지, 연금 등 노동자들에 대한 양보를 근간으로 하는 '사회적 협약'을 노동조합 관료들과 합의해서 제도화한 것이 화근이었다. 〈도표 2-13〉을 보면 알 수 있듯이, 유럽 자본가들은 미국의 경쟁자들에 비해 훨씬 많은 돈을 복지에 쓰고 있다.

이 모든 이유로, 유럽 자본가들이 착취율을 높이는 데는 정치적 어려움이 따른다. 그러나 그들은 세계시장에서 자신들의 입지를 지키려면 착취율을 높이는 것밖에 도리가 없다고 생각한다. 그래서 유럽 자본가들은 자국 정부에 신자유주의 정책을 종용하는 한편으로, 생산 설비를 동유럽 등지로 이전하겠다고 협박함으로써 자기 노동자들을 단속하려 한다.

독일은 유럽 최대 규모의 경제이자 여전히 세계 최대 수출국이다. 그러나 이런 독일조차 자국 자본의 입지를 지켜 주기 위해 노동자들을 공격해야 했다. 그래서 BBC는 2005년 독일 노동자들의 "실질임금이 급감했고 노동시간은 주 40시간에 육박하는 수준으로 돌아왔다. 이제 일부 사용자들은 독일

**도표 2-13** 2005년 인건비 대비 복지비 부담 비율(단위 : 퍼센트)

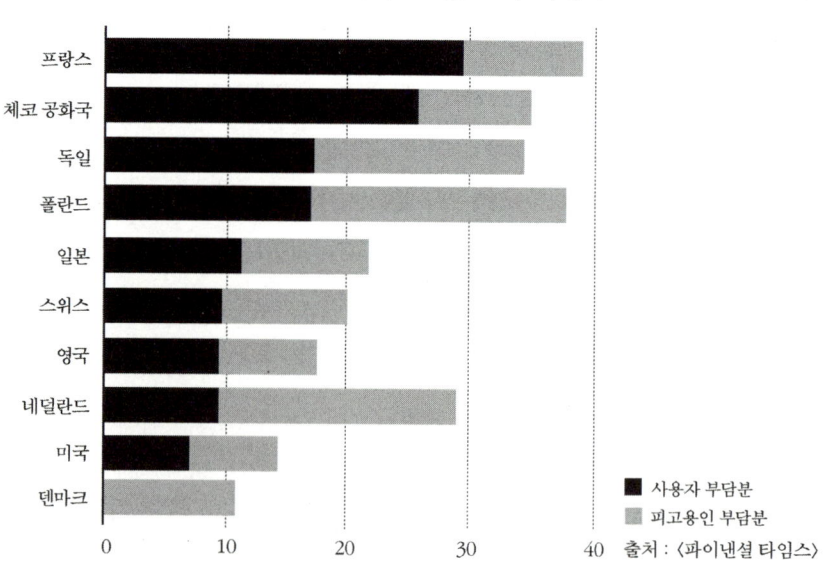

■ 사용자 부담분
■ 피고용인 부담분

출처: 〈파이낸셜 타임스〉

노동자와 영국 노동자를 고용하는 것 사이에 별 차이를 못 느낄 정도"라고
보도했다.[9] 독일 노동자들의 사정이 어떻게 바뀌었는지는 〈도표 2-14〉에
잘 나타나 있다.

　프랑스, 영국, 이탈리아 등지의 자본가들도 똑같은 압력에 노출돼 있다.
그들은 미국, 일본, 아시아 호랑이들, 그리고 중국 자본가들과 경쟁해야 한
다. 이 나라들의 노동자들은 프랑스나 독일 노동자들보다 적어도 연 300시
간을 더 일한다. 이에 대한 대응으로 유럽 자본가들은 과거에 '사회 평화'를
위해 노동자들에게 양보했던 것들을 되찾기 위해 끊임없는 공세를 펼칠 것
이다. 이런 시도는 유럽에서 수십 년 동안 보지 못한 거대한 규모의 계급투
쟁을 촉발할 수 있다.

**도표 2-14** 1995~2004년 독일 인건비 증감 추이

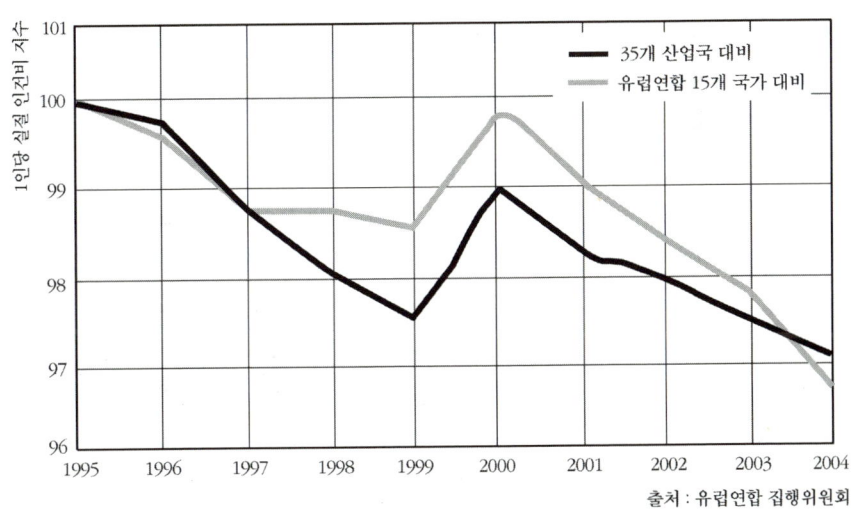

출처 : 유럽연합 집행위원회

## 금융 불안

미국의 막대한 국가 채무는 금융 투기를 더욱 부채질했다. 언제나 투자자들은 생산적 부문에 이윤율 압박이 오면 단기 수익을 낼 수 있는 다른 투자처를 찾아 나선다. 지난 10년 사이에는 파생상품이라는 새로운 투기 수단이 널리 각광받게 됐다. 애초에 파생상품은 기업과 은행이 예기치 않은 환율 변동에 맞서 자신을 보호하기 위한 수단으로 발명됐으나, 나중에 가서는 온갖 경제 지표들의 변동에 관한 일종의 도박으로 변질됐다. 오늘날 이런 도박을 업으로 삼는 헤지펀드들은 수십억 달러씩을 움직인다.

2004년 중반에 이르러 시중에 거래되는 파생상품의 총 가치는 전 세계 국내총생산의 6배까지 성장했다. 파생상품 시장은 전 세계적이기 때문에 어떤 정부의 규제도 받지 않는다. 업계에서는 파생상품 시장에 8년 전의 롱텀캐피털매니지먼트 사태 같은 대형 사고가 터질 경우 금융 시스템이 입을 타격에 대한 공포심이 상존한다.

도표 2-15 은행권 파생상품의 증감 추이(단위 : 10억 달러)

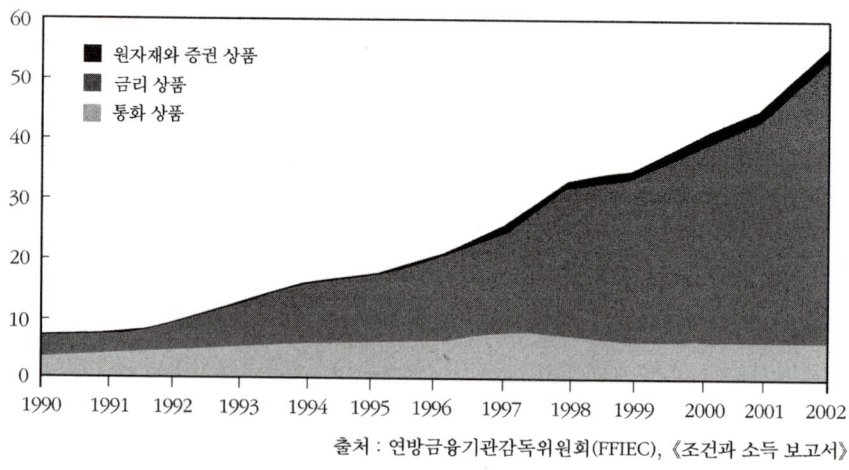

출처 : 연방금융기관감독위원회(FFIEC), 《조건과 소득 보고서》

## 중국 문제

중국 경제는 그동안 엄청나게 성장했다. 그러나 이것이 자본주의 경제 호황에 고질적으로 따라다니는 거품을 동반한 성장일지도 모른다는 우려들이 있다.

중국의 국내 투자 수위는 매우 높지만 그에 비해 고용 증가율은 턱없이 낮다. "1978~1993년에 고용은 연간 2.5퍼센트 늘었지만, 1980년대에 비해 국내총생산에서 투자가 차지하는 비중이 훨씬 컸던 1993~2004년의 기간 중 고용 증가율은 연간 1퍼센트를 조금 넘겼을 뿐이다."[10]

노동자 1인당 자본 투자율 증가 추세가 이윤율에 하방 압력을 가하고 있다는 강력한 증거들이 있다. 이런 하방 압력은 각자 다른 다국적기업과 제휴하고 있는 현지 기업들 간의 재고품 팔아치우기 경쟁으로 더 악화된다. 그러나 이런 수익성 압박은 중국 은행들이 부실 대출을 한도 끝도 없이 늘려 주고 있는 덕분에 은폐된다. 중국 은행 시스템 내의 부실채권 규모는 공식 통계만 해도 전체 대출의 20퍼센트며, 일부 비공식 추산에 따르면, 국내총생산의 45퍼센트 규모에 달한다.[11] 중기적으로 볼 때 파괴적인 위기가 닥쳐올 가능성이 매우 크며, 그 충격은 전 세계를 뒤흔들 것이다.

그러나 지금으로서는 중국의 부상이 다른 측면에서 세계 경제에 직접적인 영향을 주고 있다. 중국은 어마어마한 성장세를 유지하기 위해 곳곳에서 원자재를 수입해 왔고, 이 때문에 원자재 가격이 올라 전 세계 기업들이 원가 부담을 느끼고 있다. 이와 동시에 중국산 소비재의 범람은 다른 나라 기업들이 판매하는 소비재 가격에도 하방 압력을 가하고 있다. 이런 압력들은 이윤율의 장기적 하락 경향에서 비롯하는 여러 문제들을 더욱더 악화시킨다.

## 미래를 내다보기

지금까지 제시한 스냅사진들이 앞으로 어떤 필름을 만들어 낼지 예측하는 것은 불가능하다. 특히 가까운 미래에 언제 침체기가 올지를 예측하는 것과 같은 객기 부리기는 각별히 삼가야 할 일이다(그렇지만 약 10년 주기의 전통적 경기순환 유형이 1980년대 초반부터 다시 나타나기 시작했음은 주목할 가치가 있다). 그보다 훨씬 중요한 것은 이런 모순적 압력들이 빚어내는 정치적 파장을 이해하는 것이다.

• 유럽 자본은 샌드위치 신세가 될까봐 갈수록 초조해 하고 있다. 그렇기 때문에 정계에 있는 자본의 친구들이 갈수록 기를 쓰고 복지 혜택, 연금, 노동시간, 교육에 대한 신자유주의적 '개혁'을 밀어붙이려는 것이다. 설령 그 때문에 수십 년 동안 노동계급을 체제에 순응하게 도와줬던 모든 중재 구조들(사회민주주의 정당, 노동조합 관료층)이 와해되더라도 어쩔 수 없다.

• 갈수록 실물경제와의 연관성이 희미해져 가는 신용 시장의 무한 확장 드라이브는 오직 환율 불안, 대기업 도산, 국가의 채무 상환 거부, 원자재 가격 급등·급락 등과 같은 패닉 요인이 전혀 없을 때에만 지속될 수 있다. 이런 패닉 사태가 오면 기업과 금융기관이 서로 빌려 준 돈을 부랴부랴 회수하려 들면서 신용 시스템 전체가 붕괴 위험에 처하게 된다. 정부는 금융 시스템 전체를 살리고 자국에 기반을 둔 다국적기업들을 살리기 위해 신자유주의 이데올로기를 거스르는 한이 있더라도 정치권력을 동원해 사태에 개입하려 할 것이다. 그러나 다국적기업들의 부상과 국경을 가로지르는 경제 활동의 폭증으로 정부 개입은 이전보다 훨씬 어렵다.

• 국내적으로는 지배계급 성원들 사이의 분열이 더 심해질 것이다. 위기에 처한 자본가들은 서로 자기 부문에 대한 국가의 보호를 얻어내려고 다툰

다. 한 부문이 보호받는 대가로 다른 부문이 희생당해도 어쩔 수 없다.

• 국제적으로는 개별 국가들이 다른 나라 기업들에 대해 자국 기업들의 이익을 관철하는 문제에서 점점 더 자신의 정치권력을, 그중에서도 군사력을 유용한 수단으로 여기게 될 것이다. 미국이 석유 매장량 세계 2위인 나라를 점령함으로써 '미국의 신세기'를 개척하려 한 것은 이런 추세를 잘 보여 준다. 러시아가 천연가스를 무기로 영향력을 확대하고 있는 것과 중국·일본 사이의 긴장 관계도 마찬가지다.

• 따라서 세계화와 신자유주의 이데올로기는 국가 개입이나 국가들 간 갈등의 종말을 뜻하지 않는다. 비록 세계 위계질서의 상충부에 있는 국가들의 경우 서로 이해관계가 충돌할 때 직접 싸우기보다는 위계질서의 훨씬 아래쪽에 있는 나라에서 피 튀기는 '대리전'을 치르는 양상을 보이지만 말이다.

군비 지출에 관한 통계만큼 오늘날 체제에 깊숙이 내재한 정치적·군사적 동력을 잘 보여 주는 지표가 없다(〈도표 2-16〉 참조).

그러나 군비를 증강하고 있는 나라는 비단 미국만이 아니다. 그래도 미국이 다른 나라들보다 압도적으로 우세하기는 하다.

현재 두 곳에 거대한 정치적 불안정 벨트가 존재한다. 하나는 사하라 이남 아프리카다. 그리고 또 하나, 지중해 연안에서 동쪽의 인더스 강 유역까지 뻗고 북쪽으로는 중앙아시아를 침범하는 영역이다. 비록 여러 차례의 전쟁으로 피폐해진 아프리카인들에게는 이 영역이 덜 중요할지라도 체제 전체로 봤을 때는 더 중요하다. 일국에 기반을 둔 다국적기업들이 불안정한 세계 경제 체제에서 생존하기 위해 서로 싸우는 가운데, 자본주의 경쟁의 논리가 이런 지역에서 더 많은 군사 충돌과 정치 격변을 빚어낼 것임을 우리는 예상할 수 있다.

정치 위기가 갑작스럽게 터져 나올 것이고, 그와 더불어 지배계급 내의 갑작스러운 분열도 나타날 것이다. 레닌은 다수 대중이 현 상태를 더는 용인할 수 없고 지배계급도 마찬가지인 상황을 '혁명 전야의 상황'으로 정의했다. 지배계급 내부의 첨예한 분열은 대중을 옭아매던 억압적인 이데올로기 족쇄를 일순간 깨뜨릴 수 있고, 이를 계기로 그동안 억눌렸던 대중의 불만이 전면으로 표출될 수 있다.

선진 자본주의 국가들에서도, 그리고 대부분 개발도상국들에서도 아직 이런 상황이 도래하려면 한참 멀었다. 그러나 지난 몇 년 사이에 우리는 레닌이 묘사한 것과 흡사한 상황에서 혁명까지는 아니더라도 거대한 대중

**도표 2-16** 1945~2008년 미국 군비 지출 추이(단위 : 2004년 가치로 환산한 10억 달러)

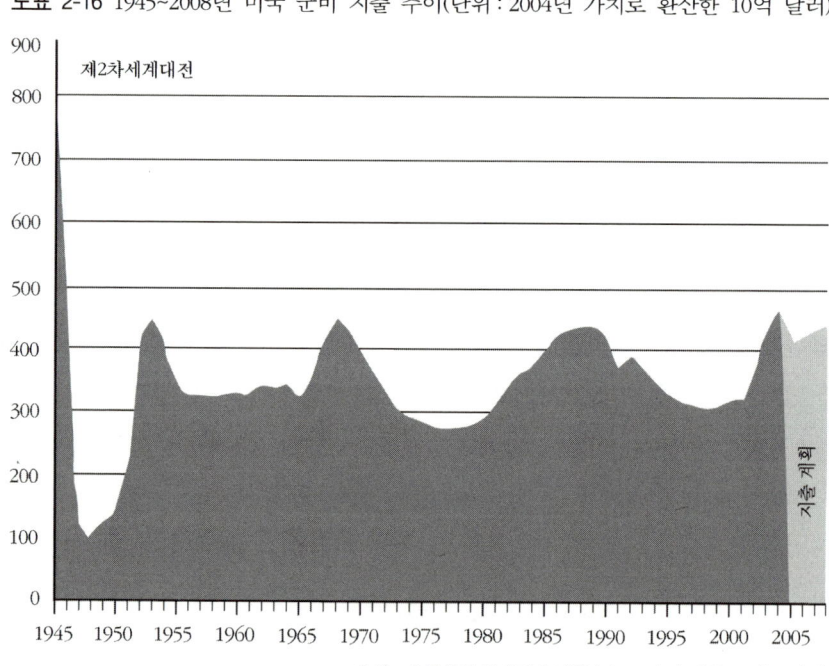

출처 : 스톡홀름국제평화연구소(SIPRI) 수치를 토대로 작성

시위와 정치 위기가 연출된 몇몇 괄목할 만한 사례를 봤다. 인도네시아, 에콰도르, 볼리비아, 베네수엘라, 네팔의 사례가 그랬고 가장 최근에는 멕시코의 오악사카에서 그런 일이 벌어졌다. 지금까지 살펴 본 스냅사진들은 다가올 몇십 년 동안 이런 장면들이 더 많이 연출될 것임을 시사한다. 그리고 이런 현상은 세계 체제의 지배자들 눈에 부차적으로 보이는 지역에만 국한되지 않을 것이다.

[천경록 옮김]

# chapter 3

# 신자유주의의 진정한 성격

크리스 하먼

1999년 시애틀에서 일어난 역사적인 WTO 반대 시위와 더불어 좌파들 사전에 새로운 단어¹가 등장했는데, 그것은 바로 '신자유주의'다.² 시애틀 시위를 통해 탄생한 운동은 스스로 '반세계화 운동'(또는 '기업 중심의 세계화에 반대하는 운동')이나 '반신자유주의 운동'이라 칭했다. 급진 좌파들은 자신들이 반대하는 경제 정책들을 종종 '신자유주의 정책'으로 규정하면서 이 용어를 전유했다.

그러나 '신자유주의'라는 용어의 지시 대상은 다소 애매하다. 신자유주의란 자본주의를 운영하는 특정 방식을 뜻하는가, 아니면 현 단계 자본주의의 본질적 특성인가? 달리 말해, 정부 정책만 바뀌면 신자유주의가 물러갈 것인가, 아니면 체제 전체에 맞선 대결이 필요한가? 또 신자유주의는 국가 개입을 극구 반대하는 '자유주의' 우파 이데올로기의 구현인가, 아니면 그보다 훨씬 복잡한 어떤 현상인가?

---

이 글은 《인터내셔널 소셜리즘》 117호(2008년 겨울)에 실린 "Theorising neoliberalism"을 번역한 글이다.

시애틀 시위로 탄생한 운동 내에서 가장 영향력 있는 인사들은 대부분 이런 질문들에 대해 첫 번째 답을 택했다. 프랑스의 아탁(ATTAC : 금융거래 과세시민연합) 지도자들은 아탁이 '반자본주의' 단체가 아니며 단지 국민경제를 불안에 빠뜨리는 단기 금융자본의 유입을 막으려 할 뿐이라고 말했다.[3] 아탁 창립자인 베르나르 카상은 자본주의를 기초로 한 '보호무역주의' 국민경제를 원한다고 말했다. 수전 조지는 간혹 자본주의의 문제점에 관해 말하기는 했지만, 마치 '세계화의 악영향'이 자본주의 자체보다 더 심각한 문제인 양, 그리고 자본주의와 별개의 문제인 양 얘기했다.

1960년대 이후에 무엇이 바뀌었는지 설명하는 대목에서는, 세계 경제 체제의 내적 작동 방식의 변화보다는 특정 이데올로기의 득세가 강조됐다. 프랑스 사회학자 피에르 부르디외는 이런 관점을 다음과 같이 명쾌하게 표현했다. "주요 쟁점은 신자유주의이고 국가의 후퇴다. 프랑스에서는 신자유주의 철학이 국가의 모든 사회적 행위와 정책에 깊숙이 뿌리 내렸다."[4] 이는 "국가의 후퇴를 부추기고 결과적으로 모든 것이 경제 가치에 종속되도록 부추긴 …… 어떤 공유된 믿음의 결과"였다.[5]

이런 주장의 논리적 귀결은 사회 상층부의 이데올로기나 정치만 바뀌면 자본주의 국가와 기업들의 고약한 행태를 바로잡을 수 있다는 것이다. 이를 달성하기 위해서는 특정 자본가 집단들과 연합하는 것도 고려할 수 있다. 수전 조지는 가령 보험사 같은 "다국적기업들조차도 …… 때로 이런 연합의 대상이 될 수 있다"며 이론적 가능성을 열어 뒀다.[6] 베르나르 카상은 한발 더 나아가 프랑스 국방장관 출신인 장 피에르 셰베느망을 선거에서 지지함으로써 이런 관점을 실천했다.

그러나 '신자유주의적'이라는 말로 수식되는 각종 해악이 현 단계 자본주의의 성격에서 비롯한다고 본, 우리 같은 사람들의 접근법은 매우 달랐다.

물론 우리는 앞서 말한 견해 차이에도 불구하고 신자유주의의 해악들에 맞서 싸우는 운동에 기꺼이 동참했다. 당시에 나는 다음과 같이 썼다. "수십만 명, 어쩌면 수백만 명의 사람들이 처음으로 세계 체제에 도전하기 시작했다. 그들은 엄청나게 다양한 배경과 경험을 지니고 있고, 그만큼 다양한 생각들을 운동에 가지고 들어온다."[7] 그러나 이렇게 서로 다른 관점들은 언젠가는 실천에 영향을 줄 수밖에 없었다. 그래서 나는 "그런 견해 차이가 해소되지 않는다면 운동이 어느 단계 이상으로 발전할 수 없을 것"이라고 덧붙였다.[8]

지난 2년 동안의 사태 전개는 그런 의견 차이가 실제로 실천에 큰 영향을 미친다는 점을 보여 준다. 알렉스 캘리니코스와 크리스 나인햄은 시애틀 시위를 계기로 탄생한 세계사회포럼 운동 내의 맥 빠지는 분열에 대해 글을 쓴 바 있고,[9] 다니엘 뱅사이드와 피에르 루세는 이렇게 지적했다.

대안 세계화의 '축'이라 할 수 있는 브라질 노동당과 이탈리아 재건공산당(리폰다치오네 코무니스타)은 중도좌파 연립정부에 적극 참여하거나 거기서 주도적 구실을 하며 사회자유주의 정책들을 공공연히 추진하고 있다. 6년도 채 걸리지 않은 이 정당들의 변질은 무수한 파급효과를 낳을 것이다. 문제는 갑자기 변했다는 사실이 아니다. …… 문제는 당내에서 그런 변질에 대한 반발이 없었다는 사실이다. 우리는 이런 사실을 통해 반신자유주의 언사의 한계에 대해서도, 그리고 그런 언사들이 부분적으로 가려 왔던 깊은 체념에 대해서도 상기해 봐야 한다.[10]

그런 연유에서 다시 한 번 신자유주의와 자본주의의 관계를, 또 연관된 문제로서 반신자유주의와 반자본주의의 관계를 고찰할 필요가 있다.[11]

## 신자유주의에 대한 마르크스주의 해석들

마르크스주의 관점에서 신자유주의를 설명하려고 한 문헌은 여러 개 있다. 제라르 뒤메닐과 도미니크 레비의 《자본주의의 재부상》이나 프랑수아 셰네의 《자본의 세계화》가 좋은 예이고, 아마도 영향력이 가장 큰 것으로는 데이비드 하비의 《신제국주의》와 《신자유주의의 간략한 역사》를 들 수 있을 것이다.*

이 문헌들은 오늘날의 세계에 관한 유용한 정보들로 가득하다. 그러나 신자유주의에 대한 관점은 운동 내 비(非)마르크스주의자들의 문헌에서 발견되는 것과 비슷하게 모호하다. 저자들은 한결같이 1970년대에 자본주의가 일련의 문제에 봉착하면서 새로운 위기의 시기가 도래했음을 언급한다. 그러나 저자들은 이것이 자본주의 자체에서 비롯한 문제가 아니라 자본주의의 특수한 운영 방식에서 비롯한 문제라는 뉘앙스를 풍긴다. 가령 뒤메닐과 레비는 자본주의의 새로운 침체기에 앞서 이윤율이 먼저 하락했으며 아직도 체제가 그 여파에서 완전히 헤어 나오지 못하고 있음을 지적하면서도,[12] 곧이어 신자유주의의 약진을 '금융자본'이 1970년대 말에 감행한 '쿠데타'로 묘사한다.[13] 이 쿠데타로 산업자본의 '케인스주의' 방식, 즉 복지국가 덕분에 가능했던 노동계급 조직들과의 '타협'에 바탕을 둔 자본축적 방식이 폐기됐다고 한다.[14]

프랑수아 셰네의 논조도 종종 이와 비슷하다. 셰네 역시 1970년대 말의 '쿠데타'를 언급하며, '산업자본'이 '화폐자본'에 종속되고 말았다고 쓴다.[15] 비록 셰네 본인은 혁명적 사회주의자이지만, 그의 주장이 지닌 함의는 만약

---

* 국역은 앞에서부터 《자본의 반격 — 신자유주의 혁명의 기원》(필맥, 2006), 《금융의 세계화 — 기원, 비용 및 노림》(한울, 2008), 《신제국주의》(한울, 2005), 《신자유주의 — 간략한 역사》(한울, 2007)이다.

'산업자본'이 '금융자본'보다 우위에 있다면 자본주의가 지금과 같은 "지지부진한 투자 수준"이나 "제조업 고용 파괴와 …… 남아 있는 일자리에 대한 강력한 압박"으로 병을 앓지는 않았으리라는 것이다.[16]

데이비드 하비의 주장도 이들과 본질적으로 같다. 하비는 1970년대 중반 이전의 미국, 서유럽, 일본 자본주의가 "자본과 노동 사이의 계급 타협"을 바탕으로 팽창했다고 설명한다. 그런 "계급 타협"의 구체적 내용은 다음과 같았다.

국가가 완전고용, 경제성장, 자국민의 복지에 주력할 것, 그리고 이런 목표를 달성하기 위해 시장의 힘과 더불어 국가권력을 제약 없이 활용하며, 필요하다면 국가가 시장에 개입하거나 시장 기능을 대체할 수도 있다는 것이 합의됐다. 보통 '케인스주의'라는 수식어가 붙는 재정 정책이나 통화정책들이 경기순환을 제어하고 완전고용에 가까운 고용 수준을 실현하기 위해 광범하게 활용됐다.[17]

하비는 이것을 "견고히 뿌리박은 자유주의"라고 불렀고, 그것이 "1950년대와 1960년대에 선진 자본주의 국가들의 높은 성장률을 가능하게 했"으며 "국가가 시장 개입을 통해 사회적이고 도덕적인 경제 질서를 조성했다"고 썼다.[18]

하비는 이 시스템이 1970년대에 붕괴했다는 사실은 인정한다. 그는 현재까지 이어지고 있는 "과잉 축적 위기"가 사태의 원인이었다고 주장한다.[19] 그러나 하비는 자꾸 기존 체제의 틀 안에서도 다른 대안이 가능했던 것처럼 얘기한다.

하비는 자본가계급의 권력이 케인스주의를 통해 희석됐고 1970년대 중반에는 위협받을 지경에 이르렀기 때문에 자본가들이 신자유주의 해법을 채택했다고 설명한다. 즉, 그들이 신자유주의를 선택한 것은 "계급 권력의 복원"[20]을 위해서이며 심지어 "신자유주의가 계급 형성의 조건을 창조"[21]하기 때문이다.

계급 권력이 복원되는 과정에서 나타나는 현상 하나는 산업자본에 대한 금융자본의 우위다. "의심의 여지없이 생산에서 금융으로 권력이 이동했다. …… 메인스트리트[실물경제]와 월스트리트[금융]의 갈등에서 후자가 승리한 것이다." 하비는 이어서 이렇게 주장한다. "그러므로 신자유주의에서는 최고경영자들과 기업 이사회 중역들, 그리고 이들을 둘러싼 금융·법률·기술 엘리트들이 떠오르는 계급 권력의 중심을 이루고 있다." 한편 이들의 권력이 강화되면서 피해를 보는 집단에는 주주들도 포함된다. "자본의 실제 소유자인 주주들의 힘은 다소 약해졌다."[22]

여기에서 도출되는 결론은 단지 자본주의 틀 내의 대안이 가능할 뿐 아니라 그런 대안이 자본주의를 위해서도 더 바람직할 수 있다는 것이다. "역설적이기는 하지만, 자본가계급 권력보다는 강력한 사회민주주의 노동계급 운동이 자본주의를 구제하기에 더 유리한 위치에 있다." 이는 "반혁명적 결론처럼 들릴 수도 있다"고 하비는 말한다. 그러나 "정작 자본주의 위기로 고통받고 굶주리고 심지어 목숨까지 잃는 것은 상류계급보다는 평범한 사람들이다."[23]

《신제국주의》에서 하비는 자신이 생각하는 개량된 자본주의의 모습을 다음과 같이 묘사한다.

미국은 국내에서 부를 대대적으로 재분배하고, 생산 활동과 물질 인프라와 사회 인프라 혁신에 자본을 투여함으로써 제국주의로 치닫는 자국의 경로를 되돌리거나 적어도 수정할 수 있을 것이다. …… 미국을 비롯한 주요 자본주의 국가에서 신자유주의 정책에 대대적인 반격을 가하는 것이야말로 자본주의의 자기 파괴적이고 위기에 취약한 내재적 동인으로부터 자본주의를 지킬 수 있는 유일한 방법일지도 모른다.[24]

뒤메닐과 레비의 접근법도 이와 매우 비슷하다. 이들은 "자본주의가 현재 겪고 있는 문제들을 포함해 자본주의의 역사를 분석하는 데서는 케인스주의 관점이 …… 매우 합리적"이지만 "아쉽게도 지난 수십 년 동안의 정치 여건에서는 신자유주의 공세를 저지하고 …… 다른 사회 세력들과 연합해 …… 대안 정책들을 도입해 볼 엄두를 낼 수 없었다"[25]고 설명한다. 이런 주장의 논리적 결론은 급진적 사회주의자들이 브라질이나 이탈리아 정부 같은 중도좌파 정부에 들어가도 된다는 것일 수 있다. 이 논리대로라면 신자유주의에 효과적으로 도전하기 위해 반자본주의 정치에서 한발 물러서는 것도 필요할 수 있다.


## 신자유주의의 성격

그렇다면 신자유주의의 진정한 성격은 무엇인가? 이 물음에 답하기는 의외로 쉽지 않다.

신자유주의는 어떤 면에서는 하나의 이데올로기다. '신자유주의'는 풀어 말하면 '새로운 자유주의'를 뜻하며, 유럽에서 '자유주의'란 (북미에서와는 달리) '자유시장주의'를 뜻한다. 그런 점에서 신자유주의는 1930년대 대공황 이전까지 정설로 통했던 '자유방임' 경제 이데올로기의 부활이다. 자유방임 이데올로기에 따르면, 시장경제는 혼자서도 잘 돌아가며 시간이 갈수록 더 많은 부를 생산하기 마련이다. 자유시장에서 나타나는 모든 문제는, 수요와 공급의 일치를 유도하는 가격·임금의 자유로운 운동을 방해하는 '부자연스러운 독점'(특히 노동시장 내의) 탓으로 돌려진다. 국가 개입은 경제를 왜곡하는 주범으로 치부된다. 따라서 국가의 구실은 사유재산 보호, 국방, 그리고 (신자유주의의 통화주의 버전에 따르면) 통화량 조절에 한정돼야 한다. 이 이데올로기를 뒷받침하는 소위 '신고전학파' 경제학 '이론'은 자유시장에서는 언제나 완전고용이 이뤄지고 생산된 상품이 모두 팔린다는 것을 수학적으로 엄밀하게 증명할 수 있다고 주장한다.[26]

구식 '자유주의'는 제2차세계대전이 끝날 무렵에는 신뢰를 잃었다. 사실 20세기 초부터 이미 각국 지배자들은 말로는 '자유주의'를 내세우면서도 실천에서는 그것과 모순되는 정책을 펴기 시작했다(그 당시에 이미 루돌프 힐퍼딩, 니콜라이 부하린, 레닌은 독점자본주의와 그것의 산물인 제국주의가 '자유시장 자본주의'를 대체하기 시작했다고 지적했다). 국가 개입은 자본주의의 생산 활동을 뒷받침하는 기반 시설을 구축하기 위해 필요한 것으로 간주됐다. 그래서 독일 철도는 오래 전부터 국유화된 상태였고, 영국에서는 보수당 정부가 나서서 전력망과 항공 산업을 국유화했다. 그 뒤 독일에서 처음 등장했고 이어서 일본, 영국, 미국에서 등장한 전시경제 체제는 국가 개입이 자본축적에 새로운 활력을 불어넣을 수 있음을 보여 줬다.

자본주의를 자본주의 자체의 해악으로부터 보호하기 위해 국가 개입이 필요하다는 교리가 새로운 정설로 떠오른 것은 바로 이런 배경에서였다. 새로운 정설의 사상적 아버지는 영국인 경제학자 존 메이너드 케인스였는데, 그는 한때 신고전학파 경제학을 열성적으로 떠받들었지만 1930년대에는 그것에 부분적인 수정을 가했다.[27] 그렇게 해서 탄생한 것이 우리가 알고 있는 케인스주의 경제학이다. 앨 캠벨이 지적했듯이, 제2차세계대전 뒤에 자본주의가 케인스주의를 받아들인 것은 "케인스주의가 처방하는 이런저런 규제들이 당시의 역사적 국면에서는 자본축적에 도움이 될 듯이 보였기 때문이다. 그런 규제가 없었던 바로 직전의 대공황기에 자본축적 실적이 형편없었던 것에 비춰 보면 케인스주의가 더욱 매력적으로 보였다."[28]

케인스주의 정설에 대한 저항도 늘 있었다. 특히 프리드리히 폰 하이에크와 밀턴 프리드먼을 필두로 한 소수의 경제학자들은 이전의 교리를 고집했다. 캠벨은 "금융자본의 대다수는 케인스주의적 타협을 끝내 받아들이지 않았"지만 그들이 전체 자본에서 차지하는 비중은 15퍼센트에 불과했다고 주장한다.[29] 정부와 대기업들이 케인스주의를 수용한 것은 노동계급이 그것을 강제했기 때문이 아니라, 미국과 유럽의 주요 국가에서 정부의 경제 활동이 증대하는 것과 더불어 전쟁 전의 경제적 자유주의에서보다 수익성이 훨씬 높았기 때문이다.

이데올로기로서 케인스주의는 전후 자본주의의 현실을 반영했다. 독과점 자본들이 국민경제를 점점 더 주도하고 있었고, 이들은 다른 나라의 독과점 자본들과 경쟁하기 위해 국가와 협력해야 했다. 그 결과 일찍이 1880년대부터 시작된 자본축적에 대한 국가 개입이 무자비하게 확대되는 듯한 추세가 나타났다. 1960년대 초에 경제학을 전공한 사람이라면 전후 호황이 전적으로 케인스주의 덕분이라는 그 당시의 정설을 기억할 것이다. 그러나 로빈 매슈스가 오래 전에 지적했듯이, 전후 영국의 경기 확장 국면은 케인스주의적 '보완책'이나 전쟁 전보다 높은 수준의 정부 지출에 의존하지 않았다.[30]

선진국 경제의 국가화(특히 군비 지출)가 초래한 중요한 부산물 중 하나는 완전고용이었다. 완전고용 덕분에 노동계급의 협상력이 강화됐고 1950년대와 1960년대에는 자본에게서 일정한 양보를 얻어 낼 수 있었다. 그러나 이런 양보 덕분에 경제의 국가화나 장기 호황이 가능했다고 말하는 것은 원인과 결과를 완전히 거꾸로 보는 것이다.

이데올로기가 아닌 경제적 실천으로서 케인스주의는 40년 만에 처음으로 심각한 경제 위기가 불어닥친 1970년대 중반에 이르러서야 비로소 시험대에 올랐다. 자본가들은 경기 침체와 인플레이션이 결합된 '스태그플레이션'에 직면했다. 케인스주의자들은 어찌할 바를 몰랐다. 그들 가운데 한 사람이었던 프랜시스 크립스가 지적했듯이, 케인스주의자들은 갑자기 "아무도 현대 자본주의가 어떻게 작동하는지 이해하지 못하며, 전후 경제성장률이 그토록 높았던 이유도 설명하지 못한다"는 것을 깨달았다.[31] 그로부터 3~4년 만에 케인스주의는 자신이 수십 년 전에 밀어냈던 학설들의 환생한 버전들에 도로 밀려나 정설 자리를 내주고 만다. 이것은 단지 "국가들이 잘못된 학설 체계에 현혹돼서 신자유주의를 수용했다"는 식으로 설명할 문제가 아니다.

> 자본주의는 구조적 위기에 봉착했다. 즉, 자본축적에 훌륭한 버팀목이 돼 준 정책, 관행, 제도가 더는 도움이 안 되는 지경에 이른 것이다. 더 협소하게 말하자면, 자본주의가 이윤율 하락에 직면해 케인스주의적 타협을 폐기했다고 할 수 있다. 신자유주의가 이윤율을 개선해 줄 수 있으리라는 믿음이 작용한 것이다.[32]

그렇게 해서 케인스주의를 대체한 낡은 사상들은 처음에 '통화주의'라는 이름으로 환생했다. 통화주의의 대부인 밀턴 프리드먼은 자유시장 체제에서 나타나는 모든 문제가 정부의 미숙한 통화 공급 조절에서 비롯한다고 주장했다. 그러나 이런 버전의 자유시장 경제학은 10년이 채 안 돼 실용성이 없는 것으로 드러났다. 그래서 프리드먼보다 국가 개입에 더욱 적대적이었던 하이에크나 로버트 루카스 같은 사람들 식의 학설로 스포트라이트가 옮겨졌다.[33] 이들의 교리는 여러 가지 이유에서 자본주의 옹호자들에게 인기가 있었다.

## 지배 이데올로기로서 신자유주의

부분적으로는 이들의 교리가 자본주의를 변호해 준다는 단순한 이유 때문이었다. 1960년대 후반과 1970년대 초에 등장한 대중운동은 자본주의의 정당성에 강력한 의문을 제기했다. 이에 대해 주류 사회가 내놓은 변명은 "그래도 자본주의가 사람들의 필요를 만족시킬 수 있다는 것이 케인스주의적 국가 개입으로 증명됐다"는 것이었다. 그러나 이런 변명은 경제 위기 앞에서 찌그러졌다. 그러자 이제는 정반대의 논리가 발명됐다. 국가 개입이 해결책이 아니라 문제의 원인이라는 것이었다.

이런 주장은 금융자본의 입맛에 특히 잘 맞았다. 새로운 정설에 따르면, 돈 버는 방법은 무엇이든 유익하기 때문이다. 신자유주의는 집에서 빈둥거리면서 이자 수익이나 배당금을 받아먹는 행위도 생산에 대해 인센티브를 제공하는, 따라서 사회적으로 가치 있는 활동이라고 간주한다. 오래 전에 니콜라이 부하린이 지적했듯이, 이는 결국 "유한계급의 경제 이론"이다.[34]

그러나 신자유주의가 득세한 것이 체제 옹호의 필요성 때문만은 아니었다. 1970년대 중반에는 자본가들 사이에 어떤 절박한 분위기가 감돌았다. 체제 위기의 초기 징후가 나타나는 것과 동시에 노동자들의 투쟁성이 상승세를 타고 있었다. 이미 1960년대 말과 1970년대 초에도 이를 저지하려는 시도가 있었다. 영국에서는 1966~1970년, 1971~1972년, 1973~1974년, 그리고 1975~1979년에 임금 억제 조치가 시행됐고, 미국에서는 1971년에 시행됐다(케인스주의의 좌파 지지자들은 임금 억제가 정설 케인스주의의 중요한 처방 중 하나라는 사실을 종종 잊는다). 그러나 임금 억제는 효과가 없었다. 1, 2년은 통할지 몰라도 오래 끌 경우 노동자들의 불만만 커졌고, 싸울 줄 모르던 노동자들까지 투사로 만드는 역효과가 있었다. 결국 임금 억제 조치는 거세게 몰아친 파업 물결에 좌초됐다.

프리드먼과 하이에크의 최신 판 자유시장론은 체제가 이런 난관에서 벗어날 길을 제시해 주는 듯이 보였다. 이들은 국가 개입이든 노동시장 '유연성'을 해치는 노동조합이든 간에 시장을 '왜곡'하는 일체의 요소를 제거하면 시장경제가 모든 문제를 알아서 해결해 준다고 주장했다. 가격을 왜곡하는 일국 내 시장 독점은 자유무역을 통해 사라질 것이고, 실업률은 임금이 이윤을 갉아먹지 않는 수준인 '자연실업률'에 머무를 것이라고 주장했다.

지배계급 사상이 그저 지배당하는 사람들의 순종을 이끌어 내기 위해 악의적으로 유포된 거짓말일 뿐인 경우는 드물다. 지배 이데올로기는 지배계급에게 자긍심을 부여하고, 그들의 지배가 남들뿐 아니라 자신들 눈에도 신성하게 보이도록 해 주며, 자신들이 지배하는 사회체제에서 발생하는 어떤 문제도 해결할 수 있다는 자신감을 심어 주는 믿음 체계다. 전후 수십 년 동안 선진 자본주의 국가에서는 케인스주의가 그런 구실을 했다. 마찬가지로 소위 '공산주의' 국가들에서는 스탈린주의가, 아프리카와 아시아의 탈식민지 국가들과 라틴아메리카 국가들에서는 '개발주의'가 그런 구실을 했다. 그러나 1970년대 중반 이후로 세계 모든 지역에서 국가 개입이 경제 위기를 예방할 수 없다는 것이 점차 명백해졌다.[35] 이렇게 해서 발생한 이데올로기 공백을 신자유주의가 채웠다. 이것은 금융자본뿐 아니라 산업자본에게도 신자유주의가 매력이 있었기에 가능했던 일이다.

도표 3-1 선진 21개국의 국내총생산 대비 세수 비중(단위 : 퍼센트) [36]

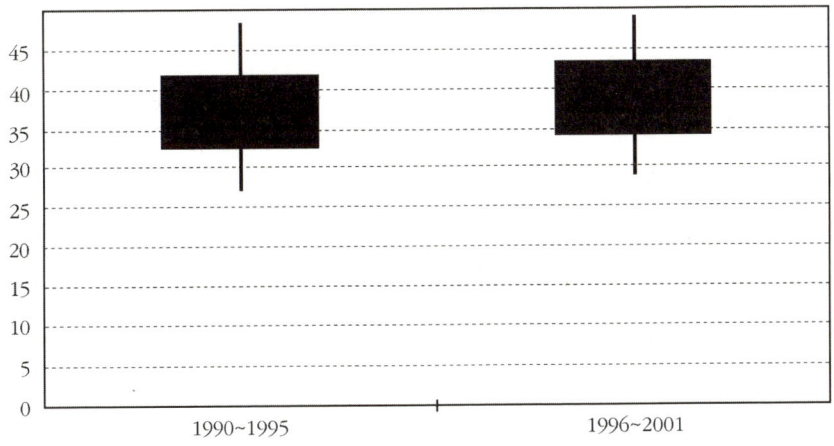

## 실천으로서 신자유주의

어떤 이데올로기가 주창하는 바와 그 이데올로기를 따르는 사람들의 실제 행동은 항상 구별해서 봐야 한다. 둘 사이에 직접적 상관관계가 있는 경우는 거의 없다. 그런데도 여전히 많은 평론가들이 좌우를 막론하고 신자유주의에 대해 지난 30년의 실증적 기록과 전혀 들어맞지 않는 주장들을 내놓는다.

먼저, 신자유주의 정책하에서 국가의 구실이 축소됐다는 믿음이 만연해 있는데, 이는 선진국 경제에서 정부 지출이 차지해 온 비중을 살짝 훑어보기만 해도 사실이 아님을 알 수 있다.

내가 전에도 지적했지만, 다국적기업들은 여전히 개별 국가에 뿌리내리고 있다.[37] 가장 큰 다국적기업들의 절반은 단 하나의 모국에 자산과 시장과 노동력을 두고 있으며 모국이 그것들을 보호해 주길 기대한다. 케인스주의 시절이나 지금이나 자본주의가 국가에 의지하기는 매한가지다. 마거릿 대처의 반(反)노동조합법 제정이나 1984~1985년 광부 파업에 대한 경찰 탄압에서 볼 수 있듯이, 국가 개입은 노동자들을 공격하는 데 활용된다. 그러나 국가 개입은 경제 위기에 자본을 보호하는 데서 신자유주의 이데올로기에 역행하는 방식으로도 거듭거듭 활용됐다. 미국 정부는 1979년에 크라이슬러가 도산 위기에 처했을 때 구제에 나섰고, 1980년대에 라틴아메리카 국가들이 외채를 상환하지 못하게 돼 미국 은행권이 위기에 빠졌을 때도 상환 기간 조정 협상을 주도했으며, 1998년에는 헤지펀드인 롱텀캐피털매니지먼트를 구제해 줬다. 최근에는 연방준비제도이사회를 통해 서브프라임 모기지 사태로 생긴 금융권의 피해를 최소화하려 했다. 사실, 경제 위기를 해결하기 위해 국가가 개입한 사례는 1950년대와 1960년대보다 1970년대 이후에 훨씬 더 많다. 1970년대 이전보다 이후에 경제 위기가 훨씬 심각해졌다는 단순한 이유 때문이다.

경제 위기를 해결하는 방법으로서 낡은 '케인스주의' 기법들이 더는 통하

**도표 3-2** 미국 국민총생산 대비 정부 지출 추이(단위 : 퍼센트)

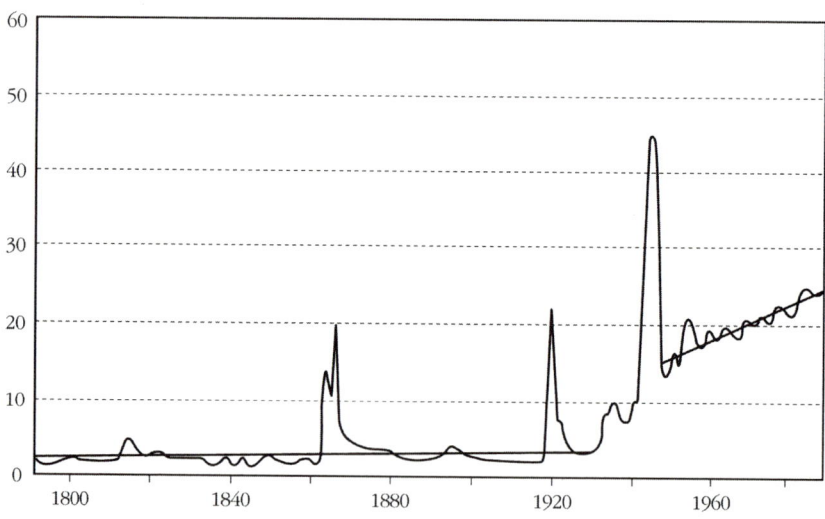

지 않는다는 인식이 시장에 모든 것을 내맡기려는 단기적 시도들을 부추긴 것은 사실이다. 여기에는 '창조적 파괴'를 통해 '비효율적인' 기업들이 도태되고 '효율적인' 기업들이 득세할 것이라는 믿음이 작용했다. 1970년대 말에 폴 볼커*가 미국 금리를 충격적으로 올린 것(이른바 '볼커 쇼크')도 이런 효과를 노린 것이었고, 1980~1984년에 대처 총리 지지자들이 높은 금리와 통화량 제한을 통해 달성하려 했던 것도 그런 '창조적 파괴'였다. 구소련의 지배 관료들이 1980년대 중반부터 불어닥친 경제·사회·정치 위기에 직면해 추구한 대응책도 사실상 이와 동일했다. 그러나 그런 실험에서 도태되지 않고 살아남은 기업들도 매번 국가에 대한 의존으로 회귀했다.

선진국 가운데 신자유주의 이데올로기가 가장 확고하게 뿌리내린 곳은 아마도 미국일 것이다. 그러나 신자유주의 시대 대부분에 걸쳐 미국 정부는 과거 케인스주의 시절보다도 더 '케인스주의적인' 방식으로 여기저기서 돈을 빌려 정부 지출을 충당했다. 미국 지배 계급에게 신자유주의(시장의 힘이 기성 기업들을 풍비박산 내도록 놔두자는 의미)란 미국 자본의 이익을 위해 약소국 경제에 강요할 교리였지, 국내에서 제한 없이 적용할 수 있는 것은 아니었다.

서유럽과 일본, 중국도 비슷한 유형을 따랐다. 러시아도 옐친 정부하에서 그다지 창조적이지 못한 파괴의 물결이 휩쓸고 간 뒤에는 같은 전철을 밟았다. 이와 대조적으로, 신자유주의가 가장 철저하게 시도된 곳은 제3세계의 가난한 나라들이었다. 이 가난한 나라들에서는 전후 '개발주의' 시대에 자신의 지배력을 공고히 다졌던 토착 지배계급이 IMF와 세계은행이 요구한 진정으로 신자유주의적인 조치들을 기꺼이 수용했다. 그렇게 함으로써 선진국 자본의 하위 파트너가 될 수 있기를 희망했던 것이다.[38] 그러나 이런 경

---

* Paul Volcker, 전 연방준비제도이사회 의장.

우에도 현실과 이념 사이의 모순이 존재했고, 그 때문에 민족국가의 구실이 다시 강조되는 현상도 일부 나타났다. 몇몇 라틴아메리카 국가들은 '신개발주의'로 선회해, 케인스주의자들을 경제 자문관으로 둔 채, 파멸적인 경제·사회·정치 위기들이 휩쓸고 지나간 자리에 케인스주의와 신자유주의를 뒤섞은 정책들을 도입했다.[39]

이 모든 이유에서 '신자유주의'는 사실 오늘날의 자본주의를 그다지 정확하게 묘사해 주는 용어는 아니다. 자본주의는 이미 한 세기도 더 전에 종식된 자유시장 경제로 회귀하고 있는 것이 아니다. 그보다는 이 체제가 마르크스주의 용어로 '독점자본주의', '국가독점자본주의', 또는 '국가자본주의'라 불리는, 20세기를 거치면서 탄생한 체제 구성 요소들을 국제적인 규모에서 구조조정을 함으로써 돌파구를 찾으려는 중이라고 보는 것이 정확하다. 이 과정을 진척시키고 규율하는 데서 국가들은 여전히 핵심 구실을 한다. 비록 생산의 국제화 때문에 국가가 그런 일을 수행하는 것이 제2차세계대전 직후보다 훨씬 어려워지긴 했지만 말이다.

## 금융자본과 신자유주의

뒤메닐과 레비는 지난 30년 동안의 정부 개입이 '금융자본'의 이익에 부합했다고 주장하는데, 그 근거로 1978년에 폴 볼커 미국 연방준비제도이사회 의장의 장기금리 인상을 든다. 그들은 이런 고금리 기조가 "1980년대와 1990년대까지 유지됐다"고 주장한다.[40] 그러나 이는 사실과 다르다. 높은 금리 때문에 산업자본이 본격적으로 타격을 입기 시작했던 1982년에 볼커는 금리를 내렸고, 신자유주의 시대 후반부의 실질 장기금리는 오히려 하락세를 보였다.

금융자본과 산업자본 사이에 엄격한 구분이 존재하는지도 사실은 의문이다. 많은 금융기관들이 돈을 빌려 줄 뿐 아니라 빌리기도 한다. 대부자와 대출자 사이에서 '중개자' 구실을 해야 하기 때문이다. 그들에게 중요한 것은 절대적 금리 수준보다는 다양한 금리 사이에 존재하는 격차다. 특히 장기·단기 금리 사이의 격차가 중요하다. 비금융기업들도 돈을 빌리기만 하는 것이 아니라 빌려 주기도 한다. 대개 그 기업들은 신규 투자가 없는 기간에 축적해 둔 잉여 자금을 대출해 주고 이자를 받는다.

지난 25년 사이에 나타난 한 가지 중요한 현상은 전체 잉여가치 중 생산적 투자에 들어가는 비중이 장기적으로 하락한 것인데, 이는 체제 전반의 이윤율이 1970년대 초반 수준으로 완전히 회복되지 못한 데서 기인한다. 자본가들의 저축 양이 생산적 투자량보다 더 크며,[41] 산업자본가들은 잉여 자금으로 수익을 내려는 시도의 일환으로 금융업에도 발을 들였다. 과거보

**도표 3-3** 10년 만기 미국 국채의 금리 변동 추이(단위 : 퍼센트)

출처 : 미국 연방준비제도이사회

다 금융권에 집중된 자본 비중이 커진 것은 사실이지만, 이는 산업자본이 금융자본에 종속됐기 때문이 아니라 산업자본이 이윤율 저하를 만회하는 방편으로 '금융화'를 시도했기 때문이다. 사실 이런 몸부림도 결국은 소용없는 짓이다. 오직 생산적 노동만이 새로운 가치를 창출함으로써 이윤율을 끌어올릴 수 있기 때문이다. 그러므로 메인스트리트와 월스트리트의 싸움에서 후자가 승리했다는 하비의 설명은 옳지 않다. 실물경제와 금융 부문 모두 전후 호황 때는 겪지 않았던 어려움을 겪고 있다.

## 약탈을 통한 축적

데이비드 하비는 신자유주의의 특정 측면들을 부각시키면서 그런 측면들이 자본주의 축적의 새로운 모델을 제시했다고 주장한다. '약탈을 통한 축적', '원시적 축적', 그리고 자본에 의한 '비(非)자본주의' 부문과 공동체 흡수가 그런 측면들이다. 하비에 따르면, 약탈을 통한 축적이란 "확대재생산에 비해 우세한 축적 형식"이며 다음의 여러 형태를 띤다.[42]

- "토지 사유화와 농민 인구의 강제 이주", "공적·집단적·국가적 …… 재산권을 …… 배타적 재산권으로 전환"
- "노동력 상품화와 대안적인 생산과 소비 방식에 대한 억압"
- "교환과 과세(특히 토지에 대한)의 화폐화"
- "수많은 사람들을 빚의 노예로" 전락시키기
- "신용과 주가 조작을 통한 자산 몰수"
- "유전자와 종자를 비롯해 각종 상품들에 대한 특허권 설정과 특허권 사용료 부과"
- "약탈에 의한 축적이 일반화된 경제 위기를 촉발하지 않으면서 진척되도

록" "체제를 합리화하기 위해 [경제 위기가] 기획되고 관리되며 조절되는" 가운데, 경제 위기로 평가절하가 된 자산을 "헐값에" "대량으로 매입하기"

- "노동자 보호를 위한 규제 틀을 되돌리기"[43]

하비의 목록에는 현대 자본주의의 추악한 면모들이 다양하게 나열돼 있다. 그러나 이것들을 단지 '약탈'이라고 묘사하는 것으로는 자본주의의 현 단계를 설명하지 못한다. '약탈'이란 도둑질을 뜻하는 또 다른 말일 뿐이다. 프루동이 19세기에 "[사유] 재산은 도둑질이다" 하고 말했을 때 그것은 반자본주의 투쟁 구호로서 체제에 대한 사람들의 분노를 효과적으로 대변해 줬다. '약탈을 통한 축적'이라는 하비의 표현도 마찬가지다. 그러나 도둑질을 규탄하는 구호를 개발하는 것과 냉철한 분석을 제시하는 것은 엄연히 다르다. 이는 마르크스가 프루동을 비판했던 1847년에도 그랬고 지금도 그렇다.

하비의 분석이 지닌 더 심각한 문제점은, 가령 불황-호황-불황 순환 과정에서 일부 자본가들이 노동자들의 임금과 노동 조건을 공격할 뿐 아니라 다른 자본가들을 '약탈'함으로써 이득을 보는 것처럼 자본주의 축적에 언제나 수반됐던 현상들을 신자유주의만의 특징인 양 묘사한다는 점이다. 그리고 하비는 "신용과 주가 조작을 통한 자산 몰수"처럼 일부 자본가들이 다른 자본가들의 희생을 대가로 이윤을 확대하는 방식도 축적 방식에 포함시킨다. 그러나 이런 방식은 자본가계급 전체가 더 많이 축적하게 해 주지는 않는다. 마르크스도 다음과 같이 지적했다.

전체로서 자본가계급은 개별 자본가의 몫을 다른 자본가가 빼앗는 방식으로는 더 부유해질 수 없고, 총 자본량을 늘릴 수도, 잉여가치를 생산할 수도 없다. 전체로서 자본가계급은 자신을 상대로 사기를 치지 못한다.[44]

자본가들 간의 약탈 행위뿐 아니라 자본주의 바깥에 있는 집단에 대한 자본가들의 일부 약탈 행위도 효과 면에서는 동일하다. 예를 들어, 제3세계에서는 부동산 개발업자들이 도시 빈민들을 도심에서 쫓아내고 건설 사업으로 떼돈을 버는 일이 다반사인데, 이 때문에 사회 밑바닥에 있는 사람들이 더 심하게 억압당하는 것은 사실이다. 그러나 그런 약탈 행위 자체로 새로운 가치가 창출되거나 자본가계급 전체가 더 많은 잉여가치를 획득하는 것은 아니다. 개발업자들이 호화 주택에 부과하는 집세나 사무실 임대료는 부자들이나 기업들이 이미 수중에 쥐고 있는 잉여가치에서 지급되기 때문이다.[45]

## '원시적' 축적

하비는 현 단계 자본주의의 약탈적인 속성 때문에 마르크스가 자본주의 발흥기에 주요하게 나타나는 현상이라고 본 '원시적 축적'이 오늘날에도 체제의 핵심 특성이라고 주장한다. 심지어 하비는 원시적 축적이 노동 착취를 통한 축적보다 오늘날의 자본주의에 더 중요하다고 보는 듯하다. 그러나 마르크스에게 원시적 축적은 단지 초창기 자본가들의 도둑질을 통한 재산 형성만을 뜻하지 않았다. 원시적 축적이란 가장 중요하게는 농민들한테서 토지를 강탈하는 것을 뜻했고, 그 때문에 농민들이 임금노동자로서 노동력을 팔아야 하는 처지로 내몰리는 과정을 뜻했다. 달리 말해, 원시적 축적의 핵심은 착취 계급이 폭력으로 재산을 늘리는 것이 아니다(그런 일은 모든 종류의 계급 사회에서 으레 일어났다). 핵심은 생산수단에 대한 통제력을 장악한 새로운 사회집단에게 자신의 노동력을 팔 수밖에 없는 '자유로운' 노동자 계급이 형성된 것이었다. 자본주의 특유의 재산 증식을 가능하게 해 준

것은 바로 이 '자유로운' 노동력 형성이었다.

물론 이런 '원시적' 축적은 오늘날에도 계속되고 있다. 이집트의 옛 지주들, 브라질의 농업자본가들, 중국의 지방 공산당 관료들, 그리고 인도의 신흥 농업자본가들은 모두 자기 지방 농민들의 땅을 강탈하는 일에 혈안이며, 이들이 성공할 때마다 새로운 노동자 집단이 창조된다. 그러나 이런 일들이 최근 수십 년 동안만의 현상이라는 하비의 주장은 잘못이다. 테리 바이어스가 지적했듯이, 식민지 제국에서도 원시적 축적이 진행돼 제2차세계대전 후 몇십 년 동안 지속됐다. 비록 "식민지의 원시적 축적은 생산자의 생산수단을 박탈하는 데서 서유럽의 경우보다 훨씬 덜 효과적이었고 …… 빈농 인구의 상당 부분이 여전히 토지 소유자로" 남긴 했지만 말이다.[46]

비록 지난 수십 년 동안의 원시적 축적이 각별히 노골적으로 진행되기는 했어도, 동아시아의 경우를 제외하면 "자본주의로 이행하는 과정이 순탄해 보이지는 않는다."[47] 바이어스가 보기에 원시적 축적이 자본축적 자체에 실질적인 보탬이 된 곳은 주요 국가 가운데서는 중국밖에 없다. 그에 따르면 중국에서는 "1978년부터 수많은 농민들이 토지에서 쫓겨나 사실상 재산을 몰수당하고 프롤레타리아트가 됐다."[48]

원시적 축적에 관한 논의에서 절대 빠뜨려서는 안 되는 사건은 스탈린 치하의 구소련에서 1929년부터 시작된 농업 '집산화'다. 20세기의 가장 중요한 원시적 축적 사례인 이 사건에서 수천만 개의 농가가 땅을 빼앗긴 채 집단농장으로 끌려갔다. 하비도 이 사례를 언급하기는 하지만 신자유주의 이전의 자본주의에 관한 자신의 논의에 포함시키지는 않는다. 그도 그럴 것이, 하비는 스탈린주의와 그 아류 정권들을 "자본주의 발전 단계를 거치지 않은 나라에 근대화 프로그램을 도입하려 한" 시도로 이해하기 때문이다.

사실 하비에게는 마르크스의 원시적 축적론보다 로자 룩셈부르크에게서 빌려 온 경제 이론이 더 중요하다. 자본주의에서는 생산된 상품을 흡수할 수요가 항상 모자라기 때문에 자본주의가 생존하려면 체제 주변의 전(前)자본주의 사회들을 끊임없이 집어삼켜야만 한다는 것이 룩셈부르크의 주장이었다. 하비 역시 "자본주의의 안정화를 위해 모종의 '외부 세계'가 필요하다는 관념은 …… 어느 정도 유효하다"고 썼다. 그는 자본주의의 문제가 "과잉 축적"에 있다면서, 자본주의가 이를 해결하는 길은 "비자본주의 사회구성체나 자본주의 내부의 아직 프롤레타리아화가 되지 않은 부문"을 집어삼키는 것이라고 주장한다.[49]

그러나 충분한 규모의 '약탈을 통한 축적'을 가능하게 해 줄 자본주의 '외부'의 약탈 대상이란 과연 무엇인가? 하비는 그것이 국가라고 답한다. 소위 '비자본주의 국가'든, 제3세계 대부분에 걸쳐 존재하는 개발주의 국가든, 또는 선진국의 공적 부문이든 모두 마찬가지다. 하비에게는 이것들 모두 '비자본주의' 영역이므로, 이들에게서 민간 부문으로 이전되는 재원은 자본주의 축적을 위한 새로운 먹잇감이 될 수 있다. 하비는 세계의 많은 좌파들이 공유하는 '상식'에 부응해 이런 주장을 펼치지만, 이는 잘못된 상식이다.

엥겔스는 국유화가 그 자체로 자본주의를 벗어난 어떤 새로운 영역을 개척하지 않는다는 것을 1870년대에 이미 간파했고, 다음과 같이 지적했다.

현대 국가는 그 형태가 무엇이든 본질상 자본주의적 기관이요, 자본가들의 국가이며, 전체 민족자본을 이상적으로 인격화하는 기제다. 현대 국가가 생산력의 더 많은 부분을 장악할수록 국가는 스스로 더욱 민족자본화하며 더 많은 시민을 착취한다. [국가에 고용된] 노동자들은 임금노동자, 즉 프롤레타리아로 남는다. 자본주의적 관계가 철폐되기는커녕 정점으로 치닫는다.[50]

세2차세계대전 이후의 시기에는 국가들이 사적 자본을 지원하기 위해서뿐 아니라 스스로 자본을 축적하기 위해 경제에 개입했고, 진지한 마르크스주의자라면 누구나 이에 대한 분석을 내놓아야 했다. 예컨대 독일 마르크스주의자인 요아힘 히르시는 다음과 같이 분석했다.

생산력 발전이 심화하면서, 한편으로는 축적 과정을 지속하는 데 필요한 형식들과 개별 자본의 규모가 너무 비대해졌다. 총 자본이 재생산 과정에서 자력으로 그만한 규모의 자본을 마련하는 것은 불가능해졌고, 오직 국가만이 그렇게 할 수 있게 됐다. 다른 한편, 바로 이런 변화 때문에 전체적인 재생산 과정에서 상대적 균형을 보장하기 위해 국가 개입을 상쇄할 필요성이 생겼다.[51]

하비의 글을 읽다 보면 전후 수십 년 동안 공공 부문이 비대해졌기 때문에 축적 속도가 그만큼 느려지지 않았나 하는 생각이 들 수 있다. 그러나 당시는 '자본주의의 황금기'라 불릴 정도로 오늘날에 비해 축적률이 높았던 시기다. 벤 파인이 지적하듯이, "장기 호황은 …… 하비가 오늘날의 축적률을 높여 준 핵심 요인이라고 믿는 것과 정반대의 요인들 덕분에 유지됐다. 특히 국유 산업의 확대, 그리고 국가의 전반적인 경제적 구실 증대 덕분에 말이다."[52]

## 사유화의 진정한 동기

20세기 대부분의 시기에 걸쳐 자본주의가 국가화하는 경향이 있었던 반면, 지난 25년 동안 자본주의 세계의 대부분 지역에서는 국유화한 산업을 다시 사유화하는 추세가 나타났다. 이런 현상을 어떻게 설명할 것인가? 몇 가지 요인들이 얽혀 있다.

국유 산업을 사유화하려는 움직임이 처음 일어난 것은 경기 침체로 세수 입이 줄어드는 한편 실업이 증대해서 실업급여 등의 정부 지출은 늘어난, 1980년대의 '재정 위기' 상황에서였다. 정부 재정에 대한 압박을 덜기 위한 실용적 방책으로서 사유화가 종종 시도된 것이다. 정부는 수익성이 좋은 공기업의 정부 지분을 매각하거나 더 나아가 국영기업을 통째로 매각함으로써 다량의 현금을 확보하고 이런저런 문제들을 일시적으로 해결할 수 있었다. 1974~1979년에 집권한 영국 노동당 정부가 버마오일과 영국석유회사(BP) 지분을 매각한 것도 이 때문이었다.

또 한편으로는 국가가 운영하는 독점 기업들은 경쟁 압력이 없기 때문에 노동자들을 충분히 쥐어짜지 않는다는 믿음도 작용했다. 이런 믿음은 오늘날 종종 되풀이되는, 그리고 심지어 좌파들도 일부 수용하는 어떤 통념과도 연관돼 있다. 국가가 경제에 개입하던 시대는 사용자와 노동자 사이의 '포드주의적' 타협에 바탕을 두고 있었다는 통념 말이다(포드가 실제로 노동자들을 어떻게 대하는지를 보면 대번에 반박될 통념이지만).[53] 이런 견해의 논리적 결론은, 독점 국영기업들을 해체해서 시장에 개방시킨다면 경영진이 어쩔 수 없이 노동자들을 훨씬 강도 높게 쥐어짤 것이고 겁먹은 노동자들은 더 열악한 조건들을 순순히 받아들일 것이라는 것이다. 확실히 사유화는 공기업 경영진들로 하여금 생산성을 끌어올리는 조치들을 관철시킬 수 있게 해 줬다. 또 일단 사유화된 기업은 다양한 업무를 '외주화'함으로써 취약한 노동자 집단과 잠재적으로 더 강력한 노동자 집단을 하나로 묶어 주던 끈을 잘라 낼 수 있었다. 벤 파인은 "자본과 노동의 관계 재조정 과정에서 사유화가 중요한 구실을 했"고, 소위 "노동시장 유연성"과 사유화가 연결돼 있다고 주장한다.[54]

그러나 사유화의 이런 이점은 정부의 재정난에 대한 단기 해결책으로서 갖는 이점과 충돌할 수 있다. 정부가 사유화로 큰돈을 벌려면 공기업을 인수하는 민간 자본이 독점 이익을 기대할 수 있어야 한다. 그러나 경영 효율을 높이고 노동자들을 겁주기 위해 기업을 쪼개면 독점이 성립하지 않는다. 그래서 실제로 대부분의 공기업은 통째로 매각됐고, 그 덕에 다른 부문의 자본에 독점 가격을 부과할 수 있는 위치를 유지할 수 있었다.[55] 그럴 때마다 국가가 규제 당국을 동원해 시장이 할 일을 대신해 줘야 했다.

그와 동시에, 시장의 자율성이라는 환상을 자아내는 데서 사유화가 절대적으로 필요한 것은 아니다. 국영 기관들을 더 작은 단위들로 쪼개서 서로 경쟁하게 만드는 것(영국의 국민의료서비스 트러스트*나 '자율화'된 국립 대학 등이 그런 경우다)으로도 같은 목적을 달성할 수 있고, 특정 기관의 운영에 '시장 원리'를 실험적으로 도입하는 것도 마찬가지다. 그리고 여러 나라의 공기업들을 서로 경쟁하게 만들기 위한 규제 완화도 비슷한 목적을 달성할 수 있다. 유럽연합은 바로 이런 종류의 규제 완화를 전력과 체신 등의 산업에 도입하려 한다. 영국 같은 나라에서 사유화 바람이 가져올 결과는 외국 공기업들이 전력, 물, 철도 같은 '사유화'된 서비스들을 상당 부분 운영하게 되는 것이다.

앞의 사례들은 사유화가 하비의 묘사처럼 '비자본주의' 영역을 '자본주의' 영역으로 마술처럼 넘어오게 하는 과정이 아님을 보여 준다. 그래도 앞의 사례들은 신자유주의가 '계급 권력'과 관련 있다는 하비의 설명에는 부합한

---

* NHS trust, 종래에는 보건부가 국민의료서비스(NHS) 의료 기관들을 직접 운영했는데, 1980년대 말부터 독립적인 경영진을 갖춘 의료 기관들이 정부와 협상해서 일정 가액에 계약을 맺고 의료 서비스를 제공하는 방식의 일종의 '외주화' 시스템이 서서히 확산됐다. 그렇게 등장한 일종의 공기업형 의료 기관들을 국민의료서비스 트러스트라고 부른다.

다. 그러나 이때조차 신자유주의를 계급 권력의 '복원' 또는 심지어 '창조' 과정으로 보는 것은 신자유주의 이전 시대에 자본가계급이 지녔던 권력을 턱없이 과소평가하는 것이다. 또 사유화가 과연 얼마나 효과적이었는지에 관해서도 상당한 논란이 있다.

친자본주의적인 케인스주의 경제학자들은 사유화로 생기는 '효율성' 증가 폭이 가령 공기업에서 신기술 도입 같은 혁신을 단행하는 경우보다 별반 높지 않거나 똑같으며, 오히려 공기업에서 그런 혁신을 더 효과적으로 수행할 수도 있음을 시사하는 연구 결과들을 발표했다.

계급 권력은 또 다른 방식으로 사유화에 관여한다. 부르주아 민주주의 사회에서 자본가계급의 지배를 뒷받침하는 강력한 신화 하나는 국가가 전체 국민을 대표한다는 것이다. 이 신화에 금이 가지 않게 하려면 지배계급은 대중이 선거를 통해 국가의 행동에 조금이나마 영향력을 행사할 수 있도록 허용해야 한다. 이는 국가가 실질적인 개혁을 선물할 수 있을 정도로 전반적인 경제 여건이 좋았던 시절에는 별 문제가 되지 않았다. 오히려 국가 소유 산업의 존재 덕분에 국가가 계급 갈등을 초월한 중립적 기관이라는 신화를 뒷받침할 수 있었고, 그렇게 함으로써 자본주의의 경제적 안정뿐 아니라 정치적 안정도 유지할 수 있었다. 그러나 30년 전, 자본주의가 장기 불황에 접어들자 공공 부문이 불황의 여파에서 국민들을 보호해 주리라는 기대 심리가 확산될 위험이 생겨났다. 이런 상황에서 국가에서 산업을 떼어 내 시장에 내맡기면 경제 위기에 흔히 뒤따르는 노동자들에 대한 공격이 마치 국가와는 무관한, 시장경제의 자동적이고 자연스러운 섭리인 양 그런 공격을 탈정치화할 수 있다.

그래서 1989~1992년의 격동기에 모스크바 시장을 지낸 자유시장 경제학자 가브릴 프로포프도 다음과 같이 주장했다.

우리가 조만간 국가 재산을 사유화하지 않는다면 자기 이익을 위해 싸우는 노동자들이 떼 지어 우리를 공격할 것이다. 그렇게 되면 페레스트로이카 세력이 해체되고 미래는 불투명해질 것이다. …… 우리는 포퓰리즘(Populism)에 덜 기대는 새로운 정치권력 메커니즘과 제도를 모색해야 한다.[56]

러시아의 이 사례는 1989~1991년에 '비자본주의 국가들'이 자본주의 국가들로 변모했다는 하비의 주장에 대한 반증이다. 이 과정의 결과로 새로운 계급이 '창조'되기는커녕, 이전과 거의 똑같은 인물들이 국가와 산업을 지배했다. 이들은 거대한 사회 위기가 닥쳐오자 경제적 구조조정을 통해 활로를 모색했고, 대중에 의한 소유라는 환상을 조장하는 방식의 사유화를 통해 기득권을 보호하려 했다(가령 당 간부들과 재력가들이 추후에 헐값으로 매입하기 유리한 조건으로 공기업 지분에 대한 증서를 발행하는 등의 방식으로 말이다). 옛 지배계급의 일부는 이 게임에서 승자가 됐고 일부는 패자가 됐다. 그러나 이런 게임의 결과로 구소련에서든 세계 수준에서든 축적이 가속화됐다고 말한다면 그것은 착각이다. 1990년대에는 전 세계에 걸쳐 축적률이 1980년대보다 더 낮은 수준으로 떨어졌다.[57]

공기업과 공공 주택을 실제 가치보다 싸게 팔아 치운 1980년대 영국의 사유화 바람은 중간계급과 일부 노동자들의 환심을 살 수 있다는 또 하나의 이데올로기적 이점이 있었다. 그러나 그 효과는 1980년대 중반에 '권위주의적 포퓰리즘' 이론을 설파한 사람들이 생각한 것만큼 그렇게 강력하지는 않았다. 예컨대, 1980년대의 한 연구에서는 정부한테서 공공 주택을 구입한 노동자가 그렇지 않은 노동자보다 보수당에 투표할 가능성이 높지 않은 것으로 드러났다.[58] 이에 비춰 볼 때, 대처 정부하에서 "한때 확실한 노동계급 정체성을 갖고 있었던 사람들의 상당수도 중간계급 가치관에 포섭될 정도로

중간계급 가치관이 널리 확산됐다"는 하비의 주장은 과장이다.[59]

사유화를 부추기는 요인에는 두 가지가 더 있다. 많은 논자들은 사유화가 국경을 넘나드는 인수합병을 통한 구조조정을 더 수월하게 해 준다고 지적한다. 벤 파인의 주장처럼, 국제적 수준의 구조조정은 "외국 자본의 손길이 닿지 않는 국유 산업들에 한 가지 문제를 야기했다."[60] 국영기업을 합병한 외국 자본은 합병된 기업이 현지 정부한테서 재무 구조를 왜곡시키는 각종 세제 혜택과 보조금을 받지 않을까 항상 의심한다. 그리고 합병된 기업이 경영난에 빠질 경우 현지 정부가 정치적 압력을 받아 외국 자본에 책임을 전가하지 않을지도 걱정해야 한다.

사유화를 정당화하는 이런 논리는, 이 논리의 혜택을 보기에 가장 좋은 위치에 있는 자들의 입맛에 특히 잘 들어맞았다. IMF와 세계은행이 채무 상환을 유예해 주는 대가로 제3세계 국가들에 강요한 사유화는 미국과 유럽 자본에 상당한 이익이 될 수 있다. 하비도 이 점을 올바르게 지적한다. 그러나 이런 '약탈을 통한 축적'이 마치 이윤 창출에서 핵심 구실이라도 하는 것처럼 주장한 것은 잘못이다.

자본가들이 실제로 어디에서 가장 큰 이윤을 발굴해 내는지 짐작하려면 전 세계의 해외직접투자 흐름을 보면 된다. 해외직접투자의 3분의 2는 선진국으로 향하고, 남은 3분의 1에서 가장 큰 몫은 오로지 중국으로 향한다. 서방 세계 바깥에서도 중국과 걸프 국가들처럼 잉여 자금을 보유한 국가들은 그 돈으로 서방 기업들을 인수한다. 이들 역시 대부분의 이윤이 서방 세계에서 창출된다는 것을 알기 때문이다.[61]

사유화를 부추기는 마지막 요인은 일부 자본가들에게는 사유화 혜택이 매우 크다는 것이다. 사유화가 그 자체로 잉여가치를 창조하지는 않는다. 오직 노동자와 농민을 더 많이 착취하는 것만이 새로운 잉여가치를 창출할 수 있다. 그렇지 않을 경우, 특정 자본가가 얻는 이익은 다른 자본가에게서 빼앗아 온 잉여가치일 뿐이다. 사유화는 바로 이런 방식으로 특정 자본가 집단에게 이익이 된다. 신자유주의 이데올로기를 확산시키는 데 강한 이해관계가 걸려 있는 이 자본가 집단들은 정치인들이 사유화에 더욱 박차를 가하도록 압박하고 매수한다.

## 신자유주의는 자본주의에 과연 얼마나 유익한가?

거듭되는 자본주의의 공세에 맞서 선전과 선동을 수행하는 것에는 언제나 일정한 위험이 따른다. 자본주의의 공세가 끼치는 해악을 강조하다 보면 그런 공세의 성공을 과대평가하고 그 앞에 놓인 장애물은 과소평가하기 쉽다. 그리고 대중적 저항이 그런 공세에 장애물이 될 수도 있지만 자본주의 자체의 모순도 장애물이 될 수 있음을 간과하기 쉽다. 그런 함정에 빠지면 마치 노동계급이 자본가들의 공격을 더는 맞받아칠 수 없을 정도로 무기력해진 것처럼 묘사하게 된다. 오늘날에는 대다수 노동자들이 회사가 사업을 간단히 정리하고 해외로 이전할지 모른다는 불안감에 시달리는 등 불안정한 고용으로 고통받고 있다는 논의가 좌파들 사이에서도 유력하다.

가령 존 홀로웨이는 "자본은 한 곳에서 지구 반대편으로 몇 초 만에 이동할 수 있다"[62]고 주장하는가 하면, 하트와 네그리는 《제국》에서 이렇게 주장한다. "자본은 생산 시설을 지구적 네트워크의 다른 지점으로 옮김으로써 현지인들과의 협상에서 발을 뺄 수 있으며 …… 이 탓에 수많은 노동인구가 갈수록 불안정한 고용 상태에 놓이게 됐다."[63] 하비가 보기에 자본은 과잉축적에 대응하기 위한 "시공간적 땜질"의 일환으로 생산 시설을 이전한다. "자본의 지리적 유동성은 지리적 이동이 제약된 전 세계 노동력에 대한 자본의 지배를 가능하게 해 준다."[64] 기술 혁신은 "역외 생산을 가능하게 했고, 이윤에 대한 탐색은 역외 생산을 필요한 것으로 만들었다. [그 결과] 거듭된 산업 공동화의 한파가 미국의 수많은 지역들과 산업들을 차례로 덮쳤다."[65] 하비는 자본이 이 덕분에 노동자들에게 갈수록 불안정한 고용조건을 부과할 수 있었다고 주장한다.

신자유주의 원리는 유연성 극대화를 위해 단기 계약을 선호한다. …… 유연한 노동시장이 확립되고 …… 개별화되고 상대적으로 약해진 노동자들은 이제 규격화된 단기 근로계약만이 판치는 노동시장과 대면하게 된다. 고용 안정은 옛말이 돼 버린다. 신자유주의에서는 언제든지 폐기 처분이 될 수 있는 '가처분 노동자'가 세계적 표준으로 떠오른다. …… 가처분 노동자, 특히 여성 노동자들은 한때 그들에게 일말의 존엄성이나마 부여해 줬던 공동체적 제도의 폐허 위에 등장한 유연한 노동시장, 단기 계약의 범람, 만성적 고용 불안, 사회적 보호 미비, 장시간 노동 등으로 점철된 세상에서 살아가고 있다.[66]

이런 그림을 제시하는 것은 비단 좌파들만이 아니다. 좌파의 길을 버리고 '제3의 길'의 이런저런 버전을 수용한 사람들의 글에서도 비슷한 논조가 드러난다. 사실, 하비 저작의 어떤 문장들은 앤서니 기든스나 마누엘 카스텔스의 문장을 그대로 옮겨 썼다 해도 과언이 아닐 정도다.[67] 예컨대 카스텔스는 다음과 같이 썼다.

노동시장의 구조적 불안정성이 만연해졌고 고용의 유연성, 노동의 이동성, 그리고 끊임없는 노동력 재교육이 요구되고 있다. 자본과 노동의 관계가 개별화되고 근로계약 조건에 단체협상이 영향을 미치지 못하게 되면서, 안정되고 예측 가능하며 전문적인 직업이라는 개념은 빛이 바랬다.[68]

이와 비슷한 주장을 하는 사람들은 실로 너무 많아서, 반대되는 증거가 아무리 많아도 '불안정 노동'의 신화는 깨지지 않는 것 같은 느낌마저 든다.[69] '반대되는 증거'가 있다는 사실은 하비도 18년 전의 저작에서 인정했다. 그 예로 하비는 안나 폴러트의 실증적 연구가 "노동시장과 노동조합 조직이 유연화됐다는 담론에 도전했고 '노동력 유연화라는 신화는 이데올로기 공세의 일환으로 유포된 것으로, 유연화와 비공식화를 찬양함으로써 그것들이 불가피한 대세인 양 보이게 하려는 목적이 있다'고 결론지은" 것을 언급했다.[70] 그러나 하비는 이런 증거를 간단히 기각한다. "나는 이 견해에 동의할 수 없다. 폴러트가 제시한 반증들을 신뢰할 수 있기에는 외주화, 임시직화, 자영업화 등으로 자본주의 세계를 통틀어 유연성이 증대했다는 증거가 너무나 압도적이다."[71] 막상 하비 자신은 당시에도, 그리고 이후에도 유연성 증대 가설을 뒷받침할 만한 증거를 제시하지 않았다.

나는 하비가 당연하게 받아들이는 주장들을 다른 글에서도 이미 반박했으므로, 여기서 또 장황한 반론을 펼 생각은 없다.[72] 그러나 요점 몇 가지는 짚고 넘어갈 필요가 있다.

- 금융자본은 국경을 쉽게 넘나들지만 산업자본은 건물과 기계, 그리고 이를 유지하는 데 필요한 물질적 인프라의 형태로 고정돼 있어 쉽게 이동하지 못한다. 하비는 이 점을 인정하기는 하지만,[73] 고용 불안이 가차 없이 확산되고 있다는 자기주장을 그 때문에 굽히지는 않는다.
- 최근에 사라진 일자리 중 대부분은 해외로 유출되지 않았다. 미국 기업들의 투자 활동을 분석한 팀 키츨린은 1991~2004년에 미국 기업의 전체

투자 중 해외직접투자는 7.4퍼센트에 불과했고, 특히 개발도상국에 대한 직접투자는 겨우 2.5퍼센트였다고 결론 내렸다.[74] 또 다른 연구를 보면, 1993~1998년에 미국 내 제조업 일자리 수는 "1680만 개에서 1760만 개로 증가해 절정이었던 1989년의 1800만 개 선을 거의 회복했다." 그러나 그 직후 "전후 최악의 제조업 고용 침체" 시기가 도래했다. 이를 초래한 것은 수입 재화나 용역의 범람이 아니었다. 그보다는 "생산성이 빠르게 증가하는 가운데 내수 성장이 부진"했던 것과 "달러 강세로 말미암은 미국의 수출 부진"이 원인이었다.[75]

- 자본은 특정 기술을 보유한 노동자들 없이는 조업을 할 수 없으며 일에 대해 어느 정도 책임 의식을 갖는 노동자들을 선호한다. 그리고 사용자들이 종업원을 훈련시키는 데는 아무래도 시간이 필요하기 때문에 사용자들은 될 수 있는 한 종업원을 잃지 않으려 한다. 따라서 그들이 자기 종업원들을 항상 '가처분 인력'처럼 취급하는 것은 아니다. 설령 그들이 반숙련 또는 비숙련 노동자일지라도 말이다. 선진국이든 후진국이든 이 점에서는 똑같다.[76]

- 서유럽에서 불안정한 고용이 가차 없이 균일하게 확산되고 있다는 실증적 증거는 없다. 1990년대 초에 불안정 고용이 '상당히' 증가하기는 했지만 1995~2000년에 상용직과 임시직의 비중은 각각 82퍼센트와 18퍼센트 선에서 거의 변함이 없었다. 나라들 사이에서도 커다란 편차가 존재한다. 흔히 영국이 유럽에서 가장 신자유주의적인 나라라고 하지만, 특정 기준으로 측정했을 때 1992년 영국의 불안정 고용 비중은 단 16퍼센트로, 스페인의 35퍼센트보다 많이 낮았다.[77] 1990년대에는 오히려 불안정 고용 비중이 하락해, 2000년의 어떤 조사에서는 영국의 단기 계약직 비중이 5퍼센트에 불과한 것으로 나타났다.[78] 또 같은 직장에서 10년 이상

근속한 비율이 29퍼센트에서 31퍼센트로 증가했다.[79]

- '불안정' 고용으로 분류되는 다양한 고용 형태 중 다수는 장기적이고 상시적인 고용이다. 소위 파트타임 일자리의 압도 다수(전혀 임시적이지 않다)가 그러하며 단기 계약직도 대부분 마찬가지다. 많은 경우 단기 근로계약은 실제로는 상시적 일자리에 고용된 노동자를 대상으로 체결되며, 계약이 만료됨과 더불어 정기적으로 갱신된다. 계약직이 고용과 관련한 일정한 권리를 누리지 못하는 것은 사실이지만, 그렇다고 해서 사용자가 그들 없이도 잘해 나갈 수 있는 것은 아니며 그들이 사용자에 맞서 싸울 힘을 잃는 것도 아니다. 따지고 보면 영국에서도 퇴직수당 제도가 도입된 1960년대 말 이전에는 공식 고용계약이라는 것 자체가 없었고 사용자들은 노동자들을 아무 때나 해고할 수 있었다. 그런데도 사용자들은 심지어 항만 노동자 같은 일용직들 사이에서도 현장 조합원 기반의 노동조합이 건설되고 그 영향력이 커지는 것을 막을 수는 없었다.

- 대개 문제는 노동자들이 사용자에 맞설 힘이 없는 것이 아니라 사용자들이 노동자들로 하여금 스스로 힘이 없다고 믿게 만드는 것이다. 케이트 브론펜브레너는 1990년대 경기 상승기에 미국 노동자들이 심지어 1990~1991년의 침체기 때보다도 자신감이 없었던 것을 발견했다. 노동조합 조직 운동이 확산될 때면 "사용자들의 절반 이상이 사업장을 부분 또는 전면 폐쇄하겠다는 협박을 했다." 그러나 막상 노동조합이 조직된 뒤에 "사용자가 경고한 대로 시설을 부분 또는 전면 폐쇄한 경우는 3퍼센트 이하였다."[80]

달리 말해, 고용의 불안정성을 과대 선전하는 것은 노동자들을 사기저하에 빠뜨리고 투쟁 수위를 끌어내리려는 사용자들에게 이익이 된다. 좌파가 할 일은 불안정성을 과장하는 것이 아니라 노동자들이 마음만 먹으면 여전히 강력한 힘을 발휘할 수 있음을, 또 그것을 가능하게 해 주는 반대 요인들이 있음을 지적하는 것이다.

## 신자유주의, 복지국가, 사회적 임금

대부분의 반신자유주의 문헌들이 공유하는 한 가지 전제는, 하비의 표현을 빌리자면 우리는 "국가가 사회보장 의무에서 발을 빼는" 시대에 살고 있다는 것이다.[81] 그러나 이번에도 실증적 증거는 이를 뒷받침하지 못한다. 특히 선진국의 경우는 더욱 그렇다. 다른 정부 지출과 마찬가지로 사회보장 지출은 1970년대 이후로 오르면 올랐지 줄지는 않았다(〈도표 3-4〉 참조).

1995년 이래 유럽 주요 국가들의 사회보장 지출은 실업률 추이에 따라 소폭의 변동은 있었지만 대체로 비슷한 수준에 머물렀고, 미국에서도 경기 하강기의 사회보장 지출은 클린턴 정부의 '복지 개혁'에도 불구하고 전보다 줄지 않았다. 안와르 샤이크는 여러 나라의 '순 사회적 임금'(노동자에게 혜택을 주는 정부 지출에서 노동자가 낸 세금을 뺀 값)을 계산했다.[83] 그렇게

**도표 3-4** 1979년과 1995년의 국내총생산 대비 복지 지출 비중(단위 : 퍼센트) [82]

| 국가 | 1979년 | 1995년 |
|---|---|---|
| 호주 | 13.2 | 16.1 |
| 캐나다 | 14.5 | 18.0 |
| 프랑스 | 22.0 | 29.1 |
| 독일 | 25.4 | 28.7 |
| 이탈리아 | 21.2 | 22.8 |
| 스웨덴 | 25.1 | 34.0 |
| 영국 | 16.4 | 22.5 |
| 미국 | 13.8 | 15.8 |

해서 샤이크는 독일, 캐나다, 영국, 호주, 스웨덴의 국민총생산 대비 순 사회적 임금 비중이 1960년대와 1970년대에 비해 1980년대에 더 높았음을 밝혀냈다. 미국에서도 비슷한 추세가 나타났다(〈도표 3-5〉 참조).

샤이크의 분석은 또 하나의 매우 중요한 진실을 드러낸다. '사회적 임금' 대부분은 언제나 일반 세금으로 충당됐다는 사실이다. 사실상 사회적 임금은 노동계급 내의 임금 소득 재분배나 다름없었다. 사회적 임금을 노동계급에 대한 국가 보조금이라 한다면, 순 사회적 임금이 마이너스였던 1950년대와 1960년대 미국에서는 도리어 노동계급이 국가에 보조금을 제공한 셈이었다. 샤이크는 사회적 임금의 국가별 편차를 지적하며 이렇게 썼다.

미국을 제외한 OECD(경제협력개발기구) 회원국들은 대체로 순 사회적 임금 비중이 0퍼센트보다 컸다. 독일과 영국의 순 사회적 임금은 평균해서

**도표 3-5** 국민총생산 대비 순 사회적 임금의 비중 변화 추이(단위 : 퍼센트)

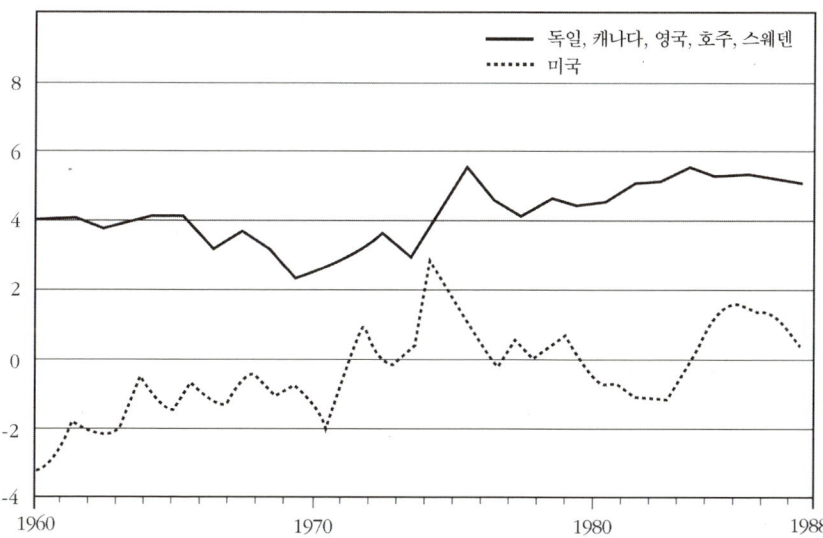

국내총생산의 5퍼센트, 총 임금의 8퍼센트에 불과했지만 OECD 국가들 가운데 가장 컸다. 반면 복지국가의 모범으로 여겨지는 스웨덴의 경우 호황기에 순 사회적 임금 비중이 거의 0퍼센트였다.[84]

지난 30년 동안 사회적 지출을 줄이기 위한 각국 정부들의 시도가 여러 차례 있었다. 사실 영국에서는 그보다 훨씬 전부터 사회적 지출을 삭감하려는 정부의 시도가 있었고 그에 맞선 투쟁들도 있었다.[85] 그러나 결과적으로 정부 지출은 꾸준히 증가했다. 이를 어떻게 설명할 것인가?

부분적으로는 지출 삭감에 맞선 투쟁들의 성과라고 볼 수 있다. 부르주아 민주주의에서 정부는 선거를 의식할 수밖에 없고, 따라서 자신의 정책이 다수 대중의 삶에 미치는 영향을 결코 완전히 무시할 수는 없다. 영국에서는 역대 총선 때마다 국민의료서비스가 주요 쟁점으로 떠올랐고, 이 때문에 신노동당은 국민총생산에서 국민의료서비스에 투입되는 재원 비중을 높여야 했다. 이 점에서 하비가 신자유주의화 수준을 결정하는 요인으로 "계급 세력 균형"을 강조한 것은 옳다.[86] 그러나 이것이 전부는 아니다. 자본주의에는 자본으로 하여금 싫더라도 일정한 사회적 임금을 지불할 수밖에 없게 만드는 내적 요인들이 있다.

자본가계급이 부유해지는 방법은 오직 사람들의 일할 수 있는 능력('노동력')을 착취하는 것뿐이다. 그런데 질병, 사고, 영양 부족 등은 노동력을 약화시킨다. 따라서 자본가들은 신체 건강한 노동인구를 유지하는 데 신경을 써야 한다(즉, '노동력 재생산'에 신경 써야 한다). 노동자들이 실업 중에도 건강하게 생존해서 경기가 회복되면 다시 착취받을 수 있도록 보건 의료 서비스와 기타 급여를 제공해야 한다.

현대 자본주의는 다음 세대 노동자들의 양육에도 신경을 써야 한다. 그들을 착취했을 때 충분한 이윤을 뽑아낼 수 있도록 적절한 교육과 훈련을 제공하고 노동 규율을 심어 줘야 한다. 자본주의 옹호자들이 '인적 자본'에 대해 걱정하고 학교 교육의 '부가가치'에 대해 왈가왈부하는 것도 이 때문이다. 마지막으로, 노동력 재생산은 단지 노동자들의 물질적 건강에 관한 문제만은 아니다. 노동자들의 사기에 관한 문제이기도 하다. 자기 처지에 만족하는 소를 원하는 농부들과 마찬가지로, 자본가들은 자기 처지에 만족하는 노동자들을 원한다. 정년퇴직하자마자 굶어 죽을 것을 걱정하는 노동자들이 일에 성의를 다할 리 없다. 마르크스가 말했듯이, 노동력 재생산 비용을 결정하는 요소에는 생리적 요소뿐 아니라 역사적·사회적 요소도 있다.

영국에서 복지 제도가 발달하게 된 결정적 계기는 보어전쟁이었다. 영국군 지원자 가운데 전선 투입에 부적합할 정도로 체력이 약한 사람이 너무 많았던 것이다. 앤 로저스는 이에 대한 상류계급과 중간계급의 반응을 다음과 같이 정리했다.

영국이 이대로는 독일과 미국을 상대로 경쟁하기 어렵다는 믿음이 주요하게 작용했다. 페이비언주의자들이든 자유주의적 제국주의자들이든 강조점은 똑같았다. 그들은 가난이 노동자 개개인에게 초래하는 고통보다는 가난이 사회에 지우는 부담을 더 강조했다. …… 노동계급의 건강을 개선하고자 하는 바람은 공장과 군대를 더 건강한 노동자들로 채우려는 바람에 근거를 둔 것이었다.[87]

1906년에 자유당 정부가 노령연금과 학교급식을 도입한 것은 이런 배경에서였다.

그러나 노동력은 시장에서 사고 팔리는 여느 상품처럼 수동적이지 않다.

노동력은 인간 존재의 살아 있는 표현이다. 자본가의 관점에서 '노동력 회복'인 것이 노동자에게는 휴식과 여가를 즐기고 창의력을 발휘할 수 있는 기회를 뜻한다. 그렇기 때문에 보통의 임금과 마찬가지로 사회적 임금을 둘러싸고도 계급투쟁이 벌어진다. 자본의 관점에서도 일정 수준의 사회적 임금과 보통 임금을 지급하는 것이 필요한데도 그렇다.

이 점은 자본이 자신의 협소한 경제적 이익에 진정 부합하는 방향으로 복지국가를 재편하는 것을 매우 어렵게 만든다. 자본의 처지에서는 현행 복지 제도에서 생산적 노동인구를 유지하고 재생산하는 데 필수적인 요소들은 유지하거나 심지어 확대하고, 반면 만성 환자들과 장애인, 은퇴한 노동자 등을 부양하는 데 드는 '비생산적' 지출은 줄이는 것이 가장 합리적일 것이다. 즉, 자본의 처지에서는 한편으로 잉여가치 추출 경쟁에서 앞서가기 위해서라도 복지 제도의 일부분은 그대로 유지할 필요가 있다. 그러나 다른 한편으로, 필수적인 부분을 뺀 나머지 부분을 제거하는 것은 부르주아 민주주의에서는 정치적으로 매우 어렵다.

바로 이런 맥락에서 내부 시장 도입, 시장 원리 실험, 외주화, 사유화, 민간 연금 등이 매력적인 대안으로 떠오른다. 이것들은 사회보장 기능을 탈정치화함으로써 한편으로는 '무자격자'들에 대한 사회보장을 거부하고, 다른 한편으로 사회복지 부문의 노동자들을 공격하기 쉽게 해 주는 기제들이다.

## '반신자유주의'의 정치적 애매함

우리가 시장화, 사유화, 불안정 고용이 나쁘다는 데 동의한다면 이 모든 논의가 왜 필요한가? 왜냐하면 우리가 막상 반격에 나섰을 때 잘못된 분석은 심각한 실수를 낳기 때문이다. 만약 축적의 주된 기제가 일상적 착취에서

'약탈'로 옮겨 갔다면, 투쟁의 초점도 노동계급에게서 옮겨 가 생산과정에 더 주변적인 집단들에게 맞춰야 할 것이다. 더욱이 모든 일자리들이 불안정하며 저항하는 노동자들을 사용자들이 마음대로 해고할 수 있다고 본다면 그런 초점 이동은 더 필요해진다. 1973년 이후로 "약탈을 통한 축적이 제국주의적 자본축적 구조에서 일차적인 모순으로 전면에 부상했다"고 쓴 하비도 바로 그런 주장을 펼치는 듯하다.[88]

이런 분석은 계급 운동보다 '사회운동'을 우위에 놓는다.[89] 이런 결론을 도출하는 데서 가장 멀리 나아간 사람들이 라클라우와 무프로서, 이들은 "제3세계 사회운동들의 중층 결정" 과정에서 "엄격한 계급 경계선을 거의 알지 못하는 정치적 정체성들이 구축"된다고 썼다.[90] 하비는 이런 결론을 피하려고 신자유주의에 맞선 저항에서 계급이 중심이라고 때때로 힘주어 말하기도 하지만, 하비의 이론적 틀 자체가 라클라우와 무프 같은 이들의 것과 별반 다르지 않은 방향으로 해석될 여지가 크다. 노동계급의 구실에 관한 견해 차이는 중요한 실천적 함의를 갖는다. 사회운동은 노동계급에 기초를 둔 운동이 아니다. 즉, 자본주의 생산구조 속에서 차지하는 위치 때문에 유기적으로 서로 결속돼 있고 체제에 맞서 싸울 수 있는 힘을 가진 그 집단에 바탕을 두고 있지 않다. 바로 그 때문에 사회운동들은 급속히 떠올랐다가 급속히 가라앉는 경향이 있다. 흔히들 말하는 것처럼, 사회운동은 "로켓처럼 솟구쳤다가 막대기처럼 떨어진다." 결국 운동이 잠잠해진 뒤에 남는 것은 스스로 어떤 목표를 달성하기에는 너무나 약해진, 뼈대만 남은 조직들이다. 아직 운동에 남아 있는 사람들은 투쟁해 봤자 승리할 수 없다고 너무 쉽게 단정 짓게 되고, 기존 질서 내의 개혁에 부질없는 믿음을 걸게 된다. 개혁의 주체가 전통적 개량주의나 포퓰리스트 정당이 됐든, 또는 NGO들이 됐든 말이다.

이 점에서 시사적인 것은 이탈리아 재건공산당(리폰다치오네 코무니스타) 당수인 파우스토 베르티노티가 로마노 프로디의 '중도좌파' 정부에 합류하는 것을 정당화하기 위해 내놓은 주장이다. 재건공산당의 이런 방향 선회는 2001년 7월 제노바의 G8 반대 시위부터 2003년 3월 이라크 전쟁 반대 시위까지 이어진 투쟁 물결이 잦아들기 시작한 시점에서, 노동자 권리를 규정한 법안에 대한 국민투표에서 충분한 지지표를 끌어 모으려는 시도가 실패한 직후에 이뤄졌다. 베르티노티는 신자유주의 아래에서 불안정한 삶이 대중의 투쟁 능력을 약화시킨 탓에 이탈리아 대중운동이 파멸적인 패배 위험에 처한 것처럼 묘사했다.

불안정성이야말로 신자유주의 세계화의 근본 성격이다. 불안정성은 일과 삶에 바칠 수 있는 시간을, 생산관계와 사회적 관계를 조건 지우며, 심지어 삶을 변화시키기 위한 사람들의 노력에도 침투한다.[91]

이탈리아 재건공산당의 방향 전환은 단지 한 개인의 굴복(또는 배신)에서 비롯한 것이 아니었다. 그 개인이 수천 명의 당원들을 설득할 수 있었던 것이 더 결정적이었다. 이것이 가능했던 이유는 재건공산당 활동가들이 오랫동안 자율주의와 유러코뮤니즘 사상의 영향을 받았기 때문이다. 이 사상들에 따르면, 자본주의의 이동성이 초래한 '산업 공동화'와 '불안정성' 때문에 노동계급의 힘은 돌이킬 수 없이 약해졌다. 사회운동만이 유일한 대안으로 남았다. 그런데 그 사회운동마저 퇴조하자 이번에는 적어도 '신자유주의'에서 약간은 비껴갈지도 모르는 정부에 들어가는 것이 유일한 희망처럼 비쳐졌다. 아르헨티나의 반(半)자율주의 좌파들도 2001년 12월과 2002년 1월의 대중 반란 이후 거의 똑같은 길을 갔다. 일단 피케테로스 운동*과 주민

평의회 운동 같은 거대한 사회운동들이 잠잠해지자, 이전 10년 동안의 극단적 신자유주의 정책에서 방향을 틀고 있었던 키르치네르 정부와 협력하는 것이 손쉬운 대안으로 다가왔다.

이처럼 급진적 활동가들이 자본주의를 안정적으로 관리하려고 애쓰는 정당이나 정부에 편입되는 것을 합리화해 주는 것이 '케인스주의' 버전의 '좋은 자본주의'와 '신자유주의' 버전의 '나쁜 자본주의'가 따로 있다는 관념이다. 노동자를 존중한다는 '산업자본'과 그렇지 않은 '금융자본' 사이의 대비도 마찬가지다. 그러나 현실은 자본이 오늘날에도 '케인스주의' 시절의 절정기 때만큼이나 국가를 애용한다는 것이다. 사실 오늘날에는 국가 개입이 요구되는 위기가 더 잦아진 만큼, 국가에 대한 자본의 의존성은 오히려 더 커졌다. 이 점에서 신자유주의 이데올로기와 실천은 따로 논다. 전후 수십 년과 오늘날의 차이점이라면, 자본이 좀 더 이윤율이 높았던 시기에 허용했던 많은 긍정적 개혁들을 후퇴시키고 싶어 하며, 국가들도 이런 자본의 요청에 호응하고 있다는 점이다.

좌파들의 '신자유주의'라는 용어 사용이 애매해지는 것은 이 때문이다. 신자유주의는 단순히 자본주의의 현 단계에서 각국 정부가 추진하는 부정적인 정책들, 즉 1940년대 말에서 1970년대 중반까지 커다란 싸움 없이도 자본한테서 따낼 수 있었던 긍정적 개혁들을 후퇴시키는 개악들을 지칭하는 용어로 쓰일 수도 있다. 그러나 이 용어는 체제 운영 방식에 사소한 손질만 가하면 수많은 사람들의 삶을 개선할 수 있다는 환상을 강화하는 방식으로 사용될 수도 있다. 마찬가지로, 자신의 싸움을 '반신자유주의' 투쟁으로 이해하는 사람들은 더 나아가 그것을 '반자본주의' 투쟁으로 바라보게 될 수도 있지만 체제와 타협하는 쪽으로 퇴행할 수도 있다. 수사와 구호는 정치에서

---

* 1990년대 중반에 탄생한 아르헨티나의 실업자 운동.

일정한 구실을 할 수 있지만 우리의 적이 누구이며 어떻게 맞서 싸울지에 관한 명확한 이해를 대체할 수는 없다. 거듭해서 위기에 빠지는 체제가 개별 국가와 기업들에게 사회적 임금과 일반 임금을 더욱 삭감하고 일자리와 노동조건을 더욱 옥죄도록 압력을 가하는 현 상황에서 우리는 더욱 명확해질 필요가 있다.

[천경록 옮김]

# 신용경색부터 세계 경제 위기의 공포까지

크리스 하먼

과거의 금융 위기들도 그 심각성에 따라 등급이 나뉜다. 상황이 나빠지기 시작했던 [2007년] 8월에는 1998년의 롱텀캐피털매니지먼트 파산 사태가 비교 대상으로 거론됐다. 달리 말해, 몇몇 오만한 투자가들의 실수로 시장이 일시적으로 혼란에 빠진 것일 뿐이라는 얘기였다. 그러나 은행들이 어려움에 처했다는 사실이 명백해지자 이번에는 1980년대와 1990년대의 저축대부조합 위기(미국 국내총생산의 3퍼센트에 해당하는 은행권 손실을 가져왔던 위기)가 비교 대상이 됐다. 한 주 동안 시장이 한바탕 홍역을 치르고 난 지금은 급기야 1930년대 대공황 이후 최악의 위기가 도래할지 모른다는 소문마저 돌고 있다.

　　— 2008년 3월 7일자 〈파이낸셜 타임스〉 렉스 칼럼[증시 분석 면]

　이상은 이 글을 쓸 즈음에 〈파이낸셜 타임스〉에 실린 기사다. 기사를

---

이 글은 《인터내셔널 소셜리즘》 118호(2008년 봄)에 실린 "From the credit crunch to the spectre of global crisis"를 번역한 글이다.

보면 자본주의 체제에 모종의 방향 제시를 해 줘야 하는 위치에 있는 자들이 얼마나 혼비백산과 거짓 낙관, 또는 근거 없는 낙관 사이에서 우왕좌왕하는지를 알 수 있다.


## 금융권에 책임 떠넘기기

이번 위기에 대한 가장 손쉬운 설명은 금융권을 탓하는 것이다. 이번 위기는 "수세기 동안의 정신 나간 금융 관행에 의해 정립된, 뻔한 패턴을 따랐다"는 것이 전 IMF 수석 경제학자 켄 로고프의 설명이다.[1] 또 한 명의 전 IMF 수석 경제학자인 라구람 라잔은 은행가들이 대출과 차입을 할 때 보너스를 너무 많이 챙기는 것이 문제라고 생각한다.[2] 억만장자인 금융가 조지 소로스는 "경기부양을 위해 …… 유동성을 공급한" "금융 당국"을 비난한다. 금융 당국의 이런 조처가 "한도 끝도 없는 신용 확대를 부추겼다"는 것이다.[3] 프랑스 대통령 니콜라 사르코지도 금융 시스템이 "통제를 벗어난 것 같다"며 금융권 비난에 가세했다.[4] 최근 헤지펀드 하나를 말아먹은 칼라일 그룹의 유럽 사업부를 총괄하는 이복형제를 둔 사르코지인 만큼 허투루 한 소리는 아닐 것이다.

　자본주의의 수호자들이 금융 시스템에 비난을 퍼붓는 광경은 언뜻 기괴해 보일 수 있으나 실은 그렇지 않다. 주류 신고전주의 경제학자들이 1930년대 대공황에 대해 그나마 제시할 수 있는 설명은 화폐시장과 관련한 것이다. 이번 기회에 30년 만에 화려하게 컴백하려고 벼르고 있는 주류 케인스주의 경제학자들 대부분도 마찬가지다. 그래서 〈가디언〉의 래리 엘리엇은 다음과 같이 주장한다.

이것은 어쩌면 평생 한 번 올까 말까 한 기회다. 거대 금융기업들의 투명성을 개선하고, 상업은행과 투자은행 업무를 분명히 구별하고, 해악이 비교적 큰 금융상품들을 금지함으로써 [금융권의] 의존성 문화를 깨뜨릴 수 있는 기회다.[5]

## 더 뿌리 깊은 불균형

그러나 금융권의 탐욕과 근시안성을 탓하는 것만으로는 애초에 그들이 어떻게 그토록 무모한 도박을 시도할 만큼의 자금을 그토록 쉽게 구할 수 있었는지를 설명할 수 없다. 그리고 금융 책임론은 그런 무분별한 대출이 없었을 경우 세계 경제가 어떤 꼴이 됐을 것인가 하는 질문을 회피한다.

일부 굳건한 친자본주의 논평가들도 어리둥절한 나머지 이런 근본적인 물음을 던지기 시작했다. 예컨대 〈파이낸셜 타임스〉 경제부장인 마틴 울프는 이번 위기가 단지 "금융 불안"이나 "주요 중앙은행들의 실수"에서 비롯한 것이 아니라 "세계 거시 경제의 무질서" 때문이라고 썼다.[6] 마틴 울프 같은 논평가들은 세계 주요 나라들 일부에서 투자에 비해 '저축'이 남아도는 현상에 주목한다. 이때 주로 동아시아 경제들이 도마에 오른다. 미국 연방준비제도이사회 의장인 벤 버냉키는 이런 "세계 나머지 지역의 저축 과잉"이 미국으로 대출이 급증하는 것을 부채질했다고 비난했다.[7] 그러나 잉여 저축의 진원지를 그렇게 멀리서 찾을 필요도 없었다. "거의 모든 선진국에서 투자율이 하락"했기 때문이다.[8] 어떤 보고서는 다음과 같이 분석했다.

이런 과잉 저축의 진정한 주범은 기업 부문이다. 2000~2004년에 G6*의

* 프랑스, 독일, 미국, 일본, 영국, 이탈리아.

민간 기업들은 1조 달러 이상을 덜 투자했고, 이 때문에 기업 부문 순 저축이 마이너스에서 플러스로 바뀌었다. …… 기업 저축의 증가세는 진정 세계적인 현상으로서 3대 경제권인 북미, 유럽, 일본을 포괄하고 있다.[9]

달리 말해, "[미국 ― 크리스 하먼] 기업들은 과거의 이윤을 재투자하기보다는 현금으로 쌓아 두고 있다."[10]

이런 저축 과잉의 효과에 대해서는 1930년대에 존 메이너드 케인스가, 그리고 그보다 60년 더 전에는 마르크스가 지적한 바가 있다. 즉, 저축 과잉은 침체 압력을 낳는다. 자본주의 경제는 생산된 모든 것이 팔릴 때만 정상적으로 작동할 수 있다. 이는 오직 사람들이 상품 생산으로 벌어들인 수입(노동자의 임금이든 기업 이윤이든 간에)을 모두 상품 구입에 지출할 때만 가능하다. 그러나 자본가들이 자신의 소비를 위해서든, 아니면 더 중요하게는 투자를 위해서든 이윤을 전부 지출하지 않는다면 체제 전반에 과잉 생산 위기가 확산될 수 있다. 상품을 팔지 못하는 기업들은 노동자들을 해고하거나 주문을 취소하는 식으로 대응하며, 이는 시장을 더욱 위축시키는 악순환을 부른다. 투자와 저축의 불균형으로 시작된 것이 침체로 전이되고 침체는 다시 공황으로 치닫는다.

케인스와 그 추종자들은 이런 현상을 예방하는 방법이 있다고 주장했다. 즉, 국가가 나서서 세금과 금리를 조정해 기업 투자의 수익성을 높여 주고, 국가 스스로 돈을 빌려 투자를 하고, 소비자들에게 돈을 쥐어 줌으로써 소비를 진작시키는 등의 방식으로 자본가들의 지출을 활성화할 수 있다는 것이다. 때로 이런 방법은 단기적 효과를 냈다. 정부 투자나 소비자들에 대한 금전적 지원은 팔리지 않는 상품들을 위한 직접적 수요를 창출하면서 기업들이 생산을 늘리도록 부추겼고, 이 과정의 부산물로서 더 많은 정부 지출을 떠받쳐 줄 만큼 세수가 증대됐다.

그러나 심각한 경기 침체를 맞이했을 때 이런 대응 방식은 장기적 효과를 내기 어렵다. 국가는 빌린 돈을 언젠가는 갚아야 한다. 그렇지 않는다면 그 나라의 통화 가치가 하락해서 인플레가 초래될 것이다. 법인세를 더 많이 거둬서 나라 빚을 갚자면 기업들이 투자할 인센티브가 줄어들 것이다. 그렇다고 일반 소비자들에게 세금을 더 거두기도 어려운 것이, 그렇게 했다간 소비자들의 구매력이 줄기 때문이다. 케인스 자신이 1930년대에 영국 정부에 권고한 조치들만으로는 당시의 대량 실업을 해결하는 데 충분하지 못했을 것이고,[11] 1970년대 중반의 경제 위기 때는 그런 조치들이 단지 실업에 인플레를 더하는 결과만 낳았다.

그래도 최근 몇 년 사이에는 정부가 돈을 빌려서 지출한 것이 투자 대비 저축 잉여를 흡수하는 데서 일정한 효과를 냈는데, 특히 미국의 군비 지출이 그러했다. "2001~2005년에 공식적인 군비 지출은 비주택 민간투자의 평균 42퍼센트였다." "공식 통계에는 …… 군비 지출에 포함됐어야 할 항목들이 많이 누락돼"있었는데도 말이다.[12] 그러나 정부 지출만큼이나 중요했던 것은, 미국 소비자들로 하여금 자신들의 임금 소득만으로는 구입할 수 없는 것들을 구입할 수 있게 해 준 소비자 대출의 대대적 확대였다. 여기서 서브프라임 모기지가 핵심 구실을 했다.

2001년에 미국 연방준비제도이사회 의장 앨런 그린스펀은 이미 침체에 빠지고 있던 미국 경제가 9·11 테러에 뒤따른 심리적 공황으로 더욱 위축될 것을 우려한 나머지, 금융시장 과열을 방조함으로써 은행들의 '묻지마' 대출을 독려했다.[13] 이탈리아 마르크스주의자인 리카르도 벨로피오레는 이런 대응을 "사유화된 케인스주의"라고 적절히 표현했다.[14] 이는 단지 중앙은행 총재가 대형 민간 은행에 있는 친구들의 편의를 봐주는 차원의 문제가 아니다. 마틴 울프도 인정하듯이, "잉여 저축" 때문에 "이를 상쇄할 높은 수준의 수요를 창출할 필요"가 생겼고,[15] 가난한 사람들에게 돈을 대출해 주는 것이 바로 그 해법이었던 것이다. "미국 가계는 버는 것보다 더 많이 소비해야 한다. 그렇지 못하면, 다른 부문에서 변화가 나타나지 않는 한 경제가 침체에 빠질 것이다."[16] "연방준비제도가 일견 과도해 보이는 통화 확장 정책*을 취하기는 했지만, 만약 그러지 않았다면 장기간의 침체와 어쩌면 불황마저 감수해야 했을 것이다."[17]

달리 말해, 경기 침체가 더 일찍 도래하지 않은 것은 오직 금융 경제의 거품 때문이었다. 이는 체제 전체가 근원적인 위기를 겪고 있으며 금융자본을 규제하는 것만으로는 이런 위기를 해소할 수 없음을 암시한다. 연방준비제도와 부시 정부가 취하고 있는 조치들이 중기적으로 문제를 해결할 수 있는 것도 아니다. 그들은 소비 진작을 위해 금리와 세금을 깎았는데, 마틴 울프는 케인스의 말을 빌려 이를 헬리콥터에서 돈을 뿌리는 짓에 비유했다.[18] 그러나 이런 조치로 달성할 수 있는 최선의 결과는 어차피 1, 2년 뒤면 다시 꺼질 대출·차입 거품을 한 차례 더 부풀리는 것뿐이며, 어쩌면 이조차도 어려울지 모른다.

## 저축-투자 불균형의 뿌리

그렇다면 이른바 "저축-투자 불균형" 자체는 어디서 비롯했는가? 기업들은 어째서 과거에 벌어들인 이윤을 이전 수준으로 재투자하지 않았을까?

선진 산업국가들에 대한 연구 결과들은 1960년대 말에서 1980년대 초에 이르기까지 평균이윤율이 하락했음을 보여 준다.[19] 1980년대 중후반과 1990

---

* 금리를 낮춤으로써 통화 공급을 늘려 결과적으로 인플레이션을 유발하기 쉬운 정책.

년대 사이에는 몇 차례 이윤율이 회복되기도 했다. 그러나 2000년에 이르러서도 이윤율은 자본주의 사상 최장 기간 지속된 호황기(오늘날 종종 '자본주의의 황금기'라 불리는, 제2차세계대전 후 약 25년 동안의 장기 호황)의 수준을 회복하지 못했다. 1997년에 미국에서 이윤율이 최고를 기록했을 때조차도 1973~1974년에 전후 최초의 심각한 경기 침체를 불러왔던 이윤율 수준보다 살짝 더 높았을 뿐이었다.

내가 전에도 주장했듯이, 이윤율이 부분적으로나마 회복될 수 있었던 것은 세 가지 요인에 기인한다. 낮은 이윤율 탓에 투자가 둔화됐다. 즉, 이전에 비하면 이윤 증대에 비례하는 속도로 투자가 증가하지 않았다. 일부 기업들이 도산했는데, 특히 1990년대 초반의 침체기를 전후해서 많이 도산했고 살아남은 기업들은 이를 통해 이득을 봤다. 그리고 무엇보다 총 산출량에서 노동자들이 아닌 자본에게 돌아가는 몫(마르크스의 용어로는 착취율이라 한다)이 전반적으로 증가했다(〈도표 4-1〉 참조).[20]

도표 4-1 국내 총수입에서 임금이 차지하는 비중(단위 : 퍼센트)

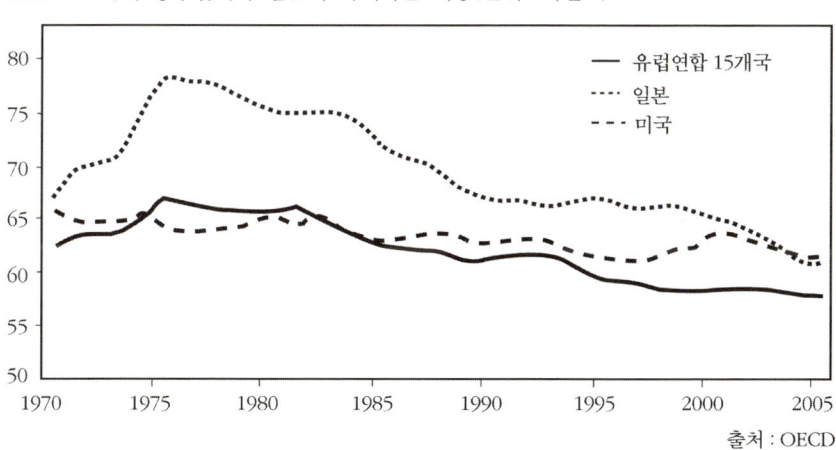

출처 : OECD

착취율 증대는 선진국만의 현상이 아니었다. 동아시아의 '신흥 시장' 경제에서도 같은 현상이 나타났다. 가령 중국에서는 그동안 실질임금이 산출량 증가를 따라잡지 못했고 다수의 농민들은 지난 10년 동안 생활수준이 하락한 듯하다.[21] 선진국에서와 마찬가지로 국내 저축의 대부분은 기업 부문에서 비롯한다.[22] 비록 평범한 사람들도 노후나 병에 걸릴 것에 대비해 소득의 평균 16퍼센트를 저축해야 하지만 말이다.

전 세계의 착취율 증가는 총 산출량에서 노동자들이 소비재로 구입할 수 있는 몫을 상대적으로 축소시킨다. 이 때문에 경제는 수요와 공급을 일치시키기 위해 투자에 더욱 의존하게 된다. 이런 상황에서 자본이 투자를 기피하면 침체 가능성이 커지는데, 금융 경제의 거품이나 다른 형태의 거품이 그런 위험을 은폐해 줄 수 있다.

이런 거품이 발생하는 것은 이윤이 생산적으로 투자되지 않고 금융 시스템을 통해 이런저런 투기 대상에 몰리기 때문이다. 각각의 투기 대상은 얼마간은 평균 이상의 이윤을 보장하는 것처럼 보인다. 1980년대 말에는 증시와 부동산이, 1990년대에는 닷컴 기업들이, 2002~2006년에는 서브프라임 모기지가 그랬다. 이들 중 어떤 것도 생산적이지는 않지만 그래도 얼마 동안은 소비(사무실 건물 건설, 투기를 관장하는 자들의 소비, 투기 자금을 끌어 모으는 데 필요한 과시적 소비 등)를 진작시키는 효과를 낼 수 있다. 이는 단기적으로 실질 국내총생산을 끌어올린다.

경제학자들인 보이어와 아글리에타가 설명했듯이, 1990년대 후반의 미국 경제 호황은 "수요와 공급이 자산 가격 상승에 대한 기대 심리(자기실현적인 선순환을 가능하게 하는)에 좌우되는" 성장 방식에 의존했다. "높은 이윤에 대한 기대는 자산 가격 상승을 유발하고, 높아진 자산 가격은 다시 소비자 수요를 끌어올림으로써 높은 이윤에 대한 애초의 기대를 정당화해 준다. …… 이런 현상을 보노라면 오늘날의 경제성장이 자산 가치가 끝없이 오를 것이라는 환상에 의존하고 있지 않나 하는 느낌마저 든다."[23]

왜 이런 현상이 나타날까? 가장 합리적인 설명은 수익성의 장기적 하락 추세가 계속돼 왔기 때문이라는 것이다. 마르크스주의 경제학자인 로버트 브레너는 미국 정부의 공식 통계를 활용해 2000~2005년의 제조업 이윤율이 1970년대 말과 1980년대보다는 높지만 1970년대 초나 1990년대보다 더 낮다는 것을 계산해 보았다. 브레너가 계산한 비금융기업들의 2000~2006년 이윤율은 1950년대와 1960년대 이윤율의 약 3분의 2였고, 1970년대 초에 비하면 약 18퍼센트 낮았다.[24]

일부 논평가들은 이윤율의 장기적 추세를 다르게 본다. 즉, 그들은 강화된 착취율 덕분에 이윤율이 완전히 이전 수준으로 회복됐다고 본다. 지난 7년 동안 생산성 증가와 더불어 임금은 정체하고 제조업 일자리 6개 가운데 1개가 사라진 미국에서 이는 특히 더 진실인 것처럼 주장된다. 그래서 마틴 울프는 "평균적으로 미국 기업들은 상태가 좋다"고 한다.[25] OECD의 《세계 경제 전망 보고서》도 "비금융기업 부문은 건실하다"고 한다.[26] 프랑스의 마르크스주의자인 미셸 위송은 이미 8년 전에 "이윤율이 높다"는 것을 기정사실로 받아들였다.[27] 오늘날 위송은 "1980년대 중반 이후 극적으로 회복된 평균이윤율"에 대해 얘기한다.[28] 또 한 명의 저명한 마르크스주의 경제학자인 프레드 모즐리도 최근에 쓰기를, 이윤율 회복을 위해 마르크스가 "통상 필요할 것"이라 생각했던 "상당한 자본 가치 하락을 초래하는, 대규모 파산 사태를 동반한 깊은 불황" 없이도 "이윤율이 대체로 완전히 회복된 듯하다"고 했다.[29]

그러나 이윤율에 관한 한 브레너의 분석이 옳다고 볼 근거가 있다. 최근 몇 년 사이 기업들은 주식시장에서 자사의 위상을 높이고 적대적 인수 시도를 막아 내며 최고경영자들의 스톡옵션 가치를 올리기 위해 자신들의 이윤을 과장하는 경향이 있었다. 그래서 미국 경제가 마지막으로 호황을 누린 1990년대 말에는 기업들의 공시 이윤이 실제보다 50퍼센트 높았다.[30] 지난 4, 5년 사이에도 기업들이 부채 규모를 은폐하고 금융 거품으로 발생한 가상 수입을 공시된 이윤에 포함시키는 등 비슷한 관행이 이어져 왔다는 징후들이 있다.

주류 경제학자인 앤드루 스미더스는 기업들이 제공한 이윤 관련 수치들이 어떤 식으로 현실을 왜곡하는지 지적한 바 있다. 그는 미국의 '자금순환' 계정에 제시된 공식 수치들이 "이른바 '통계적 불연속성들'과 부동산 가치 상승을 포함시킴으로써 미국의 순 자산을 엄청나게 부풀렸다"고 지적했다.[31] 실제로 자금순환 계정에 표시된 2005년 비농업·비금융 기업 부문 순자산 증가분 1조 2390억 달러 중 7570억 달러가 '부동산 자산' 증가분이었다(또 '통계적 불연속성'으로 인한 증가분은 5060억 달러였다).[32] 미국 4대 회계 법인에 드는 PwC의 최고경영자인 새뮤얼 디피아자는 미국 내의 많은 기업들이 최근 몇 년 동안 금융에 의존해 이윤을 보충하려 했으며 "자산담보증권(ABS)과 주택저당증권(MBS)에 투자했다"고 말한다.[33]

달리 말해, 미국 기업들의 수익성이 외견상 높아 보였던 것은 그들의 금융자산과 부동산 자산 가치가 금융 거품으로 실제 가치보다 부풀려졌기 때문이다.

프레드 모즐리는 "비금융기업들이 자신들의 부채를 '특수목적법인'으로 더 많이 이전하는" 방식으로 자신들의 부실 규모를 감추려 해 왔음을 지적했다.[34] 이처럼 은폐된 기업 채무가 많다는 사실은 과거에 이뤄진 투자의 수익성이 흔히 알려진 것만큼 높지 않았다는 것을 시사하며, 이윤율이 상대적으로 낮아졌다는 브레너의 주장에 더욱 무게를 실어 준다.

마지막으로, 설령 체제 전반의 평균이윤율이 정말로 일각에서 주장하는 것만큼 높아졌다 하더라도 그것만으로 절대적 투자 규모가 늘어나기에 충분한 것은 아니다. 그래서 마틴 울프는 미국 기업들이 평균적으로 "상태가 좋다"는 자신의 진단에 단서를 하나 붙였다. 상태가 좋은 평균적 기업들의 후미에는 수익성이 낮고 부채비율은 높은 기업들이 "길게 줄지어 서 있다"는 것이다.[35] 달리 말해, 설령 일부 기업들이 대규모 투자를 할 수 있을 정도로 이윤을 많이 낸다 하더라도 다른 많은 기업들은(제너럴모터스나 포드 같은 공룡 기업들도 포함해) 그렇지 못하다. 이 때문에 경제 전반의 투자 수준이 낮게 유지되고, 따라서 침체 압력이 거듭해서 나타난다.

## 다음은?

최근의 금융 위기는 1970년대부터 세계 자본주의를 괴롭혀 왔던 바로 그 질병, 즉 이윤율 하락에 뿌리를 두고 있다. 착취율 증가 덕분에 이윤율 하락세가 잠시 멈췄고 심지어 약간 회복되기도 했지만, 거듭되는 침체를 막기에 충분할 정도의 기업 투자를 독려하기에는 역부족이었다. 그리고 이번 위기 때 드러난 징후들은 실로 불길하기 짝이 없다.

이 점은 이번 위기의 근원을 고삐 풀린 금융시장에서 찾는 사람들도 인정하는 바다. 그들은 금융시장을 통제하기 위해 극단적인 조치가 필요하다고 생각하면서도, 그런 조치가 심각한 침체를 유발할 것을 걱정한다. 예컨대 소로스는 "[지금까지 이어진] 신용 확장 국면 이후에는 신용 축소 국면이 뒤따라야 한다. 새로 개발된 일부 신용파생상품들은 불건전하고 지속 가능하지 않기 때문이다"[36] 하고 말하면서도, 신용 축소의 결과로 단지 미국뿐 아니라 세계 경제가 침체에 빠질 것을 우려한다.

침체가 확산되면 금융권이 겪고 있는 문제가 악화되며 생산적 부문의 일부로도 문제가 번져 나간다. 돈을 대출받은 수많은 대형 기관이나 기업이 빚을 갚기에 충분할 정도로 돈을 회수하기가 불가능해진다. 뉴욕 대학교 스턴 경영대학원의 누리엘 루비니는 "깊은 침체로 금융권의 손실이 더욱 심해지고, 심해지는 금융권의 손실과 금융시장 붕괴로 침체가 더욱 깊어지는 악순환"이 벌어지는 "'재앙적인' 금융·경제 시나리오가 실현될 가능성이 높아지고 있다"고 말한다.[37]

미국 연방준비제도이사회와 부시 정부가 최근 보인 행보도 이런 두려움에 기인한다. 그들은 침체가 깊어질 것을 두려워하며, 그 때문에 일련의 금리 인하와 감세 조치(처음으로 극소수 부자들 이외의 사람들에게도 혜택이 돌아간)를 통해 시중에 돈을 퍼붓고 있다. 이 때문에 〈월스트리트 저널〉이 버냉키를 '케인스주의자'라고 비난했을 정도다.[38]

이런 접근법은 사실 거품 하나가 터진 것을 수습하기 위해 또 다른 거품을 키우는 것이나 다름없다. 그러나 그런 방식으로는 전 세계 식료품값이 치솟고 있고 유가가 기록적인 수준에 와 있는 시대에 인플레이션을 더욱 조장하게 될 확률이 크다. 게다가 달러화가 이미 유로화 같은 통화에 비해 가치가 하락하고 있는 마당에 달러에 대한 신뢰 상실을 부추길 위험도 있다. 미국 정부가 이 모든 위험을, 그리고 그것에 수반되는 세계적 헤게모니 상실의 위험을 감수할 준비가 돼 있다는 사실은 이들이 현 상황을 얼마나 심각하게 받아들이고 있는지를 보여 준다.

그러나 이들의 접근법이 실패하고 있다는 징후들이 나타나고 있다. 이들은 과거에 주류 케인스주의자들이 위기관리를 시도하면서 직면했던 것과 똑같은 문제들을 마주하고 있다. 감세 규모는 개별 가계들이 엄청난 상환 압력을 받고 있는 민간 대출금의 규모에 비하면 턱없이 모자라며 금리 인하

정책도 시장에 반영되지 않고 있다. 볼프강 뮌허가 주장했듯이,

> 미국 연방준비제도이사회는 여러 차례에 걸친 금리 인하 조치를 통해 단기금리를 2.25퍼센트 깎았지만 미국 소비자들과 기업들의 대출 비용은 오히려 올랐다. 유럽중앙은행이 단기금리를 4퍼센트로 엄숙하게 못 박아 둔 동안 소비자들과 기업들에게 부과되는 대출금리는 올라갔다.[39]

단기적인 효과 이상의 것을 원한다면 미국 정부는 전 세계의 잉여 저축을 흡수할 수 있을 만큼의 돈을 사람들에게 쥐어 줘야 하며, 사람들이 불황에 대비해 그 돈을 저축할 필요가 없다고 느낄 정도로 그 액수가 커야 한다. 은행들이나 일반 소비자들에게 돈 쓸 인센티브를 제공하는 것과, 그들이 돈을 확실히 쓰게 만드는 것은 엄연히 다르다. 이 때문에 주류 경제학자들은 "끈으로 밀 수는 없다*"던 케인스의 격언을 되풀이하고 있는 것이다.

그리고 바로 이 때문에 일부 주류 평론가들은 미국 정부가 결국 훨씬 강력한 조치를 취할 수밖에 없을 것이라 확신하고 있다. 그래서 UBS**의 수석 경제 자문인 조지 매그너스는 노던록의 국유화가 "미국에서 일어날 것으로 내가 예상하는 일들에 비하면 사소한 일"이라고 말했다. "미국 주택 보유자들에 대한 구제금융 조치는 내 생각에 거의 기정사실이나 다름없다. 모기지 대출로 생긴 손실이 너무나 크고 주택시장에서 일어나고 있는 상환 불이행과 주택 차압 건수에 관한 사람들의 추정치가 워낙 큰 탓에, 특히 2008년처럼 대통령 선거가 있는 해에는 어떤 강력한 조치가 나올 수밖에 없다고 본다."[40]

---

* 유인책만으로 뭔가를 강제할 수는 없다는 뜻이다.
** 스위스 금융 그룹.

매그너스는 이번 위기가 1998년의 롱텀캐피털매니지먼트 파산 사태보다도, 또 1987년의 증시 폭락과 1995년의 멕시코 외채 위기보다도 더 심각하다고 본다. "이번 위기는 1)규모가 크고, 2)광범하며, 3)단지 유동성 문제가 아니라 지급 능력 문제라는 점에서 이전 것들과 다르다. 지급 능력 문제는 유동성 문제와 완전히 다른 해결 방식을 요한다." 유동성 위기는 기업들이 수익성은 좋으나 당장 결제할 현금이 없을 때 발생하지만 지급 능력 위기는 기업들이 적자 운영 중일 때 발생한다.

뮌허는 이번 위기를 "대단히 전염성이 강한 지급 능력 위기"라고 규정하면서 "결국은 규제 경감, 재정적 구제 조치, 그리고 국유화가 병행될 것이고, 절대 망하지 않을 정도로 덩치 큰 금융기관들을 제외한 수많은 금융기관들이 파산할 것"이라고 내다봤다.[41]

자본주의 체제 수호자들에게는 두 가지 악몽 같은 시나리오가 있다. 하나는 1929~1933년의 대공황인데, 전혀 근거 없는 우려는 아니다. 1920년대와 최근 몇 년은 닮은 점이 많다. 두 경우 모두 착취율을 끌어올림으로써 이미 낮은 수준이었던 이윤율이 더욱 하락하는 것을 막았고, 이 때문에 발생한 생산과 소비 사이의 불균형은 일정 기간 동안 투기와 비생산적 자원 활용, 그리고 대출을 통한 소비 활성화로써 봉합됐다.[42] 지금과 마찬가지로 1920년대에도 이처럼 인위적으로 조성된 거품이 꺼지자마자 기저에 있던 생산과 소비의 불균형이 전면에 드러났다.

그러나 그 당시와 현재 사이에는 한 가지 중요한 차이가 있다. 오늘날 미국 정부의 지출은, 특히 군비 지출은 1920년대 당시보다 훨씬 더 크다. 앞서 지적했듯이, 이 점은 민간 대출과 더불어 최근 몇 년 사이에 수요를 떠받치는 데서 일정한 구실을 했다. 미국 정부가 파산하지 않는 한 이런 정부 지출은 미국 경제가 더는 추락할 수 없는 어떤 안전판을 제공해 준다.

그러나 미국을 제외한 나라들은 이런 혜택조차 누릴 수 없다.

둘째 시나리오로 대공황보다는 약간 덜 무서운 것이 있는데, 바로 1990년대 초 일본이다. 당시 일본 경제는 그 직전까지의 호황을 지탱해 준 부동산 거품이 꺼지면서 오랜 정체기에 접어들었고 16년이 지난 지금까지도 완전히 회복되지 못했다. 일본 은행들이 낸 손실 규모는 지금까지 미국 은행들이 낸 손실 규모(앞으로 더 불어날 수 있겠지만)와 비슷하다. 그런데도 대부분의 주류 평론가들은 오늘날의 미국 상황이 다르다고 애써 강조한다. 특히 그들은 미국 연방준비제도이사회가 일본 중앙은행이 저질렀다는 '실수'들을 되풀이하지 않고 있다는 점을 근거로 든다. 그러나 이것은 일본과 미국의 경제 위기를 둘 다 순전히 금융권의 문제에서 비롯한 것으로 전제하는 논의이며 생산적 부문에서 나타나고 있던 문제들을 간과한다. 실제로는 일본 사례에서도 생산적 부문의 이윤율 문제가 큰 구실을 했고,[43] 지금껏 살펴봤듯이 현재 진행 중인 위기에서도 결정적인 구실을 하고 있다.

물론 일본 자본주의는 매우 저조한 성장률에도 불구하고 지금껏 살아남았다. 그러나 미국이 일본과 같은 장기 불황을 겪는다면 그 트라우마는 상당할 것이다. 미국 노동계급에게서 나타나는, 아직 집중되지 못한 분노는 더 깊어질 것이고, 미국의 세계적 헤게모니는 더욱 흔들릴 것이다. 이런 위험에 직면한 미국 지배자들이 세계 나머지 국가들에게 자기 입으로 설교한 신자유주의 교리를 스스로 위반하는 것은 그다지 놀라운 일이 아니다.


## 정치적 파장

오늘날의 세계에서 경제 위기는 늘 정치적 파장을 낳는다. 이는 세계화에 관한 온갖 과장에도 불구하고, 가장 큰 자본 단위들이 여전히 개별 민족국가에 기반을 두고 있기 때문이다. 각각의 다국적기업들은 자신이 기반을 두고 있는 민족국가에 의지해, 다른 민족국가에 기반을 둔 경쟁자들에 맞서 자신의 이익을 관철시키려고 한다. 이것은 경제 위기 때 더욱 두드러지는 현상이다.

경제 위기의 영향이 나라마다 다르게 나타나기 때문에, 경제 위기에 대응하는 각국 정부와 중앙은행의 정책들은 서로 다른 방향으로 움직인다. 그래서 지난 8개월 동안 미국 연방준비제도이사회가 시중에 돈을 쏟아붓고 금리를 대폭 낮춘 반면, 영국 정부와 영란은행*, 그리고 유럽중앙은행은 공공지출을 줄이고 고금리 기조를 유지하려 애써 왔으며, 중국 정부는 인플레(와 대중 소요)가 통제하기 어려울 정도로 치솟을까봐 경제성장 속도를 조절하려 해 왔다.

만약 위기가 더욱 심각해진다면, 대처 방안을 둘러싼 국가들 사이의 알력이 그만큼 지저분해지면서 각국이 서로 자기 방식을 다른 국가에 강요하기 위해 압력을 행사하려 들 수 있다. 과거에는 미국이 자국 문제를 해결하기 위해 유럽 각국과 일본 정부에 압력을 넣어 자기 방식을 따르게 만들 수 있었다. 23년 전의 '플라자 합의'가 가장 잘 알려진 사례로, 이때 유럽 국가들과 일본은 미화의 가치를 떨어뜨리기 위한 공동 행동을 취하는 데 합의해 줬다. 미국이 자기 뜻을 관철시킬 수 있었던 한 가지 이유는 다른 국가들이 미국의 돈과 군사력에 의존하고 있었기 때문이다.

미국은 지금도 그런 압력을 행사하려 들겠지만 과거에 비해 입지가 약해졌다. 세계에서 가장 빠른 속도로 성장하고 있는 국민경제는 이제 더는 일본이 아니라 중국인데, 일본은 과거에나 지금이나 미국에 경제적·재정적·군사적으로 의존하지만 중국은 전혀 그렇지 않다.[44] 미국 정부는 현재의 경

---

* Bank of England, 영국의 중앙은행.

제적 약세를 다른 수단을 이용해 극복하려 할 것이다. 즉, 미국은 군사력으로써 세계 각지의 정세를 판가름할 힘이 자국에 있다는 것을 과시하려 할 것이고, 미국의 앞길을 막을지도 모르는 다른 강대국들에 맞서 이데올로기 공세를 강화하려 할 것이다. 다르푸르보다 더 큰 참극을 이라크와 아프가니스탄, 콩고-자이르, 그리고 소말리아에서 자행한 자들이 다르푸르의 비극에 대해 지금보다 더 많은 악어 눈물을 쏟아 내더라도 놀라지 말라. 그리고 이들이 더 많은 참극을 자행하더라도 놀라지 말라.

금융 위기가 정치적 파장을 낳는 것은 국제 무대에서만이 아니다. 한 나라 안에서도 금융 위기의 영향은 개별 자본마다 다르게 나타나며(가령 영국에서 금융 위기가 로이즈 은행과 바클레이스 은행에 미친 영향은 노던록에 미친 영향과 달랐다), 따라서 개별 자본들은 상이한 해결책에 끌리게 된다. 즉, 자본의 이해에 봉사하는 자들도 서로 다른 관점과 접근법으로 갈리며 사태가 악화되면 상대방에게 책임을 떠넘기려 한다. 이 과정에서 자본의 헤게모니가 침식될 수 있는데 위기의 타격을 가장 심하게 받는 약소국에서 특히 더 그렇다.

지난 20년 동안 다른 어떤 선진국보다 이윤(과 고용)의 원천으로서 금융에 더 많이 의존하게 된 영국의 경우에 앞으로 정치적 분열이 더욱 심해질 것으로 예상할 수 있다.[45] 볼프강 뮌허는 심지어 "영국 경제는 적어도 미국과 비슷한 정도의 침체기에 곧 돌입할 것이다. 영국의 주택시장 거품이 미국보다 더 크고 금융권이 국내총생산에서 차지하는 비중도 더 크기 때문에 어쩌면 침체 정도가 미국보다 더 심할 수도 있다"고 주장한다.[46]

영란은행 총재인 머빈 킹은 이런 문제에 대처하기 위해 "우리의 생활수준을 실질적으로 낮출 것"을 주문했다.[47] 물론 신노동당도 이런 목표를 달성하기를 원하며, 이를 위해 지금처럼 에너지 가격이 급상승하고 최근 몇 년 동안 파격적인 조건으로 주택 융자를 받은 사람들이 엄청나게 높아진 주거비 부담에 쩔쩔매는 상황에서도 공공 부문의 실질임금을 최소 2년 동안 더 삭감하려 한다.

이는 필연적으로 사람들의 분노를 살 것이고, 그에 따른 이데올로기적 파급효과는 어마어마할 것이다. 경기가 침체할 때마다 호황기(아무리 짧은 것일지라도)에 유포된 자본주의에 대한 신화들은 허상이었음이 드러난다. 투철한 자본주의 옹호론자인 마틴 울프는 그래서 "금융 시스템의 불안정성과 그 덕분에 특권계층들이 벌어들이는 막대한 수입 때문에, 그런 수입보다 훨씬 중요한 그 무엇, 즉 시장경제의 정치적 정당성이 전 세계에 걸쳐 훼손될 것"을 두려워한다.[48]

이런 '정당성'에 대한 염려는, 노던록을 국유화하는 것만이 금융 시스템을 더욱 나락으로 빠뜨릴 파산 사태를 막는 유일한 길임이 명백해진 뒤에도 노던록 국유화를 피하려 한 영국 신노동당 정부의 행태를 설명해 준다. 국유화가 반드시 자본주의와 배치되는 것은 아니다. 1930년대에서 1970년대 중반에 이르는 기간 중에는 가장 우파적인 정권들도 경제의 많은 부문들을 국유화했다. 노던록 국유화가 현시대에 전례가 없는 돌출 행동인 것도 아니다. 소위 '신자유주의' 정부들을 포함해 많은 정부들이 지난 20년 동안 자본가들의 박수갈채를 받으며 위기에 빠진 은행들을 거듭거듭 국유화했다(1980년대 초의 칠레, 1980년대 말의 미국, 1990년대의 일본이 그런 예들이다).

그러나 그런 조치는 자본주의의 현 단계를 정당화하는 신자유주의 이데올로기의 교리와 명백히 모순된다. 그 교리에 따르면 시장 메커니즘은 더없이 효율적이므로 어떤 경우에도 시장에 대한 간섭은 없어야 한다. 그러나 이런 교리는 국유화 조치가 취해질 때마다 도전받게 된다. 심지어 그것이 아주 철두철미하게 자본주의적인 방식의 국유화일지라도 말이다. 자연법칙이나 마찬가지라던 시장의 법칙이 인간의 의식적 행동으로 깨질 수 있음을 보여 주기 때문이다. 그러면서, 그런 의식적 행동을 왜 자본의 이익이 아니라 대중의 이익을 위해 행할 수 없느냐는 질문이 제기된다.

금융 위기의 파장이 체제를 계속 뒤흔드는 가운데 그런 질문들이 수없이 더 제기될 것이며, 그러는 가운데 각국 정부는 노동자들에게 고통을 전가하려 들 것이다. 금융자본가들뿐 아니라 산업자본가들도 그에 따른 역풍을 걱정하고 있는 것이 무리는 아니다.

[천경록 옮김]

# 논쟁 ①: 전반적 성장 속의 일시적 위기일 뿐이다

짐 킨케이드

크리스 하먼이 세계 경제를 다룬 자신의 최근 글들에 대해 논평해 달라고 요청해 왔는데, 확실히 마르크스주의자들이 토론할 것이 많이 있는 것 같다. 세계 경제가 몹시 불균등하다는 것은 분명하지만, 2007년에 재화와 서비스는 6년 전보다 25퍼센트나 더 많이 생산됐다. 그러나 하먼과 상당수 좌파들은 이윤과 축적률이 정체하는 경향이 여전히 자본주의의 기본 추세라고 생각한다. 그들의 견해로는, 이런 추세는 1970년대 이후 변하지 않았다. 그들은 2001년 이후 최근까지의 성장은 주로 지속될 수 없을 만큼 높은 수준의 부채, 특히 미국에서 집값 폭등을 바탕으로 가계 대출이 급증한 덕분이라고 주장한다. 이런 부채 증가로 자금을 확보한 가계들이 소비를 지속하면서 미국의 무역 적자가 엄청나게 늘었고, 이 덕분에 중국 등 신흥 시장들의 수출 주도형 경제가 급속하게 성장할 수 있었다는 것은 분명한 사실이다.

---

이 글은 《인터내셔널 소셜리즘》 119호(2008년 여름)에 실린 "The world economy – a critical comment"를 번역한 글로서, 세계 경제 위기에 대해서 크리스 하먼과 다른 의견을 제시한다. 크리스 하먼의 반론은 6장에 실려 있다.

국제적인 경기하강은 2008년 초에 더 광범하게 진행됐다. 미국에서 집값이 폭락했고 경기후퇴 조짐이 나타났다. 달러 가치가 더 떨어졌고 부채 상환 불능 위기가 국제 은행 시스템 전체로 번졌다. 지금 중요한 것은 중국의 새로운 축적 중심지들과 그 밖의 공업화한 지역들이 신용 위기로 인한 경기후퇴의 충격을 흡수할 수 있을 만큼 충분히 크고 역동적인지 아닌지에 대한 것이다. 아무도 확답할 수 없다. 그러나 앞으로 2~3년 동안 벌어질 일들이 결정적인 시험대가 될 것이다.

나는 이 글에서 세계 경제에 대한 크리스 하먼의 견해와 그 견해의 이론적 근거를 주로 세 가지 점에서 비판하려 한다.[1]

1. 일시적인 경기하강 국면이 반복되기는 했지만(경제적 불평등도 대규모로 증가했다), 지난 25년 동안 세계 경제의 기본 흐름은 이윤이 증가하고, 생산량이 늘고, 자본축적 수준이 높아졌다는 것이다. 하먼의 분석에 따른 예상과 달리, 생산성 향상은 수익성을 잠식하지 않았다.

2. 하먼은 마르크스의 이윤율 하락 분석을 꽤 추상적으로 이용해서 평균이윤율에만 너무 초점을 맞추고, 마르크스가 전반적인 수익성 하락 경향을 제한하거나 역전시킨다고 본 상쇄 경향들에 대해서는 주의를 충분히 기울이지 않는다.

3. 하먼은 자본주의 체제의 축적 원동력들에 대한 마르크스의 설명도 거의 활용하지 않는다. 자본주의는 지리적으로 확대되는 경향이 있고, 생산 부문 영역의 개척으로 이윤율의 양과 비율이 증가하는 경향이 있으며, 세계적 생산 체제 속에 배치된 자본의 양과 그 자본에 고용된 노동자들의 수가 증가하는 경향이 있다. 하먼은 체제의 규모가 지난 수십 년 동안 엄청나게 커졌다는 것과 잉여 이윤이 엄청나게 많이 창출됨으로써 자본주의가 성장 동력을 확보했다는 사실에 주목하지 않는다. 하먼은 다소

협소하게 이윤율 분석에만 머물고 있다. 하먼은 신규 자본 형성 비율에서 나타난 흐름들을 도외시하며, 세계 경제의 가장 전략적인 부문들에서 자본 집중 때문에 새로운 기업들이 진입에 성공하지 못한다는 잘못된 시각을 갖고 있다. 그래서 하먼은 현재 중국을 비롯한 신흥 경제 대국들의 역동성이 지금 시작된 경기후퇴를 완화하고 전체적인 성장 국면을 더 지속시킬 수 있음을 너무 과소평가한다.

그러나 나는 크리스 하먼의 더 넓은 전망, 즉 정치 위기는 체제의 경제에 뿌리를 두고 있으며 이런 정치 위기는 지속될 것이고 더욱 심화할 가능성이 크다는 견해에 공감한다. 환경은 점점 더 위기에 빠지고, 빈부 격차가 극심하게 벌어지고 있으며, 자본의 끊임없는 경쟁적 구조조정으로 사회가 파괴되고 있다.

세계 경제 실적을 가늠하는 잣대는 연간 생산 증가율이다. 〈도표 5-1〉은 IMF가 1970년 이후 세계의 (실질) 국내총생산 성장률을 측정한 것이다. 이 도표는 36년 중 거의 절반의 시기 동안 연간 성장률이 4퍼센트를 웃돌거나 이에 근접했음을 보여 준다. 경기하강이 다섯 번 있었지만, 연간 성장률이 2퍼센트 미만일 때는 두 해*밖에 없었다. 최근 두 차례의 경기후퇴는 시간 차를 별로 안 두고 연달아 찾아왔지만, 1980년대 초나 1990~1991년 초의 더 심각한 수축보다는 덜 심각한 단기적 후퇴였다. 2006년 이전 5년 동안 평균 성장률은 4퍼센트를 상회했고, 2007년의 경우도 그해 8월에 심각한 금융 위기가 있었지만 결국 같은 성장률을 기록했다. 1970년 이후 세계 인구는 증가했지만, 1인당 평균 경제성장률은 여전히 연평균 3퍼센트 정도를 유지하고 있다.

물론 추가 생산량의 전체적인 분배는 매우 불평등하다. 대부분의 나라들

---

\* 〈도표 5-1〉을 보면 알겠지만, 사실은 세 해였다. 킨케이드의 오타인 듯하다.

에서 소득 상위 계층들의 부와 소득은 엄청나게 증가했다. 한편, 하루 1달러 이하의 생계비로 살아가고 있는 사람이 약 10억 명인데, 1980년 이후 이 사람들이 세계 인구에서 차지하는 비율은 27.9퍼센트에서 21.1퍼센트로 줄었다. 이 기간에 세계 총 인구가 증가했으므로 많은 사람들의 물질적 생활 수준이 상당히 개선됐음을 알 수 있다. 몇몇 지역들, 특히 아프리카와 중동의 생활수준은 소름끼칠 정도로 나빠졌다.[2] 그러나 예컨대 중국에서는 1980년 이후 하루 1달러 미만으로 살아가는 사람들이 6억 명에서 1억 8000만 명 밑으로 줄었는데, 이것은 겨우 한 세대 만에 4억 명 이상 감소한 것이다.[3] 물론 중국과 기타 지역의 빈곤율을 더 많이 낮추는 것도 얼마든지 가능했다. 그러나 그런 아쉬움 때문에 노동 대중의 노고와 생산기술의 발전이 일

**도표** 5-1 세계 실질 국내총생산 성장률

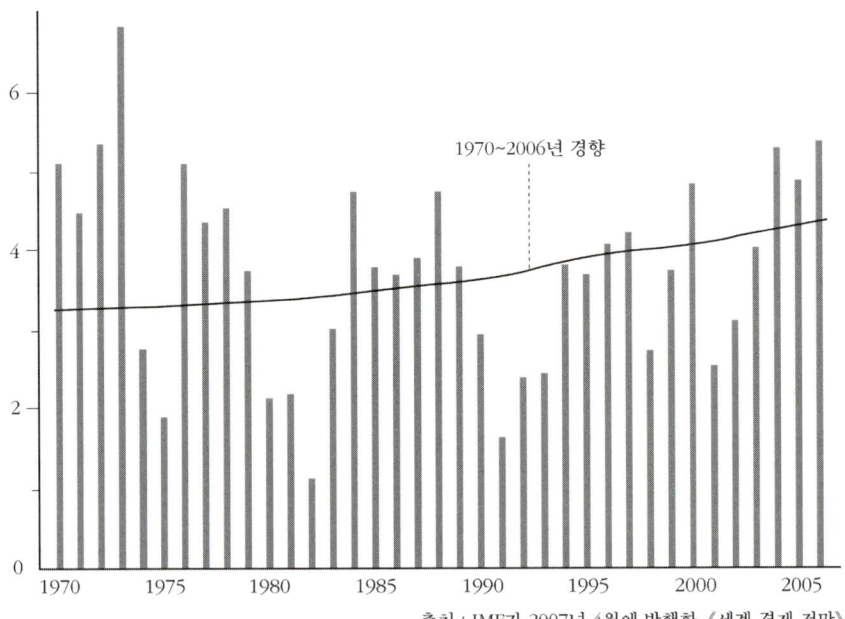

1970~2006년 경향

출처 : IMF가 2007년 4월에 발행한 《세계 경제 전망》

귀낸 성과를 놓쳐서는 안 된다.

따라서 지금 자본주의 체제는 매우 역동적이고 총 생산량이 계속 증가하고 있는 상황이다. 비록 지리적 공간에서 커다란 사회적 불균등성이 나타나고 시간의 흐름에 따른 경기순환 양상도 뚜렷이 나타나지만 말이다. 그러나 현재 수준의 성장률이 얼마나 지속될 수 있을까? 당면한 금융 위기와 이 위기로 인한 거대한 미국 경제의 경기하강이 5년 전처럼 심각하지 않은 짧은 경기후퇴로 그칠 것인가? 아니면 더 중대한 한계들이 근래의 성장 패턴에 영향을 미치기 시작한 것일까?

현재의 상황을 더욱 심도 있게 이해하려면 체제의 수익성과 자본축적 수준을 살펴봐야 한다. 크리스 하먼은 2007년 발표한 글에서 이윤 동향에 관한 자료를 검토한 뒤 다음과 같은 결론을 내렸다.

1. 공업국들에서는 1960년대의 높은 이윤율이 급격히 떨어지는 추세가 1980년대 초까지 지속됐고, 1980년대 초의 이윤율은 20년 전의 거의 3분의 1 수준밖에 되지 않았다.

2. "이윤율은 대략 1982년쯤부터 회복됐지만, 이는 그 이전의 후퇴기 수준의 거의 절반밖에 되지 않았다."[4] 하먼은 2001~2007년에 세계 경제의 많은 부문에서 수익성이 크게 상승했음을 보여 주는 증거들에 대해서는 언급하지 않는다. 세계 상황에 대한 권위 있는 출처라고 할 수 있는 국제결제은행(BIS) 보고서는 "전 세계 국내총생산에서 기업 이윤이 차지하는 비율이 2005년에 사상 최고 수준에 도달했다"고 지적했다.[5] 하먼은 영국, 미국, 중국에 대해서만 논의한다. 그가 인정하는 것처럼, "당분간 영국의 이윤율은 높을 듯하다. …… 2006년 사사분기에 전체 비금융기업들의 이윤율은 15.6퍼센트였는데, 이는 1969년 이후 가장 높은 수치였다."[6] 하먼은 미국에 관해서는 어떤 수치도 제시하지 않고, 단지 금융 투기와 사모

펀드 거래의 급증 때문에 "기업 이윤이 현실과 완전히 동떨어질 때까지 부풀려질 것"이라고 언급할 뿐이다. 사실, 미국에서 최근 몇 년 동안 기업 이윤 대비 주식가격 비율은 그렇게 높은 편이 아니었다. 프레드 모슬리는 최근 글에서 다음과 같이 결론을 내렸다.

지금 미국의 이윤율은 1960년대 절정기 수준에 근접하고 있다. 특히 2001년 경기후퇴 이후, 지난 몇 년 동안 실질임금이 전혀 상승하지 않아 이윤이 매우 현저하게 회복됐으며 수익성도 상당히 빠르게 증가했다(연간 4~5퍼센트). 그리고 이런 수치에 미국 기업들이 외국에서 생산해 벌어들인 이윤은 포함되지 않고, 오직 미국 국내에서 벌어들인 이윤만 포함된다.[7]

2004~2006년에 미국의 연간 이윤은 계속 상승해, 2004년 1조 3310억 달러에서 2006년 1조 6530억 달러로 증가했다.[8]

신뢰할 만한 자료들에 따르면, 중국의 이윤도 최근 대폭 증가했다. 가령, 라디는 "1998년부터 2006년 상반기까지 중국 기업들의 산업 이윤은 국민총생산의 2퍼센트에서 10퍼센트 이상으로 치솟았다"고 추정한다.[9] 세계은행 베이징 사무소의 최근 보고서에 따르면, "중국의 제조업 이익 마진은 계속 증가하는 추세인데, 노동생산성과 효율성이 꾸준히 급속하게 성장한 것이 이런 증가세를 지탱하고 있다."[10]

물론, 체제 전반의 이윤 수준은 경기순환에 따라 바뀌고, 최근 수익성이 급증한 중국과 그 밖의 많은 나라들이 어느 순간 경기 침체로 빠지지 말라는 법도 없다. 이런 경기 침체가 이미 2008년에 시작됐는지도 모른다. 그러나 2001년 무렵의 일시적 경기하강 직후에 그랬던 것처럼, 이번에도 경기가 금세 회복되지 말란 법이 어디 있는가? 1987년 10월에는 며칠 만에 세계 주식시장이 30퍼센트 폭락했지만, 미국 연방준비제도이사회와 각국 중앙은행들이 금리를 내려 위기를 봉합한 적이 있었다. 그 결과, 산업 부문에서 수익성과 일자리는 별로 영향을 받지 않았다. 1994년 2월, 미국 채권시장이 곤두박질쳤을 때도 사정은 비슷했다. 마르크스가 지적했듯이, 금융시장은 대개 투기 압력이 지배하기 때문에 오랫동안 생산적 경제로부터 상대적으로 자유로울 수 있다. 따라서 마르크스가 결론을 내렸듯이, 설사 금융 위기가 아무리 심각할지라도 반드시 상품 생산에 똑같은 충격을 주는 것은 아니다.

이윤을 측정하고 정의하는 데 많은 어려움이 있지만, 사실 이윤율의 장기간 하락 경향을 입증하는 명확한 증거는 없다.[11] 1950년대 말과 1960년대 초에 공업국들의 이윤율은 높았다. 그러나 1960년대 말과 1970년대에 급격하게 하락했다가, 1982년 이후에 다시 상승했고, 또 2001년쯤 잠시 가파르게 하락했다가, 다시 2007년까지 뚜렷하게 회복됐다.

하먼은 마르크스가 평균이윤율 하락 경향을 체제의 가장 심원하고 지속적인 경향으로 여겼다고 본다. 물론 그런 하락이 더딜 수도 있고, 심지어 어떤 시기에는 상쇄 경향들의 작용으로 역전될 수도 있지만 말이다. 하먼은 다음과 같이 설명한다.

마르크스의 요점은 매우 간단하다. 개별 자본가는 노동자들의 생산성을 상승시켜 자신의 경쟁력을 높일 수 있다. 그러기 위해서는 노동자 1인당 '생산수단'(도구, 기계류 등)의 양을 늘리면 된다.[12]

여기서 중요한 것은 50년 전보다 물리적 생산성(소수의 노동자들이 반자동 생산 라인이나 대형 컨테이너선에서 일하는 것)이 얼마나 나아졌는지를 비교하는 것이 아니다. 생산성은 자본의 유기적 구성 고도화, 즉 노동력보다 기계류가 더 빨리 증가하는 것으로 표현된다. 따라서 생산수단에 포함된 사회적 필요노동 시간은 증가하는 경향이 있지만, (잉여가치의 원천인) 무보수 노동시간은 그만큼 늘어나지 못하고 심지어 줄어들 수도 있다. 그래서 하먼은 생산성 상승이 경쟁 압력의 결과이며, 필연적으로 "투자에 대한 이윤 비율(이윤율)을 저하시키는 압력"을 낳는다고 주장한다.[13]

이런 설명은 생산성 향상이 자본의 유기적 구성을 고도화해 이윤율을 위협한다는 마르크스의 주장을 정확히 요약한 것이다. 그러나 마르크스는 이 것을 단지 하나의 경향으로만 설명했으며, 매우 높은 추상 수준에서 작동하는 경향이라고 봤다. 마르크스는 자본주의가 구체적인 역사적 체제로서 어떻게 작동하는지를 차근차근 분석하면서 이런 추상적 논의에 몇 가지 중요한 수정을 가했다. 하먼은 이런 마르크스의 단서들을 경시한다.

예컨대, 하먼은 "개별 자본가가 경쟁에서 앞서려면 생산성을 향상시켜야 한다. 그러나 개별 자본가에게 이익인 듯한 것이 자본가 계급 전체에게는 재앙이다" 하고 지적한다.[14] 이것은 정말 엄청난 과장이다. 1980년 이후 신자유주의 시대 전체에 전 세계 대부분의 지역에서 생산성은 꾸준히 상승했다. 그러나 모든 증거를 놓고 보면 세계 자본가계급은 잘 나가고 있다. 자본가계급의 수도 증가했고, 그들이 소유하고 통제하는 전 세계 부의 양과 비율도 증가했다.

하먼은 혁신적인 기업들의 공격적인 가격 인하 경쟁이 이윤을 잠식하고, 낡은 기술을 고수하는 경쟁 업체들의 자본 가치를 떨어뜨리고, 경쟁 업체들을 아예 완전히 파산으로 내몰 수 있다고 강조한다. 이런 손실은 각 생산부문의 전반적 이윤율에서는 공제해야 한다. 그러나 이렇게 자본의 가치가 떨어지고 이윤이 낮아지면 곧장 피해를 보는 기업들은 낡은 생산수단을 지닌 기업들뿐이다.

마르크스가 지적했듯이, 새로운 방식을 찾아낸 기업들은 비용 절감을 통해 평균이윤율보다 높은 이윤(마르크스가 초과이윤이라 부른 것)을 확보할 수 있게 되고, 그 초과이윤은 자본주의 경제의 전반적인 평균이윤율을 끌어올린다. 경쟁 기업들이 그 새로운 방식을 채택하면 일반적으로 상품 가격이 하락하고 문제의 생산 부문에서 모든 생산자들의 이윤율이 하향 평준화한다는 점은 사실이다. 그러나 하먼은 경쟁의 효과가 본격적으로 나타나기 전에 형성되는 초과이윤율의 효과에 대해서는 아무런 말도 없다. 하먼의 도식에서는 모든 생산자들이 거의 동시에 혁신을 채택하는 듯하다. 게다가 혁신 물결이 끊임없이 지속됨으로써 일부 기업들이 훨씬 더 오랫동안 초과이윤을 향유할 수 있게 될 가능성도 다루지 않는다. 그러나 지난 몇 년 동안 많은 산업에서는 생산성 향상이 거듭되는 양상이 나타났다.[15]

아무튼, 하먼도 동의하는 것처럼, 장기적으로는 비효율적인 자본들이 가치가 하락하거나 퇴출되는 국면을 거치면서 살아남은 기업들의 이윤은 커진다. 그렇지만 하먼은 단지 파산하는 경우만 염두에 두고 가치법칙과 경쟁을 논의한다. 하먼은 1980년대와 1990년대에 파산한 기업 수가 예상보다 더 높았다고 시인했는데, 그도 그럴 것이 부실기업들에 대한 국가 지원이 하먼이 예상했던 것보다 더 소극적이었기 때문이다. 그러나 여기서 하먼은 당시 유럽과 미국에서 진행된 구조조정의 깊이와 야만성을 과소평가하고, 그런 구조조정의 주요 형태에 대해서도 아무런 말이 없다. 당시의 구조조정은 대기업들이 수익성이 낮은 부문들을 제거하고, 손실만 보는 공장들을 폐쇄하고, 대량 실업을 강요했던 내부적 구조조정이었다.

## 현재의 신용 위기

〈신용경색부터 세계 경제 위기의 공포까지〉*라는 글에서 하먼은 최근 몇 년 동안 미국과 유럽의 은행 시스템에 여유 자금이 넘쳐났던 것이 이번 위기의 발단이었다고 주장한다. 이런 여유 자금은 어디에서 나온 것인가? 하먼은 2000~2001년의 경기후퇴 시기에 공업국들에서 기업 투자가 줄어들었고, 그 뒤에도 여전히 이전 수준을 회복하지 못한 것을 지적한다. 산업 부문의 기업들은 사용하지 않는 돈을 은행에 넣어 뒀다. 은행들은 특히 모기지 대출을 어마어마하게 늘리는 방식으로 가계 부문에서 돈을 굴렸다. 이 때문에 집값이 치솟았고 대출이 더 증가할 수 있었으며, 이런 대출이 집값 상승을 더욱 부추겼다. 이것은 자기 발전적 거품이었고, 이 거품이 지속되는 한은 소비 수요가 유지될 수 있었다.

이런 것을 두고 리카르도 벨로피오레가 "사유화된 케인스주의"라고 부른 것에 하먼은 동의한다. 이 메커니즘은 2007년 8월 서브프라임 위기가 갑자기 폭발했을 때 역전됐다. 그 결과 낮은 이윤과 산업 설비 과잉이라는, 근본적인 장기적 힘들이 이제 다시 강력하게 모습을 드러낼 것이라고 하먼은 주장한다. "경기후퇴가 더 빨리 닥치는 것을 금융 거품으로 겨우 막고 있었기 때문이다." 과다 채무 상태인 가계 부문이 소비를 줄이면 소비 수요가 감소해 G7 나라들 사이에서 경기후퇴가 확대될 것이다. 신흥 시장 나라들은 공업국들로 수출 길이 막혀 타격을 받을 것이다.

하먼이 강조한 것처럼, 분명 G7 나라들에서 2005년 이전 4년 동안 산업 투자가 이윤에 미치지 못했고, 이것이 주택담보대출 거품의 한 원인이었다. IMF 보고서를 보면, G7 나라들에서 "대체로 2002~2004년에 기업 부문의 과잉 저축(분배되지 않은 이윤과 자본 지출 사이의 차액)이 국내총생산의

---

* 이 책의 4장에 실린 글이다.

2.5퍼센트에 달했는데, 이는 역사적으로 기록적인 수치다."[16] 하먼은 이런 기업 투자 부진이 1970년대 이후 공업국들에서 축적률과 이윤이 근본적으로 정체됐음을 보여 주는 결정적 증거라고 생각한다. 이 주장에 대해 두 가지 반론을 제기할 수 있다. 첫째, IMF 보고서는 "기업의 저축 증가 이면에 있는 한 가지 요인은 수익성의 대규모 증대인데, 배당금 지급이 늘어났는데도 기업 저축이 더 늘었다는 점이 이를 입증한다"고 강조한다.[17] 따라서 하먼의 기본 주장이 시사하는 바와 달리, 기업 투자 부진은 수익성 저하 때문이 아니었다.

둘째, G7의 산업투자가 2004년 이후 꽤 회복했다는 증거가 있다. 예컨대, 최근 OECD 보고서는 2006년에 기업 부문의 순 저축이 겨우 국내총생산의 1퍼센트로 떨어졌다고 지적했다.[18] 물론 이런 상황이 비록 높은 이윤에 근거를 둔 것일지라도, 여전히 투자보다 저축이 상당히 과잉인 것은 사실이다. 그렇지만 케인스가 1930년대 초 대공황의 근본 원인으로 꼽았던 수요 부족을 살펴보기 전에, 세계 신흥 시장들의 높은 투자율이 공업국들의 소비수요 증가율 하락으로 생긴 공백을 얼마나 메울 수 있을지를 검토해 봐야 한다. 이 문제는 나중에 다시 살펴보겠지만, 먼저 최근의 투자 부진을 케인스주의의 과소소비 관점이 아니라 마르크스주의 관점에서 고찰해 보는 것이 필수적일 것이다.

## 생산성과 자본의 유기적 구성

만약 생산수단을 생산하는 제1부문의 생산성 증가율이 임금재를 생산하는 제2부문보다 더 빠르다면, 그 결과 노동에 대한 불변자본의 비율이 떨어질 것이다. 최근에 이런 일이 일어났음을 보여 주는 강력한 증거가 있다. 국제

결제은행은 주의 깊게 연구한 한 보고서에서 다음과 같이 결론을 내렸다.

기록적인 이윤, [기업의 — 짐 킨케이드] 높은 현금 보유 수준, 낮은 금리는 기업 투자를 자극하지 못했다. …… 실제로 G3 경제에서 국내총생산 대비 기업 투자는 과거 기준에 비춰 보면 여전히 낮았다. …… 대다수 선진국 경제에서 국내총생산 대비 명목 투자율이 여전히 낮은 것은 수수께끼 같은 일이다. 이는 부분적으로는 기업의 고정 투자 부문에서 가격이 상대적으로 하락한 사실로 설명할 수 있다. 예컨대, 일본과 미국에서 자본재 가격은 1980년 이후 25~40퍼센트 하락했다.[19]

IMF는 2002~2004년에 투자가 부진했던 것은 일시적인 현상이며, 이런 부진은 부분적으로 "2000년대 초에 기업 부채가 많았던 것에 대한 단기간의 반작용"에서 비롯했다고 지적한다. 그러나 IMF는 "자본재의 상대적 가격이 장기적으로 하락하는 경향도 있었고", "명목 투자율 하락의 거의 절반"은 이것 때문이라고 덧붙인다. 또 미래를 전망하면서 "기술 진보로 자본재 가격이 계속 떨어질 것이며, 특히 정보 기술 부문에서 그러할 것이다" 하고 시사했다.[20]

이것은 마르크스가 불변자본 요소들의 저렴화라고 부른 과정이다. 생산 수단을 생산하는 경제 부문의 생산성이 급격히 향상됐기 때문에, 산업 부문의 기업들은 비교적 적은 투자액으로도 생산 목표치를 달성할 수 있었다. 그 결과 이윤의 급격한 증가와 맞물려, 많은 기업들이 현금을 넉넉히 보유할 수 있었고 이윤 대비 부채비율이 전례 없이 낮아졌다. 만약 최근의 미국발 경기후퇴가 결국 세계 경제의 일자리와 생산에 미미한 영향만 끼친다면, 주된 이유는 현재 산업 부문의 재정이 튼튼하기 때문일 것이다.

## 수익성과 불변자본의 저렴화

불변자본 요소들의 저렴화는 체제의 근본적인 수익성에 모순적인 영향을 끼친다. 불변자본의 저렴화는 자본의 유기적 구성 고도화(앞서 지적했듯이, 하먼이 마르크스를 독해하면서 '이윤율 하락'의 중추라고 본 것)를 늦추고 심지어 역전시킬 수도 있다. 그러나 마르크스가 《자본론》의 일부 절에서 지적했듯이, 생산수단 가격의 하락은 생산자본의 순환에서 자본을 이탈시키는 효과를 낸다.[21] 이런 수요 감소 때문에, 하먼은 투자액 증가율이 떨어지는 것이 경기후퇴를 확산시킬 수 있다고 주장한 것이다. 그러나 이런 모순적 경향들 가운데 어느 것이 오늘날 세계 경제에서 우세한지를 확실히 파악하려면, 수익성과 축적에 대한 마르크스의 분석에서 대개 간과하고 넘어가는 몇몇 중요한 요인들에 주목할 필요가 있다.


## 몇몇 다른 상쇄 경향들

크리스 하먼은 오직 하나의 축적 형태, 즉 기계화라는 집약적 축적과 생산성 향상에만 관심을 갖는 경향이 있다. 그러나 마르크스에게서는 또 다른 논의, 즉 신규 생산 부문과 새로운 생산 중심지들에서 투자가 발생하고 잉여 노동자들이 자본주의 생산으로 흡수되는 조방적(粗放的) 축적*을 발견할 수 있다. 잉여 노동자들은 주로 두 부류다. 한 부류는 생산성 증가로 일자리를 잃은 노동자들이고, 다른 부류는 자본주의에 새로 편입되는 노동자들, 예컨대 농업 부문에 종사하다가 도시로 몰려든 노동자들이다.

최근 남반구의 조방적 축적 규모는 그야말로 엄청난데, 그 대부분은 공업화한 북반구에서 수출된 자본이 아니라, 농민들한테서 잉여를 뽑아내는 토

---

* 고정자본보다 노동력을 더 많이 사용하는 축적을 말한다.

착 자본의 축적을 바탕으로 하고 있다. 예컨대, 중국의 임금은 미국 임금의 20분의 1밖에 안 되기 때문에 착취율이 그렇게 높을 수 있는 것이다. 물론 공산품 시장의 격렬한 경쟁이 착취율을 제한하지만 말이다. 리처드 프리먼은 전 세계 자본이 직접 고용하거나 노동예비군을 통해 이용할 수 있는 노동력이 1980년에는 10억 명 이하였는데 2000년에는 30억 명 이상으로 세 배나 증가했다고 지적한다. 프리먼은 중국, 인도, 구소련 블록이 자본주의 경제에 통합됨으로써 15억 명의 노동자가 실질적·잠재적 자본주의 노동력에 추가됐다고 계산한다. 그 외 5억 명은 특히 아프리카나 라틴아메리카처럼 1980년에 이미 자본주의 체제의 일부였던 나라들에서 인구가 증가한 결과다. 그리고 프리먼은 마르크스가 자본의 유기적 구성이라고 부른 것을 낮추는 조방적 축적의 효과가 상당하다는 점에 주목했다. "중국, 인도, 구소련 블록이 세계 경제에 편입되자 세계의 자본/산출* 비율이 55퍼센트 하락해, 만약 중국 등이 세계 경제에 편입되지 않았다면 산출됐을 비율의 단 60퍼센트가 됐다."[22] 내가 앞서 언급했듯이, 마르크스는 평균적인 자본의 유기적 구성 저하가 이윤율을 끌어올리는 경향이 있다고 주장했다.

## 전 세계 축적의 기관차 중국

나는 이미 중국의 이윤이 최근 몇 년 동안 치솟았음을 보여 줬다. 하먼은 중국 경제가 선진국들에게 임박한 경기후퇴를 막는 기관차가 되기에는 아직 역부족이라고 주장한다. 하먼은 달러로 환산했을 때, 중국이 단지 세계 국내총생산의 6퍼센트만 생산한다고 지적한다. 그러나 이런 계산은 달러에 비해 인민폐(人民幣)가 매우 과소평가돼 있다는 사실을 고려하지 않는다. 어

---

* 6장에 실린 크리스 하먼의 반론 글에는 '자본/노동'으로 쓰여 있다.

쨌든, 세계 경제의 기관차로서 중국의 역량은 국내총생산 수치가 시사하는 것보다 훨씬 더 크다. 중국의 국내총생산은 연평균 10퍼센트씩 성장했으며, 그중 거의 절반이 다시 투자된다. 중국의 투자 증가는 최근 몇 년 동안 전 세계 자본 형성의 연간 증가율의 많은 부분, 아마도 20퍼센트를 차지한다. 중국의 생산 부문에서 창출된 이윤은 단지 국내에 머물거나 막대한 미국 금융자산을 매입하는 데 그치지 않는다. 이 이윤은 중국에 투자한 외국 자본들도 널리 공유한다. 그래서 중국의 경쟁 승리로 세계 나머지 지역의 이윤이 줄어든 것을 상쇄하는 데 도움을 주기도 한다.

외국 자본, 특히 미국과 일본 자본은 '중국' 경제의 수익성을 충분히 공유하고 있다. 예컨대, "2006년 상반기 6개월 동안 중국에서 미국 기업의 이윤은 20억 달러를 초과해, 그 전해 상반기보다 50퍼센트 이상 증가했다. 미국 기업들은 1990년대 내내 중국에서 벌어들인 것보다 2006년 한 해 동안 중국에서 더 많은 돈을 벌어들였다"고 미국 정부가 발표했다.[23] 원료와 그 밖의 수입품들에 대한 중국의 수요는 동아시아, 라틴아메리카, 중동의 많은 나라들에 성장 동력을 제공하고 있다. 하먼을 포함한 많은 이들의 주장과 달리, 중국의 생산 시스템은 대미 수출에 의존하지 않는다. 세계은행은 2006~2007년에 중국 경제성장에서 단지 4분의 1만을 수출 증가로 설명할 수 있다고 보고했다.[24]

최근 〈이코노미스트〉는 한 유용한 글에서 미국과 유럽의 경기후퇴가 세계 경제에 미칠 충격을 흡수하고, 하먼이 강조한 G7의 투자 부진을 상쇄할 수 있는 두 가지 사태 전개를 지적했다. 첫째, 중국 수출품 중 거의 절반이 현재 다른 신흥 경제국들로 향하고 있다. 실제로 브라질, 인도, 러시아에 대한 중국의 수출은 2007년에 60퍼센트 늘었고, 석유 수출국들에 대한 수출도 45퍼센트 늘었다. 국내총생산에서 대미 수출이 차지하는 비중은 중국의

경우에도 8퍼센트에 불과하며, 인도는 4퍼센트, 브라질은 3퍼센트, 러시아
는 1퍼센트다. 둘째, 2007년에 신흥 국가들의 소비 지출은 선진국들보다 거
의 3배나 빨리 증가했다.

투자는 훨씬 더 증가할 듯하다. HSBC 은행에 따르면, 2007년 신흥 경제국
들의 실질 자본 지출은 17퍼센트나 증가했는데, 이는 부국들이 단지 1.2퍼
센트밖에 증가하지 않았다는 사실과 견줘 보면 깜짝 놀랄 만한 일이다.[25]

신흥 국가들에 대한 미국과 유럽의 수출이 빠르게 증가하고 있는데, 특히
자본재 부문에서 그러하다. 2008년에 시작된 위기가 결국 얼마나 심각하고
광범한 것이 될지 예측하기는 쉽지 않다. 아무튼 지금까지는 마르크스나 민
스키*가 말한 고전적 기업 부채 위기처럼 보이지는 않는다. 대체로 대다수
주요 나라들에서 산업 부문의 기업들은 2001년 이후 높은 수익성 덕분에
부채를 줄이고 주식을 되사고 현금 보유를 늘렸다. 이런 것들은 모두 기업
들이 경기후퇴에서 살아남는 데 도움이 될 것이다. 게다가 중요한 사실은
지난 몇 년 동안 개발도상국이 전체적으로 선진국보다 더 빨리 성장해 왔고,
중국은 그중 가장 두드러진 사례일 뿐이라는 점이다. 2006년에 인도의 국내
총생산은 9.2퍼센트, 러시아는 6.7퍼센트, 라틴아메리카는 5.5퍼센트가 증
가했다. 선진국들 경제가 3.2퍼센트 성장한 데 비해 신흥 경제국들과 발전
도상국들 전체는 7.9퍼센트 성장한 것이다. 이런 성장은 지역에 따라, 그리
고 사회 계급 별로 매우 불균등하다. 더구나 그런 수치는 마르크스주의 분
석에서 핵심적인 것, 즉 축적률을 측정한 것도 아니다. 그러나 매우 높은

* Hyman Minsky, 불확실한 자산의 손실이 전체 자산 가치 붕괴로 이어진다는 금융 불안
  전성 이론을 주장한 미국 경제학자.

수준의 자본축적이 이뤄지고 있다는 사실은 분명히 보여 준다.

하먼의 이윤율 논의가 현재의 축적 동력이 초래할 정치적·경제적 결과를 제시하는 데 결정적으로 실패하고 있다는 점이 나와 하먼의 근본적 차이다. 하먼은 평균이윤율에 몰두하지만, 체제의 원동력은 초과이윤에 대한 추구다. 우리는 자주 트로츠키의 '불균등 결합 발전'이란 표현을 사용하지만, 실제 논의에서는 주로 자본주의의 불균등 발전에만 초점을 맞춘다. 내 주장은 현재의 결합 발전 양상에 더 많은 주의를 기울여야 한다는 것이다. 해마다 엄청나게 많은 노동자들이 새로 자본주의 노동시장에 곧장 편입되고 있다. 그들 중 많은 이들이 수익성이 높은 첨단 기술 공장과 사무실에서 일자리를 얻는다. 따라서 이들은 높은 착취율에 시달린다. 오늘날 우리가 긴급하게 고민하고 논쟁해야 하는 문제는, 조방적 축적과 집약적 축적이 긴밀히 결합된 지금, 전 세계에서 빠르게 진행 중인 축적이 이 체제에, 그리고 우리의 정치에 어떤 경제적·정치적 영향을 미칠 것인가 하는 것이다.

[천경록 옮김]

# chapter 6

# 논쟁 ② : 이윤율은 장기적으로 하락하고 있다

크리스 하먼

단순히 구호를 반복하는 것으로는 체제를 이해할 수도, 체제에 맞서 싸우는 방법을 터득할 수도 없다. 우리에게 필요한 것은 진지한 분석과 논쟁이다. 따라서 《인터내셔널 소셜리즘》 최근 호들에 내가 쓴 글에 대한 짐 킨케이드의 반론을 환영한다. 그러나 나는 그의 반론이 몇 가지 중요한 점에서 틀렸다고 본다. 킨케이드는 체제에 무슨 일이 일어나고 있는지를 잘못 이해하고 있다. 그리고 자본주의의 동역학을 이론적으로 충분히 이해하지 못하고, 내가 말한 일부 문제들은 오해하고 있다.

## 서구의 수익성

먼저, 사실들부터 살펴보자. 킨케이드는 2001~2007년에 '재화와 서비스'의

---

이 글은 《인터내셔널 소셜리즘》 119호(2008년 여름)의 "Misreadings and misconceptions"를 번역한 글로서, 짐 킨케이드의 주장(5장)에 대한 반론이다.

생산량이 증가했다는 것을 매우 강조한다. 이 시기에 생산량이 증가했다는 사실을 부인할 사람은 아무도 없다.[1] 나도 2년 전에 중국의 성장이 유럽에 미친 영향에 대해 쓴 글에서 그 사실을 강조한 바 있다.[2] 그러나 킨케이드가 제시한 IMF 도표를 자세히 살펴보면, 2002~2006년의 성장률이 1970~1973년, 즉 전후 장기 호황을 끝낸 위기가 시작된 시기의 성장률보다 더 높지 않다는 것이 명백하다. 더군다나, 이 도표는 1970년부터 시작하고 있다. 만약 5년 전부터, 즉 1960년대 중반부터 시작한다면, 상승 추세가 아니라 전반적인 하강 추세를 확인할 수 있을 것이다. 다시 말해, 전 세계 성장률은 여전히 1960년대보다 상당히 더 낮다(〈도표 6-1〉 참조).[3]

킨케이드는 "지난 25년 동안 이윤이 증가하고, 생산량이 늘고, 자본축적 수준이 높아졌다"고 거듭 강조한다. 여기서 흥미로운 것은 그가 말한 기간이다. 25년 전이면 1982~1983년이다. 내 핵심 주장 가운데 하나는 1970년

도표 6-1 1961~2006년 세계 국내총생산 성장률(단위 : 퍼센트)

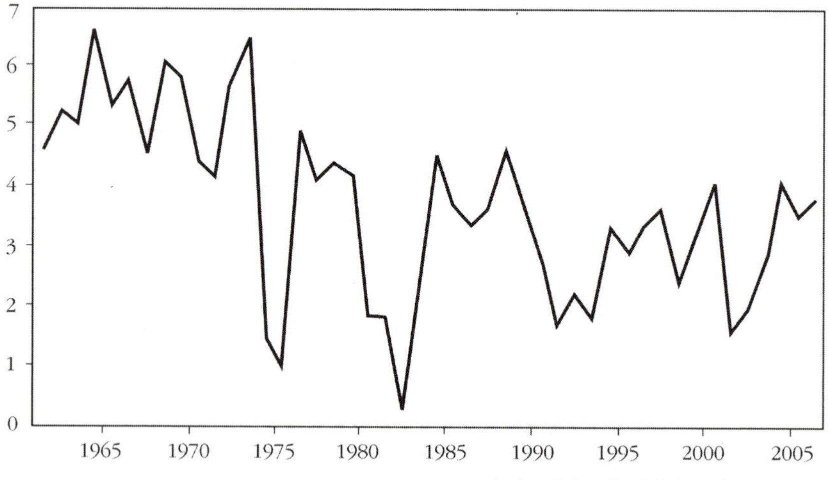

출처 : 세계은행, 《세계 경제 발전 지표》

대 말에 저점에 도달했던 이윤율이 1980년대 초부터 회복되기 시작했다는 것이다. 그러나 2000년에도 이윤율은 장기 호황이 지속된 1940년대 말, 1950년대, 1960년대 초 수준에 결코 미치지 못했다. 또 다른 이윤율 계산에서도, 예컨대 제라르 뒤메닐, 로버트 브레너, 프레드 모슬리의 계산도 모두 이런 결론에 도달하는데, 이것은 내가 2007년에 쓴 이윤율에 대한 글에서 보여 준 사실이다.[4]

2000년대 초의 경기후퇴에서 회복되기 시작한 이후 지난 6~7년의 상황은 어땠는가? 킨케이드는 수익성이 회복됐다고 말한다. 그는 세계 국내총생산에서 차지하는 이윤의 몫이 2004년에 "사상 최고 수준을 기록했다"는 국제결제은행의 주장을 인용한다. 그러나 국내총생산에서 차지하는 이윤의 몫이 이윤율과 같은 것은 아니다. 이윤 몫 증가는 세계적으로 착취율이 높아졌기 때문이다(이 점은 내가 반복해서 말한 것이다). 그러나 착취율이 높아졌다고 해서 투자 대비 이윤의 비율(즉, 이윤율)이 기록적으로 높아졌다는 말은 아니다. 킨케이드는 모슬리도 인용하지만, 모슬리의 수치들은 장기 호황기에 이윤율이 18~22퍼센트(1947~1968년)를 맴돌았음을 보여 준다.[5] 그 후 이윤율은 1970년대 내내 11~12퍼센트까지 떨어졌다. 그리고 1980년대 말에는 약 14~15퍼센트까지 올라갔고, 1990년대 중반에는 16~18퍼센트를 기록했다. 다시 2000년대 초에 14~15퍼센트까지 떨어졌다가, 2004년에 19퍼센트까지 올라갔다. 다시 말해, 지난 25년 동안 단지 한 해(2004년)에만 장기 호황기 당시의 최저 수치에 근접했던 것이다. 미국 주요 기업들이 발표한 대차대조표도 2005~2006년에 이윤율이 하락하기 시작했음을 보여 준다.

브레너도 최근의 이윤율을 계산했다. 그가 보여 준 전반적인 추세도 모슬리와 다르지 않다. 다만 브레너는 모슬리와 달리, 2001년 이후의 이윤율

상승이 1997년의 정점을 넘어서지 못한 채 금융 위기 발생 직전인 2005~
2007년에 다시 하락하기 시작했음을 보여 준다. 데이비드 코츠의 계산은
훨씬 뚜렷한 양상을 보여 준다. 코츠는 2005년의 이윤율이 4.6퍼센트인 반
면 1997년에는 6.9퍼센트였다고 지적한다.[6]

이윤과 이윤율 수치는 늘 의문의 여지가 있는데, 왜냐하면 기업들이 발표
하는 이윤과 이윤율은 회계사들에게 어디까지를 이윤으로 인정받을 수 있는
지에 상당 부분 좌우되기 때문이다. 런던정경대학(LSE) 회계학 교수인 수전
뎁은 머독* 제국에 대한 연구에서 다음과 같이 지적했다.

> 이윤은 사실이 아니라 견해일 뿐이다. …… 이것은 회계에서 중대한 진실
> 이다. 회계사들은 이 사실을 사석에서는 인정하지만 공식적으로는 흔히
> 부인한다. …… 기업은 회계장부를 작성할 때 많은 가정을 해야 한다. 왜
> 냐하면 주로 회계연도 말기에도 종결되지 않는 사업들이 많아서, 불확실
> 한 관계들이 생겨나기 때문이다. 예컨대, 상환되지 않은 부채가 있다면,
> 이 부채가 상환될지 여부를 판단해야 한다. 자산이 많다면 각종 자산의
> 내용 연수[감가상각 기간]를 결정해야 한다. 이런 것들은 모두 주관적 판단
> 이다. 어떤 기업은 빌려 준 돈을 모두 돌려받을 것이라 생각할 수 있고,
> 다른 기업은 한 푼도 돌려받지 못할 것이라고 생각할 수 있다. 후자의 기
> 업은 해당 금전 채권을 손실로 처리하고, 그해 이윤이 줄었다고 발표할
> 것이다. 따라서 이윤은 생각하기 나름이다.[7]

나는 전에 쓴 글에서 기업들이 이런 방식을 이용해 이윤율을 부풀린 몇
몇 사례를 거론하면서, 미국 금융자산과 부동산에 대한 비금융기업들의 투

---

\* Rupert Murdoch, 세계적인 언론 재벌.

자 증가를 지적한 바 있다. 지금 우리는 미국의 거대 제조업체 제너럴일렉트릭 내부에서 무슨 일이 일어났는지 알고 있다. 4월에 제너럴일렉트릭 회장 제프리 이멜트는 이윤이 본인이 12월에 약속한 수준의 절반에 그칠 것이라는 사실을 누설했다. 〈이코노미스트〉는 전에 다음과 같이 지적했다.

제너럴일렉트릭의 이윤은 묘한 규칙성을 띠고 증가했다. 회계 기준이 느슨해진 덕분이기도 했지만, 불투명하기로 악명 높은 금융 사업부인 제너럴일렉트릭캐피털이 보유 자산을 마지막 순간에 매각함으로써 예상 밖의 손실을 메우는 묘수를 부린 덕분이기도 했다.

그러나 신용경색으로 제너럴일렉트릭의 자산 가치가 얼마나 부풀려져 있었는지가 드러났다.

제너럴일렉트릭이 가장 최근의 목표치를 달성하는 데 결국 실패한 주된 이유는 자본시장의 속박 때문에 몇몇 자산 매각을 제때 완료하지 못한 탓인 듯하다. 제너럴일렉트릭은 풍력 발전용 터빈, 백열전구 등을 제조하는 이미지를 갖고 있기는 하지만, 현재 이 회사 수입의 40퍼센트를 제너럴일렉트릭캐피털이 벌어들이며, 따라서 이런 매각 차질이 전반적인 결과에 큰 차이를 만들어 냈다.[8]

## 축적

축적에 대한 킨케이드의 주장도 수익성에 대한 주장과 마찬가지로 잘못됐다. 이 문제에 대해서는 운 좋게도, IMF가 발표한 2005년도 세계의 저축과 투자에 대한 실증적 연구 결과가 있다. IMF는 다음과 같이 결론지었다.

세계의 저축과 투자(국내총생산 대비 백분율)는 1970년대 초의 첫 번째 오일 쇼크 이후 10년 동안 급격히 감소했지만, 그 뒤 1990년대 말까지는 상대적으로 안정적이었다. 그러나 최근에 다시 감소해, 2002년에 사상 최저 수준을 기록한 뒤 지난 2년 동안 약간 회복됐다.

IMF는 "이런 세계적 추세는 1970년대 이후 저축과 투자가 모두 감소해 온 선진국의 추세를 주로 반영한다"면서, 1990년대 말까지는 "신흥 시장과 산유국들"의 투자가 "상당히 증가한" 것이 이런 감소 추세를 어느 정도 상쇄했다는 점을 인정한다. 그렇지만 IMF는 "아시아 금융 위기" 이후 신흥 시장과 산유국들에서도 "투자"가 "감소"했고, "1990년대 중반 수준보다 여전히 낮다"고 지적한다.[9]

다시 말해, 킨케이드의 주장과 달리 세계의 축적은 장기 상승 추세이기는 커녕 오히려 하락 추세다(〈도표 6-2〉 참조).

도표 6-2 세계의 저축과 투자(단위 : 국내총생산 대비 퍼센트)

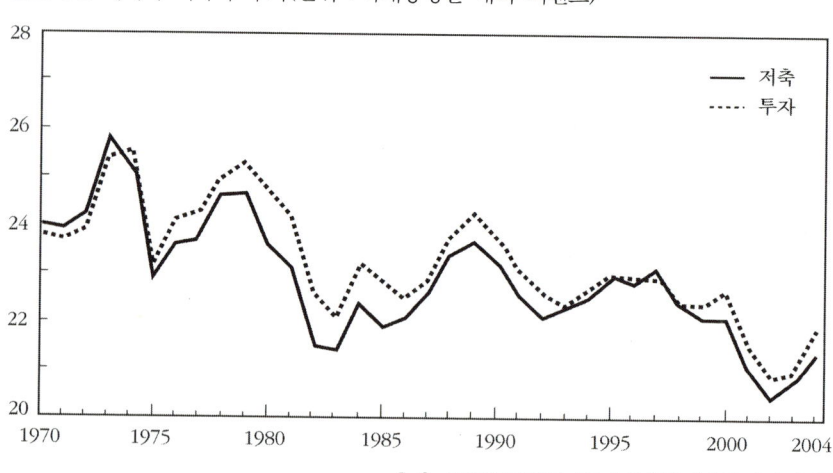

출처 : IMF가 2005년 4월에 발행한 《세계 경제 전망》

그렇다고 해서 체제 전체가 부침을 겪지 않았다거나 장기 성장이 없었다는 말은 아니다. 우리가 《인터내셔널 소셜리즘》에서 오랫동안 주장해 왔듯이, 지금까지의 상황들은 1930년대 불황 때와 상당히 다르고 전후 장기 호황 때와도 매우 다르다. 지금까지 체제는 장기 불황을 피할 수 있었다. 그러나 반복되는 위기는 피할 수 없었다. 그리고 세계 체제의 이런저런 지역들에서 나타난 장기 정체도 피할 수 없었다. 1990년대에 옛 동구권 나라들은 매우 심각한 경기후퇴를 겪었고, 1992년 이후 일본 경제는 거의 정체하다시피 했다.

## 이론의 오류들

킨케이드는 이윤율에 대한 나의 이론적 주장들을 비판한다. 여기서 내 주장을 고스란히 되풀이하고 싶진 않다. 이미 여러 해 전에 이 문제를 지금도 출판되고 있는 책에서 다뤘고, 2007년에 《인터내셔널 소셜리즘》에서도 요점들을 반복한 바 있다.[10] 따라서 여기서는 킨케이드의 주장에 대해서만 논의를 집중할 것이다. 즉, 그의 주장은, 어쨌든 생산성 향상과 '지속적인 혁신 물결' 덕분에 '초과이윤'이 창출됐고, 이런 초과이윤이 몇몇 기업들의 수익성을 더 높여서 체제 전반의 수익성을 증가시켰다는 것이다. 만약 킨케이드가 마르크스의 분석을 바탕으로 논의를 전개하려 했다면, 유감스럽게도 이 지점에서 그는 초보적인 실수를 범하고 있다.

체제의 어느 부문에서든 생산성 향상은 생산물을 생산하는 데 필요한 사회적 필요노동 시간을 줄이는 구실을 하고, 그 결과 그 생산물의 가치는 떨어진다. 직관에 반하는 이런 통찰은 마르크스가 그보다 앞선 고전 경제학자들을 뛰어넘은 중요한 업적 가운데 하나다. 안타깝게도, 일부 마르크스주의자들은 이런 통찰을 폐기했다.[11] 어쨌든, 혁신에 성공한 최초의 자본가가 초과이윤을 획득하는 것은 사실이다. 그러나 혁신이 해당 부문 내에서 일반화되면서 이윤율은 하락한다. 물론 킨케이드가 주장하듯이, 일시적인 초과이윤이 투자율을 더 높일 수 있다고 생각할 만도 하다. 그러나 실제 투자는 정반대 사실을 보여 주는 듯하다. 킨케이드는 "G3 경제들에서 국내총생산 대비 기업 투자 비율이 여전히 낮다"는 국제결제은행의 지적에 동의한다. 여기서 그는 두 마리 토끼를 다 잡으려 한다.

킨케이드의 주장에 따르면, 기업들은 "내부적 구조조정"으로 "수익성이 낮은 부문들"을 제거해서 구조조정이 되지 않은 노동자들에 대한 압력을 가중시킬 뿐 아니라 "자본의 가치도 떨어뜨려서" 이윤율을 상승시킬 수 있다. 그러나 킨케이드가 놓치고 있는 것은 기업이 돈을 써 가며 가동하던 공장들을 폐쇄한다고 해서 그런 지출이 마술 같이 사라지는 것은 아니라는 점이다. 만약 기업이 그 공장을 건설하고 운영하기 위해 돈을 빌렸다면, 그 공장을 폐쇄한 뒤에도 여전히 기업은 빚을 갚아야 한다. 또, 그 기업들의 주주들은 현재의 감소된 기업 가치가 아니라 애초 투자액에 대한 수익을 바랄 것이다. 그래서 역사적으로 보면 파산이 체제의 중요한 위기 탈출 방법이었던 것이다. 어떤 자본들은 다른 자본들의 가치를 먹어치워 수익성을 회복할 수 있다. 그러나 자기 자신을 먹어치울 수는 없는 법이다.[12]

마찬가지로, 급속한 혁신으로 신규 투자 비용을 줄일 수 있다는 사실은 이미 투자한 자본가들에게는 아무 도움도 되지 않는다. 그들의 기존 투자 대상들이 더 빨리 구식이 되고 감가상각 비용도 늘어날 뿐이다. 이것은 1990년대 중후반의 매우 중요한 특징이었다. "평균적인 감가상각 비율의 측정 기준"이 "무용지물"이 돼 버렸다.[13]

사실, 킨케이드의 주장과 달리, 1990년대 중후반의 투자 급증이 기적적으로 생산성을 높이지도 않았다. 미국에서 생산성 상승률은 1980년대보다 높았지만 1960년대보다는 낮았다. 생산성 증가는 특정 경제 부문들 ─ 첨단 기술을 발전시킨 부문, 소매업(특히 거대 기업인 월마트), 금융업 ─ 에 집 중됐다.[14] 로버트 고든은 경제의 88퍼센트 부문에서 전산화로 인한 노동생 산성 증가가 거의 없었다는 것을 발견했다.[15] 이런 '생산성 역설' 때문에 많 은 주류 경제학자들이 당혹스러워했다.[16]

마지막으로, 킨케이드는 생산수단에 대한 투자액이 줄어든 것은 생산수 단의 저렴화 때문이라는 국제결제은행의 보고서를 근거로 자신의 주장을 뒷받침한다. 그러나 왜 투자가 줄었는지는 중요한 문제가 아니다. 만약 실 질임금이 여전히 억제되는 동안에(실제로 미국과 독일에서는 삭감됐다) 투 자가 감소한다면, 케인스주의자들이 '유동성 함정'이라고 부른 것, 즉 투자 대비 저축의 과잉 때문에 경제 전체의 수요와 공급 사이에 격차가 생긴다.[17] 다른 어떤 것이 그 격차를 메우지 않는다면 말이다. 그런데 신용과 주택 거품이 그런 격차를 메우는 구실을 했다. 따라서 신용과 주택 거품이 없었 다면, 2001년 경기후퇴 이후의 회복 규모가 훨씬 작았을 것이다.

## 중국 변수

킨케이드의 마지막 주장은 선진 공업국들 외부의 경제들, 특히 중국이 "공 업국들의 소비 수요 증가율 하락으로 생긴 공백을 메울 것"이라는 것이다.

중국의 축적, 그리고 중국보다 정도는 덜하지만 인도의 축적이 증가하고 있다. 그러나 오늘날 중국 경제가 세계 나머지 지역의 경제를 견인할 기관 차가 될 만큼 그렇게 충분이 큰 것은 아니다. IMF는 2006년 중국의 국내총 생산이 현재 환율로 2조 6000억 달러에 달한다고 밝혔다. 이는 독일보다 약간 낮고, 영국보다 약간 높으며, 미국이나 유럽연합 규모의 5분의 1에도 미치지 못한다. 또한 국내총생산은 국내 구매력을 바탕으로 한 '구매력 평가설'에 따라 계산할 수도 있다. '구매력 평가설'에 따라 세계은행이 수정한 중국 국내총생산은 최근에 미국 국내총생산의 60퍼센트에서 약 50퍼센트로 떨어졌으나,[18] 어쨌든 간에 무역을 할 때는 구매력 평가가 아무런 소용이 없다. 전 세계 구매력에서 차지하는 비율이 겨우 4~5퍼센트인 나라가 20퍼센트 이상을 차지하는 나라에서 벌어진 심각한 경제 위기의 영향을 상쇄할 수는 없는 것이다.

그러나 킨케이드의 주장에서 나타나는 오류들은 이보다 더 심각하다. 그는 고정자본보다 노동력을 더 많이 사용하는 '조방적 투자'가 중국과 그 밖의 '브릭스(Brics)'(중국뿐 아니라 브라질, 러시아, 인도, 남아프리카공화국)에서 이뤄지고 있고, 이것이 세계적으로 투자와 수익성을 크게 높이고 있다고 주장한다. 킨케이드는 자신의 주장을 뒷받침하려고 다음과 같은 리처드 프리먼의 매우 과장 섞인 글을 인용한다.

전 세계 자본이 직접 고용하거나 노동예비군으로 이용할 수 있는 노동력이 1980년에 10억 명 이하였는데 2000년에는 30억 명 이상으로 세 배나 증가했다. 중국, 인도, 구소련 블록이 자본주의 경제에 통합됨으로써 15억 명의 노동자가 실질적·잠재적 노동력에 추가됐다.

프리먼에 따르면, 이 때문에 아마 "세계의 자본/노동 비율이 55퍼센트 하락해, 만약 중국 등이 세계 경제에 편입되지 않았다면 산출됐을 비율의 단 60퍼센트가 됐다." 이런 주장은 현실을 무시한다는 점에서 놀랍다. 첫째로, 인도가 꽤 최근까지 세계 체제의 일부가 아니었다는 생각은 어느 정도

지성을 갖춘 사람이라면 당장 틀렸다고 여길 것이다. 인도가 세계 수출에서 차지하는 몫은 오늘날보다 1950년대에 세 배나 더 컸다.[19] 또 내가 주장하고 싶은 것은, 러시아와 중국도 세계 체제의 일부였다는 점과, 그 나라들의 동역학을 이해하려면 30~40년 전의 매우 높은 성장률과 축적률을 고려해야 한다는 점이다.

아마도 더 중요한 것은, [프리먼이 제시한] 전 세계 노동자의 수치가 비현실적이라는 점이다. 2001년에 발전도상국과 시장경제로 이행하는 나라의 비농업 노동력 인구는 11억 3500만 명이었다.[20] 그중에는 자영업자도 많았다. 아시아에서는 32퍼센트, 라틴아메리카에서는 44퍼센트, 아프리카에서는 48퍼센트였다.[21] 이 비율은 도시화가 진행된 곳에서는 어디나 증가했다. 따라서 프리먼과 킨케이드가 계산한 잠재적 신규 노동자 15억 명이 약 7억 명으로 줄어들게 된다. 마찬가지로 중요한 것은, 일자리를 구하는 사람들 중에서 오직 일부만이 현대 산업의 공식 부문에 고용된다는 사실이다. 대다수는 흔히 노동자 두세 명만 고용하는 기업에서 생산성이 매우 낮은 일자리를 얻는다.

중국의 산업 고용 인구는 실제로 1997년 7800만 명에서 2001년 5440만 명으로 감소했다.[22] 이런 감소는 낡은 산업 부문들에서 엄청난 규모로 실업자들이 발생했기 때문인데, 새로운 부문들에서 대규모 투자가 있었지만 신규 부문의 고용 증가가 낡은 부문의 대량 실업을 상쇄하지 못했다. 1990년대 초 인도에서는 도시 노동력의 단지 42.1퍼센트가 '정규직 노동자'였고, 41.7퍼센트가 자영업자 범주에 속했으며, 16.2퍼센트가 '임시직 노동자들'이었다.[23] 그 뒤에도 사정은 달라지지 않았다. 고용 증가율은 연평균 1퍼센트를 약간 웃돌았을 뿐 심지어 제조업에서는 그보다 훨씬 낮았다.[24]

이런 수치들은 마르크스라면 알아봤을 무언가를 보여 준다. 국제적 경쟁은 덜 공업화된 나라들이 노동자보다 고정자본의 비율을 높이는 축적 방식을 추구하도록 만든다. 중국에서 '자본의 유기적 구성'이 빠르게 상승했다. "1980~2003년 중국의 자본금은 연평균 11.3퍼센트 증가해, 연평균 1.6퍼센트인 노동력 증가율을 훨씬 앞질렀다."[25] 이것은 집약적 축적이지, 킨케이드가 세계 체제의 새로운 팽창 물결이란 뜻으로 말한 조방적 축적이 아니다.

킨케이드와 프리먼은 신고전학파 경제학의 오류에 빠지는 잘못을 범하고 있다. 즉, 그들은 생산수단과 노동력이 이른바 한계생산성에 따라 교환할 수 있는 것이라고 생각한다. 마르크스는 이런 주장의 옛 형태, 즉 축적이 인구 증가에 의존한다는 주장과 논쟁해야 했다. 마르크스는 오히려 인구 증가나 고용 인구 증가가 축적 패턴에 의존한다는 점을 알고 있었다. 이런 사실 때문에 엄청난 과잉 인구의 팽창을 수반하는 축적의 역설이 나타날 수 있었던 것이다.

축적 과정에서 추가 자본이 늘어날수록 자본이 끌어들이는 노동자 수는 점점 더 줄어든다. 낡은 자본은 …… 전에 자신이 고용했던 노동자들을 점점 더 쫓아낸다.[26]

중국에서 이런 현상이 일어나면서 또 다른 매우 중요한 과정이 진행되고 있음을 킨케이드는 인식하지 못한다. 이윤율이 장기적으로 하락하고 있는 현상 말이다.

킨케이드는 국내총생산에서 차지하는 이윤 몫과 매출 이익이 증가하고 있다고 썼다. 이것은 사실일지 모른다. 비록 어느 누구도 중국 산업 기업들의 실질 이윤을 계산하기는 어렵지만 말이다. 이런 계산이 어려운 이유는 공업 부문 기업들이 은행권한테서 막대한 자금을 빌려 쓸 수 있기 때문이다

(이 탓에 은행들도 부실자산을 많이 떠안게 됐다).[27] 어쨌든, 이익 마진과 이윤 몫은 수익성과 같은 것이 아니다. 최근 중국의 수익성에 관한 연구들은 중국의 수익성이 떨어지고 있음을 보여 준다. 필립 오하라는 수익성이 1978년 47퍼센트에서 2000년 32퍼센트로 떨어졌다고 계산했다.[28] 이디사 라바나의 또 다른 연구는 수치는 다르지만 같은 추세를 지적한다. 그 연구에서는 수익성이 1980년 13.5퍼센트에서 2003년 8.5퍼센트로 떨어졌다.[29]

이런 사실은 킨케이드가 중요하게 생각하지 않는 또 다른 무언가를 설명해 준다. 투자 대비 '저축'(과거의 잉여가치가 쌓인 것)의 과잉은 선진국만큼이나 중국 경제에서도 매우 뚜렷한 특징이다. 태평양을 건너가서 미국의 가계 부채를 늘려 놓은 막대한 자금은 중국에서 생산적 부문에 투자될 수 있었다. 현재 중국 자본의 저축액은 국가 전체 생산의 50퍼센트를 차지할 정도로 엄청난데, 중국 자본은 이런 저축액의 90퍼센트 이상을 투자하는 데 쓸 만큼 이윤율이 충분히 높다고 생각하지 않는다. 이미 5년 전에 "부동산, 시멘트, 철강, 자동차, 알루미늄 같은 많은 부문에서 투자가 과잉됐다"는 평가가 있었다.[30] 지금 엄청난 투자 급증 때문에 세계 원료와 식료품 가격이 오를 것이라는 두려움이 더 커지고 있다. 이런 가격 상승은 1971~1973년 선진 공업국들의 물가 급등 이후 전례 없는 것인데, 당시 물가 급등은 전후 최초의 심각한 위기인 1974~1976년의 위기를 재촉했다.

짐 킨케이드보다는 차라리 중국 총리 원자바오가 중국 자본주의의 모순들을 더 우려했다. 원자바오는 2007년 3월에 있었던 전국인민대표대회에서 이렇게 말했다. "중국 경제의 가장 큰 문제는 성장이 불안정하고, 불균형하고, 부조화하며, 계속 성장이 유지될 수 없다는 것이다."[31]

이런 특징들은 자본주의의 그 어떤 호황에서도 나타난다. 물론 그렇다고 해서 호황이 내일 당장 붕괴한다는 얘기는 아니다. 그것이 뜻하는 바는 호황이 영원히 계속될 수는 없다는 것이다. 수많은 중국 평론가들은 마치 호황이 영원히 지속될 수 있다고 생각하는 듯하지만 말이다. 또 그것은 중국이 2008년에 세계 자본주의의 문제들을 완화하는 구실을 하기는커녕, 한편으로는 미국발 신용경색과 다른 한편으로는 에너지와 식료품 가격 급등이라는 이중의 위기에 시달리는 세계 자본주의에게 중국이 또 다른 부담이 될 것임을 뜻한다.

한 가지 점에서는 킨케이드가 옳다. 여전히 세계 체제의 지배자들은 운 좋게도 당면한 문제들을 빠져나갈 이런저런 방법을 발견할 수 있을지도 모른다. 어쩌면 미국 경제에 돈을 풀면 그럭저럭 거품을 되살릴 수 있을지도 모른다. 1987년과 1998년에 그랬던 것처럼 말이다. 어쩌면 에너지와 식료품 가격을 더 자극하지 않고도 그렇게 할 수 있을지 모른다. 그러나 그런 가능성은 그리 크지 않다. 그리고 1987년과 1998년에도 그들은 더 큰 위기를 단지 2년 정도 지연시키는 데 성공했을 뿐이다.

한편, 지배자들이 계속해서 이윤율을 회복하는 데 실패한다면, 우리를 세게 억눌러야 할 수밖에 없을 것이다. 그래서 신자유주의라는 이데올로기로 포장된 개악들을 추구하는 것이다. 자본주의가 1970년대에 처음 부딪힌 문제들에서 회복되지 못했다는 바로 그 이유 때문에, 대중을 겨냥한 공격들이 계속될 것이고 따라서 저항도 지속될 것이다. 이 점이 가장 중요하다.

[천경록 옮김]

# 1930년대 대공황과 오늘날의 위기

크리스 하먼

"우리는 벼랑 끝에 와 있다. 한 발짝만 잘못 디디면 1930년대와 같은 침체의 나락으로 떨어질 것이다." 2008년 9월, 10월에 은행 시스템이 붕괴하고 증시가 폭락한 이래로 이런 메시지가 수도 없이 변주돼 왔다. 그러나 무엇이 대공황을 초래했는지, 오늘날 상황이 그때와 어떻게 다른지에 관한 심도 있는 분석은 거의 전무하다.

1930년대 대공황은 아직까지도 자본주의 역사상 최악의 위기로 남아 있다. 대공황 때문에 세계 1, 2위의 경제 대국이었던 미국과 독일의 공업 생산량이 반 토막 났고 두 나라 모두 노동자들의 3분의 1이 실업자가 됐다. 그러나 20세기 최대의 경제 사건이었던 대공황을 설명하는 것은 주류 경제학의 커다란 난제로 남아 있다. 주류 경제학계의 대공황 전문가라고 하는 벤 버냉키 미국 연방준비제도이사회 의장도 대공황의 원인 규명을 경제학의 '성

---

* 이 글은 《인터내셔널 소셜리즘》 121호(2009년 겨울)에 실린 "The slump of the 1930s and the crisis today"를 번역한 글이다.

배'라고 말한다.[1] 즉 아무리 찾아 헤매도 결국 못 찾는다는 것이다. 노벨 경제학상 수상자 에드워드 C 프레스콧은 대공황이 "병리적인 한 편의 에피소드로서 표준 경제학으로는 설명이 불가하다"고 말했다.[2] 또 한 명의 노벨 경제학상 수상자인 로버트 루카스는 "사실은 뭐가 어떻게 돌아가고 있는지 전혀 모른다고 인정하는 데는 정말 대단한 노력이 필요하다"고 말했다.[3]

## 대공황의 전개

통속적인 설명은 대체로 대공황의 출발점을 1929년 10월의 월스트리트 붕괴로 잡는다. 그렇게 보면 오늘날 진행되고 있는 경기 침체도 그때처럼 금융 위기의 결과라고 결론짓기 쉽다. 그러나 당시에 미국 경제는 월스트리트 붕괴 전부터 이미 침체를 향해 가고 있었다. 1927년에도 침체가 시작되려 했지만 공업 투자가 잠시 활기를 띠면서 침체가 유예됐다. 그러나 1929년 초여름 무렵에는 공업 투자가 다시 가라앉았고 7월과 8월에는 생산이 하락하고 있었다. "월스트리트가 붕괴하기 전부터 기업들은 어려움에 처해 있었다."[4]

당시에 미국이 세계 공업 생산의 절반을 차지했던 것을 감안하면, 미국의 실물경제 부진은 그 자체로 세계 경제에 파급효과를 가져올 수밖에 없었다. 그런데 월스트리트 붕괴 이전에 미국 경제만 침체하기 시작한 것이 아니었다. 유럽 대륙도 침체하기 시작했다. 그중에서도 세계 2위 공업국인 독일 경제의 상황이 가장 심각했다. 독일은 1928년부터 경기하강에 직면했다. "많은 독일 산업들이 제1차세계대전 후의 합리화 프로그램을 거치면서 포화 상태에 도달하고 있었고 자본 재건 과정의 막바지에 이르고 있었다. …… 미국의 해외투자 양을 가파르게 떨어뜨리는 요인들이 곳곳에서 작동하고 있었다."[5] 실업 인구가 190만 명에 달하고 프랑크푸르트 보험사의 극적인 파산이 연쇄 파산 사태를 촉발한 "1929년 여름에 이르러 불황의 존재는 더는 의심의 여지가 없게 됐다."[6] 벨기에 경제는 1929년 3월부터 수축하기 시작해 그해 말까지 마이너스 7퍼센트 성장을 했고 영국 경제는 7월부터 마이너스 성장으로 돌아섰다. 월스트리트가 붕괴할 때까지 산출량이 증가하고 있던 나라는 프랑스가 유일했다. 사실 그때까지 미국 증시 호황을 부채질한 요인 중 하나는 독일에 대한 투자 기회가 줄어들면서 독일에 투자한 미국의 단기 투자 자본이 미국으로 귀환한 것이었다.

미국 경제 위기가 증시 폭락 이전에 발생한 것도 사실이지만, 많은 논평가들은 증시 폭락이 경제에 미친 영향 자체도 그리 크지 않았다고 본다. 배리 아이켄그린은 "경제사학자들은 월스트리트 붕괴가 산출량과 고용을 감소시켰다는 가설을 오래 전에 기각했다. 전체 가계 자산 중에 주식은 극히 일부였고 자산에 기댄 한계소비성향도 낮았다는 근거에서였다."[7] 밀턴 프리드먼과 애나 슈워츠는 증시 폭락이 "경제활동을 심각하게 위축시킨 근본 원인들이 보인 증상이었다. …… 그러나 증시 폭락으로 경제가 더욱 위축되긴 했을 것이다" 하고 주장했다.[8]

처음에 이 위기는 전형적인 단기 침체처럼 보였다. 첫 12개월 동안 미국에서 공업 생산은 20퍼센트 하락했고 실업은 16퍼센트 증가했다. 이런 수치들조차 제2차세계대전 이후 우리가 경험한 어떤 경제 위기 때보다도 몇 배는 높은 것이었다. 그러나 당시에는 그런 수치들이 1893~1894년, 1907년, 1920~1921년의 일시적인 경기 침체 때보다 더 나쁠 것도 없었다.[9] 주요 대기업 사장들은 금리가 신속히 하락하면 상황이 다시 호전될 것이라 믿어 의심치 않았다. 점점 많은 지방 은행들이 파산하고 있었지만 1931년 첫 몇 달 동안은 산출량이 약간 오르기까지 했다.

그러다가 유럽에서 나란히 발전하고 있던 위기의 영향으로 위기의 둘째 국면이 시작됐다. [1931년] 5월 들어 오스트리아 최대 은행인 크레디트안슈탈트가 파산하면서 독일의 채권자 은행들에게 커다란 부담을 안겨 줬다. 오스트리아와 독일의 문제는 다른 나라에도 영향을 끼쳤다. 영국은 자국 은행에 예치된 외국 자금이 대거 회수되면서 타격을 입었고, 8월 말에는 영국 노동당 정부가 붕괴했다. 새로 출범한 거국내각이 금본위제에 기초를 둔 국제 통화 시스템에서 탈피하자 미국에서는 턱없이 과장된 공포 심리가 일었다. 미국 연방준비제도이사회는 달러 가치를 유지하기 위해 금리를 올렸는데, 이 때문에 "은행 파산이 엄청나게 급증"[10]했고 공업 생산은 1929년에 비해 무려 40퍼센트나 하락했다. 게다가 명목소득은 연간 31퍼센트 하락했다. 비록 물가가 14퍼센트 정도 떨어져서 직장이 있는 사람들의 생활수준에 대한 타격을 어느 정도 완화해 주기는 했지만 말이다.

그렇지만 1932년 상반기에는 생산직 고용이 조금 늘고 공업 생산이 상승하기 시작하면서 사람들이 또 한 번 경기회복에 대한 환상을 품었다. "1932년 초가을은 1929년 이후 처음으로 경제 전반에 걸친 광범하고 확연한 경기회복 양상이 나타난 시기였다."[11]

그러나 그것은 폭풍 전의 고요였다. "1932년 말에 이르러 새로운 공황심리가 불어닥쳤다. 기업인들과 자산가들이 대선 결과에 불만을 품은 것이 원인인 듯했다. …… 해를 넘기면서 사태는 급속히 악화됐다."[12] 1933년 벽두부터 3월까지 462개 은행(전체의 10분의 1)이 추가로 영업을 중단했고 공업 생산량은 불황 전의 절반 수준으로 떨어졌다.

프랭클린 D 루스벨트가 미국 대통령으로 취임한 것은 바로 이 시점에서였다. 위기가 워낙 극심했던 탓에 루스벨트는 애초에 의도한 것보다 훨씬 급진적인 조치들을 취해야 했고, 의회를 통해 각종 비상 경제 법안들을 전속력으로 밀어붙였다. 흔히들 루스벨트의 뉴딜 정책이 대공황에 종지부를 찍은 것처럼 말한다. 분명 뉴딜 정책은 정부 정책의 중대한 방향 전환을 의미했다. 독점 단계에 도달한 자본주의가 체계적인 국가 개입 없이는 스스로 문제를 해결할 능력이 더는 없음을 인정한 셈이었으니 말이다. 그런 점에서 뉴딜은 자본주의 발전의 두 단계를 가르는 분수령이었다고 할 수 있다. 그러나 실제로는 자본주의에 대한 국가 통제 수위가 매우 제한적이었다.

연방준비제도이사회는 남아 있는 은행들의 추가 파산을 방지하려고 은행 예금에 대한 지급보증을 했다. 농산물 가격을 높이기 위해 정부 예산으로 농산물을 구매해 폐기 처분했다. 대규모 토목공사 사업을 통해 230만 명의 청년 실업자들에게 일자리를 제공했다. 전국산업부흥법은 가격과 생산 수위를 조절할 수 있는 카르텔의 형성을 장려함으로써 공업 부문의 제한적인 자율 규제를 가능하게 했으며, 동시에 노동조합이 임금 인상을 따내는(그러면서 소비를 진작시키는) 것도 약간 더 쉽게 해 줬다. 또 테네시강유역개발공사를 통해 비록 제한적이지만 정부가 생산에 직접 관여하는 실험도 이뤄졌다. 그와 동시에 미국 정부가 금본위제를 탈피함에 따라, 미화 가치와 미국 내 외화 자금 수위는 자유로운 시장 흐름에만 좌우되는 것이 아니라 미국 재화의 수출을 지원하기 위한 정부의 의식적 개입에도 영향을 받게 됐다. 이런 방식으로 국가는 민간 부문을 부양하려 했다. 그러나 국가는 결코 민간 부문을 통제하지 않았다. 심지어 "고용을 늘리기 위한 재정지출도 낮은 수준에 머물렀다. 루스벨트의 민주당 정부가 여전히 균형예산을 추구하고 있었기 때문이다."[13]

이렇듯 소심한 정부 개입이 경제 위기에 미친 효과는 제한적일 수밖에 없었다. 1932년 3월부터 그해 여름의 끝 무렵까지 새로운 경기회복 국면이 나타났지만, 이때의 회복은 "광범하지도 빠르지도 않았고",[14] 공업 생산은 증가하는 듯하더니 이듬해에 도로 미끄러지면서 실업자 수를 1200만 명으로 되돌려 놓았다. 생산량이 1929년 수준을 회복한 것은 1937년이 돼서였다. 그러나 1937년에도 여전히 실업률이 14.3퍼센트에 달했으며, 이 "반짝 호황"도 곧 막을 내리고 "미국 역사상 가장 가파른 경기후퇴"가 나타나면서 "1932년 이후 …… 이룩한 성과의 절반이 도루묵이 됐다."[15] 실업률은 다시 19퍼센트로 올라갔고 미국이 제2차세계대전에 참전한 1940년도 직전까지 14퍼센트에 머물렀다. 이렇듯 자본주의 사상 최악의 불황은 정부 개입으로 극복되지 않았다. 정부 개입은 기껏해야 계속됐을 수도 있는 경기 수축 국면을 오랜 정체 국면으로 대체했을 뿐이며, 그 전 10년보다 낮아진 산출량과 훨씬 높아진 실업률은 어찌하지 못했다.[16] 존 케네스 갤브레이스는 다음과 같이 정리했다. "1930년대 대공황은 끝나지 않았다. 단지 1940년대의 전시 동원 체제 속에서 자취를 감추었을 뿐이다."[17]

## 대공황에 대한 주류 경제학의 설명

대공황을 설명하려는 시도는 많았다. 가장 인기를 끈 것은 영국 경제학자 아서 세실 피구가 내놓은 설명이었다. 피구는 노동자들이 명목임금 삭감을 거부함으로써 실업을 자초한 것이 문제라고 주장했다. 만약 노동자들이 그러지 않았다면 수요와 공급의 마법이 모든 문제를 해결해 줬을 것이라는 주장이다. 미국의 저명한 신고전학파 경제학자인 어빙 피셔는 통화량이 너무 적었던 탓에 디플레이션이 일어나고 과잉 채무가 발생해 파산이 속출했다는 통화주의 설명을 뒤늦게 제시했다. 더 최근의 '통화주의' 이론가들은 대공황을 중앙은행의 실책 탓으로 돌린다. 만약 미국 연방준비제도이사회가 1930년과 1931년에 통화량 수축을 막기 위해 행동하기만 했다면 모든 일이 잘 풀렸을 것이라는 주장이다. 전후 수십 년 동안 통화주의 학파의 대부였던 밀턴 프리드먼은 대공황의 원인을 심지어 1928년 10월 연방준비제도이사회 의장 벤저민 스트롱이 사망한 데서 찾기도 했다.[18]

반면 프리드리히 폰 하이에크와 '오스트리아학파'의 경제학자들은 1920년대 초의 과잉 신용이 투자율을 불비례하게 높였고, 이런 상태는 오직 대공황을 통해서만 해소될 수 있었다고 주장했다. 그러므로 어떤 종류의 정부 개입도 사태를 더 악화시킬 뿐이라는 것이다. 또 다른 부류의 경제학자들은 제1차세계대전이 초래한 세계 경제의 부조화나 금본위제를 원인으로 지목했다. 존 메이너드 케인스와 그를 추종하는 앨빈 핸슨과 폴 새뮤얼슨은 저축이 투자를 웃돌면서 총 생산에 대한 '유효수요'가 부족해진 것이 원인이라고 봤다. 이들 각각의 견해를 지지하는 사람들은 서로 상대편 논리의 허점은 쉽게 들춰낼 수 있었지만 어느 쪽 주장도 진지한 반론을 버텨 내지는 못했다.[19]

## 대공황에 대한 마르크스주의의 설명

주류 경제학이 설명하지 못하는 대공황을 마르크스주의 정치경제학은 설명할 수 있다. 대공황은 마르크스 이론의 핵심 요소 중 하나인 이윤율 저하 경향으로 설명이 가능하다.

마르크스는 이윤율 저하 경향이 호황과 불황을 반복하는 경기순환(자본주의 체제에서 기업들의 투자가 상호 조율 없이 이뤄지는 데서 비롯한다)과 나란히 존재한다고 주장했다. 마르크스에 따르면, 자본축적(투자)은 잉여가치의 원천인 노동력의 확장보다 더 빠르게 진행된다. 따라서 투자 대비 잉여가치 비율, 즉 이윤율은 하락하는 경향이 있다.[20] 이윤율이 하락하면 투자 동기도 줄어들어 자본축적이 느려진다. 그러므로 자본주의가 성숙할수록 불황은 더욱 깊어진다는 것이 마르크스의 진단이다.

물론 이윤율 저하를 상쇄하는 요인들도 있다. 자본가들은 노동자들을 더 열심히, 더 오래 일하게 만들 수 있다. 농업과 소비재 산업의 생산성 향상으로 노동자들에게 기대만큼의 생활수준을 제공하는 비용이 낮아질 수도 있다. 또한 통신 기술의 발달 덕분에 이미 생산된 재화를 유통하고 판매하는 비용이 절감되기도 한다. 마지막으로, 경제 위기 자체도 실업을 확산시켜 노동자들의 임금을 떨어뜨리는 동시에 일부 기업들을 퇴출시킴으로써 그 기업들의 설비를 다른 기업들이 헐값에 사들일 수 있게 해 준다. 살아남은 기업들의 이윤율은 그렇게 해서 올라갈 수 있고, 이는 투자와 생산의 새로운 확장 국면을 마련해 준다. 이런 식으로 이윤율 저하 압력은 경제 위기를 더 악화시키는 한편, 경제 위기는 일정 수준의 이윤율 회복을 가능하게 만든다.

오스트리아-폴란드인 경제학자 헨리크 그로스만은 1920년대에 마르크스의 이윤율 저하 이론을 더 발전시켰다. 그로스만은 경제의 각 부문이 다른 부문과 같은 속도로 성장하기만 하면 자본주의가 무한정 팽창할 수 있다던 오스트리아 사회주의자 오토 바우어의 주장을 논박했다. 그로스만은 바우어의 산식을 확장해, 이윤율 저하 경향 때문에 기존 투자의 수익성을 완전히 파괴하지 않고서는 투자가 더는 이뤄질 수 없는 시점이 필연적으로 도래한다는 것을 입증해 보였다. 그는 이런 결론이 《자본론》 3권에서 마르크스가 펼친 주장을 확인해 준다고 주장했다.[21] 그러나 그로스만의 주장에는 애매한 측면이 있었다. 어떤 경우 그로스만은 이윤율 저하 경향이 '자본주의의 붕괴'로 이어진다고 주장한 반면, 다른 경우에는 그것이 단지 주기적인 위기를 불가피하게 만들 뿐이며 그런 위기를 통해 일부 자본이 파괴되고 다른 자본이 이를 흡수하면서 이윤율이 회복될 수 있다고 말했다.

## 대공황에 대해 이런 분석이 얼마나 잘 들어맞는가?

대공황 이전 수십 년 동안의 이윤율 추이에 대한 조셉 질먼, 셰인 메이지, 제라르 뒤메닐, 도미니크 레비, 루이스 코리의 계산 결과는 하나같이 1880년대부터 1920년대 초까지 이윤율이 약 40퍼센트의 장기적 하락을 겪었음을 시사한다.[22] 그 원인은 장기적으로 노동력 대비 투자 비율('자본의 유기적 구성')이 20퍼센트 상승한 데서 찾을 수 있다.[23] 일부 추정치를 보면 1920년대에는 수익성이 약간 회복한 듯한데, 이는 오직 고용주들이 기를 쓰고 작업 강도를 높이고 임금 상승을 억제하는 등 노동 착취율을 끌어올린 덕분에 가능했다.[24] 1922년부터 1929년 초까지 실질임금은 겨우 6.1퍼센트 오르고 소비는 18퍼센트 오른 반면, 공업 생산량은 3분의 1 가량 증가했다. 이런 불균형은 1928~1929년에 절정에 달해, 산출량이 소비보다 세 배나 빠르게 증가했다.[25] 마이클 번스타인은 "1920년대 말의 호황 기간 중 비농업 인구의 하위 93퍼센트는 1인당 가처분소득이 줄었다"고 지적했다.[26]

경제가 완전고용 상태로 계속 작동하려면 이렇듯 점점 커지고 있던 생산과 소비의 간극을 무언가로 채워야 했다. 생산적 투자가 이 간극을 채울 수도 있었겠지만, 실제로는 부분적으로만 채웠다. 총 실질 투자는 그 전 수십 년보다 더 느리게 성장했다. 질먼의 계산으로는 3분의 1 정도 더 느리게 성장했고, 슈타인들의 계산에 따르면 50퍼센트 더 느리게 성장했다. "거의 그 누구도 '신시대(New Era)' 당시에는 기업 자본의 연간 성장률이 30년 전의 절반에 불과했다는 사실을 눈치채지 못했다."[27]

이런 설명은 기존의 통념을 뒤엎는 것이다. "1920년대의 투자 활황이 대공황의 규모를 키웠다는 것이 케인스주의자들의 전통적인 설명"이기 때문이다.[28] 그러나 종래의 설명은 생산적인 공업 투자와 비생산적인 유통·금융 부문 투자를 구분하지 않으며,[29] 종종 주택 건설도 '투자'로 취급한다.

투자 내역을 부문별로 쪼개서 살펴보면 슈타인들과 질먼이 옳다는 것이 드러난다. 앨빈 핸슨은 1923~1929년에 투자된 연평균 183억 달러의 "방대한 금액"을 해부한 결과 "오직 97억 달러만이 (상업 부문을 포함한) 기업 투자였고 그중에서도 3분의 1만이 신규 투자였다"는 사실을 발견했다.[30] 더 최근에 R J 고든은 "1920년대의 설비 산업 호황은 내구생산재 비중이 약 5퍼센트에 불과한 허깨비 호황이었다"고 지적했다(그 함의를 온전히 밝히지는 않았다).[31]

과거의 생산과 착취에서 얻은 잉여가치를 모두 흡수할 만큼의 생산적 투자를 유발하기에는 이윤율 회복이 불충분했다. 그래서 당시에 재계에서는 "자본이 남아돈다"는 얘기가 많았다.[32]

몇몇 기업들은 새로운 수익원을 발굴하기 위해 홀로 초대형 투자를 감행하기도 했다. 포드가 1928년에 완공한 거대한 리버루지 자동차 공장이 한 예다. 그리고 1990년대 말의 닷컴 호황 때 그랬듯이, 1920년대 말에도 엄청난 이윤을 약속하는 듯한 몇몇 신생 산업이 급속히 팽창했다. "1928년과 1929년에는 라디오 수신기 산업에 신규 자본이 대거 투입됐다. 그리하여 단 18개월 사이에 라디오 수신기 생산력이 3배 확대됐다."[33]

그러나 일부 기업들이 위험을 감수하고 신규 투자를 단행한 반면, 나머지 기업들은 낮은 이윤율 때문에 투자를 기피했다. 그들은 특정 산업에서의 시장 지배력을 이용해 가격을 높게 유지하면서(이를 위해 매우 낮은 설비 가동률로 생산해야 할지라도) 느리게 축적하는 편을 선호했다. 달리 말해 기업들은 스스로 더 많이 투자하지도 않았고, 노동자들을 충분히 고용해서 다른 기업들의 산출량을 흡수할 추가 수요를 창출하지도 않았다. 그래서 호황기가 끝날 무렵에 새로 들어선 대공장들의 생산 물량은 시장 규모에 비해 너무 클 수밖에 없었다. 그것들은 시장을 과포화 상태에 빠뜨리면서 기존 공장들의 생산품 가격과 이윤을 떨어뜨렸다. 1929년 말에는 라디오 수신기 400만 대를 조금 넘게 흡수할 수 있는 시장에 연 1500만 대의 수신기가 쏟아져 나오고 있었다.

이런 근원적인 문제들은 1920년대 대부분의 기간 동안 표면에 드러나지 않았다. 부자들의 사치성 소비 급증, 부동산에 대한 투기적이고 비생산적인 투자, 판촉성 지출, 매장 건설 바람 등이 그런 문제들을 가렸다. 핸슨은 이렇게 지적했다. "1920년대에는 기업 투자와 소비 이외의 요인이 작용하면서 경기를 촉진하고 떠받쳐 줬다. …… 경기회복을 …… 비(非)기업 투자 지출이 이끌고 지탱했다."[34] 최근 30년을 연상하게 하는 엄청난 빈부 격차가 확대된 탓에 부자들과 상층 중간계급이 소비의 42.9퍼센트를 차지했다.[35] 코리의 지적처럼, "자본주의 생산의 균형은 구매력이 넘치는 소수 사람들의 욕구를 인위적으로 자극하는 것에 점점 더 의존하게 됐다."

이와 더불어 재화를 판매하기 위한 지출도 더 증가했다. 유통 비용은 1930년에 이르러 생산 비용의 59퍼센트에 달했고, 1929년에는 광고 수입만 20억 달러를 기록했다.[36] 이는 제조업의 전체 공장·설비 투자액보다 겨우 25퍼센트 작은 액수였다. 질먼은 '비생산적 지출'(광고, 마케팅 비용 등)이 1919년에는 전체 잉여가치 중 절반을 차지했다가 1920년대 말에는 3분의 2를 차지할 정도였다고 주장한다.

몇 차례의 투기 호황으로 주가와 부동산 가격이 천정부지로 치솟았다. 이런 거품이 그 자체로 잉여가치를 흡수하지는 않았다. 단지 투자에 쓰일 수 있는 돈을 한 사람에게서 다른 사람에게로 이전시킬 뿐이었다. 그러나 거품의 부산물로서 막대한 규모의 비생산적 지출이 발생하기는 했다(신축 건물, 비생산적 인력에게 지급하는 보수, 과시적 소비 등). 위기가 한창 진행 중이던 1930년에 완공된 엠파이어스테이트 빌딩은 그런 비생산적 투자의 대표적 사례다. 그러나 다른 한편으로는 투기 열풍을 타고 일부 자원이 전 같으면 수익성이 없다고 여겨졌을 '생산적' 사업에 흘러들어 가기도 했다.

호황의 마지막 몇 년 동안 특히 중요해진 한 가지 요인은 부채의 확산이 었다. "부채를 확산시킨 커다란 요인은 주로 비은행권 대부자들이 제공하는 할부 대출에 기댄 소비 내구재 구매였다. …… 주요 자동차 생산자들은 자기네 자동차를 구입하려는 고객들에게 돈을 대 주기 위한 사업부나 자회사를 따로 설립했다. …… 그 결과는 증시에서만 나타난 것이 아니었다. 1920 년대를 이끈 자동차 산업의 발전으로, 거의 모든 미국 도시를 휩쓴 상업 용지 시장의 호황으로도 나타났다."[37]

그러나 근저에 있던 문제들이 어느 순간부터 마침내 수면으로 떠오르기 시작했다. 주택 건설은 1925년부터 하락하기 시작해 총 투자에서 차지하는 비중이 "1925년 27.1퍼센트에서 1929년 24.8퍼센트로 떨어졌다."[38] R J 고든은 이렇게 지적했다. "1929년에 이미 총 수요에 대한 하향 압력이 존재했는데, 일시적인 소비 강세와 재고 변화가 이를 은폐했다. 그러나 소비와 재고 모두 일단 투자가 줄어들면 승수효과*로 인해 수축되기 십상이었다."[39] 핸슨은 "호황이 끝나고 1년 반 뒤인 1929년에 [호황을 지탱한] '외부 요인'들이 사라졌다"고 주장한다.[40] R A 고든의 주장은 이렇다. "1928~1929년의 내구재 생산 증가율은 오래 지속되기에는 너무 높았다. 많은 업종에서 유휴 설비가 늘어나고 있었고 이 때문에 …… 일부 내구재의 신규 주문량이 1929 년의 꽤 이른 시기부터 하락했다."[41]

1929년 봄과 초여름의 이런 생산 축소는 새로 지은 자동차 공장과 라디오 공장에서 생산된 제품을 팔기 위한 시장 규모에 한계가 있음을 보여 줬

---

* 경제 현상에서 어떤 경제 요인의 변화가 다른 경제 요인의 변화를 유발해 파급효과를 낳고 최종적으로는 처음의 몇 배가 증가하거나 감소해서 나타나는 총 효과를 말한다.

고, 그와 동시에 이 공장들에 전력과 철강을 공급하던 산업들을 어려움에 빠뜨렸다. '생산재' 산출량은 한 해 사이에 25퍼센트 하락했고 그 다음 해에 25퍼센트 더 줄어들었다.[42] 실물 경기의 하강은 자본가들이 비생산적 지출을 줄이도록 만들었고, 그 결과 부동산 가격이 대폭락하면서 부동산 대출을 많이 해 준 은행들의 재무 건전성이 파탄 났고[43] 은행들의 연쇄 부도 사태가 벌어졌다.

비생산적 지출과 투기로 생산적 투자 부족분을 메우고 민간 대출로 소비를 지탱하는 것에 의존한 대규모 호황. 그런 호황 뒤에 찾아온 침체는 그만큼 골이 깊을 수밖에 없었다.[44] 게다가 침체에 빠진 나라가 세계 최대 공업국(당시 미국은 전 세계 공업 생산의 절반을 담당했고 유럽의 주된 자금줄이었다)이었던 만큼 그 파장은 전 세계로 퍼져 나갔다.

독일의 상황도 별반 다르지 않았다. 볼더스톤은 제1차세계대전 이전과 1920년대의 이윤율에 대한 두 가지 추정치를 인용한다. 둘은 상당한 차이를 보이는데도,[45] 볼더스톤은 "이윤이 전쟁 전의 '정상' 수준으로 회복되지 못했다"고 결론 내릴 수 있었다.[46] 이윤율이 낮은 만큼 투자율도 낮았다. 1925~1929년에 국내총생산 대비 '총 투자' 비율은 고작 11퍼센트였는데, 같은 비율이 1914년 이전에는 14퍼센트, 1950년 이후에는 18퍼센트였다.[47] 더욱이 그 11퍼센트 중에서도 20퍼센트만이 공업 투자였고 고정 투자 비율은 낮았다. 대부분의 투자는 공기업 투자이거나 지방정부의 주택 건설이었다. 당시 재무장관이었던 히얄마르 샤흐트는 증시 호황 탓에 "실질적인 경기회복에 필요한 자금이 투기 용도로 새고 있다"며 불평했다.[48] 지방정부, 기업, 개인은 이런 비생산적 투자에 쓸 자금을 빌려서 조달했다. 그러나 이런 방식으로 계속 해 나가기는 점점 어려워졌다. "국내의 채권·주식 시장이 붕괴한 탓에 투자가 이미 축소되고 있었다."[49] 이런 상황에서는 "작은 외부 충격"만으로도 "이미 불안정한 시스템을 붕괴"시키기에 충분했다.[50] 1928년에는 순실질 투자가 14퍼센트 하락했고 1929년에는 수출이 8퍼센트, 정부 지출이 3퍼센트 하락했으며, 1930년까지 실업 인구는 1400만 명에서 1900만 명을 거쳐 마침내 3100만 명에 도달했다.[51]

그때까지 세계 3위의 경제 대국이었던 영국의 상황은 좀 더 복잡했다. 1920년대 내내 영국 경제는 호황은커녕 부진의 늪을 헤맸다. 두 가지 요인의 상호작용 때문이었다. 첫째는 이윤율 하락으로서, 그 영향은 1914년 전부터 이미 나타나기 시작해 투자를 저해하는 요인으로 작용했다.[52] 둘째는 영국이 전 세계적 금융·정치 권력을 행사했던 과거의 영광을 재현하기 위해 파운드화 가치를 전쟁 이전 수준으로 절상한 것이었다. 그 결과 석탄, 철강, 조선업 등 중공업이 20년 동안 불황에 빠졌고, '좋은 해'일 때조차 그 전 반세기 중 최악의 해보다 실업률이 더 높았다.[53] 그러던 중 미국과 독일 경기가 침체하자 중공업 이외의 부문으로도 위기가 확산됐다. 그러나 역설적이게도, 영국에서는 애초에 호황 같은 것이 없었다는 바로 그 사실 때문에 영국은 미국이나 독일만큼 깊은 불황에 빠지지도 않았다(실업률이 30퍼센트에 육박한 낡은 공업 부문과 공업 지구에서 고통스럽게 연명하던 사람들에게는 이 점이 별 위안이 안 됐겠지만 말이다).[54]

마르크스의 이윤율 저하 경향 이론은 대공황으로 표현된 세계적 경기 침체의 기원을 전반적으로 잘 설명할 수 있다. 세계 3대 경제 대국의 이윤율이 낮았던 탓에 생산적 투자 수위가 낮아졌다. 이것이 곧장 경기 침체로 이어지지 않았던 것은 비생산적 지출, 투기 거품, 그리고 부채에 의존한 소비와 건설이 투자 부족분을 메웠기 때문이다. 그러나 경제성장이 조금만 삐걱했다간 이런 비생산적 지출도 하락하고 그와 더불어 생산적 부문의 시장도 급격히 오그라들 판이었다.

그러나 이것만으로는 경기 침체가 어째서 그토록 길고 깊은 불황으로 이어졌는지 설명할 수 없다. 이에 대한 답은 《자본론》에는 빠져 있는 무언가에서 찾을 수 있다. 마르크스의 시대 이후에 등장한 대기업들이 마르크스가 말한 '자본의 집적과 집중' 과정을 거치면서 체제 전체에서 차지하게 된 비중이 바로 그것이다.

볼셰비키 경제학자인 프레오브라젠스키는 1931년에 지적하기를, '독점자본주의'하에서 가장 규모가 큰 기업들은 경제 위기 시에도 비효율적인 생산단위들을 정리하지 않은 채 버틸 수 있다고 했다. "자유시장은 낙후한 사업부문을 도태시키는 반면, 독점자본주의는 그런 부문을 끊임없이 되살려 낸다."[55] 이는 "위기에서 침체로 이행하는 과정에서 혈전증*"을 유발해 위기 탈출에 필요한 구조조정을 막거나 지연시킨다.

1929~1933년에 파산이 있기는 했으나 그것은 농부들과 은행들, 중소기업들의 파산이었지 주요 산업을 지배하던 초대형 기업들의 파산은 아니었다. "자산이 5000만 달러 이상인 기업들은 이 기간 내내 흑자를 내면서 더 작은 기업들에게 대부분의 부담을 떠넘겼다."[56] 공업 부문의 초대형 기업들은 설비 가동률을 낮게 유지하고 노동자들을 정리해고 하면서도 자본 상각은 하지 않고 살아남았다. 그러는 동안 후버 정부는 파산 위기에 처한 유일한 비금융권 대기업 집단인 철도 회사들을 살리기 위해 돈을 쓰고 있었다.[57] 이런 상황에서는 옛날처럼 일부 대기업이 다른 대기업들을 집어삼킴으로써 위기가 극복되는 방식이 통할 수 없었다.

이 점은 결국 어떤 형태로든 정부 개입('국가자본주의')이 불가피해진 이유를 설명해 준다. 그러나 동시에, 투자에 대한 주된 결정권을 민간 기업들에게 남겨둔 채 이뤄지는 정부 개입의 어쩔 수 없는 한계도 설명해 준다.

---

\* 기관 안에서 혈액이 굳는 병.

불황이 마침내 종식된 것은 제2차세계대전이라는 총력전 상황에서 정부가 직접 나서서 공장들을 짓는 등 대기업들의 투자 결정을 조율하고 통제하면서부터였다.


## 케인스와 대공황

대공황에 대해 존 메이너드 케인스가 정치인들이 외면한 해결책을 갖고 있었던 것처럼 말하는 사람들이 요즘 들어 부쩍 많아졌다. 그러나 케인스에게도 뾰족한 해결책은 없었다. 케인스는 노동자들의 임금이 하락하면 문제가 저절로 해결될 것이라고 주장한 경제학자들을 통렬하게 논박했지만, 그 자신의 제안도 대공황을 끝낼 수는 없었다. 예컨대 케인스가 지지한, 영국 전 총리 로이드조지의 공공사업 제안이 채택됐더라도 1930~1933년의 실업 증가율은 여전히 89퍼센트에 달했을 것이다.[58]

케인스 전기를 쓴 스키델스키는 케인스가 제안한 모든 조치는 "재계의 심기를 건드리지 않도록" 짜여졌으며 "행동 면에서 그는 매우 조심스러웠다"고 지적했다.[59] 그래서 케인스가 1937년에 〈타임스〉에 기고한 연재 칼럼은 영국의 실업률이 여전히 12퍼센트나 되는데도 영국 경제가 호황에 근접했다는 식으로 주장했다. 그는 자본가들이 단기적으로 이윤에 타격을 줄 것처럼 보이는 어떠한 정책에도 등을 돌릴 것임을 너무나 잘 알고 있었다. 그래서 케인스는 자본가들을 겁먹게 할 만한 제안은 피했다.

글린과 호웰은 영국에서 불황이 밑바닥을 친 시점에 완전고용 달성에 필요한 300만 개 일자리를 창출하려면 정부 지출이 56퍼센트 증가해야 했을 것이라고 주장했다.[60] 그러나 영국에서 이런 해법은 케인스가 선호한 '점진주의'를 고수하자면 적용이 불가능했다. 정부 지출을 그 정도로 늘렸다가는 곧장 자본 도피, 수입 증대, 경상수지 적자, 그리고 금리 폭등을 초래했을 것이기 때문이다.[61] 이를 감수하고 이 정책을 밀어붙이려 했다면 "영국 경제를 계획경제까지는 아니더라도 대체로 국가가 통제하는 시스템으로 전환"해야 했을 것이다.[62] 나중에 가서는 결국 정부 지출이 늘고 실업이 줄긴 했다. 그러나 아이켄그린의 말마따나, 이는 "케인스의 공로라기보다는 히틀러의 공로"였는데, 왜냐하면 국민총생산에서 군비 지출이 차지하는 비중이 5퍼센트 성장하면서 1938년까지 150만 개 일자리가 창출됐으니 말이다.[63] 미국에서 케인스주의 유형의 정책이 성공하려면 "정부 지출이 제2차세계대전 당시 규모에 근접해야 했을 것이다."[64]

케인스는 《고용, 이자, 화폐의 일반이론》에서 자본주의의 실패가 단지 통화정책이나 재정 정책으로 다스리기에는 너무나 심각하다고 암시하면서 자기 나름의 이윤율 저하론('자본의 한계 효율 저하')을 제시했고, '투자의 사회화'와 같은 급진적 조치만이 유일하게 효과적인 불황 타개책이라고 말했다. 그러나 케인스는 이런 해법을 적용하려는 진지한 시도를 한 번도 하지 않았다. 평상시의 여건에서는 자본가들에게서 자본에 대한 통제권 자체를 박탈하지 않고서는 투자의 사회화가 불가능하기 때문이다.


## 현재 상황과 비교

현재의 위기를 촉발한 직접적 요인들은 1920년대 말의 요인들과는 약간 다르다. 1930년대의 위기는 은행 대출의 마비('신용경색')가 아니라 실물경제의 위기로 시작됐다. 그 전 호황 때의 과도한 대출이 실물경제 위기를 악화시키긴 했지만 직접적으로 유발한 것은 아니었다. 은행권에 타격이 미쳤을 때는 이미 위기가 1년 정도 진행된 상태였다. 그러나 이런 차이점 뒤에는 실로 놀라운 공통점들이 숨어 있다.

두 경우 모두 이윤율이 그 전 20, 30년보다 낮았다. 두 경우 모두 자본가들은 위기가 도래하기까지 여러 해 동안 국민 소득 중 임금 비중을 낮춤으로써 이윤율 붕괴를 막는 데 성공했다. 이 덕분에 두 경우 모두 어느 정도의 생산적 투자(비록 변동 폭이 컸지만)가 유발되기는 했지만, 그 규모는 이전의 생산 주기에 생산된 잉여가치를 모두 흡수하기에는 불충분했다. 두 경우 모두 경기후퇴 압력으로 작용했을 저축과 투자 사이의 불균형이 비생산적 투자와 투기적 지출(비록 그 형태는 달랐지만)로 상쇄됐다. 두 경우 모두 호황을 떠받치던 투기 현상들이 더는 지속될 수 없는 시점에 필연적으로 도달했고, 경제의 근본 약점들이 갑자기 수면으로 떠오르면서 엄청난 파장을 일으켰다. 또 두 경우 모두 그 전 몇 해 동안의 금융 국제화(1920년대에 미국이 제1차세계대전으로 황폐해진 유럽에 차관을 제공한 것, 2000년대 중반에 동아시아 국가들과 산유국들이 미국에 돈을 빌려 준 것) 때문에 위기가 세계로 확산됐다. 그러나 현재의 위기가 시작될 당시의 상황과 1929년의 상황 사이에는 훨씬 더 의미심장한 차이점들도 있다.

우선, 오늘날까지 근 70년 동안 체제 안정에 핵심 구실을 해 온 정부 지출이 1929년에는 그런 구실을 거의 하지 못했다. 1929년에 미국의 연방정부 지출은 국내총생산의 2.5퍼센트에 불과했던 반면,[65] 2007년에는 약 20퍼센트에 달했다. 그리고 이번 위기에서 정부는 대공황 때보다 훨씬 더 신속하고 강력하게 개입했다. 1929년 3월부터 1933년 2월까지 집권한 후버 정부도 경기부양을 위한 몇 가지 조치를 취하긴 했다. 그리하여 1930년에는 정부 지출이 소폭 상승했고, 1932년에는 재건금융공사를 통해 은행들과 철도 기업들을 구제하는 데 연방정부 예산이 투입됐다. 그러나 이런 조치들은 범위가 매우 제한적이었다. 게다가 1931년과 1932년에도 정부는 위기를 더 악화시킬 수밖에 없는 행보들을 보였다. 연방준비제도이사회가 은행들에 대한 대출금리를 올렸고(프리드먼을 비롯한 통화주의자들은 이 때문에 경기 침체가 불황으로 발전했다고 주장한다) 정부는 세금을 올린 것이다(케인스주의자들은 이 때문에 위기가 더 악화됐다고 주장한다). 정부 지출이 결정적으로 증가한 것은 1933년 3월 루스벨트 정부가 출범하고 나서였다. 그러나 1936년에 연방정부 지출이 최고조에 달했을 때조차 그것이 국민총생산에서 차지하는 비중은 9퍼센트를 겨우 넘었고, 그것마저 1937년부터는 하락하기 시작했다. 이와 대조적으로, 신용경색이 경기 침체로 발전하고 있는 와중에 임기 말의 부시 정부가 추가로 밀어붙인 구제금융 액수만 해도 미국 국민총생산의 10퍼센트에 달한다.

이렇듯 오늘날에는 정부 지출 비중이 더 커졌고 위기에 대응해 정부와 중앙은행이 재빨리 돈을 풀 태세가 돼 있다. 이는 경제 전반에 어느 정도의 수요가 항상 존재함을 의미하는 것으로, 일정선 밑으로 경제가 추락할 수

**도표 7-1** 국내총생산에서 순 연방정부 지출이 차지하는 비중(단위 : 퍼센트)

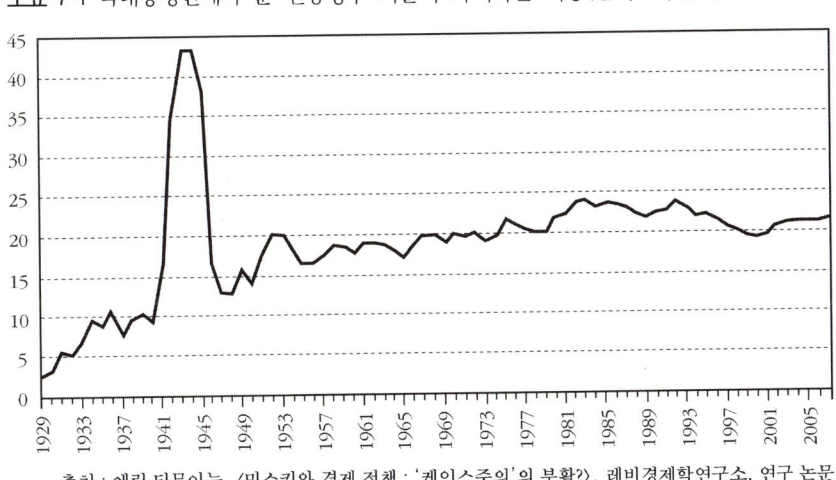

출처 : 에릭 티무아뉴, 〈민스키와 경제 정책 : '케인스주의'의 부활?〉, 레비경제학연구소, 연구 논문

없게 막아 주는 안전판(1930년대 초에는 없었던) 구실을 한다. 여기서 특히 군비 지출(현재 8000억 달러로 2001년의 두 배)이 핵심 기업 집단에게 확실한 시장을 보장하는 중요한 기능을 한다. 비록 군비로 지출된 1달러당 고용 효과가 가령 1951년 한국전쟁 당시에 비해 오늘날 훨씬 작다 할지라도, 이런 지출은 분명 위기의 영향을 완화시켜 줄 수 있다.[66]

그러나 이와는 반대 방향으로 작용하는 또 하나의 중요한 차이점이 있다. 오늘날 주요 기업들은 제1차와 제2차 세계대전 사이 시기에 비해 훨씬 비대해졌으며, 따라서 이들을 구제하기 위해 각국 정부가 치러야 하는 비용도 불비례하게 높아졌다. 1930년대 초 미국의 은행권 위기는 소규모 또는 중간 규모 은행들의 위기였다. "초대형 은행들은 다른 은행들이 줄줄이 파산하는 시기에도 좀처럼 지급불능에 빠지거나 파산하지 않았다."[67] 영국에서는 은행권 위기 자체가 아예 없었다. 그러나 이번 위기 때는 대부분의 주요 국가에서 다수의 대형 은행들이 위기에 빠졌다. 9월 15일에 리먼브라더스가 파

**도표 7-2** 연방정부 지출의 구성(단위 : 퍼센트)

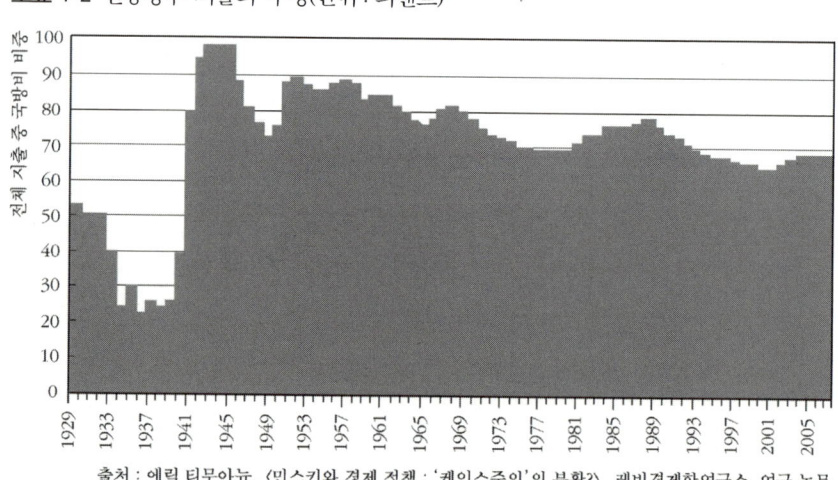

출처 : 에릭 티무아뉴, 〈민스키와 경제 정책 : '케인스주의'의 부활?〉, 레비경제학연구소, 연구 논문

산하자 단 하루 사이에 영국의 HBOS, 베네룩스 3국의 포르티스, 독일의 히포레알, 그리고 아이슬란드 은행들이 위기에 빠졌다. 거기서부터 위기는 다른 주요 은행들로, 헤지펀드와 파생상품 등으로 구성된 "그림자 금융 시스템"으로 퍼져 나갔다. 현재까지의 총 손실 규모에 대한 영란은행의 최신 추정치는 2조 8000억 달러에 이른다.[68] 대형 손실을 장부에 떠안고 있는 은행들은 그런 손실을 실질 가치로 충당하지 못하는 이상, 자본주의 체제의 나머지 부문에 신용을 공급하는 본연의 기능을 수행할 수 없다.[69] 이 문제가 해결되지 않는다면 미국과 영국 등지의 소비와 주택시장 호황을 지탱하던 은행 대출이 끊기면서 침체가 도래할 뿐 아니라 수많은 제조업체와 유통업체들이 사업을 계속할 수 없는 지경에 이르러 침체의 골이 한없이 깊어질 것이다. 〈파이낸셜 타임스〉의 마틴 울프는 모처럼 현 사태를 다음과 같이 정확하게 진단했다.

레버리지 장치*가 거꾸로 작동하면서 그 전까지 만들어 냈던 가상의 이윤을 도로 파괴하고 있다. 이런 역진 과정이 계속되는 가운데 빚이 많은 소비자들은 소비를 줄이고 기업들은 투자를 줄이면서 실업률이 치솟고 있다.[70]

그러나 은행들의 손실을 메우려면 결국 경제의 다른 부분에서 실질 가치를 뽑아내는 것밖에 방도가 없다. 세계 경제의 더 수익성 높은 지역에서 가치를 끌어오거나 아니면 해당 지역 노동자들의 생활수준을 더 쥐어짜야 하는데, 후자의 경우 그 자체로 경기 침체 압력을 가중시킬 수 있다. 어쩌면 미국이 자국의 경제력(상대적 쇠퇴에도 불구하고 여전히 제조업 생산 규모는 세계 1위이며 국제 금융 시스템에서 차지하는 비중도 압도적으로 크다)

---

* 차입에 의존한 경제성장을 빗댄 말이다.

을 이용해 경기 침체를 완화하고 침체가 누적적 붕괴로 발전하는 것을 막아 내는 것이 아직 가능할지도 모른다. 그러나 경제 규모가 더 작고 그에 비례 해 부채 부담도 더 높은 나라들이 그렇게 하기란 훨씬 더 어려울 것이다.

아이슬란드, 헝가리, 우크라이나가 직면한 문제는 이 점을 잘 보여 준다. 이 정부들(과 그들을 돕는다고 하는 IMF)은 공공 지출을 줄이고 금리를 올 리는 등의 명백히 비(非)케인스주의 조치들을 채택했다. 그 밖에도 에스토 니아, 라트비아, 불가리아, 루마니아, 크로아티아, 파키스탄, 인도네시아 등 이 잠재적 위험 국가들이다. 앞으로 여러 나라가 2001년 말에 아르헨티나를 강타했던 것과 같은 파멸적인 위기에 빠져 정치적 격변을 경험할지도 모르 는 일이다.

한편 경제 규모가 큰 나라들의 경우에도 정부 개입으로 할 수 있는 일에 는 한계가 있을 것이다. 1990년대 일본의 사례가 이를 짐작하게 해 준다.


## 1990년대 일본의 위기

위기에 빠지기 직전까지만 해도 일본은 "세계 2위의 경제적 슈퍼파워"로 인식됐다. 일본의 1980년대 연평균 성장률은 4.2퍼센트로 미국의 2.7퍼센 트, 서독의 1.9퍼센트와 비교됐고, 제조업 설비투자는 미국의 두 배 이상이 었다.[71] 언론들은 거의 한결같이 일본이 세계 경제의 미래라는 식으로 이야 기했다. 1992년에 미 하원의 어떤 위원회는 2000년이면 일본이 미국을 앞지 를 것이라 예측하기도 했다. 노동생산성 향상에 혈안이 된 유럽과 북미 기 업들의 모토는 "일본을 따르자"는 것이었다.

그러나 이처럼 성장 가도를 달리던 일본 경제는 위기를 맞이한 뒤로 15 년 동안 정체에 빠졌다. 중간 중간에 잠깐씩 침체하고 그보다 더 잠깐씩 플러스 성장도 하면서 말이다. 2007년에 이르자 일본 경제의 규모는 미국 (과 유럽연합)의 3분의 1에 불과했다.[72] 1992년에는 미국 경제의 60퍼센트로 추정되기도 했었지만 이미 옛날 이야기였다.[73]

사태가 이렇게 된 원인으로 통상 지목되는 것은 일본 금융 시스템의 문제점들이다. 1980년대에 일본 금융시장이 충분히 '자유화' 되지 않았다거나 (신자유주의자들의 주장이다) 위기에 대한 중앙은행의 대응이 잘못됐다는 식이다.

그러나 경제 위기에 대한 마르크스주의 설명의 모든 요소들이 일본 사례에서도 발견된다. 1950년대부터 1980년대 말까지 일본에서는 노동력 대비 자본 비율이 가파르게 상승했는데, 1980년대에는 미국에 비해 네 배나 빨리 증가했다.[74] 마르크스도 예상했겠지만, 이는 이윤율에 압박을 가했다. 1960

도표 7-3 일본의 이윤율(단위 : 퍼센트)

| 시기 | 제조업 | 비금융기업 |
|------|--------|-----------|
| 1960~1969년 | 36.2 | 25.4 |
| 1970~1979년 | 24.5 | 20.5 |
| 1980~1990년 | 24.9 | 16.7 |
| 1991~2000년 | 14.5 | 10.8 |

출처 : 로버트 브레너, 《전 지구적 혼돈의 경제학》

도표 7-4 일본의 투자 이익률(단위 : 퍼센트)

| 연도 | 총 비주택 고정자본 이익률 |
|------|---------------------------|
| 1960년 | 28.3 |
| 1970년 | 18.0 |
| 1980년 | 7.8 |
| 1990년 | 3.9 |

출처 : 아서 알렉산더, 《아시아라는 환경 속의 일본》

년대 말부터 1980년대 말까지 이윤율은 종전의 4분의 1 정도로 떨어졌다.

이런 이윤율 하락 추세는 1980년대 말까지만 해도 큰 문제가 아닌 듯 보였다. 투자에 대한 국가의 관여도가 높았던 일본식 자본주의에서는 은행들이 이윤율에 별로 신경 쓰지 않고 '게이레츠'* 기업 집단들에게 투자 자금을 융자해 줬다. 이런 시스템 덕분에 일단 이윤이 생기면 그 이윤은 어떻게든 투자됐다. 그래서 1980년대에 미국은 국내총생산의 21퍼센트만 투자한 반면, 일본은 31퍼센트를 투자했다.[75] 그러나 이처럼 높은 투자율은 오직 대중의 소비를 억제함으로써만 유지됐다. 이는 한편으로 실질임금 상승을 억제하고 다른 한편으로는 국가가 최소한의 의료와 연금 혜택만 제공해 사람들에게 저축을 강요하다시피 하는 것을 통해 가능했다.

1988년에 누군가 이렇게 지적했다. "아직도 일본의 실질임금은 기껏해야 미국의 60퍼센트 정도이며, 일본 노동자들은 일생 동안의 지출에서 거대한 부분을 차지하는 주거비, 교육비, 연금, 의료비 등을 감당하기 위해 무지막지하게 저축해야 한다."[76]

실질임금이 낮았던 탓에, 일본 기업들이 갈수록 빠른 속도로 공장에서 찍어 내고 있던 신제품들을 위한 내수 시장의 크기가 제한됐다. 투자율이 아무리 높아도 내수가 총 생산의 나머지 부분을 흡수하지 못했다. "노동생산성이 증대되고 있던 기계 공업의 소비재 부문(자동차, 오디오/디스플레이 장치 등)은 수출 시장을 통해 활로를 찾아야만 했다. 일본 노동계급의 제한된 구매력이 축적에 걸림돌이 되지 않으려면 말이다."[77]

그러나 1980년대 말에는 국내 투자와 수출이 모두 압박을 받기 시작했다. 〈파이낸셜 타임스〉의 질리언 테트는 "1980년대 말부터는 …… 투자해서 수익을 내는 것이 …… 점점 힘들어졌다"고 썼다.[78] 버켓과 하트-랜즈버

---

* 계열 : 한국의 재벌과 유사하다.

그는 "생산적이고 수익성 있는 투자 기회에 비해 잉여가치가 과잉 생산"됐다고 분석했다.[79]

장기적 이윤율 하락의 영향이 마침내 드러나기 시작한 것이다. 바로 이 와중에 레이건 정부는 1985년 플라자 합의를 통해 일본이 엔화 가치를 절상(달리 말해 미국인들이 구매하는 일본 제품의 가격을 인상)하도록 윽박질러 일본의 수출 길을 더욱 옥죄었다. 이런 상황에 대한 일본 정부의 대응이 거품 경제를 불러왔다.

"환율 때문에 기업들이 어려워진 데 대한 보상으로 [재무 ― 크리스 하먼] 성은 은행들이 대출을 대대적으로 늘리도록 독려했다."[80] 늘어난 은행 대출은 엄청난 규모의 투기를 낳았다. "오랫동안 대기업들의 대출 담보물로 사용돼 온 부동산의 가치가 유동성 폭발로 끝 간 데 없이 치솟았고, 이는 다시 주가가 부풀려지는 것을 합리화 해 줬다."[81] 부동산 가격과 증시는 고공 행진을 계속해 어느 시점에는 일본 기업들의 총 자산 가치가 미국 기업들의 총 자산 가치보다 더 높이 평가되기도 했다. 미국 경제의 규모가 여전히 일본보다 상당히 더 컸는데도 말이다. 거품이 존속하는 한 일본 경제는 성장을 계속했고, 심지어 거품이 빠지기 시작한 뒤로도 일본 경제는 미국과 서유럽이 침체에 빠진 1990~1992년 동안 은행 대출에 힘입어 연 1퍼센트 정도의 성장을 유지할 수 있었다.

그러나 은행들 또한 점점 위기에 빠지고 있었다. 부동산 투자와 주식 투자 용도로 대출해 준 돈은 부동산과 주식 가격이 폭락하면서 회수가 어려워졌다. 1995년에 이르러 정부는 두 개 은행을 구제하기 위해 공적자금을 동원해야 했다. 그러다가 정부는 도쿄 금융시장을 "자유롭고 공정하며 세계적인" 시장으로 거듭나게 하려는 "빅뱅 개혁"에 잠깐 기대를 걸었다. 그러나 몇 달 동안 경기가 회복되는가 싶더니 곧이어 다시 침체하면서 또 몇 차례의 은행권 위기가 찾아왔다. 그 와중에 은행들은 총 71조 엔(5000억 달러 이상)의 부실채권을 대손 처리했다. 2000년대 초까지 경영난에 빠졌거나 파산한 기업들의 총 부채 규모는 미국 정부 추산으로 80조 내지 100조 엔(6000~7500억 달러)이었고 IMF 추산으로는 111조 엔(거의 8400억 달러)이었다.[82]

이 모든 과정에 금융 시스템이 연루돼 있었기에 일본 경제 위기를 논하는 사람들은 대부분 일본의 금융 시스템을 원흉으로 지목했다. 진정으로 경쟁적인 경제에서와 달리, 일본에서는 국가와 금융권과 재계가 서로 긴밀히 유착돼 있던 탓에 은행들의 경영 상태를 면밀히 파악할 길이 없었다는 것이 신자유주의자들의 설명이다.[83] 클린턴 정부 시절에 재무장관이었던 래리 서머스는 1998년에 도쿄를 방문해 일본의 금융 시스템을 "미국의 건강한 은행 시스템"과 대조하는 발언을 했다.[84] 그러나 미국처럼 모든 면에서 '경쟁적'인 경제에서도 매우 유사한 거품들이 발생한 사실을 놓고 볼 때 이런 설명은 설득력이 없다. 1980년대 말 일본의 거품과 2000년대 중반 미국의 주택 시장 거품 사이에 어떤 근본적인 차이를 발견하기란 실로 어렵다.

그러나 일본 경제의 정체가 궁극적으로 은행권의 위기에서 비롯했다고 볼 만한 근거는 없다. 이윤율 하락은 생산적 투자를 완전히 붕괴시키지는 않았지만 그래도 상당히 떨어뜨렸다. 신고전학파 경제학자들인 하야시 후미오와 에드워드 C 프레스콧은 투자 의향이 있는 기업들은 여전히 투자할 여력이 있었지만, 그나마 자금이 투입된 사업들의 "수익률이 평균적으로 낮다"는 점을 인지하고 있었다고 주장한다.[85] 그런 상황에서는 은행 시스템을 구조조정하는 것으로 위기를 해결할 수 없었다. 신자유주의자들이 원했던 것처럼 위기가 심화되도록 방치하든, 케인스주의에 좀 더 가까운 사람들의 권고처럼 점진적인 구조조정을 시행하든 간에 말이다. 폴 크루그먼은 다음과 같이 지적했다.

> 구조조정에 관한 논의에서 놀라운 점은 "구조조정이 어떻게 (공급이 아닌)
> 수요를 진작시킬 수 있는가?" 하는 질문을 던졌을 때 돌아오는 답변이 실
> 로 모호하다는 것이다. 적어도 나 자신은 일본에게 촉구되고 있는 구조적
> 개혁 조치들이 조금이라도 수요를 늘릴 것이라는 데 회의적이며, 심지어
> 급진적 개혁조차 일본 경제를 현재의 수렁에서 구출하기에는 역부족이라
> 고 생각한다.[86]

크루그먼은 자기 나름의 만병통치약을 하나 내놓았다. 은행권에 돈을 더
많이 퍼 주라는 것이었다. 그러나 설령 이 방법이 통했다 하더라도 그 결과
는 새로운 거품이었을 것이고, 멀지 않은 미래에 똑같은 문제들이 재현됐을
것이다. 때때로 자본주의에 비판적이기는 해도 어쨌든 자본주의 지지자인
크루그먼은 위기의 진정한 뿌리가 금융 시스템이 아니라 자본주의 체제 자
체에 있다는 사실을 간파할 수 없었다. 낮은 이윤율은 투자를 억제하는 동
시에 자본가들이 임금 상승을 허용할 수도 없게 만들었다. 그리고 이는 경
제 전체의 증대된 산출량을 흡수할 수 있는 수요 창출을 억제했다. 또 한
차례 어마어마한 규모의 축적이 이뤄졌다면 산출량 증가분을 흡수할 수 있
었겠지만, 이를 위해서는 애당초 이윤율이 훨씬 더 높아야 했을 것이다.
  국가가 케인스주의 해법을 일부 시도하기는 했다. 일부 추산에 따르면,
일본 정부가 벌인 대형 건설 프로젝트(교량, 공항, 도로 등) 덕택에 국내총
생산 중 정부 지출이 차지하는 비중이 1984~1990년 13.7퍼센트에서 1994~
2000년에는 15.2퍼센트로 올랐다고 한다.[87] 개번 매코맥은 1990년대 초 거
품이 붕괴하고 만성적 침체기가 도래하자 일본 정부는 더 큰 규모의(그러나

약발은 점점 떨어지는) 케인스주의적 적자재정 정책으로 돌아섰다고 주장한다.

전체 노동력의 10퍼센트에 해당하는 700만 명을 고용한 일본의 공공 건설 부문은 영국이나 미국 또는 독일의 공공 건설 부문보다 세 배나 컸다. 이 부문의 지출은 연 40~50조 엔(약 3500억 달러)에 달했는데, 이것은 국내총생산의 8퍼센트(다른 선진국보다 두세 배는 높은 비중)에 해당하는 액수였다.[88]

사실 군비 지출을 계산에 포함하면 미국과 일본의 '비생산적' 지출 수위는 엇비슷했을 것이다. 그러나 〈도표 7-3〉에서 드러나듯이, 이는 일본의 이윤율 저하에 따른 투자 공백을 채우기에는 부족했다. 물론 1990년대 일본 경제가 1930년대 초 미국이나 독일 경제와 같은 식으로 붕괴한 것은 아니다.[89] 국가가 그 정도 사태까지는 막을 능력이 있는 듯했다. 그러나 국가는 통화주의든 케인스주의든, 또는 그 둘의 잡종이든 간에 어떤 수단을 동원해도 경제를 예전의 궤도로 되돌려 놓을 수 없었다.[90] 일본 자본가들 일부는 이런 수렁에서 빠져나갈 길을 해외투자에서 찾았다(〈도표 7-5〉에서 총 투자와 총 국내 투자 사이의 간극이 해외투자의 규모를 보여 준다). 그리고 일본은 자본재와 중간재를 중국에 수출함으로써 약간의 성장을 달성할 수 있었다(중국은 이렇게 수입된 자본재와 중간재로 미국에 수출할 소비재를 생산했다). 그러나 이런 방식들은 일본 기업 대다수에게 뾰족한 해결책이 되지 못했다. 대부분의 일본 자본은 착취율을 높임으로써 이윤율을 끌어올리기 위해 안간힘을 쓰고 있다. 그랬다가는 결국 내수만 더 위축될 것이 뻔한데도 말이다. 그러던 차에 일본은 세계적 금융 위기가 촉발한 침체의 소용돌이 속으로 빨려 들어가게 된 것이다.

루스벨트 정부의 뉴딜 정책과 마찬가지로, 사적 자본을 대대적으로 침탈하지 않는 국가 개입은 기껏해야 완전한 붕괴만 막을 수 있을 뿐이지, 그 자체로 이윤율 저하에서 비롯한 근본적 불균형을 치유하고 경제의 활력을 소생시킬 수는 없다는 것을 일본의 경험은 시사하는 듯하다. 만약 이 점이 사실이라면 이번 위기는 정말로 심각할 것이다. 15년 동안 지속된 일본 경제의 마비 상태는 비록 1997년에 동아시아, 동남아시아, 러시아, 중남미를 강타한 위기를 촉발하는 데서 일정한 구실을 하기는 했어도 세계 경제 전체에 파괴적인 영향을 미치지는 않았다. 그러나 만약 미국 경제가 15년 동안 마비 상태에 빠진다면 그 파장은 전 세계에 미칠 것이다. 더욱이 그 영향은 경제적 영역에 국한되지 않을 것이다. 미국 자본은 미국 국가의 힘에 기대

**도표** 7-5 일본의 투자와 정부 지출(단위 : 퍼센트)

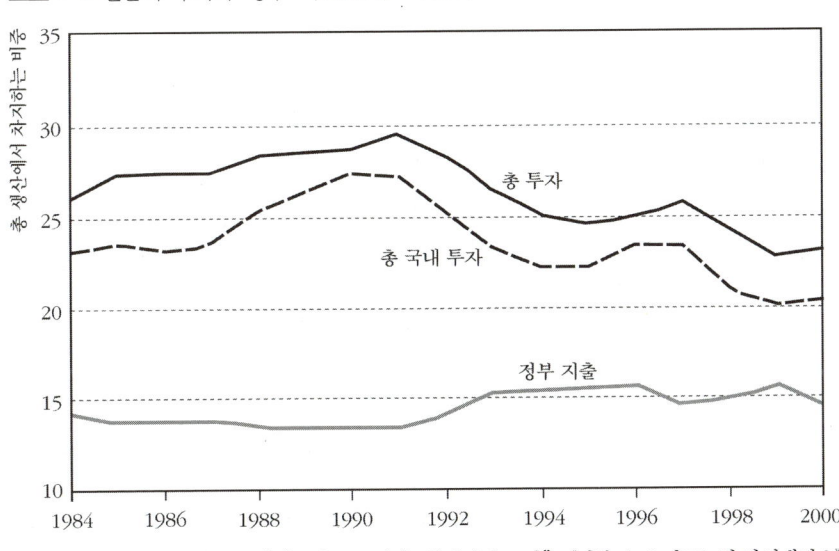

출처 : 햐야시와 프레스콧, "일본의 1990년대 : 잃어버린 10년", 《리뷰 오브 이코노믹 다이내믹스》

서, 그리고 여전히 국제 금융 시스템에서 그들이 행사하는 지배력을 이용해서 위기의 비용을 자본주의 체제의 더 취약한 부분들에 떠넘기려 할 것이기 때문이다.

## 결론

자연스럽게도, 많은 사람들은 이번 위기가 정확히 얼마나 심각해질지 알고 싶어 한다. 그러나 마르크스주의자들조차 이것만큼은 예측하지 못한다. 마르크스는 1873년에 엥겔스에게 쓴 편지에서 위기의 발전 과정을 사전에 예측할 수 없는 자신의 무능력을 다음과 같이 통탄했다.

> 나는 한동안 내 머리를 쥐어뜯게 만든 어떤 문제에 관해 [새뮤얼 ─ 크리스 하먼] 무어에게 말해 주고 있었네. 그런데 무어는 그 문제가 적어도 현재로서는 해결이 불가능하다고 생각하고 있다네. 워낙 많은 변수가 얽혀 있고, 각각의 변수에 대해 아직 밝혀낼 것이 많기 때문이라는 것일세. 내가 말한 문제란 바로 이런 것이라네. 가격과 이자율 등등이 지그재그로 오르내리는 그래프들이 있지 않은가? 나는 불규칙한 이 등락 곡선들을 계산해 위기를 분석하려고 여러 차례 시도했고, 이를 통해 경제 위기의 일반 법칙을 수학적으로 도출할 수 있을 거라 믿었지(충분한 연구가 뒷받침된다면 그것이 가능하리라고 지금도 믿고 있다네). 허나 내가 말했듯이 무어는 그것이 현재로서는 불가능하다고 생각하고 있고 나 역시 당분간은 이 문제에서 손 떼기로 작정했네.[91]

오늘날의 마르크스주의자들도 이 점에서는 여전히 무능력하다. 하긴 은행가들조차 자신들이 얼마나 많은 빚을 떠안고 있는지 모르는 판에 우리가 모든 것을 안다고 말하기는 어렵다. 지금으로서는 현재 상황을 "침몰하는 배에서 물 퍼내기"에 비유하는 것이 우리가 할 수 있는 최선이다. 물을 퍼내는 데 사용되는 양동이는 과거 어느 때보다 크지만, 퍼내야 할 부채의 양도 훨씬 많아졌다. 퍼 나르기를 하고 있는 겁에 질린 정치가들과 자본가들은 자신들이 전혀 상상하지 못한 문제들과 맞닥뜨리는 과정에서 서로 충돌하지 않을 수 없다. 이제는 자본주의의 가장 굳건한 지지자들 일부마저 은행들이 기업들에게 절실히 필요한 대출을 제공하지 못하는 것에 애가 탄 나머지, 아예 금융 시스템 전체를 국가가 장악하는 방안을 조심스럽게 거론할 지경이다. 또 다른 이들은 은행들이 국가한테서 지원 받은 엄청난 양의 자금을 어느 날 갑자기 '실물경제'로 방출함으로써 거대한 인플레이션 압력을 야기하고 뒤늦게 '어마어마한 침체'를 불러오지 않을까 걱정한다.[92] 체제 수호에 열심인 자들이 얼마나 큰 혼란에 빠져 있는지 알 만하다.

오늘날 혁명적 사회주의자들은 자본주의가 자초한 피해 규모가 어느 정도인지, 또는 지금이 1929년인지 1992년인지 등에 대해 억측하려 들면서 지배자들의 혼란을 재연해서는 안 된다. 우리가 이해할 핵심은 이번 위기가 단지 금융 규제의 미비나 금융자본의 탐욕에서 비롯한 것이 아니라 체제 자체의 성격에서 비롯한 것이며, 주요 자본 단위들이 단지 맹목적인 시장 메커니즘을 통해 위기를 벗어나기에는 너무 비대해졌다는 것이다. 그 때문에 각국 정부는 새로운 문제들을 낳을 것을 무릅쓰고, 또한 그와 더불어 정치적 · 이데올로기적 격변을 무릅쓰고 거대 자본들을 구제해야만 했다. 우리는 이 기회에 사회주의적 주장을 강력하게 펼치는 동시에, 지배자들이 위기의 대가를 대중에게 떠넘기려 하는 상황에서 벌어질 다양한 형태의 저항에서 중심에 서야 한다. 비록 우리에게 미래를 훤히 보여 주는 수정 구슬은 없지만, 현재 일어나고 있는 사태가 무엇이고 우리의 책무가 무엇인지는

명약관화하다. 아일랜드 혁명가 제임스 코널리가 말했듯이 "유일하게 참된
예언자들은 스스로 미래를 개척하는 자들이다."

[천경록 옮김]

chapter 8

# 미국 서브프라임 모기지 사태와 세계 경제의 위기

위기의 원인, 전개 과정, 그리고 향후 전망

장시복

## 1. 머리말

2006년 하반기의 미국 서브프라임 모기지 사태 이후에 미국 경제와 세계 경제는 심각한 위기를 경험하고 있다. 2008년 9월 중순 미국의 5대 투자은행들이 모두 파산하거나 인수되거나 상업은행으로 전환했고, 그 파장이 금융시장 전체로 확산되면서 불안정이 극에 달해 있는 상황이다. 게다가 서브프라임 모기지 시장에서 발발한 위기는 부동산 시장과 금융시장의 위기가 끝나지도 않은 상황에서 실물경제로 번져 미국 경제와 세계 경제는 실물 위기로 고통받고 있다.

지금까지의 전개 과정을 보면 이번 위기가 1929년 대공황 이후 가장 심각한 위기라는 점은 분명해 보인다. '경제 대통령'으로 불리면서 미국 경제

이 글은 한국사회경제학회에서 발간하는 《사회경제평론》 31호(2008년)에 실린 "미국 서브프라임 모기지 사태와 세계 경제의 위기"를 수정·보완한 것이다. 논문의 출판을 허락해 주신 한국사회경제학회에 감사드린다.

와 세계 경제를 손아귀에 쥐고 흔들던 미국 연방준비제도이사회 전 의장 앨런 그린스펀이 함축적으로 표현했듯이, 이번 위기는 "반세기에 한 번, 아마도 한 세기에 한 번 일어날 만한 사건"이며 "우리는 100년 만에 한 번 일어날 만한 신용 쓰나미의 한복판에 있다."

이번 위기는 현재 진행형이며 세계 경제는 누구도 앞날을 예측할 수 없는 '시계 제로' 상태에 있다. 따라서 이 위기에 대한 총체적인 분석은 현재로서는 불가능하다. 그러나 비록 한계가 분명하더라도 '현실성의 영역'으로 들어온 이번 위기에 대한 분석은 매우 시급한 과제다. 이와 관련해서 이 글은 지금의 위기를 1990년대 미국 경제의 호황 과정에서 나타난 구조적 모순의 폭발이라는 관점에서 분석한다. 그리고 1990년대 호황이 양산한 미국 경제의 대내외 불균형에 주목해서 이번 위기가 금융자본의 과도한 욕심이나 무분별한 금융 규제의 완화 때문에 발생했다는 금융 중심의 분석을 더 포괄적인 미국 경제의 거시적 발전과 연관 짓는다.

2절에서는 위기의 구조적 원인과 관련해서 1990년대 미국 경제의 모순적 발전을 분석한다. 특히 이 절은 1990년대 호황의 결과로 나타난 다음과 같은 모순을 해명한다. 1) 실물 부문의 불균등한 투자 붐(boom)과 하층 노동 계급의 희생을 바탕으로 한 이윤율 상승과 1990년대 호황, 2) 호황 과정에서 상위 계층의 광적인 소비가 주도한 소비 붐과 이윤율이 하락하는데도 투자가 증가하는 투자 거품 때문에 연장된 호황, 3) 호황을 바탕으로 금융자본의 가공성이 증대하고 투기 붐이 만연하면서 발생한 생산과 금융의 탈구(脫臼), 4) 대내 불균형과 함께 대외 부문에서 대규모 경상수지 적자와 자본수지 흑자로 발생한 미국 경제의 대외 불균형. 이 대내외 불균형은 최근의 위기를 양산하는 구조적 원인이며 향후 전개 과정의 향방을 이해할 수 있는 기초를 제공해 준다.

3절에서는 1990년대의 호황 과정에서 나타난 이 모순들이 어떤 방식으로 폭발하고 확산됐는지를 분석한다. 이 절의 주요 주장은 다음과 같다. 1) 2001년의 일시적인 불황 이후 1990년대 호황의 구조적 모순은 폭발하지 않았고 위기는 잠시 지연됐다. 2) 미국 노동계급의 상태 악화는 서브프라임 모기지 사태를 촉발하는 근본 원인을 제공했다. 이번 사태로 인간 생활의 가장 필요한 것 중 하나인 주택시장에서 노동자들은 또 다른 타격을 받았고 주택시장 붕괴가 금융시장 위기를 더욱 심화시켰다. 3) 1990년대 호황기에 발생한 금융자본의 가공성과 투기는 2001년 불황으로 사라진 것이 아니라 주식시장에서 주택시장으로 이전됐고 더 확대재생산됐다. 4) 미국 역사상 최고 수준에 이른 미국 경제의 대외 불균형은 이번 위기를 세계적으로 확산시키는 데 큰 구실을 했다.

4절에서는 이번 사태가 앞으로 어떻게 전개될지를 분석한다. 말하자면 이번 사태의 향후 전망인데, 이 절에서는 이번 위기가 폭발한 뒤 나타나고 있는 미국 경제의 실물 위기와 세계 경제의 동반 침체, 신용 위기 확산과 위기의 세계화 문제를 다룬다. 4절의 분석은 위기가 아직 진행 중이라는 측면에서 제한적이다. 그렇지만 이 분석은 이번 위기의 진행 과정에서 나타나는 주요 결과의 특징을 개괄하고 향후 전개 과정을 이해하는 데 도움을 줄 것이다. 5절은 결론이다.


## 2. 1990년대 미국 경제의 불균등 축적과 구조적 모순

### (1) 1990년대 호황과 불균등 축적

### 1) 1990년대 호황과 이윤율 상승

미국 경제는 1960년대 후반부터 진행된 구조적 위기의 과정에서 1990년대에 일시적인 경제 호황을 경험했다. 〈도표 8-1〉에서 볼 수 있듯이, 미국 경제는 1960년대 말 이후 이윤율 하락 추세에서 여전히 벗어나지 못하고 있다. 이것은 미국 경제의 신자유주의적 발전을 규정하는 중요한 힘으로 작용했다. 미국 경제에서 신자유주의가 발전한 시기는 저성장, 저생산성, 저임금, 고실업이 일반화된 시기였다. 이런 상황에서 미국 경제는 1990년대에 120개월의 호황을 경험했다. 흔히 '신경제(new economy)'로 불리는 이 시기는 미국 경제가 드디어 장기 불황에서 벗어나 새로운 활력을 다시 찾았으며 이번 호황은 영원히 지속될 것이라는 낙관적인 전망을 만들어 냈다.

그러나 신경제 호황이라고 불리던 이 시기의 경제 성과는 많은 이들의 찬사와 달리 역사상 전례 없는 높은 수준이 아니었다. 예를 들어 1991~2000년의 경제성장률은 1960년 이후의 호황에서 네 번째로 높은 것에 지나지 않았다. 그리고 시간당 노동생산성 증가율, 실업률, 인플레이션 증가율을 보더라도, 1990년대 호황이 역사상 전례 없는 새로운 경제를 의미하는 것이

**도표 8-1** 1955년 이후 미국 비금융기업의 이윤율(단위 : 퍼센트)

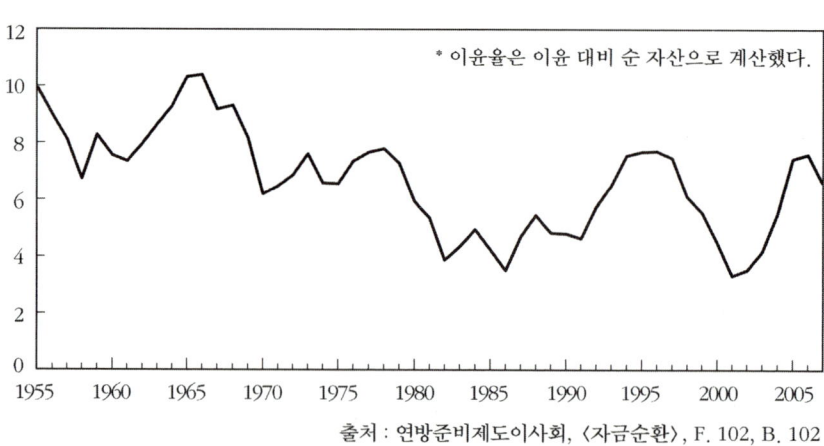

출처 : 연방준비제도이사회, 〈자금순환〉, F. 102, B. 102

아니었으며, 단지 구조적 위기 과정에서 나타난 일시적인 회복에 지나지 않았다.[1]

역사상 전례 없는 것은 아니지만, 1990년대 호황으로 미국 경제는 빠르게 성장했다. 당시의 경제성장은 이윤율의 회복과 상승으로 시작됐다. 〈도표 8-1〉에서 볼 수 있듯이, 1990~1991년 불황이 끝나자 이윤율이 회복됐고 그 뒤 이윤율은 1992년 5.7퍼센트에서 1997년 7.5퍼센트까지 상승했다. 그러고 나서 이윤율은 2002년까지 하락하다가 2003년에 가서야 서서히 회복되기 시작했다.

이윤율 상승은 제조업 부문이 주도했다. 제조업 부문의 이윤율이 회복되자 투자가 늘어났다. 1993~1997년의 제조업 투자 증가율은 연평균 9.5퍼센트 상승했다. 이에 따라 노동생산성도 증가해서 같은 기간 동안 제조업 부문 노동생산성은 연평균 4.4퍼센트 증가했다. 제조업이나 도소매업을 중심으로 정보통신 관련 투자가 많이 증가하면서 생산성이 늘어났다. 특히, 흔히 '월마트 효과(Walmart effect)'로 불리는 도소매업의 노동생산성 증가는 전체 생산성 증가에 중요한 기여를 했다.[2] 이런 선순환은 이윤율을 더욱 상승시키고 미국 경제에 활력을 불어넣었다.[3]

그러나 이윤율 상승을 촉진한 투자는 불균등했다. 즉, 이 시기 투자는 '정보통신 관련 투자'가 중심을 이뤘다. 1993~1997년 민간투자의 연평균 증가율은 8.5퍼센트로 이 가운데 '정보처리 장비와 소프트웨어'와 '컴퓨터 관련 투자'의 증가율은 연평균 3.9퍼센트를 기록해 전체 민간투자 증가율에서 기여도가 46.2퍼센트에 이를 정도였다.[4]

다른 한편, 1990년대 초중반의 이윤율 상승에서 노동계급의 실질임금이 정체한 것 역시 중요한 구실을 했다. 노동계급의 실질임금은 1970년대에 정체했다가 주로 하층 노동계급을 중심으로 계속 하락했다. 그런데 1990년대 들어 상층 노동계급의 실질임금도 정체하고 하층 노동계급의 실질임금은 가장 낮은 수준에 다다랐다. 따라서 이 시기에 노동생산성은 증가했지만 노동자들의 실질임금은 정체됨으로써 이윤율이 상승할 수 있었다.

미국의 노동생산성과 실질임금은 1980년대 이후 괴리가 커지기 시작하더니 1990년대에 격차가 더 커졌다. 1960년을 100으로 놓고 볼 때, 1990년 노동생산성은 182.3, 실질임금은 150.4였고 이 수치는 1995년 각각 196.7과 154.6, 2000년 223.1과 174.7을 기록했다.[5] 노동생산성과 실질임금의 괴리가 점차 커지면서 이것이 이윤율 상승에 크게 기여했던 것이다.

가계의 실질소득 변화는 1990년대 하층 노동계급을 중심으로 노동계급의 희생이 이윤율 회복에 어떤 영향을 미쳤는지를 충격적으로 보여 준다. 미셸 등에 따르면, 1979~2003년에 최하위 20퍼센트 가계의 실질소득은 1퍼센트밖에 증가하지 않았고, 그 다음 20퍼센트 가계의 실질소득은 7퍼센트 늘어났다. 그 다음 20퍼센트 가계의 실질소득은 같은 기간에 9퍼센트 증가했다. 이것은 미국 가계 하위 60퍼센트의 실질소득 증가율이 무려 25년 동안 10퍼센트도 되지 않는다는 놀라운 사실을 보여 준다.[6] 이런 사실은 자본이 노동에 대한 공세를 통해 임금 비용을 극단적인 수준으로 낮춤으로써 이윤율을 회복할 수 있었음을 의미한다.

따라서 1991~1997년의 이윤율 상승은 정보통신 부문의 불균등한 투자 증가에 따른 기술혁신과 실질임금 억압을 통해 이뤄진 것이라고 할 수 있다. 이것은 한편으로는 불균등한 투자를 통한 미국 경제의 불균등한 자본축적을 야기했고, 다른 한편으로는 미국 노동자들의 삶을 더욱 황폐화시켰다. 따라서 1990년대 호황을 가져온 이윤율 회복과 상승은 미국 경제의 실물 부문에서 불균등을 증폭시키며 모순을 양산했다.

## 2) 1990년대 후반 '연장된' 호황과 거품의 형성

이윤율이 1997년부터 하락하기 시작했는데도 미국 경제는 2001년까지 호황을 지속했다. 전통적으로 이윤율은 경제성장의 동력으로 인식됐다. 그래서 1990년대 후반 미국 경제에서 나타난 현상, 즉 이윤율 하락과 경제성장이 동시에 나타나는 현상은 '수수께끼' 같은 것이었다.

이런 현상과 관련해서 이윤율은 하락했지만 투자는 증가하는 일종의 투자 거품과 소비 붐이라는 두 가지 현상을 지적할 수 있다. 우선 1997년부터 이윤율이 하락했지만 투자는 2001년의 일시적인 불황 때까지 증가했다. 특히 1990년대 후반의 투자 붐은 벤처캐피털에 대한 투자가 급증하면서 일어났다. 예를 들어 2000년 일사분기 신생 벤처기업에 대한 투자는 연구·개발 투자에 지출된 총액 가운데 3분의 1에 달하는 수치였다.[7] 다른 한편, 이윤율이 하락하는데도 국내총생산에서 가장 큰 비중을 차지하는 소비가 경제를 팽창시키는 동력으로 작용했다. 미국 경제에서 민간소비가 국내총생산에서 차지하는 비중은 1995년 67.3퍼센트에서 2000년 68.7퍼센트까지 증가했다.[8] 소비가 국내총생산에서 차지하는 비중이 아주 크기 때문에 1퍼센트의 증가도 경제에 미치는 영향은 컸다.[9]

그렇다면 1990년대 후반 투자 거품과 소비 붐은 어떻게 가능했을까? 1990년대 후반 투자 거품과 소비 붐의 원인은 무엇보다도 금융시장, 특히 주식시장의 활황과 깊은 관련이 있다. 〈도표 8-2〉는 1966년 이후 미국 주식시장의 주가를 보여 준다. 이 도표에서 알 수 있듯이, 주가는 1990년대 호황과 함께 아주 빠르게 상승해서 1990년대 중반부터 2001년 일시적인 불황이 있기 전까지 급격히 올라갔다. 이윤율이 회복되고 이윤의 양이 증가하고 호황이 지속되면서 미래 이윤에 대한 낙관적인 전망이 팽배해지자 주식시장이 비약적인 발전을 거듭한 것이다.

그런데 주식시장의 비약적인 성장은 거품을 형성하는 데 결정적인 구실을 했으며, 이런 주가 상승은 1990년대 후반에 투자 거품을 야기했다. 1997년 이후 이윤율이 하락했는데도 자본스톡*이 2000년까지 증가한 것은 1990년대 후반의 투자 붐이 투자 거품이었음을 보여 주는 명확한 증거다.[10] 이것이 가능했던 이유 중 하나는 1990년대 후반 주식시장의 폭발적인 활황 시기에 정보통신 산업의 기업이나 벤처캐피털을 중심으로 한 기업공개** 열풍이었다. 1990년대 후반 신생 기업의 기업공개가 많이 증가했고 기업들은 주식시장에서 기업공개를 통해 주식 발행 차액(루돌프 힐퍼딩의 '창업자 이득')을 얻었다. 기업공개에 성공한 기업은 한순간에 커다란 이익을 얻게 되

**도표 8-2** 미국 경제의 주가와 이윤의 변화(1995년 = 100)

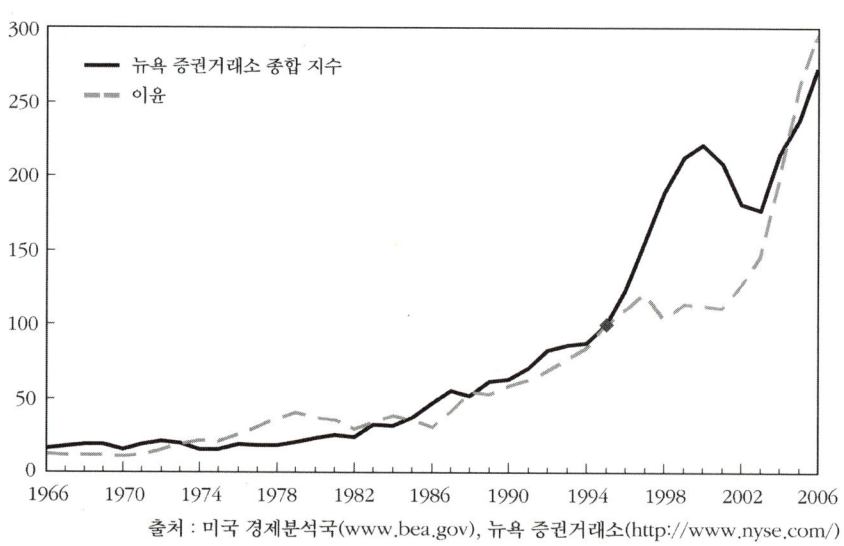

출처 : 미국 경제분석국(www.bea.gov), 뉴욕 증권거래소(http://www.nyse.com/)

---

\* Capital stock, 일정 시점에 경제에 투입된 고정자본의 총량.

** 기업이 법정 절차와 방법에 따라 주식을 일반인에게 분산하고 재무 내용을 공시하는 일.

고 새로운 투자 자금을 확보할 수 있었다.[11]

다른 한편으로 미국 주식시장의 활황은 미국 소비 붐에 중요한 구실을 했다. 1990년대 후반 주가가 가파르게 상승하고 있었고 주가에 대한 낙관적인 전망이 팽배한 상황에서, 미국인들은 주가 상승을 통해 자산 가치를 높이거나 높일 것이라 예상했으며 이를 바탕으로 소비를 늘리는 데 주저하지 않았다. 특히 1990년대 소비 붐은 상위 계층의 소비가 주도한 것이었다. 예를 들어, 소득이 최하위 20퍼센트인 가구에서 소비가 가처분소득에서 차지하는 비중은 1992년 97.9퍼센트였지만 2000년 이 비중은 95.6퍼센트로 줄어들었다. 그 다음 20퍼센트 가구도 같은 기간 동안 97.4퍼센트에서 94.5퍼센트로 소비를 줄였다. 이와 달리 소득이 최상층 20퍼센트인 가구의 소비는 같은 기간 95.1퍼센트에서 104.4퍼센트로 증가했다.[12]

상위 계층들이 가처분소득을 넘어설 정도로 광적인 소비를 하고 소비 붐을 주도한 것은 실질소득이 크게 증대하고 주식시장이 상승하면서 시세 차익으로 자본이득을 얻은 것과 관련 있다. 예를 들어, 2004년 하위 계층 40퍼센트가 주식시장에서 주식을 보유하고 있는 비율은 0.6퍼센트에 불과했다. 그러나 최상위 20퍼센트 계층의 주식 보유 비중은 78.8퍼센트나 됐고 최상위 1퍼센트가 보유한 주식 비중은 36.9퍼센트에 달했다. 그리고 자산에서 발생하는 자본이득은 상위 20퍼센트 계층이 1989년 75.2퍼센트를 차지했고 2000년에는 82.9퍼센트로 증가했다.[13]

결국 금융자산 가치 증가에서 얻은, 실현되거나 실현되지 않은 자본이득을 바탕으로 상위 계층들은 소비를 늘릴 수 있었다. 이에 따라 실현된 자본이득이나 부채를 바탕으로 이뤄진 소비 붐은 이윤율이 하락하는데도 호황을 연장시키는 데 중요한 구실을 했다.

그런데 1990년대 이윤율 상승이 노동계급, 특히 하층 노동계급의 희생을 바탕으로 이뤄졌다는 사실, 그리고 1990년대 후반에 이윤율이 하락하는데 도 상층의 소비 증가로 경제 호황이 연장된 현상은 1900년대 미국 경제의 모순적 발전을 극명하게 보여 준다.

## (2) 1990년대 금융자본의 성장과 금융 활극(活劇)
### 1) 금융자본의 성장과 금융 혁신

1990년대 호황은 금융 활황과 병행됐다. 1990년대 호황 시기에 이윤율이 상승하면서 1980년대부터 증가하던 금융의 구실은 더 커졌다. 이윤율이 회복되고 호황이 장기간 지속되면서 미래 이윤에 대한 낙관적인 전망이 팽배해지자 주식시장이 비약적으로 발전했다. 또 금융자본, 특히 기관투자가들의 활동이 활발해지면서 '차익을 내는 거래(arbitrage)'를 바탕으로 금융시장이 부쩍 성장했다. 게다가 금융 규제 완화, 금융 혁신과 새로운 금융 기법의 발명과 금융 세계화가 빠르게 진행되면서 금융시장은 규제되지 않고 '고삐 풀린' 상태로 전 세계로 확산됐다.

앞에서 살펴봤지만, 1990년대 미국 주가는 비약적으로 상승했다. 특히 1995년 이후 미국 주식시장은 주가가 급격하게 오르며 전례 없는 활황을 경험했고 미국 경제에서 차지하는 비중도 매우 높아졌다. 예를 들어, 미국 기업들의 상장 주식의 총 시장가치는 1994년 5.5조 달러에서 1999년 17.1조 달러로 5년 사이에 무려 11.6조 달러 증가했다. 2000년 당시 국내총생산이 9.9조 달러임을 볼 때 주식시장의 비중 확대는 대단한 것이었다.

그리고 1990년대 비약적으로 금융시장이 발전하면서 금융자본의 구실도 무척 커졌다. 금융자본은 신용 제공이라는 전통적인 구실에서 벗어나 공격적인 금융 투자를 감행했다. 특히 보험회사, 연금 기금, 투자은행, 뮤추얼펀드, 헤지펀드 등 기관투자가들은 금융 수익을 노린 투자를 늘리며 금융시장의 주요 행위자로 성장했다. 1995년 미국의 기관투자가가 보유한 총 금융자산이 10조 5460억 달러에서 2000년 21조 8110억 달러로 5년 사이에 두 배나 증가할 정도로 기관투자가들의 성장은 눈부셨다.[14]

1950년에 미국 가계의 주식 보유 비중은 90.2퍼센트였고, 기관투자가들의 비중은 9.8퍼센트에 불과했다. 그러나 1990년대 이후 기관투자가들의 주식 보유 비중이 크게 증가하면서, 1995년 가계의 주식 보유 비중은 47.4퍼센트로 줄어든 반면에 기관투자가들의 비중은 52.6퍼센트를 기록했다. 이후 2003년 가계의 주식 보유 비중은 36.7퍼센트로 더 줄어들었지만 기관투자가들의 비중은 63.3퍼센트에 달할 정도가 됐다.[15]

마지막으로 1990년대 금융시장 발전과 관련해서 지적해야 할 것은 금리, 외환, 주식, 채권의 변동으로 발생하는 기초 자산의 손실을 피하려는 사람들과 미래의 위험을 떠맡아 이득을 얻으려는 사람들 사이에 이뤄진 파생금융상품 시장의 비약적인 발전이다. 1980년대 이후 성장하기 시작한 파생상품시장은 1990년대 들어 더 빠르게 증가했다. 예를 들어, 모든 미국 상업은행의 파생상품 계약 명목 금액은 1991년 사사분기 7조 3390억 달러에서 2000년 사사분기 40조 5430억 달러, 2005년 사사분기 101조 4780억 달러로 폭발적으로 증가했다.[16]

파생상품 거래는 새로운 금융상품을 만들어 내면서 발전했을 뿐 아니라, 고도의 수학적 기법을 사용하고 대용량 정보를 처리할 수 있는 컴퓨터를 활용한 '금융 공학'이 매우 발전하면서, 기존의 금융상품을 혼합해 다양한 변종의 파생금융상품을 만들어 내며 빠르게 성장했다.

## 2) 금융 가공성 강화와 금융 활극

그런데 1990년대 금융시장의 비약적인 발전은 미국 경제의 모순적 발전의 다른 측면을 보여 준다. 1990년대 금융시장의 발전은 마르크스적 의미에서 금융자본의 가공성이 확대된 것을 뜻했다.[17] 금융자본의 가공성은 금융상품이 실물 자본에 대한 권리 증서에 지나지 않으며 이 상품의 소유권 증서는 자본이 생산한 이윤의 일부에 대한 법적 청구권이기 때문에 나타난다. 따라서 (미래) 이윤에 청구권을 가진 금융자본의 운동은 자본축적의 변화, 좀 더 구체적으로 말하자면 이윤 변동에 영향을 받게 된다.

그러나 가공화된 금융자본은 "현실적인 자본[이것에 대한 소유권 증서가 주식이다]*의 가치 운동과는 전혀 무관하게 오르내릴 수 있게 된다." 다시 말해, 금융자산의 가치는 미래에 예상된 이윤 전망에 대한 낙관적인 견해를 바탕으로 한 투기적 성격을 강화하며 실물 자본으로부터 점점 상대적으로 자립화한다. 이런 의미에서 "진정한 축적이 끊임없이 확대되는 경우 화폐자본의 축적 증대는 부분적으로는 진정한 축적이 확대된 결과일 수 있고, 부분적으로는 [진정한 축적의 확대에 수반하지만]** 그것과는 전혀 다른 요소들의 결과일 수 있으며, 그리고 또 부분적으로는 진정한 축적의 정체의 결과일 수도 있다."[18]

이런 관점에서, 앞에 나온 〈도표 8-2〉에서 볼 수 있듯이, 1990년대 이후 미국 경제에서 가공성이 급격히 강화됐다고 할 수 있다. 〈도표 8-2〉는 1995년을 100으로 지수화해서 본 주가와 이윤의 변화를 보여 준다. 주식이 이윤에 대한 청구권이고 주가가 이윤의 증감을 반영한다고 보면, 대체로 1990년대 중반까지 주가와 이윤은 큰 괴리 없이 거의 같은 방향으로 움직였다. 이것은 가공 자본이 실물의 기초를 어느 정도 반영하며 확대됐음을 뜻한다. 그러나 〈도표 8-2〉에서 볼 수 있듯이, 1990년대 중반 이후부터 주가

---

\* 국역 《자본론》 3권(김수행 옮김, 비봉출판사)의 옮긴이가 덧붙인 말이다.
\*\* 국역 《자본론》 3권(김수행 옮김, 비봉출판사)의 옮긴이가 덧붙인 말이다.

가 폭락하는 2001년까지는 주가와 이윤의 괴리가 엄청나게 커지면서 금융 거품이 비약적으로 팽창했다.

금융 거품은 금융자본이 자본축적 운동과는 무관하게 가공성을 비약적으로 확대시킴으로써 나타난 결과이며, 주식시장이 (미래) 이윤 전망에 대한 낙관적인 기대를 바탕으로 주가 상승을 통한 거래 차익을 내기 위한 투기적 성격을 강화하는 것으로 이해할 수 있다. 이는 효율성 시장 이론에서 주장하는 것처럼 자본시장이 늘 완전한 정보를 바탕으로 효율성을 극대화하지 못하며 특정 시점에서는 금융시장이 '이상 과열'돼 투기 판으로 전락할 수 있음을 보여 준다.

이런 사실로 볼 때 1990년대 후반에 실제로 이윤율이 하락했는데도 주가가 하락하지 않고 호황이 지속된 현상은 어느 정도 설명이 가능하다. 즉, 1990년대 후반에 미국 경제에서 금융 거품을 키우는 투기가 크게 확대됐으며 이 투기를 바탕으로 이윤율이 하락하는데도 주가는 하락하지 않음으로써 1990년대 후반 이후 경제성장이 가능하게 된 것이다.

다른 한편 1990년대 이후 주식시장이 발전하면서 금융자본의 영향력이 확대됐고 주주 가치 극대화의 논리가 기업 경영에 큰 영향을 미쳤다. 금융자본은 생산과 투자 활동, 자본과 노동의 관계 등 자본주의 생산 영역에 영향력을 행사했다. 기업은 배당의 원천인 이윤을 높이기 위해 임금 비용 절감, 노동 유연화에 따른 생산 비용 절감을 추진했다. 그리고 이윤을 재투자하기보다는 외주와 하청을 통한 자본의 유연화를 통해 신규 투자를 줄이고 생산 비용을 하청 업체들에게 전가했다.[19]

그리고 기업에서 주주의 이해가 커지면서 기업들은 주가에 민감한 반응 보이며 주가를 계속 올리기 위해 노력했다. 기업들은 주식시장에서 자사 주식에 대한 평가를 높게 유지하기 위해 당기 이윤과 장래의 이윤을 부풀리기 위한 노력을 경주했으며 자사주를 매입해서 주가를 올리려 했다. 특히, 이윤율이 떨어진 "1997~2000년에 기업의 실제 이윤(국민소득 계정으로 측정한 이윤)은 주춤했지만 기업들이 보고하는 이윤은 70퍼센트나 증가"할 정도로 기업은 이윤 부풀리기에 매달렸다.[20] 이는 1990년대 후반에 이윤율이 하락하는데도 주가는 상승한 또 다른 이유다.

마지막으로 파생상품 시장 발전의 의미를 살펴보자. 마르크스적 의미에서 파생상품은 '가공 자본의 재가공', 다시 말해 파생상품은 '가공된 자본을 근거로 새롭게 다시 가공된 가공 자본'을 의미한다. 파생상품은 금융자산을 재가공해서 새로운 상품을 만들어 내고 이를 다시 분리하고 조합해서 또 다른 새로운 상품을 만들어 내는 무한 확대재생산 능력이 있다. 그리고 파생상품의 대상이 되는 상품도 전통적인 금융상품을 넘어서서 에너지, 식량, 원자재, 심지어 날씨까지 확장되고 있다.[21]

게다가 파생상품 거래는 1980년대 이후 금융 규제를 완화한 조치에 힘입어 정부 당국의 규제도 거의 받지 않았다. 파생상품 거래는 대부분 장외거래 시장*에서 이뤄졌으며 '연차 보고서'에서도 '부외거래'**로 처리돼, 금융자본이나 기업은 파생상품 거래에 대해 규제 당국에 보고할 의무가 없으며 연차 보고서를 통해 주주에게 알릴 의무도 없었다. 또 기업 내부에서도 감시 체계가 확립되지 않고 금융자본의 운동이 세계적 차원에서 이뤄짐으로써 파생상품 시장은 폭발적으로 증가했고 고위험·고수익 구조를 갖게 됐다.

그런데 금융자본의 가공성 확대와 투기 심화, 주주 가치 극대화의 논리, 그리고 파생상품의 비약적인 발전은 미국 경제의 불안정성을 강화했고 고삐

---

* 증권거래소 밖에서 이뤄지는 주식이나 채권의 거래.
** Off-balance sheet, 기업이나 은행이 대차 대조표에 올리지 않은 금융 거래를 통틀어 이르는 말.

풀린 금융자본의 운동은 심각한 부작용을 야기했다. 이와 관련해서 서브프라임 모기지 사태가 발생하기 전에도 미국의 규제되지 않은 금융시장은 금융 활극을 만들어 내고 금융 불확실성을 심화시키는 요인으로 작용했다는 사실을 강조할 필요가 있다. 문제는 금융자본이 고수익을 내기 위해서는 규제를 최소화할 필요가 있다는 점이며, 이를 위해 1990년대 미국의 금융 규제가 급속도로 완화됨으로써 금융자본이 자유로운 활동을 통해 고수익을 보장받을 수 있는 길이 열렸다는 점이다. 게다가 이 과정은 법의 테두리를 넘나드는 교묘한 줄타기를 통해 이뤄진 '금융 활극'이었다.[22]

요약하자면 1990년대 금융자본의 성장은 미국 경제의 모순적 발전의 또 다른 측면, 다시 말해 생산에서 자립화해서 스스로 운동할 수 있는 능력을 얻으려는 금융자본 운동의 모순적 발전을 야기했다. 따라서 1990년대 미국 경제의 호황은 생산과 금융의 탈구를 통해 진행된 모순적인 과정이었다.

### (3) 미국 대외 부문의 불균형과 세계 경제
### 1) 경상수지 적자 문제

지금까지 1990년대를 중심으로 미국 경제의 모순적 발전 과정을 생산과 금융의 측면에서 살펴봤다. 그렇다면 이런 대내 부문의 모순은 미국 경제의 대외 부문에 어떤 영향을 줬을까? 이 문제는 1990년대 미국 경제의 모순적 발전과 관련해서 또 다른 모순을 보여 준다는 점에서 중요하다. 그리고 미국 경제가 차지하고 있는 지위를 고려할 때 미국 경제가 세계 경제에 미친 영향과 관련해서도 무척 중요하다.

우선 미국의 경상수지 적자 문제와 1990년대 호황과의 연관성을 살펴보자. 앞에서도 언급했지만, 1990년대 미국 경제 호황 시기에 이윤율 상승은 제조업 부문의 이윤율 상승에 힘입었다. 제조업의 이윤율 상승은 미국 제조업의 경쟁력을 강화시켰다.[23] 이에 따라 1990년 미국의 상품 수출이 국내총생산에서 차지하는 비중은 6.7퍼센트에서 1997년 8.3퍼센트로 1.6퍼센트 포인트 상승했다. 상품 수입도 거의 같은 비율로 증가해서 상품 수입이 국내총생산에서 차지하는 비중도 1990년 8.8퍼센트에서 1997년 10.7퍼센트로 1.9퍼센트 포인트 증가했다. 수출과 수입이 거의 같은 비율로 증가하면서 1990년대 초·중반 호황 시기에 경상수지 적자는 큰 폭으로 증가하지 않았다.[24]

그러나 1997년 이윤율이 하락하고 제조업의 경쟁력이 떨어지면서 수출은 정체했다. 게다가 1997년 동아시아 외환 위기가 발생하면서 세계 경제가 위축되자 수출은 활로를 찾지 못했다. 이에 따라 미국의 국내총생산에서 상품 수출이 차지하는 비중은 1998년 7.8퍼센트에서 2001년 6.7퍼센트까지 줄어들었다. 그런데 제조업의 이윤율 하락으로 수출이 정체한 것과 달리 상품 수입은 큰 폭으로 증가해서 국내총생산에서 상품 수입이 차지하는 비중은 1998년 10.6퍼센트에서 2001년 11.5퍼센트로 증가했다.

이 때문에 경상수지는 1997년 이후부터 적자 폭이 큰 폭으로 늘어나기 시작했다. 예를 들어, 경상수지 적자는 1998년 2151억 달러에서 2001년에는 3847억 달러로 약 1700억 달러가 증가했다. 2001년 이윤율이 회복되는 상황에서도 경상수지 적자는 계속 확대돼 2006년 7881억 달러나 됐다.

1997년 이후 미국의 경상수지가 크게 적자를 본 배경에는 제조업의 경쟁력 하락에 따른 수출 정체가 영향을 미치기는 했지만 상품 수입이 많이 늘어난 결과였다. 그런데 이런 결과의 배경에는 1990년대 호황의 모순적 발전이 자리 잡고 있다.[25] 한편으로 미국의 상품 수지 적자가 확대된 것은 1990년대 호황 동안 실질임금 정체에 허덕이던 하층 노동자들이 값싼 중국산 상품을 통해 소비를 유지했기 때문이다. 이윤율을 높이기 위해 실질임금 하락이라는 희생을 치러야 했던 노동자들은 임금재 가치의 하락을 통해 실질

소비 수준을 유지하려 했다. 값싼 중국 상품을 수입하는 것은 자본가들에게도 실질임금을 낮출 수 있는 유력한 방안이었다. 마르크스가 언급한 이윤율 저하의 상쇄 요인인 대외무역의 역할이 작동한 것이다.[26]

다른 한편으로, 1997년 이후 소비 붐을 주도한 상위 계층은 비(非)내구성 소비재를 소비하는 것뿐 아니라 내구성 소비재(특히 자동차)와 사치재를 구입해 다른 나라에서 생산된 생산물의 소비를 늘렸고, 이에 따라 상품 수지 적자가 커졌다. 따라서 1990년대 이후 수입이 늘고, 특히 1997년부터 수입이 급격히 증가한 것은 미국 경제의 호황 과정에서 나타난 사회 양극화 심화와 1997년 이후 상위 계층의 소비 붐이 주요 원인이라고 할 수 있다.

## 2) 자본수지 흑자 문제

1990년대에 경상수지 적자가 큰 폭으로 확대되는 한편, 자본수지는 큰 폭의 흑자를 기록했다. 1990년대 미국의 금융시장이 발전하고 특히 1990년 이후 주식시장의 주가가 비약적으로 상승하면서 해외 자본은 미국에 대한 투자를 늘렸다. 그리고 1997년 이후 동아시아 외환 위기를 겪은 나라들이 안정적인 투자처를 찾고 달러 약세로 자국 통화가 평가절상이 되는 것을 막기 위해 외환 보유고를 미국에 투자하며 달러를 재활용했다.

이를 더 자세하게 이해하기 위해 미국에 유입된 해외 자본의 자산 구성을 보자. 1990년 미국으로 유입된 총 해외 자산은 1394억 달러에서 1995년 4351억 달러, 2000년 1조 380억 달러로 약 10년 동안 10배 증가했고, 2007년 2조 570억 달러로 약 7년 동안 또 10배 정도 증가했다. 이 가운데 재무부 채권, 외국 정부의 주식 투자 등을 나타내는 '공식 외국 자산'은 2000년부터 크게 늘어나기 시작했는데, 이는 동아시아 외환 위기 이후 동아시아 나라들의 수출이 증가하면서 늘어난 외환 보유고를 미국에 투자했기 때문이다. 또

1990년대 중반 이후 주식시장의 활황을 틈타 미국 주식시장과 채권시장에 대한 해외투자도 크게 증가해 2000년 4599억 달러의 해외 자본이 주식시장에 유입됐다.[27]

미국 금융시장으로 유입된 해외 자금은 1990년대 미국 금융시장의 활황을 가속화하는 데 중요한 구실을 했다. 이 덕분에 미국 금융시장은 많이 성장할 수 있었으며 미국 금융시장은 각국의 금융시장과 긴밀히 통합될 수밖에 없었다. 그리고 미국의 대규모 경상수지 적자와 자본수지 흑자로 표현되는 대외 불균형은 세계 경제의 불균형을 심화하는 중요 요인이 됐다.

지금까지 살펴본 미국의 대규모 경상수지 적자와 자본수지 흑자는 1990년대 미국 경제의 호황과 이에 따른 대내 불균형을 반영해서 나타난 결과였다. 따라서 미국의 대외 불균형 문제는 1990년대 이후 미국 경제의 모순적 발전의 또 다른 측면, 다시 말해 국내 경제와 대외 부문의 극심한 불균형을 수반하는 것이었다. 이에 따라 미국 경제는 전 세계에서 대규모 상품과 자본을 흡수하는 모순적인 형태를 띠게 됐으며 미국 경제의 대외 불균형은 세계 경제의 불균형을 더욱 심화시켰다.


## 3. 1990년대 호황이 양산한 모순의 폭발 : 서브프라임 모기지 사태

### (1) 지연된 위기

2001년 미국 경기가 둔화되면서 경제 위기 가능성이 커졌다. 1990년대 호황이 양산한 대내외 불균형 문제가 경제 위기를 통해 폭발할 지경에 이른 것이다. 2001년 이후 불황으로 경제성장률은 하락했다. 또 2001년 불황으로 주식시장에서 주가가 폭락하면서 금융시장도 위축됐다. 생산 부문과 금융 부문에서 발생한 위기로 1990년대 이룩한 호황의 성과는 사라지는 듯했고 위기가 미국 경제뿐 아니라 세계 경제를 위협했다.

그러나 2000년대 초반 미국 경제가 직면한 불황은 심각한 수준의 위기로 발전하지 않았다. 2001년 불황이 발생하자 기업은 "경제 붐의 붕괴에 대응해 비용을 줄이려고 필사적으로 노력했다." 그 결과 2000~2003년에 제조업 부문에서 300만 개의 일자리가 사라졌으며 정보통신 산업에서도 거의 비슷한 규모의 일자리가 없어졌다.[28] 1990년대 호황 때 회계 조작 등을 통해 기업의 가치를 높이려 했던 기업들은 대량 해고와 기업 구조조정을 빠르게 추진하면서 불황에 대응했다. 이에 따라 이윤율은 2002~2003년 다시 빠르게 회복했다(〈도표 8-1〉을 참조).

다른 한편 불황에 직면해서 연방준비제도이사회도 재빠르게 개입했다. 연방준비제도이사회는 미국 주식시장에서 주가가 급격히 하락할 조짐이 나타나자 2000년 말에서 2003년 6월까지 금리를 6.5퍼센트에서 1.0퍼센트로 5.5퍼센트 포인트까지 낮추면서 유동성을 공급하고 주식시장을 부양하기 위해 노력했다. 이에 따라 미국 기업의 이윤율이 빠르게 회복됐고 주식시장의 주가도 불황의 여파를 딛고 다시 오르기 시작했다.

불황의 여파가 장기화되지 않았기 때문에 1990년대 후반 미국 경제의 호황을 뒷받침했던 소비는 오히려 더 늘었다. 예를 들어, 2000년 국내총생산에서 소비가 차지하는 비중은 68.7퍼센트였으나 2004년 70.1퍼센트로 증가했다. 또 금리가 급격히 떨어진 뒤 주택시장 활황이 시작되면서 주택 투자도 늘어나, 국내총생산에서 주택 투자가 차지하는 비중은 2001년 4.6퍼센트에서 2005년 6.2퍼센트까지 상승했다. 게다가 9·11 사태 이후 미국의 재정 적자가 커지면서 경기회복에 영향을 줬다.

따라서 2001년 불황의 여파는 짧았고 심각한 위기로 발전하지도 않았다. 기업의 이윤율은 빠르게 회복됐고 소비 붐은 꺼지지 않았으며 주택 투자 상승이 민간투자가 위축되는 것을 막았다. 그리고 1990년대 호황기에 큰 구실을 하지 않았던 재정 적자도 불황을 극복하는 데 기여했다. 대외 불균형이 더 심각해지기는 했지만, 이도 조정이 필요한 문제로서 미국 경제에 심각한 위협이 될 것으로 여겨지지 않았다. 다시 호황이 도래했고 낙관론이 퍼지기 시작했으며 미국 경제의 앞날은 어두워 보이지 않았다.

그러나 1990년대 호황 이후 발생한 불황을 극복하는 과정은 1990년대 호황 때 발생한 미국 경제의 구조적 모순을 해결함으로써 이뤄진 것은 아니었다. 기업이 대량 해고를 감행해 이윤율을 회복하기는 했지만 이윤율 회복의 열매가 노동계급에게 분배되지 않았다. 오히려 노동계급 상태는 더 악화됐으며 사회 계층 사이의 양극화는 심화됐을 뿐이다. 하층 노동계급의 실질임금이 많이 상승하지도 않았고 오히려 빚만 크게 늘었다.

그리고 연방준비제도이사회가 재빨리 금리를 인하해 불황을 빨리 벗어나는 데 도움을 주기는 했지만, 1990년대 후반 주식시장에서 양산된 가공성의 확대와 투기는 사라지지 않았다. 오히려 금융자본의 차익을 내는 거래가 2001년 이후 주식시장의 급전직하에 따른 손실을 회복하기 위해 강화됐다. 그리고 1990년대 이후 규모가 커진 파생상품 시장에서도 금융자본은 규제 없이 자유롭게 활동하면서 새로운 투자처를 찾아 이동했다.

결국 1990년대 호황기에 전개된 미국 경제의 모순적 발전은 2001년 불황으로 폭발할 가능성이 있었지만, 빠른 경기회복으로 그 폭발은 지연됐고 다른 방식으로 새롭게 확대재생산됐다. 사건이 터진 후에야 과거를 되돌아보게 되지만, 2006년 하반기 서브프라임 모기지 사태가 터지기 전까지 석유와 원자재 가격 상승으로 인한 인플레이션 압력만 제외한다면 미국 경제는 그럭저럭 굴러가는 듯 보였다. 그러나 그것은 폭풍 전의 고요함일 뿐이었다.

## (2) 서브프라임 모기지 사태의 발발

그러나 2001년 일시적인 불황 이후 지연된 위기는 2006년 하반기 집값이 대폭락하고 주택시장이 침체하면서 격렬하게 폭발했다. 서브프라임 모기지 사태의 발발을 이해하려면 미국 모기지 시장의 구조를 파악할 필요가 있다. 이와 관련해서 〈도표 8-3〉은 미국 모기지 시장의 구조를 전체적으로 보여 준다. 우선 미국 모기지 시장에서는 주택을 담보로 모기지 대출을 신청하는 1차 시장이 존재한다. 이 시장에서는 모기지 대출을 받으려는 사람이 FICO — 페어아이작코퍼레이션(FIC)이 개발한 신용 등급 — 를 통해 신용 등급을 받고 모기지 대출을 신청한다. 그리고 모기지 대출 회사는 신용을 평가해서 대출자들에게 원금 상환 조건, 이자 지불 조건 등에 따라 모기지 대출을 해 주고 집을 담보로 대출자한테서 대출 채권을 받는다.[29]

도표 8-3 미국 모기지 시장의 구조

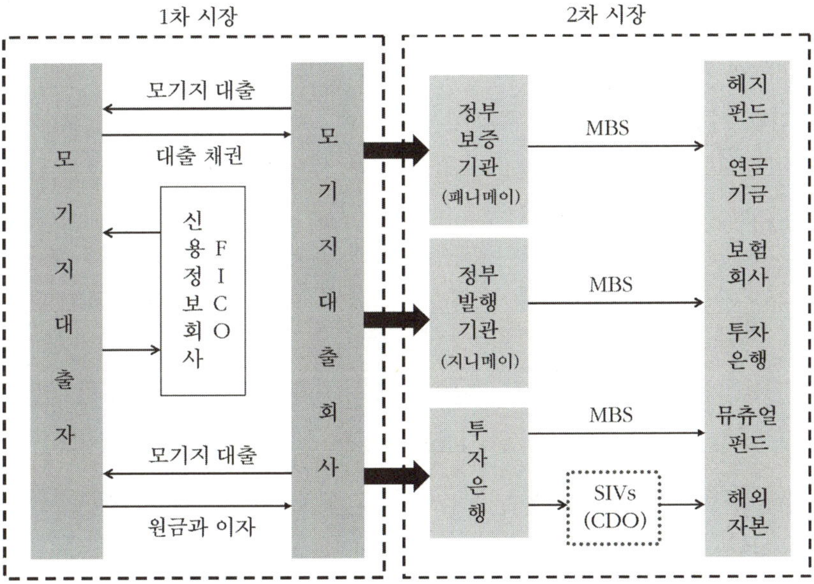

그런데 이런 모기지 시장 구조에서 2001년 미국의 주식시장 붕괴 이후 연방준비제도이사회가 금리를 1퍼센트까지 낮추고 2004년 4월까지 저금리가 유지되면서, 서브프라임 모기지 대출 신청은 크게 증가했다. 2001년 모기지 총액 2조 2000억 달러 가운데 서브프라임 모기지 총액은 1900억 달러로 8.6퍼센트 정도를 차지할 뿐이었다. 그러나 2005년 모기지 총액 중 서브프라임 모기지 총액이 차지하는 비중은 20퍼센트까지 증가했다.[30]

서브프라임 모기지 대출 증가는 두 가지 요인으로 설명할 수 있다.[31] 한편으로, 이자율이 낮은 수준에서 유지되고 있었기 때문에 신용 등급이 낮은 하층 노동자들과 빈민들이 서브프라임 모기지 대출을 많이 할 수 있었다. 서브프라임(Subprime : 비우량 등급) 모기지는 프라임(Prime : 우량 등급)이나 알트-에이(Alt-A : 중간 등급)와 같은 다른 모기지와 달리, 선납 의무가 없고 그 대신 시장 금리에 3퍼센트 내외의 추가 금리를 적용한 변동 금리를 조건으로 모기지 대출을 해 줬다.[32] 이런 특성 때문에 금리가 낮은 수준에서 유지되자 하층 노동자들과 빈민들은 원금과 이자 상환 부담을 덜고 집을 마련하기 위해 서브프라임 모기지 대출을 늘렸다.

다른 한편, 2001년 이후 주택시장에서 투기에 따른 거품 증가로 서브프라임 모기지 대출이 증가했다. 2001년 이후 주식시장이 붕괴하면서 이탈한 자본이 주택시장으로 대거 유입되자 미국 주택 가격은 2001년부터 많이 오르기 시작했다.[33] 집값이 오르면서 주택시장에서는 주택 가격이 오를 것이라는 낙관적인 전망을 바탕으로 주택 투자가 비약적으로 늘어났다. 게다가 금리가 낮아 서브프라임 이자 상환액이 상대적으로 저렴해지자 프라임이나 알트-에이 모기지 대출을 받은 사람들이 중도 상환을 하고 서브프라임 모기지 대출로 갈아타거나 새로운 대출을 받을 경우에는 서브프라임 모기지를 활용했다.[34]

미국 예일 대학교 경제학과 교수이자 금융시장의 '이상 과열'에 대해 깊이 연구해 온 로버트 실러의 표현대로 "사람들은 집값이 무한히 오를 것이라고 생각했습니다. 사람들은 집을 사는 것이야말로 부유해지는 지름길이라고 생각했습니다. 대출업자들의 생각도 마찬가지였습니다. 집을 사기만 하면 집값이 올라가고 부자가 되는데 왜 채무불이행이 일어나겠습니까?"[35] 집값이 많이 오르면서 서브프라임 모기지 대출을 받은 사람들이든 투기 목적으로 집을 산 사람들이든 큰 이득을 얻었다.

　주택시장에 거품이 생기면서 주택 가격의 비정상적인 상승과 서브프라임 모기지에 대한 과도한 의존 현상은 지속될 것처럼 보였다. 1990년대 후반의 열광이 주택시장에서 다시 재현된 것 같았다. 그러나 2000년대 초반의 짧은 불황이 끝나고 고유가와 원자재 가격 상승에 따른 인플레이션 압력에 대처하기 위해 연방준비제도이사회가 금리를 서서히 올리기 시작했다. 2004년 4월 1퍼센트였던 금리가 2006년 6월 5.64퍼센트까지 상승하면서 부동산 시장이 침체하기 시작했다.[36]

　금리가 다시 오르자 서브프라임 모기지 대출을 받은 사람들의 이자 부담은 크게 증가했다. 특히 빚이 많은 하위 계층들은 모기지 원금과 이자를 상환하지 못하고 길거리로 쫓겨날 위기에 처했다. 또 금리가 올라가면서 주택에 대한 금융 투자의 매력이 사라졌다. 이에 따라 주택시장에서 빠르게 팽창했던 거품이 꺼지기 시작하면서 집값이 2006년 하반기 이후 급격히 떨어지기 시작했다. 주택 연체율이 높아지고 주택 차압이 늘어나면서 주택시장은 더 침체했다.[37]

　주택시장 침체가 심화되자 모기지 대출 회사들은 더 심각한 위기에 빠지기 시작했다. 급기야 2007년 상반기부터 모기지 대출 회사들이 파산하기 시작했다. 2007년 3월 12일 미국 2위 모기지 회사인 뉴센추리파이낸셜이 영업을 중단했고 2007년 4월 2일에는 파산법 적용을 신청했다. 또 2007년 3월 20일에는 서브프라임 모기지 대출 전업 회사인 피플스초이스홈론도 파산법 적용을 신청했으며, 2007년 8월에는 미국 모기지 회사인 아메리카홈모기지 투자회사도 파산을 신청했다. 2008년 1월 11일에는 모기지 업체 컨트리와이드파이낸셜이 뱅크오브아메리카에 인수됐으며, 급기야 2008년 7월 11일에는 미국 2위 모기지 업체인 인디맥이 파산하기에 이르렀다.

### (3) 금융시장으로 전이(轉移)

서브프라임 모기지 사태에 따른 모기지 대출자들의 연체와 주택 차압, 그리고 모기지 대출 회사 파산으로 문제가 종결된 것이 아니었다. 오히려 사태는 더욱 증폭됐는데, 이 과정에서 모기지 시장이 1990년대에 금융시장이 발전하는 과정에서 나타난 새로운 금융 혁신의 실험장이 되고 모기지 시장이 금융시장과 연결되면서 엄청난 위기 국면을 만들어 냈다. 이 과정은 앞에서 제시한 〈도표 8-3〉을 통해 이해할 수 있다.

〈도표 8-3〉을 보면 모기지 대출 회사들은 유동성을 확보하려는 목적으로 모기지론을 '증권화'했다. 모기지 대출 회사들은 유동성 확보를 위해 모기지론을 정부 보증 기관인 패니메이나 프레디맥, 정부 발행 기관인 지니메이, 그리고 투자은행에 판매했다. 대출 채권을 구매한 이 기관들은 이를 다시 만기 구조와 이자율 구조 등을 이용해서 구분하고 재분류해서 '주택저당증권(MBS)'[38]을 만들어 연금 기금, 보험회사, 뮤추얼펀드, 투자은행, 헤지펀드와 같은 금융자본에 판매했다. 이에 따라 서브프라임 모기지 증권화율은 2001년 50.4퍼센트에서 2006년 80.5퍼센트까지 빠르게 상승했다.[39]

그리고 특히 투자은행들은 '구조화 투자 기관'*을 통해 주택저당증권

---

* Structured investment vehicles(SIVs), 금융기관들이 가지고 있는 자산 일부를 떼 내어

(MBS)을 재가공해 '부채담보증권(CDO)'[40]과 같은 구조화된 채권을 만들어 금융자본에 판매했다. 그런데 이 채권들은 가공된 금융상품을 재가공해서 판매하는 파생상품 거래로 주로 '부외거래'를 통해 이뤄졌다. 그리고 이 채권을 구매하기 위해서 또 다른 형태의 '자산 담보 상업어음'이 발행됐고, 이 채권들의 원금이 손실됐을 때 투자금을 돌려받을 수 있는 파생상품 보험인 '신용부도스왑(CDS)'[41]으로 보장됐다.[42]

만일 주택 가격이 상승하고 원금과 이자 상환이 제대로만 이뤄진다면, 모기지 대출을 근거로 만들어진 금융상품은 큰 문제를 야기하지 않을 것이다. 다시 말해 가공 자본의 성격을 띤 금융상품이나 가공 자본을 가공한 금융상품을 통해 금융자본의 상대적 자립화가 폭발적으로 증가하더라도, 실물 기초가 탄탄하다면 문제가 전혀 발생하지 않을 것이다. 그러나 앞에서 살펴봤듯이, 집값이 떨어지고 주택시장이 침체하면서 서브프라임 모기지 연체율이 증가하고 차압 주택이 늘어나, 증권화된 상품이나 이를 기반으로 한 구조화 채권의 가치는 폭락해 버렸다.

2007년 7월 10일 무디스와 스탠더드앤드푸어스는 주택저당증권(MBS)의 신용 등급을 '부정적'으로 하향 조정했다. 이 때문에 모기지 대출을 바탕으로 증권화된 상품이나 파생상품의 가치는 급격히 하락했고 모기지 관련 금융상품에 투자한 금융자본은 큰 손실을 봤다. 2007년 1월부터 2008년 5월까지 시티그룹은 428억 달러의 신용 손실을 봤으며 UBS가 382억 달러, 메릴린치가 370억 달러, HSBC가 195억 달러, 아이케이비도이치가 160억 달러, 로열뱅크오브스코틀랜드(RBS)가 152억 달러, 뱅크오브아메리카가 149억 달러, 모건스탠리가 126억 달러 손실을 봤다. 이 목록은 끝도 없이 이어지는데, 한 연구에 따르면 이 기간 동안 손실액이 3792억 달러에 이를 정도였다.[43]

---

유동화 작업 등을 통해 고수익을 노리기 위해 만든 특수 자회사.

## (4) 연방준비제도이사회의 대응과 위기의 심화

서브프라임 모기지 사태가 발생하고 금융자본의 손실이 확대되자, 연방준비제도이사회(이하 연준)는 신속하게 개입하려 했다. 초창기 연준의 개입 방향은 시장에 유동성을 공급함으로써 금융시장의 원활한 작동을 보장하고 시장의 논리에 따라 사태를 해결하려는 것이었다. 이에 따라 연준은 유동성 위기를 막기 위해 2007년 9월부터 7개월 동안 일곱 차례에 걸쳐 금리를 3.25퍼센트 포인트 인하했다. 그리고 연준은 새로운 공개시장 운용[44]을 통해 2000억 달러의 유동성을 단기자금 시장에 투입해서 서브프라임 모기지 사태가 확산되는 것을 막으려 노력했다. 부시 행정부도 1500억 달러의 세금 환급을 포함하는 재정 확대 정책을 발표해서 서브프라임 모기지 사태가 경기 침체로 이어지는 것을 막으려 했다.

게다가 2008년 9월 7일 모기지 증권화에 주도적인 구실을 했던 패니메이와 프레디맥이 유동성 위기를 겪고 파산이 현실화되자, 연준은 두 차례에 걸쳐 2045억 달러 이상의 구제금융을 지원해 두 회사를 국유화함으로써 사태 확산을 막으려 노력했다. 이 조치로 모기지 시장에서 증권화에 앞장섰던 두 기관이 위기를 모면했고 사태가 진정되는 듯이 보였다.

그러나 그동안 큰 손실을 보면서도 버텨 오던 투자은행들이 파산하거나 인수되거나 상업은행으로 전환하면서 금융시장은 큰 충격을 받았다. 2008년 9월 14일 메릴린치가 뱅크오브아메리카에 500억 달러에 인수됐고 2008년 9월 15일 리먼브러더스가 파산보호를 신청했다. 그리고 골드만삭스와 모건스탠리는 은행지주회사로 전환해서 상업은행으로 탈바꿈했다. 그리고 신용부도스왑(CDS)을 다량 보유한 세계 최대 보험회사 AIG가 유동성 위기에 시달리다 주식 지분 79.9퍼센트를 연준에 매각하고 850억 달러의 구제금융을 지원받게 되면서[45] 서브프라임 모기지 사태로 촉발된 위기는 금융시장에 엄청난 충격을 가했다.

2008년 9월 중순에 있었던 사건들은 미국 서브프라임 모기지 사태로 발생한 위기의 결정적인 전환점이 됐다고 평가할 수 있다. 위기는 부동산 시장에서 모기지 대출 회사들의 파산과 모기지 채권과 관련된 금융 손실을 넘어서, 금융 시스템 전반에 커다란 충격을 줬다. 이 과정에서 연준은 더 적극적으로 개입해서 금융기관에 막대한 구제금융을 실시했다. 그런데도 위기는 더욱 증폭돼 경제 시스템 전반으로 확산됐고 위기는 더 빠르게 전 세계로 확산됐다.

## 4. 도대체 위기는 어디까지 갈 것인가?

### (1) 미국 경제와 세계 경제의 동반 침체 가능성

현재 진행되고 있는 위기는 주택시장을 중심으로 얽힌 사슬들의 고리가 끊기면서 이런 사슬들의 고리 중 하나였던 경제 주체들을 몰락시켰고, 이 충격이 경제 전체로 빠르게 확산되는 과정에 있다. 이 때문에 미국 경제는 공황 상태에 빠져들었으며 금융시장은 패닉 상태에서 헤어나지 못하고 있는 실정이다.[46]

그리고 미국 경제의 공황 상태와 금융시장의 패닉 상태는 실물경제에 막대한 충격을 줘 장기적으로 불황이 지속될 징후가 나타나고 있다. 게다가 앞서 살펴본 것처럼, 1990년대 양산된 미국 경제의 대내외 불균형은 위기 과정에서 해결된 것이 아니라 여전히 해결해야 할 문제이자 장기적인 해결 과제라는 점에서 이번 사태는 장기화될 공산이 크다.

이와 관련해서 가장 먼저 지적해야 할 점은 금융시장의 충격이 실물 영역으로 이전돼 실물 위기를 야기하고 있다는 사실이다. 우선 2006년 주택시장이 침체하면서 주택 투자는 큰 충격을 받았다. 주택 투자 증가율은 2006년 이사분기에 마이너스 16.6퍼센트를 기록했고 2008년 삼사분기까지 쭉 마이너스 20퍼센트 정도를 기록했다(〈도표 8-4〉 참조). 매우 당연하게도, 이런 수치는 서브프라임 모기지 사태가 주택시장에서 발생했음을 반영한다. 그런데 연구자들이 지적하는 것처럼, 주택시장이 침체에서 회복되는데 1~2년 이상의 오랜 시간이 걸리기 때문에 단기적으로는 주택 투자가 앞으로도 매우 위축될 것이다.[47]

둘째, 주택 투자의 감소 폭보다는 작기는 하지만 고정 투자도 큰 하락세를 보이고 있으며 이는 앞으로 지속될 것으로 보인다. 이번 위기의 충격이 여전히 빠르게 확산되고 있고 경기 침체가 가속화하는 상황에서 기업들은 미래의 높은 불확실성을 감안해서 투자 지출을 늘리지 않을 것이다. 또 실물 위기가 미국 경제를 넘어 세계 경제로 확산되고 있는 상황이기 때문에 이를 극복하는 과정에서 공격적인 투자를 감행하기는 힘들어 보인다. 게다가 제너럴모터스(GM)가 경영 악화로 주가가 거의 휴지 조각이 돼 버렸고,

**도표 8-4** 미국 경제의 최근 경제지표

| 연도 | 2006년 | | | | 2007년 | | | | 2008년 | | |
|---|---|---|---|---|---|---|---|---|---|---|---|
| 분기 | I | II | III | IV | I | II | III | IV | I | II | III |
| 국내총생산 증가율 | 4.8 | 2.7 | 0.8 | 1.5 | 0.1 | 4.8 | 4.8 | -0.2 | 0.9 | 2.8 | -0.3 |
| 민간소비 지출 | 4.3 | 2.8 | 2.2 | 3.7 | 3.9 | 2.0 | 2.0 | 1.0 | 0.9 | 1.2 | -3.1 |
| 민간투자 지출 | 6.2 | -0.4 | -5.3 | -15.0 | -9.6 | 6.2 | 3.5 | -11.9 | -5.8 | -11.5 | -1.9 |
| 고정 투자 | 8.3 | -2.5 | -4.8 | -7.6 | -3.4 | 3.0 | -0.9 | -6.2 | -5.6 | -1.7 | -5.6 |
| 주택 투자 | -3.6 | -16.6 | -21.4 | -19.5 | -16.2 | -11.5 | -20.6 | -27.0 | -25.1 | -13.3 | -19.1 |
| 정부 지출 | 3.9 | 1.2 | 1.7 | 1.6 | 0.9 | 3.9 | 3.8 | 0.8 | 1.9 | 3.9 | 5.8 |

출처 : 미국 경제조사국(www.bea.gov)

자구책으로 크라이슬러 지분의 80.1퍼센트를 보유한 사모펀드 서버러스캐피털매니지먼트와 인수·합병 협상을 벌였지만 이것도 실패하면서 파산 위기에 처해 있다. 이를 통해서 알 수 있듯이, 실물 위기로 미국 기업들이 파산하는 것은 불가피해 보인다.

셋째, 1990년대 후반 이후 미국 경제를 떠받쳐 온 소비 지출이 후퇴하지만 않는다면 실물 위기의 여파는 많이 상쇄될 수 있을 것이다. 그러나 서브프라임 모기지 사태 이후 미국 경제에 중요한 기여를 해 왔던 소비 지출도 감소세로 돌아섰다(〈도표 8-1〉 참조). 따라서 1990년대 호황에 소비 붐이 기여했던 것과 달리, 2006년 하반기 이후 소비 지출이 계속 줄어들면서 실물 위기는 더 가속화할 것으로 보인다. 그리고 가계 부채 증가가 향후 소비 증가를 가로막는 장애물이 될 것이다. 모기지 대출 부담이 커져 큰 어려움을 겪은 미국 하위 계층은 소비자 신용 부문에서도 큰 부채를 안고 있는 상황이기 때문에 소비가 줄어들 가능성이 크다. 더욱이 실물 위기가 심화되고 불황이 장기화되면 소비 위축, 부채 부담 증가의 악순환은 더욱 심각해질 것이다.

마지막으로, 재정 적자 문제를 살펴보자. 미국 정부는 2003년 이라크 전쟁 후부터 군비 지출에 막대한 돈을 쏟아부었고 이 때문에 재정 적자 규모가 크다. 그런데 이번 위기에 정부가 적극 개입하는 과정에서 재정 적자는 더욱 큰 폭으로 늘어나고 있다. 2008년 회계연도(2007년 10월~2008년 9월)에 미국 연방정부의 재정 적자는 4548억 달러로 사상 최대 규모를 기록했다. 게다가 향후 위기를 진정시키고 극복하는 과정에서 막대한 규모의 구제금융과 재정 지원이 필요한 상황을 고려하면, 앞으로 재정 적자는 엄청나게 늘어날 것으로 예상할 수 있다. 현재 상황은 위기의 불을 끄기 위해 금융시장에 구제금융을 제공하고 있는 것이기 때문에, 막대한 재정 적자는 실물 위기와 불황을 회복하기 위한 대규모 정부 지출 확대를 가로 막는 장애 요인으로 작용할 것으로 보인다.[48]

이 분석을 통해 미국 경제는 이미 실물 위기에 들어갔고 2008년 삼사분기에 성장률이 마이너스 0.3퍼센트를 기록하면서 점차 심각해지고 있으며 앞으로 더 악화될 것으로 예측할 수 있다. 게다가 미국 경제의 실물 위기는 세계 경제의 동반 침체를 낳고 있다.[49] 이미 2008년 이사분기 이후에 스페인과 영국을 제외하고 프랑스, 이탈리아, 독일 등은 마이너스 성장률을 기록하고 있으며, 중국의 경제성장률도 2007년 이사분기 이후 계속 하락해서 2008년 삼사분기는 한 자리 수인 9.0퍼센트를 기록했다.[50]

세계 경제의 동반 침체와 관련해서 가능성의 영역에서 고려해 볼 만한 주요 변수는 중국이다. 미국 경제와 함께 1990년대 중국 경제는 세계 경제를 이끌어 가는 또 다른 축으로서 중요한 구실을 해 왔다. 1990년대 중국 경제는 1991~1995년 12.3퍼센트, 1996~2000년 8.6퍼센트, 2001~2006년 9.7퍼센트의 경제성장률을 기록하며 눈부신 성장을 해 왔다. 그런데 중국 경제가 고성장을 해 온 것은 민간소비 지출이 감소하는데도 민간투자 지출이 증가하고 수출의 비중이 증가했기 때문이다. 특히, 중국에서 수출이 국내총생산에서 차지하는 비중은 1991~1995년 39.0퍼센트, 1996~2000년 36.6퍼센트, 2001~2006년 40.6퍼센트로 증가했다.[51]

그리고 중국은 미국에 대한 수출 의존도가 약 20퍼센트 정도에 이른다. 미국 경제의 경상수지 적자에서 가장 큰 부분은 중국에서 수입한 상품에 기인한다. 따라서 미국의 실물 위기가 심화되고 불황이 장기화되면 중국의 수출은 타격을 받을 수밖에 없을 것이다. 이에 따라 민간투자와 수출에 의존해서 성장해 온 중국 경제는 미국 경제의 장기화된 실물 위기로 성장이 둔화될 가능성이 크다. 따라서 만일 중국 경제가 심각한 경기 둔화에 빠지게 된다면 세계 경제의 동시 불황은 더욱 심화될 것으로 보인다.

미국 경제의 실물 위기와 세계 경제의 동반 침체는 이미 시작됐고 앞으로 더욱 심화될 듯하다. 무엇보다도 미국의 대외 불균형 문제에서 볼 수 있듯이, 오늘날 세계 경제는 미국 경제와 아주 밀접한 관련을 맺고 있는 상황이다. 따라서 한편으로 미국의 실물 위기는 다른 나라에게는 수출 하락을 의미할 것이며, 이로 인한 실물 위기는 또 다른 나라들에서 수출 하락을 야기할 것이다. 이와 함께 미국 경제에서 발생한 금융시장의 혼란이 해결되지 않고 전 세계로 확산되는 과정에서 각국 경제의 내수는 위축되고 있다. 그 결과 실물 위기의 악순환은 더욱 증폭될 것으로 예상된다.

결론적으로 2008년 노벨 경제학상을 받은 폴 크루그먼의 표현을 빌리자면, "이미 금융 위기는 세계 경제에 심각한 타격을 가하기 시작"했으며 미국 경제와 세계 경제는 "두려울 정도로 긴 깊은 불황에 빠져들 것"으로 보인다.[52] 설령 이번 사태로 발생한 금융 위기나 공황을 넘긴다고 하더라도 실물 위기의 악순환이 사라지지 않는 한 세계 경제의 불황이 장기화될 공산이 무척 큰 상황이다.

## (2) 신용 위기 확대와 위기의 세계적 확산

미국 경제의 실물 위기와 세계 경제의 동반 침체와 함께 금융시장의 불안정도 지속될 것으로 보인다. 2008년 9월 이후 본격화된 위기에 대한 대응으로 연방준비제도이사회와 부시 행정부는 사용할 수 있는 모든 수단을 동원해 위기가 확산되는 것을 막으려 했다. 연방준비제도이사회와 부시 행정부는 7000억 달러의 구제금융 방안을 마련했고 우여곡절 끝에 미국 의회에서 법안이 통과됐다. 이 법안은 막대한 구제금융을 쏟아부어 부실해진 금융기관을 살려서 금융시장의 혼란을 해결하려는 방안이었다. 이 법안에 따라 위기

가 진정될 것을 바랐지만 금융시장은 더 악화되고 있다.[53]

게다가 미국발 위기가 세계적으로 확산되고 있는 실정이다. 예를 들어 영국에서는 노던록 은행에 이어서, 영국 최대 모기지 업체인 HBOS가 로이즈티에스비에게 넘어갔고, 영국에서 여덟 번째 규모의 모기지 업체인 브래드포드&빙글리(B&B) 은행이 전면 국유화됐다. 또 프랑스에서는 벨기에와 합작 은행인 덱시아의 주가가 폭락하면서 자금 조달에 어려움을 겪자, 정부 한테서 64억 유로를 지원받았다. 그리고 독일에서도 2위의 모기지 은행인 하이포레알이스테이트가 갑작스럽게 무너졌다.

미국에서 발생한 금융 위기가 세계 각국으로 확산되면서 현재 위기는 금융시장의 전반적인 신용·화폐 위기를 심화시키고 있다. 현재 금융시장은 지불들의 연쇄와 지불 결제가 어느 정도 복잡하게 얽혀 있는지 알 수 없는 불확실한 상황에 처해 있다. 그리하여 금융기관들은 신용의 연쇄가 붕괴되는 상황으로 생기는 피해를 입지 않기 위해 신용을 더는 확장하지 않고 있으며, 지불수단인 화폐를 확보하기 위해 사투를 벌이고 있다. 위기가 발생하면 "사슴이 신선한 물을 갈망하듯 부르주아의 영혼은 유일한 부인 화폐를 갈망"한다.[54] 마찬가지로, 현재의 금융시장에서도 화폐 기근 현상이 나타나고 있으며, 제 살길을 찾기에만 급급한 금융기관들 때문에 신용·화폐 위기가 발생하고 있다.

이에 대한 대응으로 미국 정부를 비롯한 선진국 정부들은 대규모 지원 방안을 내놓고 국제 공조를 강화하고 있다. 각국 정부는 신용·화폐 위기를 해소하고 은행들이 대출을 늘릴 수 있도록 유동성을 공급하는 방안을 제시하고 있다. 신용·화폐 위기를 해소하기 위해 세계 주요 중앙은행들은 2008년 10월 8일 전격적으로 동시에 기준 금리를 0.5~0.25퍼센트 포인트 낮췄다. 이런 세계 각국의 국제 공조에도 불구하고 신용·화폐 위기가 심화되고 은행 위기가 현실화되면서 각국은 구제금융을 통한 금융 안정을 넘어서는 더욱 강력한 조치를 취했다. 특히, 이 과정에서 영국 정부가 제안한 은행의 부분적이고 일시적인 국유화 조치는 금융시장의 혼란이 극단적인 수준에 달하는 것을 일시적으로 막는 효과를 낳았다.[55] 다른 한편, 각국 정부들은 대규모 예금 인출 사태로 은행이 도산하는 것을 막고 예금자들의 심리적 안정을 회복시키기 위해 예금보험 적용 금액을 늘리고 있다.[56]

이런 은행의 부분적이고 일시적인 국유화 조치는 자본주의 시장 원리에서 보면 아주 극단적인 조치다. 또 다른 측면에서 보면, 이 조치는 극단적인 처방을 통해서만 지금의 금융 위기를 막을 수 있다는 사실을 역설적으로 보여 준다. 이런 극단적인 조치는 비유적으로 표현하자면 심장 발작을 일으킨 사람이 응급실에 들어오자 긴급 처방으로 전기 충격을 가하고 있는 것이라고 할 수 있다.

각국 정부의 공동 대응과 은행의 부분적이고 일시적인 국유화라는 극단적인 조치로써 현재 신용·화폐 위기는 일단 완화되고 있다. 그러나 이미 실물경제의 위기가 확산되고 있고 불황이 장기화될 공산이 큰 상황에서 신용·화폐 위기가 확산되고 은행의 파산이 더 심각해질 가능성은 여전히 존재한다. 다시 말해, 금융시장의 불확실성이 높아진 상황에서 신용·화폐 위기와 은행 위기가 잠시 해소되는 듯 보이기는 하지만, 실물경제의 불황이 깊어지고 장기화되면서 그에 따른 충격으로 금융시장에서 신용·화폐 위기와 은행 위기가 다시 고조될 가능성도 크다고 할 수 있다. 현재의 상황을 비유적으로 표현하자면, 지금은 공포 이야기 1장(부동산 시장의 붕괴), 2장(금융시장의 패닉)이 끝나지도 않은 상황에서 실물 위기라는 3장이 진행 중이며 3장에서 어떤 일이 다시 폭발할지 모르는 아주 불확실한 상황에 우리가 처해 있는 것이다.

## 5. 결론

2009년 새해 들어서 실물 위기는 한층 심각한 수준으로 악화되고 있다. 2008년 12월 2일 전미경제연구소(NBER)의 발표에 따르면, 미국 경제는 2001년 3월 이후 73개월 동안의 경기 확장이 끝나고 2007년 12월부터 실물 위기 국면에 들어갔으며 2009년 경제성장률 전망은 마이너스로 전망된다. 부동산 시장 위축, 호황을 지속시킨 소비 붐의 위축, 상품을 생산하는 기업들의 전반적인 수익성 악화 등이 겹치면서 미국 경제의 실물 부문에서 심각한 수준의 경기 위축이 현실화되고 있다.

미국 경제만 위축되는 것이 아니라, 2009년 세계 경제의 전망도 어두워 보인다. 예를 들어, 영국 경제경영연구센터(CEBR)는 영국의 2009년 경제성장률을 마이너스 2.9퍼센트로 내다보고 있으며, 프랑스도 2009년 일사분기 경제성장률을 마이너스 0.4퍼센트로 전망하고 있다. 심지어 세계 경제의 생산 중추인 중국 경제도 8퍼센트 성장률을 지키기 어려워 보이며 5퍼센트까지 추락할 수 있다는 경고가 나올 정도다. 전체적으로 세계 경제는 2009년 마이너스 성장률을 기록할 가능성이 아주 높은 상황인데, 만일 세계 경제의 성장률이 마이너스를 기록한다면 이는 1929년 이후 가장 심각한 수준의 세계 경제의 실물 위기가 될 것이다.

그런데 이런 심각한 실물 위기로 경제 전반이 붕괴하는 것을 막으려는 노력도 역사상 유례없는 수준에서 진행되고 있다. 예를 들어, 연방준비제도 이사회는 2008년 12월 초 기준 금리를 제로로 낮출 것이라고 발표했다. 미국 역사상 유례없는 이런 조치는 연방준비제도이사회가 금리를 인하해 유동성을 공급하는 것만으로는 임박한 실물 위기를 해결할 수 없음을 보여 준다. 다시 말해, 이 조치는 이자율을 조정해 유동성을 공급하는 것이 아니라 무제한으로 달러를 공급하겠다고 선언함으로써 실물 위기에 대응하려는 조치다.

그리고 2009년 1월 20일에 들어선 오바마 행정부도 8250억 달러에 달하는 경기부양책을 마련하고 있으며 미국 하원에서 관련된 논의가 진행 중이다. 미국 하원에서 논의 중인 경기부양책의 내용을 보면 에너지, 교육, 의료, 고속도로 건설 등에 연방 재정지출 자금 5500억 달러를 쓰고 노동자와 가구가 각각 500달러, 1000달러까지 감세 혜택을 받을 수 있는 내용이 들어 있다. 또 향후 2년 동안의 감세 정책을 시행하는 데 드는 2750억 달러가 포함돼 있다. 그리고 의료, 보건, 정보 시스템 개선 사업에는 200억 달러, 오지의 인터넷 서비스망을 확대하는 기업에 60억 달러를 지원하며, 학교 시설 개선 사업에 200억 달러, 특수교육에도 260억 달러를 배정하고 있다. 마지막으로 직업을 잃은 실업자들과 실업으로 의료보험 혜택을 상실한 사람들에게도 각각 430억 달러, 390억 달러를 배정했다. 이런 경기부양책은 지금의 위기가 광범한 영역에서 아주 대규모의 국가 개입을 요구한다는 것을 잘 보여 준다.

지금 상황을 볼 때, 연방준비제도이사회의 제로 금리 정책이나 오바마 행정부의 경기부양책으로 실물 위기가 어느 정도 완화될지 누구도 예측할 수 없다. 그러나 많은 사람들은 2009년 현재 진행되고 있는 실물 위기의 악화 수준이 아주 심각하기 때문에, 여러 정책들에도 불구하고 실물 위기가 긴 시간 진행될 것이라는 점을 지적한다. 이는 실물 위기로 미국 경제와 세계 경제가 오랜 시간 고통을 겪을 것임을 말해 준다.

다른 한편으로, 실물 위기가 오랫동안 진행될 뿐 아니라 이번 위기가 세계 경제 발전 과정에서 양산된 장기적 모순을 악화시키고 있음을 강조할 필요가 있다. 이 문제는 이번 위기의 직접적인 산물은 아니지만, 세계 경제 발전 과정에서 누적된 모순이 이번 위기를 통해 어떠한 형태로든 간에 드러나고 있다. 이와 관련해서는 다음과 같은 요인들이 있다.

첫째, 이번 위기는 직접적으로 1990년대 이후 미국 경제와 세계 경제가 양산한 호황에서 비롯한 측면이 있다. 그러나 장기적인 측면에서 이번 위기는 1970년대 이후 이윤율의 장기적인 하락을 반영한 자본주의의 장기 불황 국면에서 발생했다. 따라서 위기의 파괴력은 더욱 커질 수밖에 없으며 자본주의가 새로운 활력을 찾으려면 엄청난 고통의 시간을 감내해야 할 것이다. 이를 해결하지 못한다면 자본주의는 경제 체제로서 더는 의미를 갖기 힘들 것이다.[57]

둘째, 지난 30년 동안 지속된 신자유주의 방식의 경제 운영이 파탄 나는 것은 불가피하며, 신자유주의를 대체할 새로운 경제 개입 방식의 등장이 중요한 쟁점으로 제기될 것이다. 역사가 단순히 지난 과거의 반복을 의미하지 않는다면 이번 위기는 신자유주의를 넘어서는 새로운 '레짐(regime)'의 변화를 필연적으로 요구하고 있다. 다시 말해, 이번 위기에 대한 처방이 단순히 금융 규제를 강화하거나 파생상품 거래를 억제하는 것 등을 통해 문제를 해결하면서 기존의 운영 원리를 고쳐 사용하는 정도라면, 새로운 위기는 더욱 심각한 형태로 다시 발발할 것이다. 따라서 이번 위기에 대한 근본적인 해결은 기존의 레짐을 극복하고 새로운 레짐을 안착할 수 있는지에 달려 있으며, 이것 역시 긴 시간에 걸친 다양한 이해관계의 충돌을 불가피하게 만든다.

셋째, 이번 위기는 자본의 세계화가 가장 발전한 상황에서 시작됐다. 따라서 위기는 아주 빠르게 세계 경제 전체로 확산되고 있으며, 사실상 거의 동시적으로 위기가 세계 경제에 충격을 주고 있다. 이것은 대공황이 세계화가 가장 덜 발전한 시기에 발발한 것과는 구분되는 것으로, 이번 위기는 향후 자본의 세계화 국면에도 중대한 영향을 미칠 것이다.[58]

넷째, 1930년대 금본위제도 붕괴나 1970년대 초반 브레턴우즈 시스템 붕괴처럼 이번 위기는 달러 헤게모니의 해체를 야기할 것이다. 현재 상황은 달러 헤게모니를 대체할 새로운 헤게모니 권력이 존재하지 않는 상황이기 때문에 달러 헤게모니가 당분간 유지되면서 혼란이 지속될 것으로 보인다. 그러나 장기적으로 달러 헤게모니 해체는 불가피해 보이며 이를 대체할 수 있는 국제 금융 시스템의 구축은 필연적이다.[59]

따라서 위기가 장기화되는 문제와 함께 그동안 세계 경제의 발전 과정에서 누적된 모순들이 폭발하고 있는 측면을 동시에 고려하면, 현재 진행 중인 위기는 자본주의의 모순이 폭발하면서 나타난 총체적 위기로 볼 수 있다. 따라서 현재의 위기는 일시적인 금융 위기나 실물 위기로 끝나는 것이 아니라, 세계 경제에 큰 충격을 주며 세계 자본주의 시스템에 새로운 전환점이 될 계기를 형성할 것이다. 현재까지의 사태 전개만으로도 이번 위기의 파장은 넓게 퍼지고 있으며 전 세계 대다수 사람들에게 깊은 영향을 미치고 있다. 이번 사태가 앞으로 세계 경제에 미칠 파장이 어느 정도인지 현재로서는 누구도 예측할 수 없는 상황이다. 그러나 우리는 앞으로도 오랜 시간 동안 과거 유산의 모순이 폭발함으로써 생기는 고통을 겪어야 할 것이며 새로운 전환에 따르는 심각한 수준의 불안정을 경험해야 할 것으로 보인다.

그러나 우리가 감내해야 할 고통이 커질수록, 그리고 세계 경제의 불안정성이 더 심화할수록 자본주의 시스템을 극복하고 대안 사회로 나아가려는 노력도 그만큼 커질 것이다. 위기의 심화가 자본주의 시스템의 파국을 의미하는 것은 아닐지라도, 위기를 통해 자본주의의 모순이 극명하게 드러나면서 새로운 대안 사회에 대한 열망과 실천 운동은 강화될 것이다. 이런 측면에서 현재 우리가 처해 있는 상황은 냉철한 판단과 수많은 결단을 요구하고 있다.

# chapter 9

# 21세기 세계 대공황

정성진

## 머리말

2007년 여름 미국 서브프라임 모기지 위기에서 불거지기 시작한 금융 위기
는 이제 세계 경제 위기로, 나아가 1930년대 대공황을 무색하게 하는 세계
대공황으로 확산되는 듯하다. 최근 발표된 세계 경제 동향의 주요 지표들은
2009년에 미국은 물론 일본, 유럽과 주요 신흥 시장 등 세계 경제 주요 부분
이 큰 폭의 마이너스 성장을 할 것으로 전망하고 있다.[1] 나는 2007년이 미국
서브프라임 모기지 위기의 해였다면, 2008년은 그것이 세계 금융 위기로
전이되면서 세계 경제 위기로 확산되기 시작한 해이며, 2009년은 세계 대공
황이 본격화되는 해가 될 것이라고 예상한다.[2]

한편, 최근 위기에 대해 주류 경제학과 케인스주의 경제학 쪽에서는 분석

---

이 글은 《진보평론》 2008년 겨울호(제38호)에 게재된 필자의 논문을 수정·보완한 것
이다.

과 처방을 쏟아 내고 있지만, 마르크스주의적 개입은 이제 막 시작됐을 뿐이다.[3] 그러나 경제 위기야말로 마르크스주의가 가장 잘 설명할 수 있는 마르크스주의 주제다. 그런데 주류 경제학자들뿐 아니라 일부 저명한 마르크스주의 경제학자들도 이번 세계 경제 위기가 발발하기 전에, 장기 불황이 끝났다거나 금융이 주도하는 축적 체제가 확립됐다는 등의 주장을 펼치면서 경제 위기의 현실을 부인했던 것은 매우 유감스러운 일이다.[4]

이 글의 목적은 최근 경제 위기에 대한 마르크스주의적 개입과 논쟁을 촉진하기 위한 것이다.

이 글은 먼저 2007~2008년 미국 서브프라임 모기지 위기에서 시작된 미국 금융 위기의 특징을 설명한다. 그 다음 미국의 금융 위기가 세계 경제 위기로 확산되는 과정을 살펴본다. 또 현재의 위기와 1930년대 세계 대공황을 비교하고, 현재 위기에 대한 마르크스주의 설명의 요소들을 제시한다. 끝으로 현재 위기에 대한 지배계급의 대응이 갖는 특징과 한계를 중국 대안론, 케인스주의, 오바마의 정책 등을 중심으로 살펴보고, 탈자본주의 · 반자본주의 대안의 필요성을 주장한다.


## 2007~2008년 미국 서브프라임 모기지 위기의 특징

2007년 여름부터 불거진 미국 서브프라임 모기지 위기에서 시작된 금융 위기의 가장 큰 특징은 대출의 증권화, 즉 주택저당증권(MBS), 부채담보증권(CDO)과 이를 기반으로 한 파생금융상품, 특히 신용부도스왑(CDS) 발행과 차입 비율 극대화를 통한 이 '의제 자본'들의 엄청난 가공적 팽창, 이로 인한 위기의 불투명성과 불가측성의 증대다.

이번 위기는 서브프라임 모기지 위기에서 불거지기 시작했지만 이내 알트-에이(Alt-A) 모기지, 프라임 모기지, 주택담보대출*, 상업용 부동산 대출, 카드 대출, 학자금 대출 위기, 은행 위기로 진행되면서 신용 체계 전체의 위기로 번졌다.

2007년 여름만 하더라도 상당수 진보 진영 경제학자들조차 이번 위기가 '유동성 위기' 또는 '월스트리트(금융)'의 위기로서 일과성 위기에 그칠 것이라고 낙관했다. 그러나 이제는 위기가 '부도 위기'일 뿐 아니라, '메인스트리트(실물경제)'의 위기로 확대되고 심화되고 있음을 누구도 부인하기 어렵게 됐다.

이번 경제 위기는 마르크스가 《자본론》에서 정식화한 고전적 산업순환의 경우처럼 신용 위기에서 시작됐다. 그러나 마르크스의 고전적 산업순환 모델과 달리, 신용 위기가 은행과 산업자본 사이에서가 아니라 은행과 노동자(서민 대중) 사이에서 발생한 것이 특징이다.[5] 이는 지난 세기 말 이후 산업자본이 은행으로부터 점차 독립('자기 금융화')하면서, 은행의 주된 영업 영역이 산업자본 대출이 아니라 소비자 금융, 다시 말해 노동자와 서민 대중에 대한 대출로 이동했기 때문이다. 은행은 이윤의 많은 부분을 점차 산업자본의 잉여가치가 아니라 노동자의 임금에서 얻게 됐다. 그리하여 미국에서 개인소득에 대한 부채 원리금 상환액이 차지하는 비율은 1983년 15.6퍼센트에서 2007년 19.3퍼센트로 증가했다. 이번 서브프라임 모기지 위기는 이런 소비자 금융이 자기 한계에 부딪히면서 발생한 것이다.

이번 위기는 미국 서브프라임 모기지 위기라는 금융 위기와 이로부터 비롯한 신용경색에서 시작됐다. 그러나 금융 부문의 문제가 이번 위기의 근본 원인은 아니다. 내가 여러 기회를 통해 주장했듯이, 이번 위기의 배경은

---

* Home equity loan, 주택을 담보로 1차 대출이 이뤄진 뒤, 이를 제외한 나머지 자산을 담보로 추가 대출을 받는 것을 말한다.

1970년대 이후 자본주의 세계 체제 전반에 걸쳐 시작된 이윤율의 장기 저하와 그 결과인 장기 불황이다. 〈도표 9-1〉에서 보듯이, 미국 경제에서 비금융 법인기업 부문의 이윤율은 1970년대 이후 장기적으로 저하해 왔다. 이런 장기 저하 추세는 1980년대 이후에 부분적으로 회복됐는데도 2007년까지 계속되고 있다. 이번 세계 경제 위기는 이런 1970년대 이후 이윤율 장기 저하의 연장선상에서 발발한 것이다.

1970년대 이후 이윤율이 떨어지고 불황이 심화되면서 주요 선진 자본주

도표 9-1 1950~2007년 미국의 비금융 법인기업 이윤율

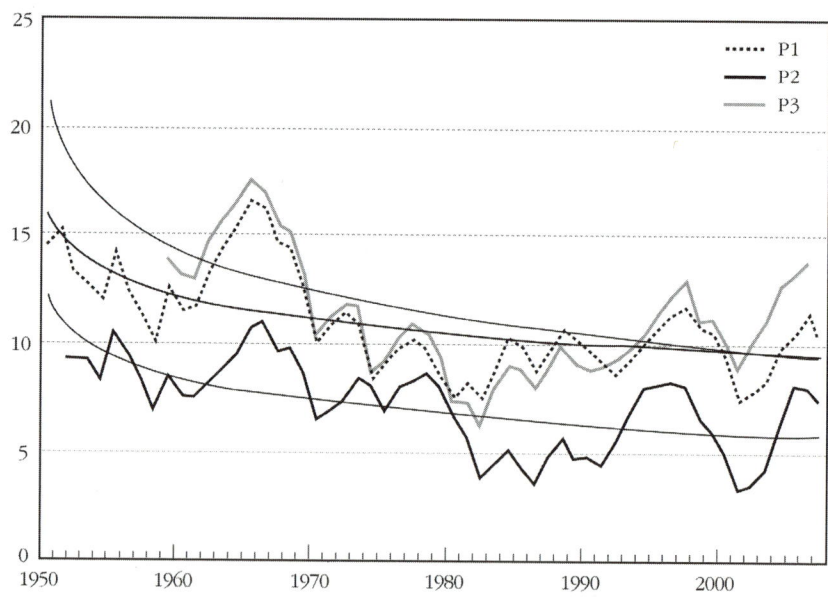

P1 : 비금융 법인기업 이윤율=(순 영업 잉여─경상 이전 지급)/현재 비용 평가 민간 비주거 순 고정 자산 스톡(출처 : www.bea.gov)
P2 : 비금융 법인기업 이윤율=세금공제 전 법인 이윤/자기 자본(출처 : www.federalreserve. gov)
P3 : 비농업 비금융 법인기업 이윤율=법인 이윤/현재 비용 평가 민간 비주거 순 고정자산 스톡
　(출처 : www.bea.gov와 www.gpoaccess.gov)

의 국가들은 케인스주의적인 유효수요 증대 정책으로 대응했다. 그러나 알다시피 이는 스태그플레이션이 심화되는 것으로 귀결되고 말았다. 그리하여 1980년대 이후 세계 지배계급은 심화되는 장기 불황에 대처하기 위해 정책 체제를 근본적으로 전환하게 되는데, 여기에서 신자유주의 정책 체제가 등장했다.

신자유주의 정책 체제의 본질은 노동자에 대한 착취를 강화해 이윤율을 늘리는 것이다. 그 결과, 1980년대 이후 전 세계적으로 사회 양극화와 대내 불균형이 심해졌다. 이런 소득분배 불평등의 심화와 임금 소득의 억압이 이번 위기의 주요한 배경을 제공했다. 그리고 미국의 경상수지 적자가 급증해 미국 정부가 자금을 조달하기 위해 국채를 발행하고 중국과 일본 등 주요 대미 수출 흑자 국가들이 이 국채를 구매하는 방식으로 지탱돼 온 이른바 '2기 브레턴우즈 체제'의 취약성이 커진 것, 그리고 이로 말미암아 세계적 불균형이 심해진 것도 이번 위기의 주요한 배경이다.

신자유주의 정책 체제하에서 금융화가 진행되자 대출의 증권화와 차입 비율이 급증하면서 금융 거품이 팽창했고 이에 따라 금융의 취약성이 증대한 것이 위기의 방아쇠를 당겼다.[6] 1980년대 이후 미국 경제가 외관상 회복된 것은 신자유주의의 반(反)노동 공세, 쌍둥이 거품(IT 거품과 부동산 거품), 부시의 네오콘 정권에서 다시 활성화된 '상시군비경제' 덕분이었다.

특히 쌍둥이 거품의 형성과 붕괴가 이번 위기로 직결됐다. 2001년 IT 거품이 붕괴한 뒤, 당시 연방준비제도이사회 의장 앨런 그린스펀이 연방 기금 금리를 잇달아 인하해 2003~2004년에는 거의 '마이너스' 금리가 지속됐다. 이런 초저금리 상태가 한편에서는 모기지 대출로 주택을 구입하는 붐을 일으켜 거대한 주택 가격 거품을 일으켰다.[7] 다른 한편으로, 이런 초저금리 상태는 다른 한편에서 투자은행을 중심으로 한 금융자본 간의 경쟁을 격화시켜 금융 공학을 적용한 각종 금융상품의 개발과 차입 비율(레버리지)의 급격한 증대를 야기했다. 그 결과, 미국 기업의 이윤 총액에서 차지하는 금융 이윤의 비율은 1970년 15퍼센트 수준에서 2005년 40퍼센트 수준으로 급증했다. 그러나 2006년 이후, 한편에서 2001년 불황 이후 반짝 회복한 비금융기업 부문의 이윤율이 다시 떨어지기 시작했고, 다른 한편에서 신흥 시장의 과열 등으로 전 세계적으로 인플레이션 압력이 고조되자 각국 중앙은행은 금리를 인상하기 시작했다.[8] 그러자 그동안 지나치게 팽창해 온 주택 가격 거품이 꺼지기 시작했으며, 2007년 여름에 서브프라임 모기지 부문에서부터 원리금 상환 연체 사태가 발생했다. 그리고 주택저당증권(MBS), 부채담보증권(CDO), 신용부도스왑(CDS) 등 모기지 관련 증권과 신용파생상품에 투자한 투자은행 등 금융자본의 손실, 부도, 파산이 급증하기 시작했다.

## 2007년 미국 서브프라임 모기지 위기에서 2008년 세계 경제 위기로

미국 서브프라임 모기지 위기는 2007년 여름부터 불거지기 시작했지만, 2007년 말까지만 하더라도 미국 한 나라에 한정된 문제로, 그리고 강 건너 불구경 하듯이 문제를 대하는 것이 보통이었다. 그러나 미국 서브프라임 모기지 위기는 사실 시작될 때부터 세계적 차원의 위기였다. 왜냐하면 미국 서브프라임 모기지를 기반으로 발행된 주택저당증권(MBS), 부채담보증권(CDO) 등과 같은 증권들을 미국뿐 아니라 세계 도처의 금융자본들이 구매했는데, 서브프라임 모기지 연체 부도가 발생하면서 이것들을 구매한 사람들 역시 동시에 위기에 직면했기 때문이다.

2007년 여름 미국 서브프라임 모기지 위기가 불거졌을 때 상당수 경제학자들은 이것은 '가장 덜 세계화된' 주택 부문에서 발생한 위기이기 때문에 다른 나라 경제로 번질 가능성은 낮을 것이라고 낙관했다. 그러나 이는 미국의 주택 자산 가치가 소비 지출과 미국의 수입, 따라서 세계의 대미 수출에 미치는 영향을 제대로 고려하지 못한 것이었다. 실제로 세계의 '최종 구매자'로서 미국의 지위를 고려한다면, 미국 서브프라임 모기지 위기가 미국의 소비 지출이 줄어드는 상황으로 이어질 경우에 아시아와 유럽의 주요 대미 수출국들이 타격을 받는 것은 너무나도 당연하다. 2008년 일사분기에 아직 미국의 국내총생산이 플러스 성장을 하고 있었을 때, 일본과 유럽연합의 국내총생산은 각각 마이너스 0.6퍼센트, 마이너스 0.2퍼센트로 감소했다. 이런 사실에서 알 수 있듯이, 이미 미국의 서브프라임 모기지 위기는 전 세계 실물경제를 위축시키고 있다.

이와 함께 베이징 올림픽 이후 중국 경제 역시 현저히 둔화하고 있다. 그동안 두 자리 수로 증가해 온 중국의 국내총생산은 2009년에는 8퍼센트 이하로 급감할 것으로 전망된다. 즉, 세계 경제는 다시 동시적으로 연동되면서('재동조화') 침체하고 있다.

1997년 경제 위기 이전에 비해 수출의존도가 오히려 더 높아지고 금융화가 영미 수준으로 진전된 한국 경제는 신흥 시장 중에서 이번 세계 경제 위기의 타격을 이미 가장 심하게 받고 있다. 1997년 한국 경제 위기의 배경이 된 1980년대 말 이후 이윤율의 장기적 저하, 즉 '펀더멘털(Fundamental)'의 취약성이 1997년 경제 위기 이후 10년 동안 신자유주의 구조조정과 초과착취가 진행되는 속에서도 별로 개선되지 않았다는 사실[9]도 이번 위기를 더 심각하게 만드는 요인이다. 2009년 한국 경제는 1998년 이후 최초의 마이너스 성장을 기록하면서 본격적인 침체 국면으로 돌입할 것으로 예상된다.[10]

## 중국 경제 : '비동조화'* 또는 비자본주의적 대안 모델?

미국에서 서브프라임 모기지 위기가 불거진 2007년 말까지만 해도 이번 위기가 미국의 위기로 그치고 그 결과로 미국의 세계적 헤게모니가 약화되는 반면 세계 경제에서 중국의 지위가 제고될 것이라고 많은 이들이 전망했다.

진보 진영의 일부는 미국의 세계적 헤게모니가 약화되면서 부상하는 중국 경제모델이 진보 진영의 새로운 대안 모델이 될 수 있다고 주장했다. 그 대표적 인물은 조반니 아리기다. 아리기는 월러스틴, 프랭크(얼마 전에 사망)와 더불어 세계체제론의 대표 이론가로서 우리나라에도 잘 알려져 있다. 아리기의 대표작 《장기 20세기》에 제시된 헤게모니 국가의 주기적 교체론은 우리나라에서도 일부 진보 진영 논자들이 이른바 '일반화된 마르크스주의'의 핵심 부분을 구성하는 '역사적 자본주의'의 문제 설정으로서 수용한다. 아리기는 얼마 전에 펴낸 《베이징의 스미스》[11]에서 오늘날 중국 사회가 '비(非)자본주의 시장경제'라고 주장한다. 오늘날 중국 사회가 마르크스의 《자본론》의 세계(자본주의)가 아니라, 애덤 스미스의 《국부론》의 세계(시장경제)라는 것이다. 아리기에 따르면, 자본주의는 착취와 불평등, 팽창주의와 '강탈에 의한 축적'을 고유한 특징으로 하는 것에 반해, 시장경제는 호혜, 평등, '소유에 의한 축적'을 원리로 한다. 그래서 아리기는 자본주의에 비해 시장경제가 바람직한 사회체제라고 본다. 아리기가 보기에 나쁜 것은 자본주의이지 시장경제가 아니다. 또 아리기는 오늘날 자본주의를 대표하는 국가가 미국이라면, 시장경제를 대표하는 국가는 중국이라고 주장한다. 그 결과 아리기는 21세기 들어, 특히 이라크 전쟁 이후 미국 자본주의의 세계적 헤게모니가 '최종 위기'를 맞이하고, 시장경제인 중국이 세계의 중심으로 급속하

---

* Decopuling, 한 나라 또는 일정 국가의 경제가 인접한 다른 국가나 보편적인 세계 경제의 흐름과는 달리 독자적인 경제 흐름을 보이는 현상을 말한다.

게 부상하는 것은 역사의 진보라고 주장한다. 더 나아가 아리기는 중국과 같은 비자본주의 시장경제를 진보 진영이 참조해야 할 21세기의 현실적인 대안 모델로 제시한다. 아리기의 '비자본주의 시장경제론'은 시장경제와 자본주의 경제를 근본적으로 구별할 수 있다는 가설을 전제한 것이다. 물론 이런 구별은 아리기가 창안한 것이 아니라 브로델이 《물질문명과 자본주의》에서 제시한 구별을 차용한 것이다.

그러나 마르크스의 경제학 비판 체계에서는 이런 구별은 찾을 수 없다. 스탈린이나 일부 마르크스주의자들이 브로델과 아리기의 '비자본주의 시장경제'에 해당되는 이른바 '단순 상품생산'이라는 체제가 자본주의 상품생산 체제가 성립되기 전에 존재했다고 주장한 적은 있다. 그러나 마르크스 자신은 그 어디에서도 '단순 상품생산'이라는 개념을 사용하지 않았다. 마르크스는 역사적 체제로서 자본주의를 노동력의 상품화에 바탕을 둔 일반화된 상품화폐경제=시장경제로서 간주했으며, 자본주의와 구별되는 시장경제가 체제로서 성립될 가능성을 어디에서도 주장한 적이 없다. 현실 역사에서는 시장경제가 일반화돼 하나의 독자적인 사회체제로 성립할 경우 이를 자본주의라고 말한다. 현실 역사에서 시장경제가 자본주의와 별도로 하나의 독자적인 사회체제로서 실존한 적은 없다. 21세기 자본주의의 핵심 특징인 세계화도 시장경제의 전 지구적 확장, 즉 상품화, 시장화, 경쟁력 논리를 전면적으로 관철한 것일 뿐이다.

브로델과 아리기처럼 시장경제와 자본주의를 자의적으로 구별할 경우, 자신들의 의도와 달리, 자본주의 체제 자체에 대해서도 비판할 수 없게 된다. 실제로 아리기는 오늘날 중국에서 벌어지고 있는 자본주의의 착취와 억압, 모순에 눈감고 이를 '비자본주의 시장경제'라고 미화한다. 실제로 1980년대 이후부터 오늘날에 이르는 중국 경제의 전개 과정에서 마르크스가 《자본론》에서 정식화한 자본주의의 운동법칙이 역사상 그 어떤 나라들에서보다 훨씬 더 명료하게 작동하고 있다. 예컨대 마르크스가 자본주의의 운동법칙으로 정식화한 자본의 유기적 구성의 고도화 경향, 이에 기인한 산업예비군의 누진적 증가, 한편에서 고도 축적과 다른 한편에서 빈곤화의 경향(양극화)을 띠는 '자본주의 축적의 절대적·일반적 법칙', 1980년대 이후 중국 공업 기업 부문의 이윤율 저하 경향(〈도표 9-2〉 참조)이 분명히 나타나고 있다.[12]

만약 오늘날 중국이 21세기 대안을 제시한다면, 그것은 아리기가 상상하듯이 세계 다른 나라들이 본받아야 할 '비자본주의적' 대안 체제라는 의미에서가 아닐 것이다. 오히려 지난 20세기 초의 러시아처럼 자본주의의 불균등 결합 발전이 지닌 모순이 최고도로 격화되고 응축되는 세계 자본주의의 '가장 약한 고리', 즉 반자본주의 노동자혁명이 폭발할 확률이 가장 높은 나라

도표 9-2 1978~2004년 중국 공업 기업의 이윤율(단위 : 퍼센트)

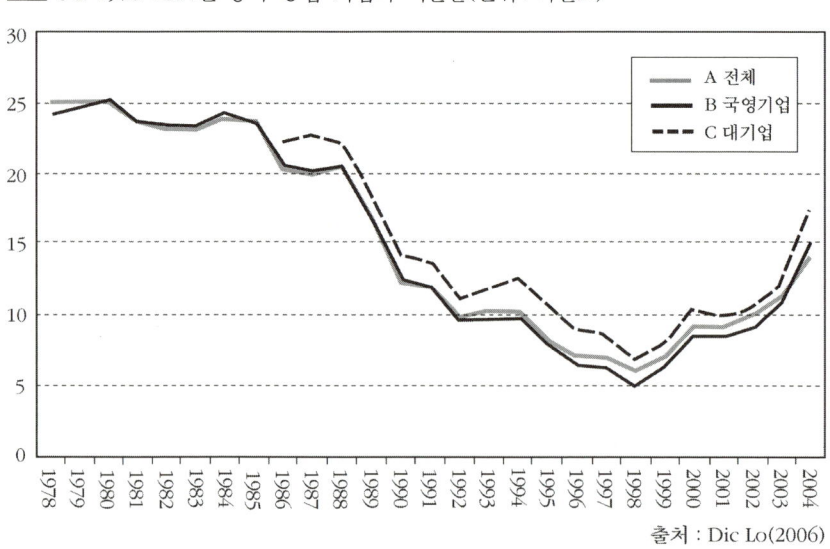

출처 : Dic Lo(2006)

라는 의미에서일 것이다. 상업주의와 국수주의, 유교와 공자가 전면적으로 부활한 지난번 베이징 올림픽에서 봤듯이, 오늘날 중국은 애덤 스미스가 꿈꾼 이른바 '근면 경제'가 아니다. 오히려 '마르크스의 유령'이 어른거리는 초과 착취와 불평등, 경쟁과 축적, 강탈과 제국주의의 논리로 점철된 자본주의의 전형이다. 오늘날 중국은 "중국적 특색이 있는 사회주의"라는 중국 지배 계급의 공식적인 체제 규정을 데이비드 하비가 비꼬아서 표현했듯이, "중국적 특색이 있는 신자유주의"라고 보는 것이 더 타당하다. 따라서 중국 자본주의의 현실을 분석하고 대안을 강구하기 위한 틀은 아리기가 애호하는 애덤 스미스의 《국부론》이 아니라 여전히 마르크스의 《자본론》이 될 수밖에 없다.[13]

오늘날 중국은 이른바 '비동조화' 명제가 주장하듯이, 최근 서브프라임 모기지 위기 이후 격화되고 있는 세계 경제 위기를 진화할 수 있는 어떤 안전판을 제공할 것 같지 않다. 최근 중국은 주가 폭락, 부동산 거품 붕괴에 이어 수출까지 급감하면서 실물경제도 급속히 냉각되고 있다. 중국 경제는 미국발 세계 경제 위기를 세계 대공황으로 악화시키는 새로운 화약고가 되고 있다.


## 21세기 세계 대공황의 가능성

2008년 하반기부터 세계 경제가 급격히 위축되면서 많은 경제학자들이 이번 세계 경제 위기가 1930년대 대공황에 버금가는 수준으로 악화될 것이라고 전망한다. 나 역시 그렇게 될 가능성이 높다고 생각한다.

우선 이번 세계 경제 위기가 불거지기 직전의 20세기 말과 21세기 초 상황과 1930년대 대공황 직전 상황이 매우 흡사하다는 사실에 주목해야 한다.[14] 이번 세계 경제 위기 직전까지 신자유주의와 시장근본주의 이데올로기가 득세했는데, 1930년대 대공황 직전 시기에도 자유방임주의 사상이 풍미했다. 아울러 현재 세계 경제 위기가 미국의 세계적 헤게모니가 결정적으로 약화된 국면에서 발생한 것과 마찬가지로, 1930년대 대공황 역시 당시 영국의 세계적 헤게모니가 결정적으로 약화된 조건에서 새로운 세계적 헤게모니 국가가 정립되지 않은 상황에서 발생했다. 또 〈도표 9-3〉에서 볼 수 있듯이, 이번 세계 경제 위기가 발발하기 직전에 미국의 소득분배 불평등 수준이 이른바 '금박시대(Gilded Age)'로 불릴 정도로 사상 최악의 불평등 시기였던 1920년대 말, 즉 대공황 발발 직전 수준으로까지 악화된 사실을 주목해야 한다. 다시 말해, 미국에서 상위 10퍼센트가 총소득에서 차지하는 비중은 1928년에 무려 50퍼센트에 달했지만, 1930년대 대공황기에 급감해

**도표 9-3** 1917~2006년 미국의 소득 분배(단위 : 퍼센트)

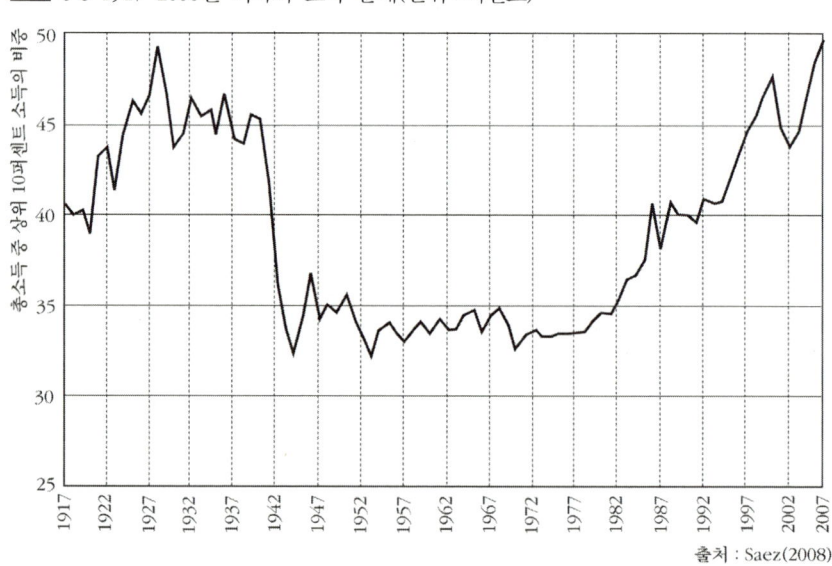

출처 : Saez(2008)

제2차세계대전 이후 자본주의 '황금시대' 농안, 즉 1970년대까지는 35퍼센트 이내에 머물렀다. 그리고 1980년대 이후 신자유주의 득세와 함께 다시 상승하기 시작해 2006년에는 다시 50퍼센트까지 치솟았다.

현재 세계 경제 위기는 앞서 강조한 것처럼 1970년대 이후 이윤율 장기 저하의 연장선상에서 발생했다는 점에서, 이윤율 장기 상승 국면에서 예외적으로 발생했던 1930년대 대공황 이상으로 심각할 수 있다.[15] 게다가 1930년대 대공황의 경우에는 자유방임주의에서 국가주의(케인스주의)로 정책 체제를 전환할 여지가 있었지만, 현재 세계 경제 위기는 케인스주의와 신자유주의(시장주의)라는 자본주의의 양대 정책 체제가 모두 자본주의의 위기를 저지하는 데 무력하다는 것이 역사적으로 검증된 뒤에 발생한 위기라는 점에서 더 심각할 수 있다. 다시 말해, 자본주의 체제 내에서 모든 대안 정책들이 시험된 뒤에 발생한 위기라는 점에서 1930년대 대공황보다 더 심각할 수 있다. 게다가 현재 세계 경제 위기는 자본 자체의 내재적 한계가 드러난 사태인 동시에, 피크오일(석유 생산량 최고 시점)이나 생태계 파괴와 같은 자본 외부의 한계가 중첩되고 있다. 이 역시 현재 세계 경제 위기가 1930년대 대공황보다 더 심각해질 수 있는 근거가 된다.

일부 논자들은 오늘날은 1930년대 대공황 직전과 달리, 자본주의 국가가 경제 위기에 대응할 수 있는 체제와 수단이 발달해 있다는 사실을 근거로 이번 세계 경제 위기가 1930년대 대공황 수준의 위기로 심화되지 않을 것이라고 주장한다. 그러나 2007년 여름 미국 서브프라임 모기지 위기가 발발한 이후에 위기가 악화되는 것을 막으려고 금리 인하, 세금 환급, 구제금융, 국유화, 금융 재규제 등 모든 종류의 정책 수단이 총동원됐지만, 위기가 진정되기는커녕 세계 경제 위기로 확산되고 있다. 이렇듯, 자본주의 국가의 위기 대응 능력은 이미 한계가 드러났다.

현재 세계 경제 위기는 1990년대 일본의 '잃어버린 10년'에 비유되기도 한다. 그러나 현재 세계 경제 위기는 다분히 일본이라는 한 나라의 현상이었던 1990년대 일본의 불황과 달리, 처음부터 세계적 차원에서 전개되면서 동시에 세계 경제 위기로 전개되고 있다. 그래서 다수 주류 경제학자들도 인정하듯이, 현재 세계 경제 위기는 이미 "1930년대 대공황 이후 최악의 금융 위기", 또는 "100년에 한 번 있을까 말까 한 신용 쓰나미"(앨런 그린스 펀)를 넘어서 1930년대 대공황을 능가하는 사태로 전개될 가능성이 대단히 높다.[16]

그러나 현재 세계 경제 위기가 자본주의 자체의 종말로 이어질지는 분명하지 않다. 자본주의는 스스로 자동 붕괴되는 법이 없으며 오직 노동계급의 혁명적 투쟁을 통해서만 타도될 수 있는데, 현재 노동계급의 투쟁이 자본주의를 혁명적으로 타도할 정도로 고조돼 있다고 보기 힘들기 때문이다. 현재 위기는 자본주의 붕괴나 혁명적 타도로 이어지기보다, 미국의 세계적 헤게모니와 달러 체제가 약화되고 기존의 신자유주의 정책 체제가 케인스주의 정책 체제로 전환되면서 봉합되거나 전위될 가능성이 크다. 물론 이런 위기의 봉합과 전위에 따른 비용과 희생은 거의 전적으로 노동자와 서민 대중, 그리고 주변부 민중이 치르게 될 것이다.


## 세계 경제 위기 : 케인스주의적 대응의 한계

세계 경제 위기가 심화되면서 이를 둘러싼 좌파의 논의도 활발해지고 있다. 금융화론을 중심으로 한 케인스주의자들의 논의, 세계체제론자들의 견해, 마르크스주의적 분석을 살펴보겠다.

케인스주의자들은 이번 세계 경제 위기가 민스키의 '금융적 불안정성 가설"을 선형적으로 입증하는 사례라며 케인스주의의 직실성을 주장한다. 딘 베이커, 제임스 크로티, 뒤메닐·레비, 미셸 위송, 토마스 팰리, 로버트 폴린, 조복현 같은 이들이 대표적이다. 그러나 앞에서 말했듯이, 케인스주의 자들은 이번 세계 경제 위기 직전까지 위기의 도래를 예측하기는커녕, 신자유주의 금융화와 함께 이른바 금융 주도의 축적 체제가 성립됐다고 주장했다(비록 그것이 금융적 취약성과 양극화를 특징으로 한다는 사실을 인정하면서도 말이다). 게다가 위기가 발발한 뒤에도 여전히 현재 위기를 단지 (주택) 금융의 위기로 환원한다.

케인스주의자들은 오늘날 세계 경제 위기에서 민스키의 금융적 불안정성 명제의 타당성이 입증됐다고 주장한다.[17] 그러나 민스키의 금융적 불안정성 명제의 핵심은 이미 마르크스가 《자본론》 3권 산업순환 과정에서 실물자본과 화폐자본 축적의 모순에 관한 이론 부분에서 제시한 것이며 이를 정교화한 것일 뿐이다. 그리고 민스키의 금융적 불안정성 명제가 만약 마르크스의 이윤율 저하 공황 이론과 결합되지 않고, 예컨대 금융화론에서처럼 그 자체로 주장된다면 오늘날 세계 경제 위기에 대한 분석과 처방은 오도될 것이다.

실제로 금융화론자들은 대부분 2007년에 서브프라임 모기지 위기가 불거졌을 당시에 위기의 구조적 성격, 즉 현재 위기의 뿌리가 이윤율의 장기적 저하임을 이해하지 못하고 이를 좀 심각한 신용경색 정도로 치부했다. 금융화론자들은 1980년대 이후 신자유주의 금융화, 금융 규제 완화, 금융 세계화가 현재 세계 경제 위기의 원인이라고 주장한다. 그러나 이는 원인과 결과를 혼동한 것이다.[18] 금융화는 오히려 1970년대 이후 이윤율 저하로 요약되는 경제 위기의 결과로 이해해야 한다. 다시 말해, 금융화는 무엇보다도

---

\* 호황이 지속될수록 채무가 증가하고 투기적 금융과 폰지 금융(다단계 금융)이 증가하면서 경제의 불안정성이 커진다는 가설.

1970년대 이후 자본주의의 구조적 위기에 대한 지배계급의 대응으로 이해해야 한다. 사실 금융화는 위기의 원인이기는커녕 1980년대 이후 세계 경제가 대공황으로 빠지지 않고 연거푸 쌍둥이 거품을 일으키며 연명할 수 있게 만든 요인이었다.

현재 세계 경제 위기를 금융화의 결과로 해석할 수 없음은 G7 국가 중 금융화가 가장 덜 진전된 일본이나 독일의 실물경제가 위축되는 속도가 금융화의 중심으로 간주되는 미국이나 영국보다 오히려 더 빠른 사실에서도 입증된다.[19] 금융화론자들도 최근에는 실물경제가 침체한다는 사실을 인정한다. 그러나 금융화론자들은 이런 실물경제의 침체, 불황, 또는 디플레이션은 선행한 신용경색 내지 금융 위기의 결과라고 주장한다. 신용경색과 금융 위기로 수요가 감소해서 공급 과잉, 가격 하락, 디플레이션으로 이어지고 있다는 것이다. 그러나 이런 금융화론자들의 주장이 맞으려면, 가격 하락이 경제 전체 부문에 걸쳐 나타나야 한다. 그러나 2009년 2월 16일자 〈비즈니스 위크〉에 따르면, 최근 가격 하락은 로버트 브레너가 지적한 대로 세계적 규모에서 경쟁에 노출돼 경쟁적 과잉 축적이 진행된 가전제품 같은 제조업 부문에 집중되고 있으며, 세계적 규모의 경쟁에서 상대적으로 차단된 서비스 부문에서는 가격이 여전히 유지되거나 심지어 올라가고 있다. 이런 사실은 현재 위기의 핵심이 신용경색이나 금융 위기가 아니라, 세계적 규모의 경쟁 격화와 과잉 축적과 이윤율 저하의 결과로서 과잉설비 누적과 과잉생산(이는 특히 1990년대 이후 세계화 때문에 세계 각국의 경제성장에서 수출 의존도가 급증함에 따라 더 악화됐다)에 있음을 말해 준다. 요컨대, 현재 세계 경제 위기의 본질이 금융 위기가 아니라 실물 위기임을 잘 보여 준다.

세계 경제 위기가 심화되는 가운데 그동안 주요 자본주의 국가의 지배적인 정책 체제였던 신자유주의가 급격히 퇴조하면서, 대신 케인스주의가 화려하게 부활하고 있다. 영국의 고든 브라운 총리가 제시한 부실 은행 국유화를 미국의 폴슨 재무장관이 수용해서 종전의 7000억 달러 상당의 악성 금융자산 구매 방침을 수정했다. 대신 이 돈으로 부실 금융기관의 지분을 확보해 일시적으로라도 부분 국유화하기로 한 것은 사실상 정책 체제로서 신자유주의의 종언을 의미하는 것이다. 〈이코노미스트〉(2008년 8월 9일자), 〈파이낸셜 타임스〉(2008년 8월 22일자)와 같은 대표적인 주류 매체들조차 "우리는 이제 모두 케인스주의자다" 하고 선언하면서 "케인스의 부활", "국가의 복귀"를 말하고 있다.[20] 대표적인 신자유주의 비판가인 스티글리츠는 물론이고, 크루그먼, 루비니 같은 이들이 고든 브라운 영국 총리의 은행 국유화 방안이나 1992년 스웨덴의 은행 국유화 정책을 공공연하게 지지하고 있는 데서 알 수 있듯이, 그동안 자본주의 정책 체제의 주변에서 홀대받던 케인스주의는 헤게모니의 중심으로 화려하게 복귀하고 있다. 사실 '워싱턴 컨센서스'에서 '포스트 워싱턴 컨센서스' 또는 '베이징 컨센서스'로 지배계급 이데올로기가 진화한 것, 즉 신자유주의에 대한 케인스주의적 수정은 이미 지난 20세기 말부터 시작됐다. 이번 세계 경제 위기는 이런 진화나 수정을 확고하게 만든 계기였을 뿐이다.

신자유주의 위기론과 종언론은 오늘날 세계 경제 위기에 직면해 자본주의 정책 체제가 신자유주의에서 케인스주의나 국가주의로 전환하고 있는 현실에 대한 관찰로서는 타당하다. 그러나 신자유주의 위기론과 종언론이 이번 세계 경제 위기가 자본주의 체제의 내적 모순에서 비롯한 자본주의의 위기라는 점을 부정하고, 또 단지 신자유주의나 시장근본주의 정책 체제에서 야기된 것이라고 주장하고, 따라서 케인스주의나 국가주의 정책 체제로 전환함으로써 이번 세계 경제 위기를 극복할 수 있을 것이라고 상상한다면, 이는 옳지 않다.

우선, 이번 세계 경제 위기는 1970년대 이후 자본주의 세계 체제의 이윤율 장기 저하와 장기 불황, 즉 이른바 '콘드라디에프 B 국면[21]의 연장선상에서 발발한 것이지, 1980년대 이후의 신자유주의에서 비롯한 것이 아니다. 신자유주의는 1970년대 이후 장기 불황에 대한 지배계급의 대응으로 출현한 것으로서 금융화, 사유화, 개방, 노동시장 유연화 등을 통해 자본의 이윤율을 높여 장기 불황을 타개하려는 것이다. 이런 신자유주의 정책 체제는 일정한 성공을 거둬 이윤율이 장기적으로 떨어지는 추세 속에서도 1980년대 이후 순환적으로 상승해, 1990년대 이후 신경제 거품 호황을 가져 올 수 있었다. 즉, 신자유주의는 오늘날 세계 경제 위기를 초래한 요인이기는 커녕 오히려 1970년대부터 시작된 장기 불황 속에서도 자본주의가 붕괴하지 않고 그럭저럭 굴러 올 수 있게 한 요인이다. 오늘날 세계 경제 위기는 거품 키우기를 통해 자본주의의 장기 불황이 대공황으로 악화되는 것을 저지하려는 신자유주의의 대응이 더는 먹혀들지 않게 됐음을 입증한다.

약발이 다 된 신자유주의 대신 돌아온 케인스주의가 지금의 세계 경제 위기를 타개할 수 있을까? 케인스주의가 자본주의 위기의 타개책으로 무력한 것은 이미 역사적으로 입증됐다. 1930년대 대공황이 케인스주의 덕분이라는 것은 근거 없는 신화다. 케인스주의와 친화적인 폴 크루그먼도 인정하듯이 1930년대 대공황은 제2차세계대전의 발발에 따른 전쟁 특수, 상시군비경제와 함께 종식됐다.[22] 또 케인스주의적 개입은 1970년대부터 장기 불황이 시작되자 본격적으로 시도됐는데, 이는 도리어 스태그플레이션으로 귀결돼 정책 체제로서 신용을 잃고 신자유주의에 자리를 내주는 것으로 귀결됐다. 기본적으로 국가주의적이고 일국적인 접근인 케인스주의는 오늘날 세계화된 세계 경제 위기를 타개하는 데 역부족이다. 위기의 원인을 자본주의 생산관계의 내재적 모순에서 찾지 않고 유효수요 부족 같은 유통 측면에서 찾는 케인스주의로는 자본주의 위기에 대한 근본적 해결책을 기대할 수 없다. 폴린 등은 미국의 재정 적자를 1조 달러 수준까지(즉, 국내총생산의 약 7퍼센트) 늘리는 과감한 재정지출 증대를 통한 케인스주의적 경기부양책을 대안으로 제시하지만, 이것은 현재 위기의 배후에 놓여 있는 이윤율 저하의 위기, 즉 잉여가치 생산의 위기를 해결하는 것을 오히려 더 어렵게 만들 것이다. 또 크로티, 조복현 같은 케인스주의자들은 이번 위기의 원인을 자본시장 중심의 신자유주의 금융 질서에서 찾으면서 이를 은행 중심의 금융 시스템으로 바꾸면 위기가 해결될 수 있을 것으로 생각한다. 그러나 독일이나 일본처럼 금융 시스템이 은행 중심인 나라들에서도 위기가 언제나 발생한 사실만 고려하더라도 은행 중심의 금융 시스템이 답이 될 수 없음은 분명하다.

케인스주의자들은 나아가 금융 규제 강화, 투자은행 규제, 신용파생상품 규제 등 규제 조치들을 경제 위기의 처방으로 주장한다. 케인스주의자들은 이런 규제를 통해 자본주의 체제가 대공황에서 구원될 수 있다고 본다. 그러나 이처럼 자본주의를 제거하지 않고 금융자본만 규제할 경우에는 위기가 도리어 악화할 수 있다. 왜냐하면 금융화는 앞에서 얘기했듯이 자본주의에서 이윤율 저하 위기에 대한 출구로서 기능해 왔는데, 이를 규제할 경우에 위기의 출구가 봉쇄되는 결과를 초래해 위기가 도리어 악화할 수 있다. 실제로 브라이언 등은 신용파생상품을 규제하는 것이 불확실성과 불안정성을 오히려 증대시킬 수 있음을 지적한다.[23]

고든 브라운의 금융기관 국유화 조치에서 볼 수 있듯이, 이번 경제 위기에서 세계 지배계급은 매우 발 빠르고 급진적으로 대응하고 있다. 반면 반신자유주의, 금융 규제 강화와 같은 케인스주의를 요구의 중심에 놓고 있는 데서 보듯이, 진보 진영의 대응은 여전히 한 박자 늦다. 지배계급이 벌써 신자유주의 카드를 버리고 케인스주의 카드를 흔들고 있는데, 진보 진영이 구태의연하게 반신자유주의나 케인스주의를 주장한다면, 의도와 달리 지배계급의 논리에 포섭되는 것으로 귀결될 것이다.

오늘의 세계 경제 위기는 자본주의의 어떤 특정 형태나 특정 정책 체제에서 비롯한 위기가 아니라 자본주의 체제 자체의 근본 모순에서 비롯한 위기이기 때문에, 다른 자본주의 형태나 정책 체제로(그것도 이미 위기 타개에 무력한 것으로 입증된 정책 체제) 전환하는 것을 통해 종식될 수 있는 것이 아니다. 세계 경제 위기를 근본적으로 타개하기 위해서는 시장주의와 국가주의의 반복된 진자 운동 구도 그 자체, 즉 자본주의 자체를 타파해야 한다. 오늘의 세계 경제 위기는 그동안 지배계급은 물론 진보 진영의 접근을 지배했던 신자유주의/케인스주의(반신자유주의)의 이분법적 대립 구도를 넘어서 케인스주의(자본주의)와 반자본주의의 대립 구도를 제시한다는 점에서 진보 진영에게도 새로운 역사적 기회를 제공하고 있다.


## 오바마 : 21세기 뉴딜?

미국 대선에서 오바마가 당선된 것은 '변화'를 염원하는 대중의 열망과 잠재력이 여전히 강력하게 존재함을 입증한 감동적 쾌거다. 그러나 환상은 금물이다. 이제 세계 진보 진영은 승리의 기쁨에서 깨어나 현실을 냉정하게 직시할 필요가 있다. 사실 오바마의 구호인 미국 자본주의의 '변화'는 오바마 당선 전부터 이미 시작됐다. 2008년 9~10월 부시 정권하에서 경제 위기가 확산되는 중에 5대 투자은행이 몰락하고 은행들이 국유화된 것은 신자유주의 모델이나 월스트리트 자본주의가 종말을 고했음을 상징하고 케인스주의의 복귀가 이미 대세가 됐음을 보여 준다. 이런 흐름은 오바마가 아니라 매케인이 당선됐어도 역전시키지는 못했을 것이다. 중요한 것은 오바마가 이런 수준의 미국 자본주의 변화가 아니라 그를 지지한 보통 사람들인 노동자, 서민, 소수 인종들이 염원하는 바인 미국 자본주의의 혁명적 변혁을 이뤄낼 수 있을까? 답은 매우 회의적이다.

우선 오바마의 당선에는 아래로부터 보통 사람들의 지지뿐 아니라 위로부터 미국 지배계급의 선택도 결정적 구실을 했음을 지적할 필요가 있다. 오바마 선거 자금의 절반 이상은 대기업에서 들어왔다. 그리고 오바마 정부의 각료 구성을 보면, '클린턴 3기' 내각이라는 말을 들을 정도로 전혀 새로운 점이 없다.[24] 예컨대 백악관 비서실장인 램 이매뉴얼은 시온주의자로서 이라크 침략 전쟁에 찬성했을 뿐 아니라 국책 모기지 회사 프레디맥의 이사를 역임했다. 재무장관 후보자로 거론된 로렌스 서머스는 클린턴 정부에서 재무장관을 지내면서 신자유주의 규제 완화를 주도했을 뿐 아니라 성차별주의자다. 심지어 1979년 신자유주의 쿠데타의 주역인 폴 볼커까지 재무장관 후보자로 거론됐다.[25] 게다가 부시 정권에서 국무장관을 지냈고 '대량살상무기' 운운하며 이라크 침략을 정당화했던 콜린 파월까지 국무장관 후보자로 거론됐다(결국 힐러리 클린턴이 국무장관이 됐다). 실제로 오바마 자신이 당선 전 매케인과 함께 7000억 달러의 월스트리트 구제금융 법안을 찬성했을 뿐 아니라, 미군의 아프가니스탄 주둔을 지지하고, 미국 국익을 옹호하는 보호무역주의자다. 그래서 오바마의 정책은 일부 진보 진영의 기대와 달리,[26] 1930년대 루스벨트의 자본주의 개혁 정책에 한참 미치지 못하는, 기껏해야 '검은 얼굴의' 제국주의로 귀결될 공산이 크다.

사실 1930년대 미국의 뉴딜 정책, 루스벨트의 개혁은 아래로부터 노동자 대중투쟁의 고양과 당시 미국의 공산당과 트로츠키주의자들을 비롯한 급진 좌파의 반자본주의 투쟁을 배경으로 쟁취된 것이었다. 그러나 오늘날 미국의 노동운동과 좌파는 1930년대에 비해 훨씬 미약하다. 진보 진영의 과제는 오바마의 자본주의 변화 전략에 동참하는 것이 아니라, 조만간 오바마에 대해 환멸을 느낄 노동자와 서민 대중을 중심으로 자본주의의 변화가 아니라 반자본주의·탈자본주의 대안을 추구하는 대중투쟁을 아래로부터 건설하는 것이어야 한다. 아래로부터 대중투쟁의 압력이 없다면, 오바마의 정책은 결코 개혁적인 성격, 즉 노동자와 서민 대중의 삶을 개선하는 내용을 가질 수 없을 것이다.

## 21세기 세계 대공황 : 마르크스주의적 분석

현재 위기에 대한 마르크스주의적 분석은 이제 막 시작된 상태인데, 로버트 브레너, 존 벨라미 포스터, 가이어, 크리스 하먼, 짐 킨케이드, 클리먼, 릭 쿤, 라파비차스, 모훈, 모슬리, 채만수 등이 그들이다. 이 가운데 킨케이드, 모훈, 모슬리 등은 1980년대 이후 이윤율의 장기 상승설을 주장하는데, 실제 위기 분석에서는 케인스주의와 대동소이하다.[27] 또 《먼슬리 리뷰》의 존 벨라미 포스터와 채만수는 이미 오류로 판명된 '독점 강화=잉여 증가' 명제나 스탈린주의 국가독점자본주의론을 고집한다. 이 때문에 이들은 현재 위기가 1970년대 이후 이윤율 장기 저하의 연장선상에서 발생한 대공황임을 보지 못한다. 나는 현재 세계 경제 위기를 설명하는 데서 마르크스의 이윤율 저하 경향 이론을 채택한다는 점에서 로버트 브레너, 크리스 하먼, 클리먼, 릭 쿤 등과 견해를 같이 한다. 마르크스주의 관점은 현재의 세계 경제 위기를 무엇보다 1970년대 이후 이윤율 장기 저하의 연장선상에서 발생한 사태로 이해한다. 덧붙여 1980년대 이후 신자유주의의 반(反)노동 공세 속에서 노동자들이 초과 착취를 당하고 양극화가 심화된 것, 1990년대 이후 냉전이 종식되면서 '상시군비경제' 효과가 끝난 것,[28] 1990년대 이후 신자유주의 금융화가 진행되면서 금융적 불안정성과 금융 거품, 가공 자본이 팽창하고 붕괴된 것 등이 현재 세계 경제 위기의 배경이다.

현재 세계 경제 위기는 자본주의 국가 정책 전체의 파산을 입증하는 동시에 부르주아 경제학의 총체적 파산을 의미한다. 현재 세계 경제 위기는 마르크스의 경제학 비판이 21세기에도 여전히 유효함을 보여 준다. 마르크스의 공황론, 특히 《자본론》 3권의 이윤율 저하 이론, 잉여가치 생산과 실현의 모순 이론, 산업순환 과정에서 실물 자본과 화폐자본 축적의 모순 이론, 가공 자본 이론 등은 오늘날 세계 경제 위기를 설명할 수 있는 강력한 이론적 무기를 제공한다.

한편 아리기와 월러스틴 같은 세계체제론자들은 현재 위기를 미국의 세계적 헤게모니의 '최종 위기'로 설명한다. 아리기는 지난 20세기 말 이후 일본과 중국 등 동아시아가 부상하는 것과 함께 세계적 헤게모니가 이동하고 있음을 강조한다. 반면, 월러스틴은 정당하게도 현재 위기가 1970년대 이후 이윤율 장기 저하를 배경으로 한 '콘드라티에프 B 국면'의 연속선상에서 발발했다는 사실을 인정한다.[29]

## 결론

미국발 서브프라임 금융 위기는 이제 1930년대 대공황을 능가할 정도의 세계 경제 위기로 확산되고 있다. 이번 위기는 1970년대 이후 시작된 이윤율의 장기 저하가 대공황으로 이어지는 것을 차단하는 구실을 해 온 신자유주의의 약발이 모두 소진된 끝에 발생한 위기라는 점에서, 또 '자본 그 자체의 한계'에 피크오일이나 환경 재앙과 같은 '자본 외부의 한계'가 동시에 겹쳐지고 있다는 점에서, 1930년대 대공황보다 더 심각한 상황으로 전개될 수 있다. 1930년대 대공황 당시에는 로자 룩셈부르크가 자본의 확대재생산의 '탈출구'라고 봤던 '비자본주의적 환경'이 아직 남아 있었다면, 오늘날 위기는 세계화, 정보화, 금융화와 같은 위기의 '비상구'들이 거품 붕괴와 함께 모두 사라진 상황에서 터졌기 때문이다. 외부로의 출구가 존재하지 않는 상황에서 지배계급은 오로지 체제 내부, 즉 노동자 서민 대중과 주변부 민중에 대한 초과 착취와 제국주의적 수탈이라는 야만적 수단을 통해서만 위기를 타개할 수 있다. 실제로 최근 위기가 심화되면서 세계 도처에서 네오파시즘과 군국주의가 부활하고 전쟁 위협이 고조되고 있다. 예컨대 사미르 아민은 세계 경제 위기가 심화되면서 미국 등 제국주의 열강들이 한정된 자연자원, 특히 석유 등 화석연료를 배타적으로 독점하기 위해 군사적 도발을 감행할 가능성이 높아지고 있다고 경고한다.[30]

오늘날 세계는 지난 극단의 세기와 같은 대공황과 야만의 시대로 회귀하고 있는 듯하다. 임박한 세계 대공황이 지난 세기처럼 인류사상 최악의 야만으로 귀결되는 것을 저지하기 위한 대안은 오늘날 진보 진영 다수가 여전히 집착하는 케인스주의나 유럽식 사민주의가 아니라 고전 마르크스주의의 대안, 즉 노동자 대중의 반자본주의 혁명뿐이다. "사회주의인가, 야만인가"라는 로자 룩셈부르크의 경구가 그 어느 때보다 절실하게 다가오는 시기다.

이번 세계 경제 위기는 자본주의 안에서는 경제 위기를 막을 어떤 대안적 정책도 존재하지 않는다는 사실을 분명하게 입증했다. 즉, 이번 세계 경제 위기는 오늘날 세계는 자본주의를 넘어서는 반자본주의·탈자본주의, 요컨대 사회주의적 대안이 필요하다는 점을 웅변했다. 그렇지만 현재 우리나라 진보 진영의 위기 담론들이 자본주의 틀 안에서 어떻게 하면 위기를 회피하거나 완화할 수 있을지를 논의하는 정책 대안 논의 구도로 흐르고 있는 것은 매우 유감스러운 일이다. 현재와 같은 정책 대안 논의 구도는 그 자체가 반자본주의 · 탈자본주의 대안을 모색하는 것을 봉쇄하거나 배제하고 이를 통해 결국 자본주의 체제 유지에 봉사하는 기능을 한다.[31]

진보 진영의 경제 위기 담론이 정책 대안 논의로 흐르면서, 1997년 경제 위기 당시와 같은 '국민경제적 관점'('경제 살리기')이 부활하고 있는 것 역시 우려되는 사태다. 진보 진영 역시 10년 전 IMF의 교훈을 벌써 잊었다. 진보 진영에게 필요한 것은 '국민경제적 관점'에서 대안 정책을 제안하거나 '아시아통화단위(Asian Currency Unit)' 창설과 같은 '지역주의적 대응'[32]을 하는 것이 아니다. 노동자와 서민 대중의 생존권이라는 '계급적 관점'('자본의 경제'에 대항하는 '노동의 경제' 또는 '인간적 필요의 경제')에서 경제 위기 상황에서 공격받는 노동자와 서민 대중의 생존권을 방어하는 요구를 이행기 강령 차원으로 구체화하는 것이어야 한다.[33]

내가 10년 전인 1998년 경제 위기 당시에 주장했듯이,[34] 대공황기에는 생활임금 쟁취나 고용 보장과 같은 노동자 대중의 절박한 생존권 요구들을 자본주의의 소유관계와 부르주아 국가의 한계 내에서는 성취할 수 없기 때문에, 노동자 대중이 일상적 투쟁 과정에서 제기하는 생존권 요구들이 반자본주의 변혁으로 나아갈 수 있는 가교가 존재한다. 대공황기에 '국민경제'를 살리려면 노동자 대중이 '고통 분담', 즉 희생해야 한다는 지배계급의 주장에서 도출되는 결론은 노동자 대중이 살려면 '국민경제'가 '죽어야 한다'는 것이고, 이것은 다시 말해 대공황기에 노동자 살리는 생존권 투쟁은 '국민경제'를 타도하는 투쟁, 즉 반자본주의 투쟁으로 비화될 수밖에 없기 때문이다.

진보 진영은 이제 공황을 막기 위한 이런저런 정책 대안들을 논의하는 것이 아니라, 공황이라는 파괴와 낭비를 필연적으로 수반할 수밖에 없는 자본주의 체제의 모순적 · 적대적 성격을 고발하고, 공황기에 노골화되는 자본주의 국가의 계급적 성격을 비판해야 한다. 동시에, 반자본주의 · 탈자본주의 대안을 구체화하고 이를 구현하기 위한 대중운동을 건설하는 데 주력해야 한다.[35] 마르크스주의적 사회주의자들은 모든 종류의 시장경제 모델의 문제점이 분명하게 드러나고 있는 오늘날의 세계 대공황 국면을 최대한 활용해서 반자본주의·탈자본주의 대안, 다시 말해 마르크스주의적 사회주의, 민주적 참여계획경제의 현재성과 필요성을 주장해야 한다.[36] 21세기 초 세계 대공황은 반자본주의·탈자본주의, 민주적 참여계획경제의 실현을 앞당기는 역사적 기회가 될 수 있다.

# chapter 10

# 대담 : 세계 대공황의 전망과 대안

로버트 브레너 · 정성진

**정성진**　대부분의 언론과 경제 평론가들은 현재의 위기를 '금융 위기'라고 부릅니다. 이 표현에 동의하십니까?

**브레너**　오늘날 위기를 분석하는 이들이 은행과 증권시장의 붕괴를 출발점으로 잡는 것은 이해할 만합니다. 그러나 문제는 그들이 그보다 깊이 들어가지 않는다는 것입니다. 미국 재무장관 헨리 폴슨과 연방준비제도이사회 의장 벤 버냉키 같은 이들은 위기를 단순히 금융 부문의 문제로 설명할 수 있다고 주장합니다. 또 배후에 있는 실물경제는 견실하다고 주장하기도 합니다. 이른바 '펀더멘털'은 튼튼하다는 것이지요. 그러나 이런 주장만큼

---

* 로버트 브레너와 정성진의 대담은 〈한겨레〉의 2009년 신년 해외 석학 대담 특집의 일환으로 기획돼, 2008년 12월 22일 산타모니카의 한 호텔에서 3시간 가까이 진행됐다. 이 대담의 우리말 축약본은 〈한겨레〉 2009년 1월 30일자에 게재됐으며, 녹취록 일부는 〈한겨레〉 온라인 영문판 2009년 2월 4일자에 게재됐다(http://english.hani.co.kr/arti/english_edition/e_international/336766.html 참조). 여기에는 후자를 정성진이 번역한 것을 〈한겨레〉의 허가를 얻어 수록했다. 이 대담을 기획하고 지원해 준 〈한겨레〉의 이세영, 최우성, 박중언 기자님께 감사드린다.

잘못된 주장도 없습니다. 오늘날 위기의 기본 원인은 1973년 이후, 특히 2000년 이후 선진 자본주의 경제의 활력이 저하한 것입니다. 미국, 서유럽, 일본의 경제 성과는 지속적으로 악화됐고 국내총생산, 투자, 실질임금 등 표준 거시경제지표들은 경기순환 때마다 점점 나빠졌습니다. 가장 놀라운 사실은, 가장 최근에 끝난 경기순환, 즉 2001~2007년의 경기순환 국면은 전후 시기를 통틀어 가장 미약한 결과를 낳았다는 것입니다. 이는 이 시기에 미국 정부가 전시를 제외한 미국 역사상 최대 규모로 경기부양을 지원한 사실을 감안하면 더욱 놀라운 사실입니다.

**정성진**　교수님은 《전 지구적 혼돈의 경제학》*에서 1973년 이후 세계 제조업 부문에서 경쟁이 격화되면서 이윤율이 떨어지기 시작했고, 이에 따라 세계 경제가 '장기 하강' 국면으로 들어갔다고 주장했습니다. 그리고 최근의 세계 경제 위기 역시 이런 이윤율 장기 저하와 장기 하강의 연속선상에서 이해해야 한다고 주장하고 있습니다. 이런 주장을 교수님이 1998년에 처음 체계화한 뒤, 이를 둘러싸고 전 세계적으로 논쟁이 벌어졌지요. 그런데 최근 세계 경제 위기가 심각해지면서 교수님의 주장이 다시 힘을 얻는 듯합니다. 《뉴 레프트 리뷰》 최근 호도 교수님의 주장을 다시 특집으로 다뤘습니다. 교수님의 주장을 다시 한 번 요약해 주시겠습니까?

**브레너**　1973년 이후에 세계 경제가 장기적으로 하강한 것은 1960년대 말부터 자본에 대한 수익률이 큰 폭으로, 그리고 지속적으로 떨어졌기 때문입니다. 이 기간에 실질임금 증가세가 엄청나게 둔화한 것을 고려하면, 이윤율이 회복되지 못한 것은 더욱더 놀랍습니다. 이윤율이 떨어진 주된 요인 (물론 유일한 요인은 아닙니다)은 세계 제조업 부문에서 지속되고 있는 과

---

\* *The Economics of Global Turbulence*, 1998년에 초판이 발행됐고 2006년에 개정판이 출간됐다.

잉 설비입니다. 새로운 제조업 강국들, 예컨대 독일과 일본, 동북아시아의 신흥공업국들, 남아시아의 호랑이들, 그리고 마지막으로 중국이라는 거인이 잇따라 세계시장에 진입했습니다. 이 후발 경제들은 전에는 선진국들이 생산했던 동일한 재화들을 단지 값만 싸게 해서 생산했습니다. 그 결과, 여러 산업 부문에서 수요에 비해 공급이 너무 많게 됐고, 이것이 가격을 압박하고 다시 또 이윤을 압박했습니다. 그런데 이윤에 압박을 받은 기업들은 순순히 그 산업을 떠나지 않았습니다. 그 기업들은 자신들의 혁신 능력에 의존하거나 신기술에 더 많이 투자함으로써 자신들의 입지를 지키려고 노력했습니다. 그러나 이것은 당연하게도 과잉 설비 문제를 더 악화시켰죠. 수익률이 떨어져서 자본가들은 투자를 하더라도 전보다 더 적은 이익만 얻을 수 있었습니다. 따라서 설비·투자·고용 증가세를 둔화시키는 것 말고는 달리 도리가 없었지요. 동시에 자본가들은 수익성을 회복하기 위해서 노동자들의 임금을 동결했고, 정부는 사회적 지출을 삭감했습니다. 그러나 이런 삭감은 결국 장기적으로 총 수요 문제를 야기했습니다. 총 수요가 지속적으로 줄어든 것은 결국 경제가 장기적으로 취약하게 된 직접적 원인이 됐습니다.

**도표 10-1** 1949~2007년 미국, 독일, 일본의 순 이윤율(단위 : 퍼센트)
  * 일본은 2001~2006년의 이윤율이다

|  |  | 1949~59년 | 1960~69년 | 1970~79년 | 1980~90년 | 1991~2000년 | 2001~2007 * |
|---|---|---|---|---|---|---|---|
| 민간 부문 | 미국 | 13.3 | 14.6 | 10.5 | 9.8 | 10.8 | 10.0 |
|  | 독일 |  | 17.7 | 13.2 | 12.8 | 9.4 | 9.5 |
|  | 일본 |  | 19.0 | 12.6 | 11.9 | 8.5 | 8.6 |
| 제조업 | 미국 | 25.0 | 24.5 | 13.4 | 11.8 | 16.4 | 14.1 |
|  | 독일 |  | 18.9 | 12.4 | 10.4 | 5.2 | 12.2 |
|  | 일본 |  | 36.4 | 29.7 | 19.8 | 10.3 | 8.3 |

출처 : 로버트 브레너 제공

**정성진**  실제로 이번 위기를 촉발시킨 계기는 지난 10년 동안 사상 유례없는 규모로 팽창한 주택 가격 거품이 폭발한 것이었습니다. 주택 가격 거품의 팽창과 뒤이은 폭발이 지금의 위기에서 갖는 의미는 무엇이라고 생각하십니까?

**브레너**  주택 가격 거품은 1990년대 중반 이후에 미국 경제가 경험한 자산 가격 거품, 특히 이러한 거품을 조장한 미국 연방준비제도이사회의 구실과 연관시켜서 이해해야 합니다. 장기 하강이 시작되자, 경제 당국은 수요가 불충분한 문제를 공적·사적 차입을 많이 하도록 조장하는 방식으로 대처하려 했습니다. 처음에는 정부의 재정 적자에 의존했는데, 이를 통해서 매우 심각한 불황은 피할 수 있었습니다. 그러나 점차 시간이 지나면서, 정부는 같은 규모의 차입을 통해서 전보다 더 낮은 성장만 얻게 됐습니다. 결국 역사적으로 자본주의 체제를 괴롭혀 왔던 심각한 위기는 피할 수는 있었지만, 침체로 서서히 빠져들어 가는 것은 막을 수 없었죠. 1990년대 초 미국과 유럽의 정부들은 클린턴 정부의 주도하에 균형재정으로 이동하면서, 이전의 고질적인 적자재정과 단절하려 했습니다. 자유시장이 경제를 조절하게 하자는 의도였지요. 그러나 수익성이 회복되지 않았기 때문에, 재정 적자가 줄어들자 수요에 커다란 충격을 줬습니다. 그 결과, 1991~1995년에 미국 경제는 전후 최악의 불황과 저성장을 겪게 됐습니다.

미국 정부 당국자들은 경제를 다시 팽창시키려고 1980년대 말에 일본이 선도했던 접근법을 채택했습니다. 연방준비제도이사회는 이자율을 낮게 유지함으로써 차입을 쉽게 만들었고 이를 통해 금융자산에 대한 투자를 장려했습니다. 자산 가격이 치솟으면서 기업과 가계의 부는 엄청나게 증가했습니다. 적어도 장부상으로는 말이지요. 기업과 가계는 어마어마한 규모로 대출을 받을 수 있었고, 이는 투자와 소비를 크게 늘려 경제를 이끌고 가게 됐습니다. 그래서 민간 적자가 공공 적자를 대신하게 됐지요. 즉, '자산 가격 케인스주의(asset price Keynesianism)'가 전통적 케인스주의를 대신했습니다. 지난 10여 년 이상 세계 경제는 매우 특이하게도 자본축적이 그야말로 사상 유례없는 투기 파동에 의존해서 지속되는 체제였습니다. 1990년대 후반의 주식시장 거품과 2000년대 초 주택과 신용 시장 거품이 바로 그것입니다. 정부 정책 당국자들은 이런 투기 거품을 의도적으로 조장하고 합리화했습니다.

**정성진** 교수님은 2001년 불황뿐 아니라 현재의 위기도 정확하게 예측한 바 있습니다. 이번 세계 경제 위기는 향후 어떻게 진행될 것으로 전망하십니까?

**브레너** 현재 위기는 전후 가장 심각한 불황이었던 1979~1982년 불황보다 이미 더 심각하며, 1930년대 대공황에 버금갈 정도로 심각해질 수 있습니다. 그러나 대다수 경제 예측가들은 현재의 경제 상태가 얼마나 나쁜지에 대해 과소평가하고 있습니다. 그리고 실물경제가 견실하다고 과대평가하고 있지요. 실물경제가 그동안 자산 가격 거품에 의존한 채무의 누적에 지탱돼 왔다는 사실에 눈을 감고 있습니다. 미국에서 가장 최근의 경기순환 주기인 2001~2007년의 국내총생산 성장률은 전후 가장 낮았습니다. 민간 부문에서 고용은 거의 제자리걸음이었지요. 설비와 투자의 증가율은 전후에 가장 낮았던 때보다도 3분의 1이나 더 낮았습니다. 실질임금 역시 거의 증가하지 않았습니다. 전후 처음으로 가계소득이 전혀 증가하지 않았어요. 경제성장은 거의 전적으로 소비와 주택 투자에 의존했는데, 이는 저렴한 대출과 집값 상승으로 가능하게 된 것이었습니다. 이렇듯 경제 성과는 미약했습니다. 주택 거품과 부시 정부의 엄청난 재정 적자가 경기를 대규모로 부양했는데도 말이죠. 주택 부문은 2001~2005년에 국내총생산 성장의 3분의 1과 고용 증가의 절반을 설명해 줍니다. 따라서 주택 거품이 터지면서, 소비와 부동산 투자가 줄어들고 경제는 추락하고 있습니다.

**정성진**　일부 경제학자들은 현재 위기에서 금융 거품의 팽창과 붕괴가 결정적인 구실을 했다는 사실을 강조하면서 지금의 위기는 이른바 '민스키 위기'이지, 실물경제의 위기에 근거를 둔 '마르크스 위기'는 아니라고 주장합니다. 이런 주장에 대해 어떻게 생각하십니까?

**브레너**　위기의 실물적 측면과 금융적 측면을 대립시키는 것은 도움이 되지 않는다고 생각합니다. 제가 강조했듯이, 현재의 위기는 '마르크스 위기'입니다. 왜냐하면 현재의 위기가 이윤율의 장기적 저하에 뿌리를 두고 있고, 이것이 현재까지 계속되고 있는 자본축적 둔화의 근본 원천이기 때문입니다. 2001년 미국 비금융기업 부문의 이윤율은 1980년을 제외한다면 전후 기간 동안 가장 낮은 수치였습니다. 따라서 기업들은 투자와 고용을 중단할 수밖에 없었는데, 이것이 다시 총 수요 문제를 악화시켜 기업 환경을 더 어둡게 만들었습니다. 가장 최근에 끝난 경기순환 주기 동안에 성장이 그토록 낮았던 것도 이 때문입니다.

그러나 현재의 위기를 이해하려면 실물경제의 취약성과 금융 붕괴의 연관성을 밝혀야 합니다. 그 주된 연결 고리는, 경제가 굴러가기 위해 점점 더 차입에 의존하게 됐고 이런 차입을 유지하기 위해 정부는 점점 더 자산 가격 상승에 의존하게 된 사실입니다. 주택과 신용 시장 거품의 기본 조건은 싼값에 계속 돈을 꿀 수 있어야 한다는 것입니다. 1997~1998년 위기와 2001~2002년 위기 이후에 세계 경제의 성장은 미약했고, 동아시아 정부는 자국의 통화 가치를 낮추고 미국의 소비 증가를 유지하기 위해 엄청난 규모로 달러를 구매했습니다. 그 결과, 장기금리가 비정상적인 수준으로까지 떨어졌습니다.

동시에 미국 연방준비제도이사회는 1950년대 이후 그 어느 때보다 단기

금리를 낮게 유지했습니다. 은행은 아주 싸게 돈을 빌릴 수 있었기 때문에 투기 자본에게 더 많이 대출해 줬습니다. 이 투기 자본의 투자는 모든 종류의 자산 가격을 계속 상승시켰고, 대출에 대한 수익률(채권 금리)은 계속 낮아졌습니다. 다시 말해, 집값은 치솟고 미국 재무부 채권의 실질 수익률은 급락했습니다. 그러나 수익률이 계속 낮아지면서, 대출 수익에 의존해 온 세계 금융기관들은 충분한 이윤을 얻기가 점점 힘들게 됐지요. 연금 기금과 보험회사들은 물론이고 헤지펀드와 투자은행도 타격을 크게 입었습니다. 그래서 이 금융기관들은 매우 의심스러운 서브프라임 모기지에 기반을 둔 주택저당증권(MBS)에 대량으로 투자하게 됐는데, 왜냐하면 주택저당증권(MBS)이 매우 높은 수익을 안겨다 줬기 때문이었습니다. 물론 그에 따른 매우 높은 위험은 무시됐지요. 실제로 이 금융기관들은 이 증권에 끝도 없이 투자했습니다. 이 금융기관들이 주택저당증권(MBS)에 돈을 쏟아부을수록, 모기지 대출업자들은 점점 더 자격이 미달되는 사람들에게까지 돈을 빌려 줄 수 있었습니다. 그래서 집값 거품은 사상 유례없는 규모로 팽창했고, 이를 통해 경제성장은 한동안 계속됐습니다.

물론 이런 과정은 영원히 계속될 수 없는 것이었죠. 집값이 떨어지자 실물경제는 불황에 빠졌고 금융 부문은 붕괴했습니다. 실물경제와 금융 부문 모두 동력을 주택 거품에 의존했기 때문이지요. 이제 불황은 주택시장의 위기를 더 심화시키면서 금융 붕괴를 더 악화시키고 있습니다. 게다가 금융 붕괴는 신용에 대한 접근을 어렵게 해서 실물경제의 불황을 다시 악화시키고 있습니다. 실물경제 위기와 금융 부문 위기가 상승작용을 하면서, 경제는 현재 걷잡을 수 없이 하강하고 있으며 파국으로 치달을 수도 있습니다.

**정성진**　저도 전후 자본주의가 1970년대 이후 장기 하강 국면으로 들어갔다고 생각합니다. 그러나 1980년대 이후 자본의 신자유주의적 반격이 이런 장기 하강이 악화되는 것을 일정 정도 저지한 것도 사실 아닌가요?

**브레너**   신자유주의가 금융으로의 전환과 규제 완화를 뜻하는 것이라면, 그것이 경제 회복에 도움이 됐다고 생각하지 않습니다. 그러나 신자유주의가 노동자들의 임금과 노동조건, 복지국가에 대한 자본과 정부의 공격 강화를 의미하는 것이라면, 그것이 이윤율 저하 추세가 더 악화되는 것을 저지한 것은 분명한 사실입니다. 그런데 이런 자본의 반격은 흔히 신자유주의 시대라고 얘기되는 1980년대 전에 이미 시작됐습니다. 자본의 반격은 1970년대 초 이윤율이 떨어지기 시작하면서 케인스주의와 함께 개시됐습니다. 그러나 자본의 반격은 이윤율을 회복하는 데는 성공하지 못했고 총 수요 문제만 악화시켰습니다. 총 수요 문제가 악화되면서 정책 당국자들은 더 강력한, 그러나 더 위험한 형태의 경기부양책인 '자산 가격 케인스주의'에 의존하게 됐는데, 이것이 현재의 재난으로 이어진 것입니다.

**정성진**   일부 논자들은 1980년대 이후 자본주의가 금융이 지배하는 '금융화' 또는 '금융 주도 자본주의'로 변모했다고 주장하고, 현재의 위기는 자본주의 자체의 모순이라기보다 '금융화'된 자본주의 탓이라고 주장합니다.

**브레너**   '금융 주도 자본주의'란 용어는 형용모순입니다. 왜냐하면 일반적으로 금융 부문의 이윤이 유지되려면 실물경제에서 계속해서 이윤이 창출돼야 하기 때문이지요. 물론 소비자 대출과 같은 예외가 있기는 하지만 말입니다. 미국을 비롯한 몇몇 정부들이 실물경제에서 이윤율이 떨어지는 데 대처하기 위해, 금융 부문의 규제를 완화해서 금융으로 전환하는 것을 부추긴 것은 사실입니다. 그러나 실물경제가 계속 나빠졌기 때문에, 규제 완화로 금융 부문의 경쟁은 더 심해졌고 이윤 창출은 더 어렵게 됐으며 더 큰 투기와 위험 감수가 조장됐습니다. 투자은행과 헤지펀드의 최고경영자들은 엄청난 돈을 벌었는데, 이는 이들의 보수가 단기 이윤과 연관된 것이었기 때문입니다. 이들은 자기 기업의 자산과 대출을 팽창시킴으로써, 따라서 위험을 증대시킴으로써 일시적으로 높은 수익을 올릴 수 있었죠. 그러나 이런 사업 방식은 결국 이 기업들의 장기적 금융 건전성을 약화시켰고, 그 결과 얼마 전에 봤듯이 월스트리트의 대표적인 투자은행들이 몰락했습니다.

1970년대 이후 이른바 금융 부문의 팽창은 매번 금융 위기의 재난으로 이어졌고 이는 다시 국가의 대규모 구제금융으로 이어졌습니다. 1970년대 와 1980년대 초 제3세계에 대한 대출 붐, 1980년대의 저축대부조합 대출 붐, 차입매수* 광풍과 상업 부동산 거품, 1990년대 후반 주식시장 거품, 그리고 2000년대의 주택과 신용 시장 거품의 사례를 보십시오. 금융 부문이 동력을 갖는 것처럼 보였을 때는 단지 정부가 이들을 지원해 줄 때 뿐이었 습니다.

**정성진**　최근 위기가 심화되면서 신자유주의 시대가 가고 케인스주의 또 는 국가주의가 새로운 시대정신으로 복귀하는 듯 보입니다. 이는 오바마 당 선과 함께 더 가속화하는 듯합니다. 그러나 저는 현재 위기가 자본주의의 특정 형태의 위기가 아니라 자본주의 자체의 위기이기 때문에, 케인스주의 나 국가주의로는 현재의 위기를 해결할 수 없다고 봅니다. 어떻게 생각하시 는지요?

**브레너**　오늘날 정부는 실제로 케인스주의와 국가로 돌아서서 경제를 구 출하려고 노력할 수밖에 없다고 봅니다. 자유시장 경제는 오늘날의 경제 재 난을 막거나 대처하는 데 전적으로 무능한 것으로 판명됐습니다. 방금 전만 해도 규제를 벗어난 금융시장을 찬양한 세계 정치 지도자들이 갑자기 모두 케인스주의자들이 된 것은 이 때문입니다.

---

\* Leveraged Buy-Out(LBO), 기업을 인수·합병할 때 인수할 기업의 자산이나 향후 현금 흐름을 담보로 금융기관에서 돈을 빌려 인수하는 것.

그러나 케인스주의를 엄청난 규모의 재정 적자와 수요를 부양하기 위한 저렴한 신용 정책이란 의미로 이해한다면, 그것이 많은 이들이 기대하는 효과를 가져다줄지는 의문입니다. 지난 7년 동안 주택시장 거품을 일으킨 연방준비제도이사회의 정책으로 조장된 차입과 지출, 그리고 부시 정부의 재정 적자 덕분에, 우리는 전시를 제외한 역사상 최대 규모의 케인스주의적 경기부양을 이미 경험했습니다. 그러나 그 결과는 전후 기간 중 성장이 가장 미약한 경기순환 주기였습니다.

오늘날의 상황은 더 심각합니다. 주택시장의 거품이 꺼지고 대출을 받기가 어려워지면서 가계는 소비와 주택에 대한 투자를 줄이고 있습니다. 그 결과, 기업의 이윤은 떨어지고 있습니다. 기업 역시 임금을 삭감하고 노동자들을 빠른 속도로 해고하고 있습니다. 수요는 줄어들고 이윤율은 떨어지는 악순환이 시작되고 있습니다. 그동안 가계는 집값 상승을 기대하고 차입을 늘려 왔는데, 이제는 누적된 채무의 압박 때문에 차입을 줄이고 저축을 늘릴 것입니다. 지금은 가계의 소비가 늘어나는 것이 경제에 절실하게 필요한 때인데 말입니다. 나는 정부가 가계에 쥐어 주는 돈 대부분은 지출되지 않고 저축될 것이라고 생각합니다. 경제가 확장되던 때에도 케인스주의는 경제를 거의 이끌지 못했는데, 1930년대 이후 최악의 불황인 오늘날에 우리가 케인스주의에 도대체 무엇을 기대할 수 있겠습니까?

오바마 정부는 경제에 어떤 의미 있는 자극을 주기 위해 결국 국가자본주의 형태의 대규모 직접·간접 정부 투자를 고려할 것입니다. 그러나 이를 실행에 옮기려면 엄청난 정치적·경제적 장애를 극복해야 합니다. 미국의 정치 문화는 국가 지출에 매우 적대적이에요. 그리고 정부 지출과 국가 부채가 대규모로 증가하면 달러 가치가 위협받을 것입니다. 현재까지는 동아시아 정부들이 기꺼이 미국의 경상수지 적자와 재정 적자 조달에 필요한 자금을 제공해 줬는데, 이는 미국의 소비를 유지해서 자국의 수출을 유지하기 위해서였습니다. 그러나 경제 위기가 중국까지 확산되면서 동아시아 정부들은 미국의 적자를 조달하기 어렵게 될 것입니다. 이는 미국의 적자가 미증유의 규모로 늘어날 것임을 고려하면 더욱 그렇습니다. 달러 투매라는 공포의 시나리오가 현실화될 수 있습니다.

**정성진** 오바마가 미국 대통령에 당선됐습니다. 오바마는 21세기 루스벨트를 자처하며 '새로운 뉴딜'을 제창하고 있습니다. 진보 진영 일부가 오바마 정부를 부시 정부에 비교해서 '차악'으로 간주하고 '비판적으로 지지'하는 것에 대해 어떻게 생각하십니까?

**브레너** 오바마의 당선은 환영해야 합니다. 만약 공화당의 매케인이 당선됐더라면 미국 정치에서 가장 반동적인 세력에게 엄청난 힘을 실어 주게 됐을 것입니다. 또 부시 정부의 극단적인 군국주의와 제국주의뿐 아니라 노동조합과 복지국가, 환경보호의 마지막 흔적까지 제거하려는 그들의 의도를 승인하는 결과가 됐을 것입니다.

그렇지만 오바마는 루스벨트와 마찬가지로 민주당 중도파입니다. 따라서 오바마 혼자서 노동 대중 다수의 이익을 방어하는 많은 일을 할 것이라고 기대할 수 없어요. 오늘날 노동 대중 다수는 폭락한 이윤을 고용 감축이나 임금 삭감 등을 통해 벌충하려는 기업들의 가속화된 공격을 당하고 있습니다. 그런데도 오바마는 미국 역사상 최대 규모의 납세자 약탈이라 불리는, 금융 부문 구제금융 법안을 지지했습니다. 그리고 오바마는 자동차 산업 구제금융 안도 지지했습니다. 이 구제금융 안이 자동차 노동자들의 임금을 대폭 삭감하는 것을 조건으로 한 것이었는데도 말입니다.

분명한 것은 오바마는, 루스벨트와 마찬가지로, 아래로부터 노동 대중의 조직화된 직접행동이 벌어질 때에만 압력을 받아 노동 대중을 방어하는 결정적 조치를 취할 것이라는 사실입니다. 실제로 루스벨트 정부는 거대한 대중 파업 물결이 일자 압력을 받아 그제서야 와그너법*과 사회보장을 비롯한 주요 진보적 뉴딜 법안을 통과시켰습니다. 오바마의 경우에도 마찬가지일 것입니다.

**정성진**  로자 룩셈부르크와 데이비드 하비에 따르면, 자본주의는 위기로 치닫는 경향을 지리적 팽창을 통해 극복합니다. 하비에 따르면, 민간의 자본 투자를 보충하기 위해 국가가 사회간접자본에 대규모로 투자를 하는 것이나 해외직접투자가 이런 과정을 주도합니다. 자본주의가 현재 위기에서 탈출구(하비의 용어를 빌면 '시간적-공간적 해결책(spatial-temporal fix)')를 찾을 수 있을 것이라고 생각하십니까?

**브레너**  이것은 좀 복잡한 문제입니다. 우선 저는 지리적 팽창이 모든 자본축적의 거대한 확장기에 필수적이었다고 생각합니다. 노동력 규모가 성장하고 체제의 지리적 공간이 성장하는 것이 자본주의 성장에서 필수 불가결하다고 볼 수도 있을 것입니다. 제2차세계대전 이후의 호황이 좋은 사례입니다. 전후 호황을 특징짓는 것은 미국 남부와 남서부, 그리고 전쟁으로 폐허가 된 서유럽과 일본으로 자본이 엄청나게 유입된 것이었습니다. 이 시기에 미국 자본의 투자는 미국뿐 아니라 서유럽에서도 결정적인 구실을 했죠. 노동력과 자본주의의 지리적 영역이 이렇듯 팽창한 것이 전후 호황을 그토록 역동적이게 만든 높은 이윤율에 필수적이었음은 의문의 여지가 없습니다. 마르크스주의 관점에서 볼 때 이것은 자본축적의 고전적 확장입니다. 이것은 체제 외부에서, 특히 독일과 일본의 전(前)자본주의적 농촌 지역에서 거대한 규모로 노동 대중을 흡인하는 과정, 그리고 거대한 규모로 지리적 공간을 추가로 통합하거나 재통합하는 과정을 필연적으로 수반했습니다.

---

* Wagner Act, 1935년 제정된 미국의 노동조합 보호법.

그렇지만 저는 대체로 1960년대 말과 1970년대 초 이후의 장기 하강 유형은 달랐다고 생각합니다. 이윤율이 떨어지자 자본이 해외로 더 뻗어 나가고 선진 기술과 값싼 노동을 결합하려는 방식으로 대응한 것은 사실입니다.

물론, 동아시아는 그 대표 사례입니다. 동아시아는 의심할 나위 없이 자본주의에게 하나의 세계사적 계기, 하나의 근본적 변혁이었습니다. 그러나 동아시아로 뻗어 나가는 것이 떨어지는 이윤율에 대한 대응이기는 했지만, 만족할 만한 해결책은 되지 못했습니다. 왜냐하면 동아시아에서 그토록 괄목할 만하게 출현한 새로운 제조업 생산이 이미 다른 곳에서 이뤄지고 있는 제조업 생산을 결국 엄청나게 큰 규모로 중복되게 만들었기 때문입니다. 비록 동아시아의 제조업이 상품을 훨씬 싸게 생산하기는 했지만 말입니다. 문제는 체제 전체로 보자면, 그것이 과잉 설비 문제를 해결하기는커녕 더 악화시켰다는 것입니다. 다시 말해서, 세계화는 이윤율 저하에 대한 대응이었지만 그 새로운 산업들이 기본적으로 세계 분업을 보충하는 것들이 아니라 남아도는 것들이었기 때문에, 수익성 문제는 여전히 해결되지 않았습니다.

요컨대, 저는 그토록 오랫동안 체제를 괴롭혀 온 수익성 문제, 다시 말해 자본축적이 둔화하고 안정성을 유지하기 위해 사용한 차입의 규모가 엄청나게 커진 문제를 실제로 해결하기 위해, 자본주의 체제는 그토록 오랫동안 연기돼 온 공황을 요구하고 있다고 생각합니다. 문제가 채무 누적으로 엄청나게 더 악화된 과잉 설비이기 때문에, 현재 필요한 것은 고비용·저이윤 기업 구조를 구조조정하고, 생산수단을 저렴화하고, 노동력 가격을 낮추는 것입니다. 역사적으로 볼 때 자본주의는 공황을 통해서 이윤율을 회복하고 더 역동적인 자본축적에 필요한 조건들을 확립했습니다. 제2차세계대전 이후 공황은 계속 회피돼 왔지만, 그 대가는 수익성을 회복하는 데 실패하고 정체 경향을 더 악화시킨 것이었습니다. 현재 위기는 여태까지 이뤄지지 않왔던 구조조정에 관한 것입니다.

**정성진**　오로지 공황만이 공황을 해결할 수 있다고 생각하시는군요. 그것은 정말 마르크스적인 답변입니다.

**브레너**　아마도 그런 것 같습니다. 다음과 같이 비유할 수 있을 것입니다. 우선 1930년대 초에 뉴딜과 케인스주의는 효과가 없었습니다. 실제로 1930년대 내내 새로운 호황을 위한 조건을 확립하는 데 실패했어요. 이는 미국 경제가 1937~1938년에 다시 심각한 불황에 빠졌던 것을 통해서도 입증됩니다. 그러나 결국 1930년대에 긴 공황을 겪은 결과로 고비용·저이윤 생산수단이 구조조정되면서 높은 이윤율을 위한 기본 조건이 창출됐죠. 따라서 1930년대 말이 되면 잠재적 이윤율은 높았으며, 수요에 대한 충격만 결여된 상태였다고 말할 수 있습니다. 이 수요 충격은 물론 제2차세계대전을 위한 대규모 군비 지출에 의해 제공됐습니다. 그래서 전쟁 동안 이윤율이 높았으며 이 높은 이윤율이 전후 호황을 위한 조건을 제공했습니다. 저는 케인스주의적 적자재정이 만약 1933년에 시도됐다면 성공하지 못했을 것이라고 생각해요. 왜냐하면 마르크스적 의미에서 체제를 청소하는 공황이 먼저 필요했기 때문입니다.

**정성진**　현재 위기가 미국의 세계적 헤게모니를 위협할 것이라고 생각하십니까? 이매뉴얼 월러스틴 같은 세계체제론자들은 현재 위기 속에서 미국 제국주의의 헤게모니는 약화될 것이라고 주장합니다.

**브레너**　이것 역시 매우 복잡한 문제입니다. 제가 틀릴 수도 있겠습니다만, 미국 헤게모니가 약화되고 있다고 믿는 이들 중 다수는 미국의 헤게모니를 주로 미국의 지정학적 권력으로 간주합니다. 이런 관점에서는 미국의 지도력을 구성하는 것은 주로 미국의 지배력, 다시 말해서 다른 나라들에게 미국의 권력을 행사해서 미국을 계속해서 정상의 지위에 있게 하는 힘입니다. 그러나 저는 미국의 헤게모니를 그렇게 생각하지 않습니다. 저는 세계 지배계급들, 특히 자본주의 중심부의 지배계급들은 대체로 미국이 헤게모니를 쥐고 있는 것에 대해 매우 만족스러워 하고 있다고 생각합니다. 왜냐하면 그들에게 미국의 헤게모니란 미국이 세계 경찰 구실을 하고 그 비용도 떠맡는 것을 의미하기 때문입니다. 가난한 나라들의 지배계급들도 마찬가지라고 생각해요.

세계의 경찰로서 미국의 목표는 무엇입니까? 다른 나라들을 공격하는 것은 아니겠지요. 그것은 주로 세계적 차원에서 사회질서를 유지하고 세계적 자본축적을 위한 안정된 조건을 창출하는 것입니다. 그 주된 목적은 자본주의에 저항하는 대중의 도전을 소탕하고 기존의 계급관계 구조를 지탱하는 것입니다. 전후 대부분의 기간 동안, 고삐 풀린 자본의 지배에 맞서는 아래로부터의 민족주의적·국가주의적 도전이 있었습니다. 물론, 이 사람들은 미국 지배력의 가장 노골적 표현인 미국의 잔인한 폭력에 의해 진압됐습니다. 자본주의 중심부 내부에서는 미국의 헤게모니라는 것이 있었지만, 자본주의 중심부 바깥에서는 지배만이 있을 뿐이었습니다.

그러나 소련이 몰락하고 중국과 베트남이 자본주의 노선으로 선회하고, 남아프리카와 중남미 지역에서 민족해방운동이 패배하면서, 발전도상국에서 자본주의에 맞선 저항은 적어도 얼마 동안은 많이 약화됐지요.

이렇듯 오늘날 서유럽과 동유럽, 일본과 한국뿐 아니라 브라질, 인도, 중국의 정부와 지배계급들은 미국이 헤게모니를 계속 쥐고 있기를 원합니다. 미국의 헤게모니는 미국과 세계 지배를 두고 다툴 수 있는 다른 강대국이 대두한다고 해서 약화되지는 않을 것입니다. 당장 중국은 미국의 헤게모니를 선호합니다. 미국은 중국을 공격할 계획이 없으며 지금까지 미국은 중국에게 수출 시장을 활짝 개방하고 있습니다. 미국은 세계 경찰 구실을 하면서 무역과 자본 이동의 자유를 보장하고 있고, 그리하여 중국은 생산비 측면에서 대등하게 경쟁할 수 있습니다. 이것은 중국에 매우 이로운 것이며 이보다 더 좋을 수는 없겠지요.

미국이 현재 위기에도 불구하고 헤게모니를 유지할 수 있을까요? 이것은 훨씬 어려운 질문입니다. 그러나 우선, 저는 그럴 수 있을 것이라고 생각합니다. 세계 지배계급들은 무엇보다 현재와 같은 세계화를 지속하기를 원하는데, 여기에서 미국은 결정적입니다. 세계의 어떤 지배계급도 위기와 미국의 경제적 어려움을 틈타서 미국의 헤게모니에 도전하려 들지 않을 것입니다. 물론, 중국은 "우리는 미국이 방종한 소비를 계속하도록 돈을 대 주지는 않을 것이다" 하고 말하겠지요. 지난 10년 동안 미국의 기록적인 경상수지 적자를 중국이 벌충해 준 사실, 그리고 미국의 엄청난 재정 적자를 언급하면서 말입니다.

그러나 중국이 앞으로 미국에 돈줄을 완전히 끊을 것이라고 생각하십니까? 천만의 말씀입니다. 중국은 여전히 엄청난 돈을 미국에 쏟아부으면서 미국 경제가 굴러가도록 만들 것입니다. 왜냐하면 그렇게 해야 중국도 여태까지와 같은 방식으로 계속 발전할 수 있기 때문입니다. 물론 원한다고 다 가능한 것은 아니겠지요. 중국의 위기가 너무 심각해지면 중국은 미국의 적자를 조달할 여유가 없게 될 수도 있어요. 또는 미국의 적자와 연방준비제도이사회의 통화 발행이 계속 증가할 경우, 달러 가치가 폭락해서 정말 재앙이 올 수도 있습니다. 이 가운데 어떤 사태가 발생하든, 새로운 세계질서를 건설해야 할 것입니다. 그러나 심각한 위기의 조건에서 새로운 세계질서 건설은 매우 어려울 것입니다. 그런 상황에서는 미국이 다른 나라들과 마찬가지로 보호주의, 민족주의, 심지어 전쟁으로 돌아설 수 있습니다.

저는 현재 세계의 지배계급들은 이런 사태가 도래하는 것은 피하려 할 것이라고 생각합니다. 그들은 이런 사태를 맞이할 준비가 돼 있지 않아요. 그들이 원하는 것은 시장을 계속 개방하고 무역을 자유화하는 것입니다. 세계 지배계급들은 주요 국가들이 문제를 해결하기 위해 보호주의에 호소한 가장 최근의 시기는 1930년대 대공황 때였으며, 또 보호주의는 대공황을 도리어 더 악화시켰다는 사실을 잘 알고 있습니다. 왜냐하면 어떤 나라들이 보호주의를 시작하자 다른 나라들도 보호주의로 돌아서서, 세계시장이 결국 봉쇄되고 말았기 때문입니다. 그 다음에 온 것은 잘 알듯이 군국주의와 전쟁이었습니다. 세계시장 봉쇄가 오늘날에는 재앙을 초래할 것이 명백합니다. 그래서 지배계급들과 정부들은 최선을 다해서 보호주의, 국가주의, 민족주의, 군국주의로 귀결되는 것을 막으려 합니다.

그러나 정치는 단지 지배계급이 원하는 것의 표현만은 아닙니다. 그리고 지배계급이 원하는 것은 시간에 따라 변합니다. 게다가 지배계급은 대체로 분열돼 있으며 정치에서는 자율성을 갖고 있습니다. 그래서 예컨대 만약 위기가 매우 깊어진다면(지금 시점에서는 그렇게 된다고 해도 조금도 놀라운 일은 아니겠지요), 극우 정치, 즉 보호주의, 군국주의, 이주 노동자 반대, 민족주의 정치가 부활할 가능성을 배제할 수 없습니다. 이러한 종류의 정치는 광범한 대중적 지지를 받을 수 있습니다. 게다가 기업가들 중 점점 더 많은 이들이 이것이 유일한 출구라고 여길 수 있습니다. 왜냐하면 시장이 붕괴하고 체제가 대공황에 빠지면, 이들에게는 경쟁에서 보호받고 군비 지출로 수요를 보조받는 것이 필요할 것이기 때문입니다. 알다시피 이것은 제1차와 제2차세계대전 사이의 대공황기에 유럽의 많은 나라들과 일본에서 지배적이었던 대응 방식입니다. 오늘날 우파는 혼란에 빠져 있는데, 이는 부시 정부의 실패와 위기 때문입니다. 그러나 오바마 정부가 경제 붕괴에 제대로 대처하지 못한다면, 우파가 쉽사리 복귀할 수도 있습니다. 이는 민주당이 실제로 어떤 이념적 대안도 제공하고 있지 못하기 때문에 더욱 그렇습니다.

**정성진**　지금 중국이 위기에 직면하고 있다고 말씀하셨는데요, 중국 경제의 전망은 어떻게 보십니까?

**브레너**　중국의 위기는 보통 예상하는 것보다 훨씬 심각할 것이라고 봅니다. 이유는 두 가지입니다.

첫째로 미국의 위기, 그리고 더 일반적으로는 세계 경제 위기가 보통 예상하는 것보다 훨씬 심각하고, 중국 경제의 운명이 궁극적으로 미국 경제와 세계 경제의 운명에 불가분하게 의존하고 있기 때문입니다. 단지 중국이 대미 수출에 많이 의존하고 있기 때문만은 아니에요. 유럽을 비롯한 나머지 세계 역시 미국에 많이 의존하고 있기 때문입니다. 최근 유럽은 중국의 최대 수출 시장이 됐습니다. 그러나 미국발 위기가 유럽을 불황에 빠뜨리자, 유럽에서 중국 재화 수요가 줄어들고 있습니다. 그래서 중국의 상황은 보통 예상하는 것보다 훨씬 심각합니다. 현재의 경제 위기가 예상보다 훨씬 심각하기 때문이죠.

둘째, 사람들은 중국의 놀라운 경제성장에 열광한 나머지, 거품이 중국 경제를 추동해 온 사실을 무시합니다. 중국은 기본적으로는 수출로, 특수하게는 점증하는 대미 무역 흑자로 성장해 왔습니다. 이런 흑자 때문에 중국 정부는 정치적 조치들을 통해 중국 화폐 가치가 올라가는 것을 저지하면서 중국 제조업의 경쟁력을 유지할 수 있었습니다. 구체적으로 중국은 중국 화폐인 인민폐를 엄청나게 찍어서 미국의 달러화 표시 자산을 거대한 규모로 사들였습니다. 그러나 그 결과 엄청난 양의 화폐가 중국 경제에 주입돼 대출이 오랜 기간에 걸쳐 점점 더 저렴해졌습니다. 다른 한편 기업과 지방정부는 이렇게 저렴하게 대출을 받아서 대규모로 투자했습니다. 그러나 이것은 과잉 설비를 점점 더 키우는 결과를 초래했죠. 다른 한편, 이들은 값싼 대출을 이용해 토지, 주택, 주식, 기타 금융자산을 구입했습니다. 그러나 이것은 거대한 자산 가격 거품을 야기했으며 미국에서와 마찬가지로 차입과 지출을 더 부추기는 데 일조했습니다.

중국의 거품이 꺼지면 중국에서 과잉 설비가 얼마나 심각한 상태인지 분명해질 것입니다. 중국의 거품이 꺼지면, 다른 나라들에서와 마찬가지로 소비 수요가 직격탄을 맞을 것이고 금융 위기가 발생할 것입니다. 요컨대 중국의 위기는 매우 심각하며, 이는 다시 세계의 위기를 더 악화시킬 것입니다.

**정성진**　　자본주의적 과잉 생산의 논리가 중국에도 적용된다고 보시는군요.

**브레너**　　그렇습니다. 이는 1990년대 후반 한국과 상당수 동아시아 나라가 이미 경험한 것과 유사합니다. 중국에서 아직 일어나지 않은 단 한 가지 사태는, 1990년대 후반에 한국 제조업의 팽창을 종식시킨 통화 가치 절상입니다. 중국 정부는 모든 수단을 동원해서 자국의 화폐 가치가 올라가는 것을 저지하고 있습니다.

**정성진**　　그렇다면 중국을 (지오바니 아리기처럼) '비자본주의적 시장경제'라고 정의하는 것에 동의하시지 않는 것 같은데요.

**브레너**　　조금도 동의하지 않습니다.

**정성진**　　현재 중국이 자본주의 사회라고 생각하십니까?

**브레너**　　현재 중국은 완전히 자본주의 사회라고 생각합니다. 1980년대까지는 중국이 '비자본주의적 시장경제'였다고 볼 수 있을지도 모르겠습니다. 그 당시 중국은 향진(鄕鎭)기업*을 중심으로 매우 인상적으로 성장했습니다. 향진기업은 공공 소유로서 지방정부가 소유했지만 시장의 기초 위에서 운영됐습니다. 그런 경제 형태가 자본주의로의 이행을 주도했다고 말할 수

---

\* 중국의 개혁개방운동에 따라 1978년부터 각 지역 특색에 맞게 육성되기 시작한 소규모 농촌 기업.

도 있을 것입니다. 그래서 아마도 1990년대 초까지는 중국은 일종의 비자본주의적 시장 사회였습니다. 이는 특히 중앙정부가 거대한 공업 부문을 소유하고 계획했기 때문입니다. 그러나 그 이후로는 자본주의로의 이행이 이뤄졌으며 이제 이 자본주의로의 이행은 확실히 완료됐습니다.

**정성진**  한국 경제에 대해서는 어떻게 전망하십니까? 이번 한국 경제의 위기가 1997~1998년 'IMF 위기'보다 더 심각할 것이라고 생각하십니까? 이명박 정부는 현재 위기에 대처하기 위해 박정희 시대의 정부 주도 투자 방식을 부활시켜 한반도 대운하 건설 같은 거대한 사회간접자본 투자를 추진하고 있습니다. 그러면서 이를 미국 오바마 대통령을 흉내 내 '녹색 성장'이라고 둘러대고 있습니다. 그러나 이명박 정부는 다른 한편에서는 한미 FTA를 강행해 1997~1998년 위기 이후 신자유주의 규제 완화 정책을 완수하려고 합니다. 즉, 현재 이명박 정부의 경제정책은 박정희 시대의 국가 주도 발전 방식과 신자유주의의 짬뽕인 셈입니다. 이런 이명박 정부의 정책이 현재의 경제 위기에 대처하는 데 효과적일 것이라고 생각하십니까?

**브레너**  이명박 정부의 정책이 효과적일지는 회의적입니다. 이명박 정부의 경제정책이 박정희 시대의 국가 주도적 조직 자본주의로 퇴행해서라거나 신자유주의를 지지하기 때문이어서만은 아닙니다. 이명박 정부의 경제정책의 국내적 형태가 어떠하든 간에 상관없이, 세계 경제 위기가 세계시장에서 예외적인 경제 수축을 초래하고 있는 시점에서 세계화에 계속 의존하고 있기 때문입니다. 방금 중국에 대해 이야기할 때, 저는 중국이 심각한 곤란에 직면할 것이라고 주장했습니다. 그런데 중국은 임금이 낮고 잠재적으로 광대한 국내시장을 갖고 있어서, 중국은 아마도 장기적으로는 한국보다 위기에 더 잘 대처할 수 있을 것입니다.

제가 생각하기에 한국은 격심한 타격을 받을 것 같습니다. 한국은 1997~

1998년에도 심각한 타격을 받았는데, 그때는 미국의 주식시장 거품과 그 결과로서 미국의 차입·지출·수입 증가를 통해 구원을 받을 수 있었습니다. 그런데 2000~2002년에 미국의 주식시장 거품이 꺼지면서 한국은 1997~1998년 위기보다 더 심각할 수도 있었을 위기에 빠졌습니다. 그러나 미국의 주택 거품이 한국을 다시 구제했습니다. 그러나 이제 미국의 거품, 즉 두 번째 거품이 붕괴했습니다. 한국을 지금의 위기에서 구출할 세 번째 거품은 없을 것입니다. 반드시 한국이 잘못해서가 아닙니다. 진정으로 세계화되고 상호 의존적인 현재의 자본주의 세계 체제에서 그 어느 부분에서도 쉬운 출구는 존재하지 않기 때문입니다.

**정성진**   현재 한국 경제의 외부 환경이 1997~1998년 위기 때보다 훨씬 나쁘다고 생각하시는군요.

**브레너**   그렇습니다. 바로 그것이 제가 주장하고자 하는 핵심입니다.

**정성진**   그렇다면 한국에서 진보 진영의 긴급한 과제는 무엇일까요? 한국 진보 진영은 이명박 정부에 대해 매우 비판적입니다. 한국의 진보 진영 다수는 이명박 정부의 한반도 대운하 건설이나 사회간접자본 투자 계획에 맞서 복지국가 확충과 재분배 정책을 주장합니다. 한국 진보 진영은 이명박 정부가 '녹색 성장' 운운하고 있지만 이명박 정부의 토건 프로젝트는 오히려 환경을 파괴할 것이라고 비판합니다. 이에 대해 어떻게 생각하십니까?

**브레너**   당연히 우리는 이명박 정부의 생태계 파괴 프로젝트에 반대해야 합니다.

**정성진**   스웨덴 유형의 복지국가를 건설하는 것이 경제 위기에 직면한 한국 진보 진영의 전략으로서 타당하다고 생각하십니까?

**브레너**   한국 진보 진영이 해야 할 가장 중요한 일은 한국의 노동자 조직을 다시 강화하는 것이라고 생각합니다. 한국의 좌파는 어떤 요구를 주장하든 간에 오로지 노동자계급 운동을 재건함으로써만 자신들에게 필요한 것을 획득할 수 있을 것입니다. 노동 대중이 실제로 자신의 힘을 발전시킬 수 있는 유일한 길은 투쟁 과정에서 새로운 조직을 건설하는 것입니다. 그리고 투쟁 과정 속에서만 노동 대중은 진보적 정치에 도달할 수 있으며 지금 이 순간에 무엇이 진보적 정치인지를 결정할 수 있을 것입니다.

오늘날 좌파적인 정치적 대응을 건설하는 최상의 길은 경제 위기로 가장 큰 피해를 입은 민중이 조직을 획득하고 무엇이 자신들의 이해관계와 부합되는지를 집단적으로 결정할 수 있는 힘을 획득하도록 돕는 것입니다. 그래서 오늘날 좌파에게 필수적인 것은 위로부터 기술 관료적 방식으로 무엇이 가장 좋은 해답인지를 찾으려는 것이 아니라, 노동 대중 권력의 재구성을 촉진하는 것입니다. 한국의 노동운동은 1997~1998년 위기 이후 분명히 약화됐습니다. 좌파의 우선순위는 최소한 지금 당장 노동자를 조직하고 노동조합을 다시 강화하기 위한 환경을 개선하는 것입니다. 한국뿐 아니라 다른 나라들의 경우에도 마찬가지 얘기를 할 수 있을 것입니다. 노동자계급 권력의 부활 없이는 대부분의 정부 정책은 좌파에게는 단지 학술적인 문제일 뿐입니다. 만약 좌파가 국가 정책에 영향을 미치기를 원한다면 계급 권력의 균형에 변화가, 그것도 큰 변화가 있어야 합니다.

**정성진** 최근 위기 속에서 신자유주의가 실패했다는 것이 분명해졌습니다. 신자유주의의 위기가 진보 진영에게 기회가 될 것이라고 생각하십니까?

**브레너** 신자유주의의 패배는 확실히 좌파에게 전에 보지 못한 주요한 기회를 창출하고 있습니다. 신자유주의가 대중에게 호소력이 컸던 적은 없었습니다. 노동 대중은 자유시장, 자유로운 금융 등을 지지한 적이 없습니다. 그렇지만 저는 많은 사람들이 신자유주의가 유일한 대안이라고 설득당한 상태라고 생각합니다. 즉, 신자유주의밖에는 대안이 없다는 'TINA(There Is

No Alternative)'의 관념에 사로잡혀 있습니다.

그러나 이제 위기는 신자유주의 경제 조절 양식이 총체적으로 파산했음을 보여 주고 있습니다. 그리고 우리는 이미 변화를 목격하고 있습니다. 이는 미국 노동 대중이 은행과 금융 부문의 구제 방안을 반대한 데서 분명하게 입증됐습니다. 미국 노동 대중은 다음과 같이 말하고 있습니다. "당신들은 금융기관과 금융시장을 구제하는 것이 경제를 회복하는 열쇠라고 주장한다. 그러나 우리는 당신들의 주장을 믿지 않는다. 우리는 단지 우리를 약탈했을 뿐인 그 사람들에게 돈이 흘러 들어가는 것을 더는 원하지 않는다."

그래서 거대한 이데올로기 공백이 조성되고 있습니다. 따라서 좌파 이념에 거대한 기회가 열리고 있습니다. 문제는 노동 대중 조직이 매우 취약하고 그들이 어떤 정치적 표현체도 갖고 있지 못하다는 사실입니다. 정치 환경이나 이데올로기 환경이 바뀌어 좌파에게 매우 큰 기회가 열린 것은 사실이지만, 이것이 저절로 진보적 성과로 연결되지는 않을 것입니다.

그래서 다시 진보 진영과 모든 좌파 활동가들이 최우선 순위에 둬야 할 것은 노동 대중 조직을 부활시키려는 노력을 기울이는 것입니다. 노동자계급 권력을 재창출하지 않고서는 어떠한 진보도 가능하지 않을 것입니다. 그리고 노동자계급 권력을 재창출할 수 있는 유일한 길은 직접행동을 조직하는 것입니다. 노동 대중이 집단적으로 그리고 대규모로 행동에 나서는 것을 통해서만 대중은 자신들의 의식의 변혁을 위한, 즉 정치적 급진화를 위한 사회적 기반을 조성하는 데 필요한 조직을 창출하고 힘을 결집할 수 있을 것입니다.

# 후주

## 2장 스냅사진으로 보는 자본주의의 오늘과 내일

1 1980년대 초 《인터내셔널 소셜리즘》에 게재된 네 편의 글을 토대로 쓴 내 책 *Explaining the Crisis* (Bookmarks, 1984. 1997년에 재발행)를 참조하라[국역: 《마르크스주의와 공황론》, 풀무질, 1995]. 그 밖에 이 주제와 관련해 내가 쓴 글로는 다음의 것들이 있다. "Poland and the Crisis of State Capitalism", *International Socialism 1:94 and 1:95* (1977); "Better a Good Insight than a Bad Theory", *International Socialism 1:100* (1979); "Where is Capitalism Going?", *International Socialism 58 and 59* (Spring & Summer 1993); "The State and Capitalism Today", *International Socialism 51* (Summer 1991), available at www.isj.org.uk; "Globalisation", *International Socialism 73* (Winter 1996); "Analysing Imperialism", *International Socialism 99* (Summer 2003); "China's Economy and Europe's Crisis", *International Socialism 109* (Winter 2006).

2 이 도표가 《인터내셔널 소셜리즘》에 등장하는 것이 여기가 처음은 아니다. Alex Callinicos, "Making Sense of Imperialism: A Reply to Leo Panitch and Sam Gindin", *International Socialism 110* (Spring 2006)을 참조하라.

3 마르크스주의 경제학을 어느 정도 이해하는 독자들은 이 글에서 내가 이윤율 하락 경향을 최대한 간단하게 설명하려 했음을 상기하기 바란다. 더 자세한 논의는 앞서 언급한 내 책 *Explaining the Crisis*, chapter 1을 참조하라.

4 BBC report, 28 September 1999.

5 UNCTAD press release, on www.unctad.org/Templates/webflyer.asp?docid= 2426&intItemID=2079&lang=1

6 이런 위계질서를 묘사하려 했던 문헌으로는 http://www.economicswebinstitute. org/main.htm에 있는 Valentino Piana, "Hierarchical Structures in World Trade", Economics Web Institute (2004)를 참조하라.

7 John T Thoburn, *Tin in the World Economy* (Edinburgh, 1995).

8 www.ilo.org/public/english/bureau/inf/pr/1999/29.htm에서 찾아볼 수 있는 국제노동기구(ILO) 통계. 각각의 출처마다 파트타임 노동을 어떻게 계산하는지, 그리고 무보수 초과 근무를 계산에 넣는지 여부에 따라 통계 수치들이 상당히 다르다. 그래서 OECD 통계에는 미국의 연간 노동시간 증가 추이가 잡히지 않는 반

면, 기업들의 보고서 내용을 바탕으로 한 다른 통계들은 국제노동기구 통계에
비해 미국의 연간 노동시간 증가 속도를 훨씬 높게 잡는다.

9  BBC report, 5 September 2005.

10 Kuijs and Wang, quoted in Nicholas R Lardy, "China: Towards a Consumption-
Driven Growth Path", *Policy Briefs in International Economics* (October 2006).

11 중국 경제에 가해지고 있는 모순적 압력들에 관한 더 상세한 논의는 내가 쓴 다음
글을 참조하라. "China's Economy and Europe's Crisis", *International Socialism
109* (Winter 2006).

## 3장 신자유주의의 진정한 성격

1  이 글은 새로 발간할 책의 연구 자료를 토대로 쓴 것이다. 이메일 chrisharman@
swp.org.uk로 건의 사항이나 건설적인 비판을 보내 주면 감사하겠다.

2  같은 현상에 관한 이전의 글들, 예컨대 Harvey(1989) 또는 Harman(1995)에서는
이것을 찾아볼 수 없다.

3  2000년 4월 블랙풀에서 열린 전국학생연합 대회의 소회의에서 피에르 타르타코
스키(Pierre Tartakowsky)가 한 연설 중.

4  Interview in *Socialist Review 242*, June 2000.

5  Bourdieu(1998), pp 6~7.

6  George(1999), p 184.

7  Harman(2000), p 55.

8  Harman(2000), p 55.

9  Callinicos and Nineham(2007).

10 Bensaïd and Rousset(2007), p 25(크리스 하먼의 번역).

11 나는 7년 전에 이미 이렇게 주장했다. Harman(2000)을 참조하라.

12 그들의 설명은 마르크스의 설명과 다르다. Harman(2007a)에 실린 논평을 참조
하라.

13 Duménil and Lévy(2004a), p 86.

14 Duménil and Lévy(2004a), p 186.

15 Chesnais(1997), p 74. 세네(Chesnais)의 인용문들은 크리스 하먼이 번역한 것들
이다.

16 Chesnais(1997), p 304.

17 Harvey(2005), p 10.

18 Harvey(2005), p 11.

19 하비의 설명은 《자본론》 3권의 한 구절에 바탕을 둔 설명이다. 그러나 마르크스

에게 과잉 축적은 경기순환의 한 국면에서 나타나는 현상일 뿐이다. 호황이 절정에 달했을 때 자본축적은, 노동이 잉여가치를 창출하고 기존의 이윤율을 지탱함으로써 호황을 유지할 수 있는 능력을 초과해 나아간다. 이는 체제가 흡수할 수 있는 것보다 더 많은 상품이 생산되는 결과를 초래한다. 마르크스는 이에 뒤따르는 위기를 통해 과잉 축적이 해소된다고 봤다. 반면 하비는 자본주의가 항구적인 과잉 축적 상태에 있다고 보는 듯한데, 그것이 어떻게 가능한지는 설명하지 않는다. 이를 설명하려면 하비는 오늘날 경기순환의 특성과 그것이 이윤율에 미치는 영향을 살펴봐야 한다.

20  Harvey(2005), p 16,

21  Harvey(2005), p 72. p 36, 76도 참조하라.

22  Harvey(2005), p 33. 이런 주장을 함으로써 하비는 금융자본을 강조하는 사람들 대부분과 반대 방향으로 가고 있다. 금융자본을 강조하는 사람들은 대체로 '주주 권력'으로의 전환에 주목한다.

23  Harvey(2005), pp 152~153.

24  Harvey(2003), pp 75~76.

25  Duménil and Lévy(2004a), p 201.

26  일부 신자유주의자들은 신고전학파 이론 중 [완벽한 시장경제에서는] 경제 위기가 불가능하다는 식으로 주장하는 부분을 배격하기도 한다. 그 대신 경제 위기가 자본주의의 '창조적 파괴' 과정에서 필수 요소라고 보는 소위 '오스트리아학파'의 견해를 받아들인다. Harman(1996a)과 Chang(2002)을 참조하라.

27  케인스주의가 다양한 형태로 바뀌는 과정에 관한 내용은 Harman(1996a)을 참조하라.

28  Campbell(2005), p 189.

29  Campbell(2005), p 188.

30  Matthews(1968), p 556. Tomlinson(1981)도 참조하라.

31  *The Guardian*, 26 September 1983.

32  Campbell(2005), p 189.

33  통화 공급량을 관리하는 데서 국가가 중요한 구실을 해야 한다는 프리드먼의 주장은 일부 신고전학파 경제학자들이 보기에 케인스주의 발상이나 다름없었다. Garrison(1992)을 참조하라.

34  Bukharin(1927).

35  1960년대 체코슬로바키아의 침체와 1970년대 중반 폴란드의 경제 위기는 가장 극단적인 국가 개입으로도 자본축적을 무한정 지속시킬 수는 없음을 보여 줬다. Harman(1977)을 참조하라.

36 유엔경제사회이사회(United Nations Economic and Social Council)가 2004년 2월에 작성한 정부 지출과 과세에 관한 기본 데이터.

37 Harman(2007b).

38 이에 관한 더 자세한 내용은 Harman(2003)을 참조하라.

39 Katz(2007).

40 Duménil and Lévy(2005), p 13.

41 Terrones and Cardarelli(2005)에서는 이런 경향들을 더 자세히 고찰한다.

42 Harvey(2003), p 153.

43 Harvey(2003), pp 145~147에 이런 방법들이 언급돼 있다.

44 Marx(1987).

45 Fine(2006)에 이런 주장이 담겨 있다.

46 Byres(2005), p 84.

47 Byres(2005), p 87.

48 Byres(2005), p 88.

49 Harvey(2003), p 141. 하비가 제시한 또 하나의 체제 내적 '처방'은 인프라 건설에 대한 장기적 투자다. 하비는 바로 이런 건설 투자가 전후 20년 동안 '과잉' 자본과 노동력을 흡수했다고 보지만, 이런 투자가 어떻게 높은 이윤율을 떠받쳤는지는 설명하지 않는다. 하비의 주장은 《독점자본(Monopoly Capital)》에서 바란(Baran)과 스위지(Sweezy)가 펼친 논지와 일면 비슷하다. 그러나 그들과 달리 하비는 거대한 규모의 군비 지출에 대해 거의 언급하지 않는다. 이는 하비의 저서인 《신자유주의의 간략한 역사(A Short History of Neoliberalism)》, 신제국주의(The New Imperialism)》, 그리고 오래 전에 쓴 《포스트모더니티의 조건(The Condition of Postmodernity)》에서도 마찬가지다. 이처럼 군비 지출을 간과한 덕분에 하비는 오늘날의 자본주의를 위한 평화적인 '공간적 처방'을 상상할 수 있는 것이다. 하비의 주장에 대한 날카로운 비판으로는 Fine(2006), pp 143~144를 보라.

50 Engels(1897), pp 71~72.

51 Hirsch(1987), pp 81~82.

52 Fine(2006), p 145.

53 예를 들면, Dunn(2004), pp 63~64, 66~67을 보시오.

54 Fine(1999), p 42.

55 영국공항국(BAA)이 런던 주요 공항들 이용료로 부과하는 독점 요금에 대해 라이언에어(Ryanair) 항공사 사장이자 극렬한 대처 지지자인 마이클 오리어리(Michael O'Leary)가 퍼붓는 독설을 보라.

56 *Socialist Review*, December 1990에서 인용.

57 Terrones and Cardarelli(2005)에 제시된 수치들을 참조하라.

58 Heath, Jowell and Curtice(1985).

59 Harvey(2005), pp 61~62.

60 Fine(1999), p 42.

61 뒤메닐(Duménil)과 레비(Lévy)는 널리 읽히는 그들의 글 한 편에서 현실을 완전히 왜곡했다. 그들은 다음과 같이 주장한다. "2000년에 미국의 대외 금융 투자(국공채, 기업 채권, 어음, 주식, 직접 투자 등) 총액은 3조 4880억 달러에 달했고 이에 대한 수익은 3810억 달러에 달했다. 즉, 투자 수익률이 거의 11퍼센트였다. 흥미로운 점은 이렇게 해외투자로 얻은 수익이 모든 미국 기업들의 세후 이익(해외에서 벌어들인 이익 제외) 총액과 비슷한 수준이라는 점이다. 즉, 미국 기업들의 국내 이윤이 해외투자 수익의 100퍼센트 정도인 것이다." 이에 대해서는 Duménil and Lévy(2004b)를 보라. 이 주장은 미국에 투자한 외국 자본과 이런 대미 투자 때문에 미국 밖으로 빠져 나간 수익을 무시한 점에서 수치와 통계를 완전히 오용하고 남용한 경우다. 지난 몇 년 동안 미국의 해외투자액보다는 미국으로 유입된 투자액이 훨씬 더 컸다. 비록 미국의 해외투자가 평균 수익성은 더 좋았지만 말이다. 뒤메닐과 레비는 다른 글에서는 이 점을 인정하면서, 미국으로 들어오는 수익과 미국에서 나가는 수익이 서로 균형을 이룬다는 통계 수치들을 제시했다. Harvey(2005), p 191에 재현된 그래프를 참조하라.

62 Holloway(1995), p 125. 홀로웨이는 생산적 자본이 화폐자본보다 유동성이 덜하다는 점을 어느 순간 인정하지만, 그 다음 순간에는 그런 차이가 자본과 국가의 관계에 주는 함의를 간단히 무시한다.

63 Hardt and Negri(2001), pp 296~297.

64 Harvey(2005), pp 168~169.

65 Harvey(2003), p 64.

66 Harvey(2005), pp 169~170.

67 Giddens(1998), Giddens(2002), Castells(2006)를 참조하라.

68 Castells(2006), p 9.

69 예컨대, 저널리스트 존 해리스(John Harris)의 "The Slow Death of the Real Job is Pulling Society Apart", *the Guardian*, 19 October 2007을 보라.

70 Harvey(1989), p 190.

71 Harvey(1989), p 191.

72 Harman(1996b)과 Harman(2002)을 참조하라. Dunn(2004)과 Bellofiore(1999)도 참조하라.

73  Harvey(2003), p 100.

74  Koechlin(2006).

75  Baily and Lawrence(2004).

76  가령 브라질 농업 노동자들에 관한 Selwyn(2007)의 글을 보라.

77  Bodin(2001).

78  Taylor(2002).

79  이 수치들은 Office for National Statistics, *Social Trends 2001*, p 88에서 찾았다. 노동의 변화에 관한 케빈 두건(Kevin Doogan)의 연구 논문 — 탁월하지만 아직 출판되지 않았다 — 도 이 수치들과 비슷한 그림을 제시한다.

80  Bronfenbrenner(2000).

81  Harvey(2005), p 161.

82  Shaikh(2003).

83  Swank and Martin(2001), pp 917~918을 근거로 작성했다.

84  Shaikh(2003).

85  개인적으로 1950년대 초에 좌파 인쇄물에서 최초의 복지비 삭감에 관해 읽은 기억이 있다.

86  Harvey(2005), p 50.

87  Rogers(1993). 이 글은 복지국가를 탄생시킨 다양한 힘들과 현재 복지국가가 직면한 압력들을 훌륭하게 설명한다.

88  Harvey(2003), p 172.

89  일부 유럽 국가에서는 '사회운동'이라는 용어를 둘러싼 혼란이 존재한다. '사회운동'이라는 말에는 착취에 맞서 벌어지는 계급투쟁이라는 의미와 더불어, 억압과 전쟁 등에 맞서 싸우지만 어느 정도는 계급을 초월한 투쟁이라는 의미가 공존하기 때문이다.

90  Laclau and Mouffe(1985), p 13.

91  Fausto Bertinotti, "15 Tesi per il Congresso di Rifondazione Comunista", *Liberazione*, 12 September 2004(크리스 하먼의 번역).

## 4장 신용경색부터 세계 경제 위기의 공포까지

1  *The Independent*, 19 January 2008에서 인용.

2  Martin Wolf, *Financial Times*, 15 January 2008에서 인용.

3  *Financial Times*, 22 January 2008.

4  *Financial Times* website, 29 January 2007에서 인용.

5  *Guardian*, 24 January 2008.

6   *Financial Times*, 22 January 2008.

7   Godley, Papadimitriou, Hannsgen and Zezza(2007)에서 인용.

8   Terrones and Cardarelli(2005), p 92.

9   "Corporates are Driving the Global Saving Glut", *JP Morgan Securities*, 24 June 2005.

10  Papadimitriou, Shaikh, Dos Santos and Zezza(2005).

11  Harman(1996).

12  Magdoff(2006), p 5. 2006년 미국에서 비농업·비금융기업 부문의 순 설비투자는 2990억 달러였고 미국 국방 예산은 4400억 달러였다.

13  서브프라임 위기의 발생에 관한 더 자세한 설명으로는 Lapavitsas(2008)를 참조하라.

14  2007년 11월 런던에서 열린 '역사유물론(Historical Materialism)' 대회에서 한 연설.

15  *Financial Times*, 22 January 2008.

16  Martin Wolf, *Financial Times*, 21 August 2007.

17  Martin Wolf, *Financial Times*, 22 January 2008.

18  Martin Wolf, *Financial Times*, 12 December 2008.

19  자세한 분석은 Harman(2007a)을 참조하라.

20  이 도표에서 드러나듯이, 자본과 노동의 몫에 관한 통상적인 측정 방식은 착취율 변화 추이를 대략적으로만 보여 줄 수 있다. 왜냐하면 마르크스가 보기에 생산적 노동에서 추출된 잉여가치는 자본주의를 유지하기 위한 다양한 '비생산적' 활동에도 투여되기 때문이다(예컨대 경찰, 군대, 금융 시스템 등에 투여된다). 이 글에서는 편의상 통상적인 측정 방식을 사용했다.

21  더 자세한 내용은 찰리 호어(Charlie Hore)의 관련 글을 참조하라.

22  Terrones and Cardarelli(2005), Box 2.1, p 96.

23  Aglietta(2000), p 156. 아글리에타(Aglietta)와 보이어(Boyer) 사이의 토론은 그들이 속한 규제학파(Regulation School)가 자본주의의 장기적 추세를 설명하는 데 어려움을 겪고 있던 상황을 반영한다. 이에 관한 논평은 Grahl and Teague(2000), pp 169~170을 참조하라. 규제학파에 관한 초기 비판으로는 Harman(1984), pp 141~147이 있다.

24  2007년 11월 런던에서 열린 '역사유물론' 대회에서 참가자들에게 배포한 자료.

25  *Financial Times*, 19 February 2008.

26  Andrew Smithers, response to "America's Economy Risks Mother Of All Meltdowns", economists' forum, *Financial Times* website, 20 February 2008에서 인용.

27 Husson(1999).

28 Husson(2008).

29 "Is the US Economy Headed for a Hard Landing?", www.mtholyoke.edu/~fmoseley/hardlanding.doc

30 *The Economist*, 23 June 2001. Harman(2001)에서 재인용. 1980년대 말의 같은 현상에 대해서는 Harman(1993)을 참조하라.

31 Andrew Smithers, response to "America's Economy Risks Mother Of All Meltdowns", economists' forum, *Financial Times* website, 20 February 2008.

32 "Flow of Funds Accounts of the United States, Flows and Oustandings, second quarter 2007", Federal Reserve statistical release, p 106, table R102, www.federalreserve.gov/RELEASES/z1/20070917/ '불연속성' 수치는 2005~2006년에 3230억 달러 증가했는데, 이는 해당 부문 전체의 순 자산가치 증가분의 5분의 1에 가깝다.

33 *Financial Times*, 6 February 2008에서 인용.

34 "Is the US Economy Headed for a Hard Landing?", www.mtholyoke.edu/courses/fmoseley/HARDLANDING.doc

35 *Financial Times*, 19 February 2008.

36 *Financial Times*, 22 January 2008.

37 Martin Wolf, *Financial Times*, 19 February 2008에서 인용.

38 *Wall Street Journal*, 18 January, 2008.

39 *Financial Times*, 10 March 2008.

40 Interview on the *Financial Times* website, 25 February 2008.

41 *Financial Times*, 10 March 2008.

42 1929~1933년 대공황에 대한 설명으로는 Corey(1934)와 Harman(1984), chapter 2를 보라.

43 위기가 비금융 부문에서 출발했다는 사실을 무시한 견해들에 대한 비판은 Kincaid(2001)를 참조하라.

44 이 점은 2008년 2월 런던정경대학(LSE)에서 열린 공개 강연에서 피터 고완(Peter Gowan)이 지적했다. 그리고 그 강연의 사회를 본 로버트 웨이드(Robert Wade)가 2월 21일 〈파이낸셜 타임스〉 온라인의 'economists forum'에 게재된 논평에서 거듭 지적한 바 있다.

45 Harman(2007b)을 참조하라.

46 *Financial Times*, 24 February 2008.

47 영란은행의 2월 인플레이션 보고에 관한 기자회견. *Financial Times*, 28 February

2008에서 인용.

48  *Financial Times*, 15 January 2008.

## 5장 전반적 성장 속의 일시적 위기일 뿐이다

1  《역사유물론(Historical Materialism)》의 편집자로 있는 동안에 비판적 마르크스주의를 다시 깨우칠 수 있게 도와준 시배스천 버전(Sebastian Budgen)과 전 세계에 있는 그의 동료들에게 고마움을 전하고 싶다. 그리고 견해를 달리하지만 생산적 토론을 나눈 피트 그린(Pete Green)과 컴퓨터 작업을 도와준 샐리 킨케이드(Sally Kincaid)에게도 감사의 말을 전한다.

2  최근 상황을 보여 주는 귀중한 자료로는 Bush(2007)를 참조하라.

3  World Bank(2006), p 9; "Somewhere Over The Rainbow", *Economist*, 24 January 2008, www.economist.com/world/international/displaystory.cfm?story_id=10564141

4  Harman(2007a), p 150.

5  Bank for International Settlements(2006), p 24.

6  Harman(2007a), p 158.

7  Moseley(2007). 〈뉴욕 타임스〉 2007년 8월 4일자는 다음과 같이 보도했다. "1960년대에 미국 기업 이윤의 약 7퍼센트는 해외에서 왔다. 2007년 일사분기에 그 비율은 29퍼센트까지 뛰었다. …… 정부 수치들도 미국 기업들이 해외 사업 부문에서 얻은 이윤이 지난 10년 동안 훨씬 더 빨리 증가해 13.7퍼센트를 기록했는데, 이는 미국 국내 경제에서 얻은 이윤 증가율 7퍼센트의 거의 두 배에 달한다는 사실을 보여 준다."

8  "Economic Report of the President", 2008, table B 90, p 331, www.gpoaccess.gov/eop/

9  Lardy(2007), p 14.

10  World Bank(2007), p 7.

11  Harman(2007a), p 150에서는 1970년부터 2000년까지 미국, 독일, 일본의 제조업 자본 이윤율이 하락했음을 보여 준 브레너(Brenner)의 자료를 인용한다. Harman(2008), p 33도 참조하라. 브레너와 하먼은 남반구로 제조업이 이전되고, 선진국들에서 노동 집약적인 서비스 부문이 대폭 성장하고, G3에서(심지어 일본에서도) 제조업 이윤율이 2000년 이후 상승했다는 사실을 고려하지 않는다.

12  Harman(2007a), p 142.

13  Harman(2007a), p 142. 가치를 사회적 필요노동 시간의 화폐적 표현으로 설명하는 것은, Marx(1981), chapters 13~15를 참조하라. 자본의 유기적 구성과 그것

이 이윤율에 미친 영향에 대한 하먼의 설명은 벤 파인(Ben Fine)과 알프레도 새드-필호(Alfredo Saad-Filho)의 주장과 비슷하다. 이런 주장에 대한 자세한 비판은 Kincaid(2007)를 보라. 벤 파인과 알프레도 새드-필호는 자신들의 견해를 옹호하는 자세한 반론 글을 썼다. 이것은 2008년에 《역사유물론》에 실릴 예정이다. 내가 이 글에 대해 비판적으로 쓴 글에는 마르크스의 이윤·가치 이론에 대한 대안적 해석도 포함될 것이다.

14  Harman(2007a), p 142.

15  하먼은 컴퓨터가 단지 경제의 일부 부문에서만 생산성을 향상시켰다고 본다. "미국 경제가 전산화 덕분에 생산성을 높인 것은 사실이지만, 이것은 컴퓨터 산업과 소매업에 한정된 것이었다." Harman(2007b), p 13을 보라. 이 주장은 매우 의심스럽다. 미국과 그 밖의 나라들에서 전산화와 그와 연관된 인터넷 기술의 효과는 매우 크며, 그 효과는 상품과 서비스뿐 아니라 문화적 생산물을 포함한 상품 생산의 전반에서 나타나고 있다.

16  IMF(2006), p 136.

17  IMF(2006), p 140.

18  OECD(2007), chapter 3. 국가 통계를 바탕으로 한 이런 자료는 중국 같은 신흥 경제국들에 대한 G7 기업들의 투자 수준을 과소평가한다.

19  Bank for International Settlements(2006), p 24. 덧붙여 말하자면, 일본은 국내 총생산의 14퍼센트가 투자인데, 이는 미국의 약 9퍼센트, 유럽의 약 10퍼센트보다 더 높다. 일본의 국내총생산이 성장하지 못했다고 해서 일본의 수익과 투자 비율이 상당히 높다는 사실이 달라지는 것은 아니다.

20  IMF(2006), pp 141~142, 145. Harman(1984), pp 20~23은 자본 절약형 투자를 논의한다. 하먼은 "자본을 감소시키는 혁신보다 자본을 증가시키는 혁신이 항상 더 많을 것이라고 예상할 수 있다"고 주장한다. 나는 여전히 납득하기 어렵다. 자본 절약형 투자가 노동 절약형 투자보다 더 우세해서는 안 되는 이유는 무엇인가?

21  마르크스는 생산수단이나 임금재 부문의 생산성 향상의 결과로 나타날 수 있는 '자본의 해방(release of capital)'에 대해 논평한 바 있다. Marx(1981), pp 206~209.

22  Freeman(2005), p 1. 그리고 마르크스는 새로운 생산 부문을 개척한 결과로 평균이윤율이 상승하는 것에 대해 논한다. 특히 마르크스가 사치재 소비라고 부른 것 — 대개 저임금과 낮은 자본의 유기적 구성이 결합돼 이윤율이 높은 서비스 생산 부문 — 의 효과를 논한다. "이런 생산 부문에서는 잉여가치율과 잉여가치 양이 모두 대단히 높다." Marx(1981), p 344. 현대 자본주의 경제에서는 그런

신규 생산 부문들이 엄청나게 많이 개척됐다.

23  *USA Today*, 25 October 2006.

24  The World Bank(2007), p 2에 따르면, 중국에서 2006~2007년에 국내총생산이 총 12퍼센트 성장했는데, 그 가운데 3퍼센트는 순 대외무역 덕분이었다. Lardy (2007), p 4도 참조하라.

25  "Decoupling Debate", Economist, 6 March 2008, www.economist.com/finance/ displaystory.cfm?story_id=10809267

## 6장 이윤율은 장기적으로 하락하고 있다

1  물론 서비스 성장률을 측정하는 것은 논쟁의 여지가 매우 많은 문제다. 왜냐하면 비(非)상업적 서비스를 제공하는 사람들에게 돈을 지급하는 사람들의 소득을 통해 그것이 측정되기 때문이다. 예컨대, Kumar(2006), pp 43~44는 인도의 성장률 수치들에 의문을 제기한다.

2  Harman(2006).

3  이 도표는 최근에 Li(2008)에 실린 것이다.

4  Harman(2007).

5  www.mtholyoke.edu/courses/fmoseley/fig1.xls

6  Kotz(2008).

7  Belfield and Hird(1991), pp 232~233. 1980년대 말에 영국 기업들이 얼마나 수치를 부풀렸는지, 그리고 영란은행이 그 부풀려진 수치를 어떻게 받아들였는지를 더 자세히 알고 싶으면 Harman(1993), pp 20~21을 보라. 1990년대에 벌어진 같은 현상에 대해서는 Harman(2001), p 101을 보라.

8  "Immeltdown", *Economist*, 17 April 2008, www.economist.com/business/displ aystory.cfm?story_id=11058445

9  IMF(2005).

10  Harman(1984), chapter one; Harman(2007).

11  이 점이 예컨대 Duménil and Lévy(2004)의 커다란 결함이다.

12  위기나 전쟁으로 너무 큰 손실을 입을 경우는 예외다. 예컨대, 제2차세계대전 후의 독일이나 일본에서처럼, 투자나 대출을 해 준 사람들이 너무 큰 손실을 입고 절망적인 상황에서 막대한 금액을 대손상각[회수가 불가능한 채권을 손해 비용으로 처리하는 것] 처리한 경우가 그렇다.

13  Tevlin and Whelan(2000).

14  예를 들면, Ark, Inklaar and McGuckin(2003)을 보라.

15  Gordon(2000).

16 Hutchinson(2008)에 실린 논쟁을 참조하라.

17 킨케이드는 '케인스주의 과소소비설'을 언급하지만, 이런 통찰은 마르크스가 세이의 법칙을 반박하며 처음으로 제시했다. 케인스주의자들의 문제점은 그들이 신고전학파의 가치론을 약간 수정한 형태와 균형 가설들을 고수하기 때문에, 축적의 동역학에서 과소소비를 이끌어 낼 수 없다는 것이다.

18 Selim Elekdag and Subir Lall, "Global Growth Estimates Trimmed After PPP Revisions", *IMF Survey Magazine*, 8 January 2008.

19 세계무역이 성장했기 때문에 오늘날 그 몫은 더 작아졌다.

20 "Summary of Food and Agricultural Statistics 2003", available from www.fao.org

21 ILO(2002).

22 Brooks(2004).

23 Unni(2001), p 2367에 나온 수치들.

24 Dasgupta and Singh(2006).

25 Lavina and Fan(2008), p 762.

26 Marx(1961), p 628.

27 공식 자료에 따르면, 2003년에 전체 대출의 20퍼센트가 '상환 불능' 상태였다. 비공식 통계에 따르면, 상환 불능 대출이 국내총생산의 45퍼센트를 차지했다. *Financial Times*, 23 September, 2003.

28 O'Hara(2006). 그러나 다른 모든 이윤율 계산과 마찬가지로, 오하라가 계산의 근거로 삼고 있는 통계치의 정확성에 대해서도 의문을 품을 수 있다. 특히 오하라가 제시한 수치가 착취율 하락을 보여 주기 때문에 더욱 의심스럽다. 그가 제시한 수치는 Aziz and Li(2007)에서 볼 수 있듯이, 국민총생산에서 소비와 임금이 차지하는 비율이 하락한 것과 거의 맞지 않는다.

29 Lavina and Fan(2008), p 748.

30 *Financial Times*, 18 November 2003.

31 Aziz and Dunaway(2007)에서 인용.

## 7장 1930년대 대공황과 오늘날의 위기

1 Parker(2007), p x에서 인용.

2 Parker(2007), p 95에서 인용.

3 Parker(2007), p 95에서 인용.

4 Kindleberger(1973), p 117. 또 하나 참고할 만한 자료는 Robbins(1934), p 210, table 8에 제시된 월별 공업 생산 통계다. 전미경제연구소(National Bureau of

Economic Research)는 월스트리드가 붕괴하기 두 달 전인 1929년 8월을 침체의 시작점으로 본다. 이에 대해서는 Parker(2007), p 9를 보라.

5　Hansen(1971), p 81.

6　Kindleberger(1973), p 117.

7　Eichengreen(1992), pp 213~239.

8　Friedman and Schwartz(1965), p 8.

9　Flamant and Singer-Kerel(1970), pp 40, 47, 53.

10　Friedman and Schwartz(1965), p 21.

11　Hart and Mehrling(1995), p 56.

12　Hart and Mehrling(1995), p 58.

13　Kindleberger(1973), p 233.

14　Kindleberger(1973), p 232.

15　Kindleberger(1973), p 272.

16　이것조차 정부 개입의 성과이기는 한 것인지 여부를 확실히 알 방법은 없다.

17　Galbraith(1993), p 65.

18　Parker(2007), p 14 등을 참조하라.

19　Parker(2007)의 인터뷰 단행본 두 권을 참조하라.

20　더 자세한 설명은 Harman(2007)을 참조하라.

21　Grossman(1992)과 Kuhn(2007)을 참조하라.

22　Gillman(1956), Mage(1963), Duménil and Lévy(1993), p 254, Corey(1935) 등의 계산 결과를 참조하라.

23　Gillman(1956), p 58; Mage(1963), p 208; Duménil and Lévy(1993), p 248, figure 14.2.

24　질먼은 착취율이 1880년 69퍼센트에서 1900년 50퍼센트, 1919년과 1923년에는 29퍼센트로 하락했다가 1927년에는 32퍼센트로 반등했다고 주장한다. 메이지의 계산 결과는 이와 다르지만 추세는 똑같다. 메이지에 따르면 착취율은 1900년에 10.84퍼센트, 1903년에는 12.97퍼센트였다가 1911년에는 12.03퍼센트, 1919년에는 6.48퍼센트로 떨어지지만, 그 뒤로 다시 반등해서 1923년에는 7.19퍼센트, 1928년에는 7.96퍼센트가 된다. 이와 대조적으로 코리는 착취율이 1923년에서 1928년까지 하락했다가 1929년에 반등했다고 계산한다.

25　Corey(1935), pp 181~183.

26　Berstein(1987), p 172.

27　Steindl(1976), p 166.

28　Gordon(2004). 코리 또한 1923~1929년에 자본 투자가 50퍼센트 증가했고 고정

자본 비율이 30퍼센트 이상이었다는 수치를 제시하며 생산적 투자가 크게 증가했다고 암시한다. 이에 대해서는 Corey(1935), pp 114, 115, 125를 보라.

29 '부동산, 건물, 설비'를 포함하는 코리의 수치도 이 점에서는 마찬가지인 듯하다.

30 Hansen(1971), pp 290~291.

31 Gordon(2004), p 17. "주택 건설을 제외한" 투자는 "자본스톡을 …… 고용 인구보다 약간 더 빨리 증가시킬 정도로만 높았다." 이에 대해서는 Brown and Browne(1968), pp 250~251을 보라.

32 *Annalist*, 16 July 1926, p 68의 사설. Corey(1935)에서 인용.

33 *Annalist*, 28 July 1933, p 115의 기사. Corey(1935)에서 인용.

34 Hansen(1971), p 296.

35 Corey(1935), p 157.

36 Corey(1935), p 170.

37 Eichengreen and Mitchener(2003).

38 Gordon(2004), p 16.

39 Gordon(2004), p 16.

40 Hansen(1971).

41 Temin(1976), pp 32~33에서 인용.

42 Robbins(1934)의 수치.

43 자세한 내용은 Wilmarth(2004), pp 92~95를 참조하라.

44 부채에 의존적인 소비재 시장의 불안정성에 관해서는 Temin(1996), p 310에 요약된 마르사 올니(Martha Olney)의 주장을 보라.

45 1918년 이후 독일은 알자스로렌 같은 중요한 공업 지역을 빼앗기고 1923년에는 초인플레이션을 겪는 등 경제적 격변을 거쳤다. 그런 까닭에 제1차세계대전 이전과 이후의 독일 경제를 비교하기란 쉽지 않았을 것이다.

46 Balderston(1985), p 406.

47 Balderston(1985), p 400.

48 Balderston(1985), p 406.

49 Balderston(1985), p 410.

50 Balderston(1985), p 415.

51 Balderston(1985), pp 395, 396.

52 1914년 이전의 수익성에 관해서는 Arnold and McCartney(2003)를 참조하라. 제1차세계대전 이전과 이후의 수익성에 관해서는 Brown and Browne(1968), pp 412, 414, tables 137, 138을 참조하라.

53 Hatton(2004), p 348, figure 13.1을 참조하라.

54  여기에는 또 한 가지 중요한 부수적 요인이 작용했다. 미국과 독일 경제의 침체는 국제 식량 가격과 원자재 가격을 폭락시켰다. 이는 당시까지도 미국과 독일 인구의 상당수를 차지하고 있던 농부들과 그들에게 대출을 해 준 은행들에게는 재앙이었다. 그러나 이미 농업 인구 비중이 매우 낮았던 영국의 경우에 식량 가격 하락은 직장이 있는 사람들의 생활수준을 높여 줌으로써 1930년대 중반에 이르기까지 상당수의 새로운 경공업 제품과 가전제품들을 위한 시장을 마련해 줬다.

55  Preobrazhensky(1985), p 35. 그러나 프레오브라젠스키는 이윤율 저하 경향과 관련지어서 분석하지는 않았다.

56  Bernanke(2000), p 46.

57  어쩔 수 없이 파산절차를 밟아야 했던 철도 회사들조차 "해산되는 경우는 거의 없었다." 이에 대해서는 Mason and Schiffman(2004)을 보라.

58  Middleton(1985), pp 176~177의 추정치.

59  Skidelsky(1994), p 605.

60  Middleton(1985), pp 176~177에서 인용.

61  Pilling(1986), pp 50~51에 이런 논지가 잘 전개돼 있다.

62  Middleton(1985), p 179에서 인용한 아른트(Arndt)의 주장.

63  Eichengreen(2004), p 337.

64  Temin(1976), p 6에서 인용한 노먼(Norman)의 주장.

65  자유시장주의 사이트인 USgovernmentspending.com은 1929년 국민총생산 대비 연방정부 지출 비중을 3.7퍼센트로 잡는다. 1929년과 2007년 통계 모두 미국 주정부의 지출은 포함시키지 않았다. 1929년에 국민총생산 대비 주정부 지출의 비중은 8.4퍼센트였고 2007년에는 16퍼센트였다.

66  이는 무기 생산 부문의 기술 진보 속도가 다른 부문보다 훨씬 빨랐기 때문이다. 쉽게 말하자면, 2008년에 미사일을 만드는 것이 1951년에 탱크를 만드는 것보다 훨씬 덜 노동집약적이다. 가령 시애틀에 있는 보잉 공장의 노동자 수는 이전의 절반밖에 안 된다.

67  Kaufman(2004), p 156.

68  the Guardian, 28 October 2008에 인용된 Bank of England Stability Report, October 2008. IMF 등도 간혹 이것보다 더 낮은 추정치를 포함한 다양한 추정치들을 내놓았다.

69  《자본론》 3권에서 마르크스는 은행들의 이윤이 체제의 다른 부문에서 생산된 가치에 대한 청구권일 뿐이라고 예리하게 통찰했다. "이 모든 종이 쪼가리들은 미래의 생산에 대한 누적된 청구권 또는 법적 권리에 지나지 않으며, 그 화폐 가치 또는 자본 가치는 아무런 실제 자본도 대표하지 않거나 …… 아니면 그것이 대표

하는 실제 자본의 가치와는 무관하게 움직인다. …… 따라서 대개 화폐자본의 축적이라 함은 생산에 대한 이런 청구권의 축적을 말할 뿐이다" Marx(1962), p 458을 보라. 2000년대 초반부터 중반 사이에 은행들은 이런 청구권들이 마치 실제 가치인 양 착각하고 이를 대차대조표의 차변에 기입했다. 그러다가 모기지 시장과 대출 시장이 얼어붙기 시작하자 은행들은 이 청구권들을 시급히 현금으로 바꿔야만 살아남을 수 있다는 것을 깨닫게 됐다. 그러나 이미 때는 너무 늦었다. 바로 이것이 소위 '디레버리징(deleveraging)'의 과정이다. 은행들이 살기 위해 국가의 구제금융에 기댈 수밖에 없는 이유가 여기에 있다.

70  Martin Wolf, "A Week Of Living Perilously", *Financial Times*, 22 November 2008.

71  Kossis(1992), p 119에 나온 수치.

72  World Development Indicators database, World Bank, July 2007.

73  Kossis(1992).

74  Scarpetta, Bassanini, Pilat and Schreyer(2000).

75  Alexander(1998), figure 2.

76  Stevens(1988), p 77.

77  Stevens(1988), pp 76~77.

78  Tett(2004), p 36.

79  Burkett and Hart-Landsberg(2000), p 50.

80  Wolferen(1993).

81  [reference]

82  McCormack(2002). 질리언 테트는 부실채권을 정리하는 데 2000억 달러 내지 4000억 달러가 필요할 것이라는 등의 추측들을 인용한다. 그중에는 1조 2000억 달러가 필요할 것이라는 추측도 있다. 이에 대해서는 Tett(2004), p 281을 보라.

83  안타깝게도, 매우 합당한 이유에서 일본 지배계급을 역겨워 하는 일부 좌파 논객들도 만약 일본 지배계급이 좀 더 '서구적'으로 국가 경쟁력을 키웠더라면 사태가 다르게 전개됐을 것이라고 주장한 바 있다.

84  Tett(2004), p 121에서 인용.

85  Hayashi and Prescott(2002).

86  Krugman(1998).

87  Hayashi and Prescott(2002).

88  McCormack(2002).

89  Hayashi and Prescott(2002).

90  역대 일본 정부와 중앙은행의 실패는 Graham Turner, *The Credit Crunch*(2008)

에 매우 잘 기술돼 있다. 그러나 그레이엄 터너(Graham Turner) 자신도 저서를 집필하는 당시에는 적절한 순간에 사용하기만 하면 위기를 멈출 수 있었을 어떤 묘수가 있었다고 생각한 듯하다.

91 Carchedi(2008)에서 인용.

92 볼프강 뮌차우(Wolfgang Muenchau)가 2008년 11월 24일자 〈파이낸셜 타임스〉 칼럼 "Double Jeopardy For Financial Policy Makers"에서 표현한 두려움이 바로 이런 것이다.

## 8장 미국 서브프라임 모기지 사태와 세계 경제의 위기

1 이와 관련한 더 자세한 분석은 장시복(2008b), 정성진(2007)을 보라.

2 이에 대해서는 Henwood(2003)를 보라.

3 Brenner(2002)를 보라.

4 BEA, National Income and Product Accounts Table.

5 BEA, National Income and Product Accounts Table.

6 Mishel *et al.*(2005)을 보라. 그리고 미국 노동자들이 1990년대 장시간 노동을 경험한 것을 고려하면 실질소득 상승률은 더욱 줄어들 것이다. 이 점을 토론 과정에서 지적해 주신 장하준 교수에게 감사드린다.

7 Mandel(2000)을 보라.

8 BEA, National Income and Product Accounts Table.

9 이와 관련해서 글린(Glyn)은 다음과 같이 언급한다. "적어도 마르크스 이래 케인스까지는 소비를 경제성장 과정에서 본질적으로 수동적인 요소로 인식했다. 자본축적과 설비투자가 공급 측면에서뿐 아니라 수요 측면에서도 원동력이었다. …… 적어도 한동안은 소비가 경제를 팽창시키는 동력 구실을 했던 것이다." Glyn(2006), pp 91~94를 보라.

10 Glyn(2006)을 보라.

11 정보통신 산업의 신흥 주자였던 넷스케이프(Netscape) 사례는 이 현상을 잘 보여 준다. 1995년 8월 9일 넷스케이프의 주가는 주당 28달러에서 그날이 끝날 쯤 두 배 이상 상승했다. 이후 주가가 계속 올라 넷스케이프는 엄청난 주가 차익으로 수입을 올렸다.

12 Maki and Palumbo(2001)를 보라.

13 Mishel *et al.*(2005)을 보라.

14 BIS, Annual Report.

15 Froud *et al.*(2006)을 보라.

16 OCC, http://www.occ.treas.gov

17 마르크스는《자본론》3권에서 금융자본의 가공성을 논하고 있다. 마르크스에 따르면 "주식은 사실상 실물 자본에 대한 권리 증서다. 그러나 소유권 증서는 실물 자본에 대한 처분권을 주지 않으며 그 자본을 끌어낼 수 없다. 이 소유권 증서는 그 자본이 생산할 잉여가치의 일부에 대한 법적 청구권을 줄 뿐이다." 따라서 "주식은[상품으로 매매될 수 있으며 따라서 자본 가치로서 유통하는 —《자본론》한국어판 옮긴이] 사본이기 때문에 가공적이다." Marx(1981), pp. 589~590을 보라.

18 Marx(1981), pp 589~590, 626을 보라.

19 O'Sullivan(2000)을 보라.

20 Glyn(2006), p 209를 보라.

21 파생상품에 대한 간략한 소개는 Henwood(1997)를 보라. 파생상품에 대한 마르크스적 해석은 곽노완(2008)을 참조하라.

22 1980년대 이후 미국 경제의 파생상품 시장의 발전에 대해서는 Partnoy(2003)를 보라. 그는 1980년대 파생상품 시장의 발전을 다루면서 파생상품 시장에서 일어난 금융 활극을 잘 설명하고 있다.

23 Brenner(2002)를 보라.

24 BEA, National Income and Product Accounts Table.

25 장시복(2006)을 보라.

26 Marx(1981)를 보라.

27 BEA, International Transaction Table.

28 Glyn(2006)을 보라.

29 장시복(2008b)을 보라.

30 Joint Economic Committee(2007)를 보라.

31 이에 대한 구체적인 분석은 김명록(2008)을 참조하라.

32 장시복(2008a)을 보라.

33 스탠더드앤드푸어스(Standard & Poors)에서 제공하는 'S&P/Case-Shiller Home Price Indices' 중 하나인 'Composite 20R'은 2000년 1월을 100으로 할 때, 2002년 1월 120.64, 2003년 1월 135.64, 2004년 1월 151.69, 2005년 1월 176.44, 2006년 1월 202.44로 큰 폭으로 증가했다(Standard & Poor's, S&P/Case-Shiller Home Price Indices).

34 모기지 시장에서 수익을 내기 위해, 모기지 대출 회사들은 대출을 받는 사람에게 월 상환 능력을 입증할 수 있는 소득 증명을 요구하지 않을 정도로 무분별한 대출을 했다. 심지어 서브프라임 모기지 대출을 받기 위해 신용 등급을 돈 주고 사는 사람들도 있었다.

35 KBS, 〈KBS 스페셜 : 시브프라임 시한폭탄은 터지는가?〉, 2008년 1월 27일.

36 연방준비제도이사회의 느슨한 통화정책과 서브프라임 모기지 사태의 관계는 조복현(2008)을 보라.

37 서브프라임 모기지 연체율은 2006년 이사분기 11.7퍼센트, 삼사분기 12.56퍼센트, 사사분기 13.33퍼센트, 2007년 일사분기 13.77퍼센트, 그리고 이사분기 14.82퍼센트까지 증가했다. 연체율 증가에 따른 차압 주택 수도 크게 증가해서 2007년 7월에 비해 2008년 8월에 차압 주택 증가율이 55퍼센트나 될 정도였다.

38 MBS(Mortgage-Backed Securities)는 주택담보대출을 기초로 풀(pool)을 구성해서 증권화한 금융상품이다.

39 Joint Economic Committee(2007)을 보라.

40 CDO(Collateralized Debt Obligation)는 일반 대출, 회사채와 자산담보증권(ABS) 등을 한데 묶어 만든 유동화 증권을 말한다. 비유하자면 해물볶음밥을 만들기 위해 해물, 야채, 밥에 기름을 넣고 볶은 다음에 완성된 해물볶음밥의 각 내용물을 묶어 금융상품으로 판매한 것이다. 월스트리트의 투자은행은 신용 등급이 낮은 채권을 묶어 판매했으며, 설령 부채담보증권(CDO)이 높은 등급이더라도 그 안에 편입된 채권은 부실한 것일 수 있다.

41 CDS(Credit Default Swap)란 채권 매입자가 채권의 원금 손실을 피하기 위해 신용 위험을 부담하는 매도자에게 일정 프리미엄을 주고 보험 성격으로 구매한 파생상품이다. 예를 들어, A 회사가 부채담보증권(CDO)을 구매하면서 이 채권이 부도날 경우를 대비해 B 금융회사한테서 신용부도스왑(CDS)을 구매했다고 하자. 그런데 신용부도스왑(CDS)을 판 B 금융회사는 만일 신용부도스왑(CDS) 채권의 가치가 폭락해서 원금 손실이 난다면 A 회사에 원금 손실을 보전해 줘야 한다.

42 Beitel(2008)을 보라.

43 Joint Economic Committee(2008)를 보라. 이 과정에서 2007년 7월 31일 투자은행인 베어스턴스는 소속 헤지펀드에 대해 파산을 신청하고 환매를 중단했다. 급기야 2008년 3월 17일 주당 2달러에 제이피모건에 인수됐다.

44 연방준비제도이사회는 이를 위해 단기자금 대출 시스템인 TAF(Term-Auction Facility)와 새로운 유동성 공급 방안인 PDCF(Primary Dealer Credit Facility), 새로운 공개시장 운용 방식인 TSLF(Term Security Lending Facility)를 활용했다.

45 2008년 10월 10일 AIG는 연방준비제도이사회한테 350억 달러를 추가로 지원받았고, 최근 미국 정부는 AIG를 살리기 위해 1500억 달러에 달하는 구제금융을 책정했다.

46 이 글에서 위기는 금융시장에서 나타난 혼란을 의미하는 금융 위기나 경제가 갑

자기 혼란에 빠져 헤어 나오지 못하는 국면을 뜻하는 공황과 동일한 용어로 사용했다. 그리고 불황은 경제 위기나 공황 이후 전개되는 실물경제의 위축을 표현한다. 이와 관련한 논의는 김수행(2006)을 보라.

47 한 가지 고려해야 할 문제는 주택시장 침체가 주로 주거용 부동산에서 일어났다는 점이다. 따라서 상업용 부동산 시장이 침체되고 그 충격이 확산된다면 전체 부동산 시장의 회복에는 더 긴 시간이 필요할 것이다.

48 미국의 부시 행정부는 재정 적자를 우려하고 이후 추가로 들어갈 구제금융을 고려해서 경기 침체를 회복시키기 위한 재정지출에 소극적인 태도를 보이고 있다. 그러나 미국 의회를 장악하고 있는 민주당은 1500억 달러에 달하는 추가 재정지출을 통해 현실화되고 있는 경기 침체에 대응할 것을 주장하고 있다. 밴 버냉키 연방준비제도이사회 의장도 민주당의 견해에 동조한다.

49 미국의 경기 침체는 인플레이션 문제를 어느 정도 완화시킬 것으로 보인다. 따라서 서브프라임 모기지 사태 전부터 석유 가격과 원자재 가격의 급격한 증가로 촉발된 스태그플레이션은 완화되고 있으며, 현재의 문제는 세계 경제의 디플레이션이다.

50 IMF는 2008년 세계 경제성장률 전망치를 3.7퍼센트로 낮췄다. 그리고 2008년과 2009년 세계 경제가 침체 상태로 규정되는 3퍼센트 미만의 성장에 그칠 확률은 25퍼센트로 예상했다. 이 수치는 2002년 3.1퍼센트 이후 6년 만에 최저치다. 만일 세계 경제가 3퍼센트를 밑도는 성장률을 기록한다면 이는 1930년대 대공황 이후 처음이다. IMF(2008)를 보라.

51 Li(2008)를 보라.

52 Reuters(2008)를 보라.

53 예를 들어, 2008년 9월 12일에 리먼브러더스가 몰락하기 직전에 뉴욕 증시의 다우존스 산업 평균 지수는 11,421.99였으나 약 한 달 뒤인 10월 10일에 이 지수는 8,451.19로 26퍼센트나 대폭락했다.

54 Marx(1976)를 보라.

55 영국 정부는 2008년 10월 13일 4대 은행 가운데 로열뱅크오브스코틀랜드(RBS), HBOS, 로이즈티에스비 등 3대 은행에 총 370억 파운드의 공적자금을 투입하고 이를 대가로 은행의 지분을 갖게 됐다. 이 조치로 영국 정부는 로열뱅크오브스코틀랜드(RBS)의 지분 63퍼센트, HBOS와 로이즈티에스비의 지분 43.5퍼센트를 소유하는 대주주가 된다. 그리고 2008년 10월 14일 미국 재무부도 의회에서 통과된 7000억 달러의 구제금융 중 2500억 달러를 투입해서 주요 은행의 우선주를 매입하는 방식으로 은행을 부분적이고 일시적으로 국유화하는 조치에 동참했다.

56 아일랜드 정부는 6개 주요 은행의 예금을 무제한 보호하기로 했으며 2008년 10

월 2일 그리스 정부도 모든 은행의 예금에 대해 정부가 지급을 보증할 방침이라고 선언했다. 독일도 10월 5일 현재 약 5680억 유로에 달하는 전 독일 은행의 개인 예금에 대해 지급보증을 실시하겠다고 밝혔다. 영국이나 오스트리아도 예금 보호 액수를 상향 조정할 의사를 밝히고 있다.

57 정성진(2008)을 보라.

58 양동휴(2008)를 보라.

59 김정주(2008)를 보라.


## 9장 21세기 세계 대공황

1 우리나라 진보 진영 다수가 영미식 신자유주의 경제를 대신할 수 있는 대안 경제 체제의 전범으로 간주하는 독일 경제의 국내총생산 증가율은 2008년 이사분기 마이너스 0.4퍼센트에서 삼사분기에는 마이너스 0.5퍼센트를 기록함으로써 미국보다 먼저 사분기 연속 마이너스 성장의 불황에 빠졌다.

2 나는 미국 서브프라임 모기지 위기가 불거지기 시작한 2007년 8월 초에 〈참세상〉에 기고한 글 "세계 대공황으로 귀결될 공산이 크다"에서 아래와 같이 서브프라임 모기지 위기가 실물경제의 위기, 나아가 세계 대공황으로 귀결될 것임을 이미 예측한 바 있다. "이번 서브프라임 모기지 위기의 배후에는 이윤율의 저하 위기가 존재하고 있기 때문에, 이번 위기는 지배계급의 희망처럼 일시적 조정이나 유동성의 위기로 그치지 않고, 지급불능의 위기, '체제 위기(systemic risk)'로 확산돼, 미국 경제와 세계 경제, 따라서 한국 경제의 경착륙, 세계 대공황으로 귀결될 공산이 크다" 이에 대해서는 정성진(2007a)을 보라. 당시 국내외 주류 경제학자들은 물론 다수 진보 진영 논자들조차 나의 이런 예측을 '만년 위기론자'의 '파국론'으로 무시했다.

3 예컨대 《마르크스주의 연구》 2008년 가을호 특집에 게재된 곽노완(2008) 등의 글이 그것들이다.

4 예컨대 샤이크(Shaikh), 위송(Husson), 글린(Glyn), 페트라스(Petras), 패니치(Panitch), 뒤메닐(Duménil) 등이 이런 주장을 했다. 이에 대한 비판적 검토로는 정성진(2006a)을 참조하라.

5 이에 대한 논의로는 Lapavitsas(2007)를 참조하라.

6 1983년 이후 현재까지 미국에서 채무는 매년 8.9퍼센트씩 증가했지만, 국내총생산은 단지 매년 5.9퍼센트씩만 증가했다. 그리하여 1980~2007년에 미국의 국내총생산 대비 금융 부채 총액 비율은 21퍼센트에서 116퍼센트로 급증했다.

7 미국의 주택 가격은 1996년 이전 100년 동안(1896~1996년)에는 단지 인플레이

선율 정도 상승했지만, 1996~2006년의 10년 사이에는 무려 70퍼센트나 올랐다. 이런 집값 급등은 시장 요인(공급 증가, 수요 감소, 임대료 상승 등)으로 설명하기 어렵다. 따라서 1996~2006년 주택 가격 상승분 약 8조 달러는 대부분 거품으로 간주할 수 있다.

8   2001년 IT 거품 붕괴 이후, 미국 연방준비제도이사회는 연방 기금 금리를 2001년 1월 6.25퍼센트에서 2003년 6월 1퍼센트까지 13차례나 잇달아 인하해 2003년 6월부터 2004년 6월까지 1퍼센트의 초저금리 상태가 지속됐다. 그러나 그 뒤 인플레이션 압력이 커지자, 2004년 6월 1퍼센트에서 2006년 6월 5.25퍼센트까지 17차례 연속 인상했다. 그러나 2007년 여름 서브프라임 모기지 위기가 불거지자, 연방준비제도이사회는 연방 기금 금리를 다시 2007년 9월 5.25퍼센트에서 2008년 11월 1퍼센트까지 잇달아 인하했다.

9   1997년 경제 위기 전후 한국의 이윤율 동향에 대한 분석으로는 정성진(2006b)을 참조하라.

10  11월 21일 스위스계 투자은행 UBS 증권은 한국의 국내총생산 성장률이 2009년 마이너스 3퍼센트대로 급감할 것이라고 전망했으며, 1년 전만 해도 '747'을 호언장담하던 강만수 전 기획재정부 장관 역시 2009년 한국의 국내총생산 성장률이 2퍼센트 수준으로 떨어질 가능성이 있다고 밝혔다. 〈한겨레〉, 2008년 11월 21일.

11  조반니 아리기(Giovanni Arrighi)의 책 제목 《베이징의 스미스》는 아리기 자신이 밝히고 있듯이, 마리오 트론티가 쓴 《디트로이트의 마르크스》(1971)를 흉내 낸 것이다

12  중국의 이윤율 추이에 관한 최근 연구로는 이정구(2008)를 참조하라.

13  아리기는 우리나라 일부 진보 진영 논자들 사이에서는 자신들이 멋대로 지어낸 '일반화된 마르크스주의'의 핵심 이론가로 간주되지만, 고전 마르크스주의 전통과는 아무런 공통점도 없다. 《장기 20세기》와 마찬가지로 《베이징의 스미스》 어디에서도 가치법칙과 계급투쟁에 관한 마르크스의 문제의식은 찾아보기 힘들다. 도리어 아리기는 《베이징의 스미스》 책 전체를 현대 자본주의의 거시 동학에 대한 마르크스주의 분석의 현재 도달점이라고 할 수 있는 로버트 브레너의 《혼돈의 기원》(1998)을 비판하는 데 할애한다. 그러나 적지 않은 쟁점에도 불구하고 브레너의 《혼돈의 기원》이 독자적인 마르크스주의 공황론을 구성하고 이에 기초해 원자료를 치밀하게 분석하고 있는 반면, 잡다한 2차 자료 짜깁기와 견강부회 일색인 《베이징의 스미스》는 학술적으로도 수준이 비교가 안 된다. 아리기가 현실을 있는 그대로 볼 수 있는 능력 정도는 갖췄다면 자신의 책 제목부터 《베이징의 마르크스》라고 바로잡아야 할 것이다.

14  1930년대 대공황의 원인에 관한 기존의 학설로서, 주류 경제학자들은 주로 정책

실패, 즉 후버의 긴축 통화정책(Milton Friedman)이나 재건 국제 금본위제의 디플레이션 성격(Peter Temin)을 강조한다. 한편, 아글리에타(Michel Aglietta)와 같은 조절이론가들은 1930년대 대공황을 1920년대 성립한 포드주의적 집약적 축적 체제와 기존의 경쟁적 조절 양식 사이의 모순에서 비롯한 과도기적 현상이라고 주장한다. 폴러니(Karl Polanyi)와 같은 제도주의자들은 1930년대 대공황을 19세기 말과 20세기 초에 득세한 '자기조절적 시장'(자유주의)의 과잉, 즉 금융화가 초래한 재앙으로 해석하고 이후 국가주의의 대두를 이에 대한 반작용으로 해석한다. 반면, 바란(Paul Baran)과 스위지(Paul Sweezy) 같은 독점이론가들은 독점 강화와 생산성 증가 조건에서 심화된 '잉여 증가'와 분배의 불평등, 과소소비 경향이 1930년대 대공황의 배경이라고 주장한다. 그리고 킨들버거(Charles Kindleberger)와 아리기는 1930년대 대공황이 세계적 헤게모니의 교체기 또는 부재 시기에 발생했다는 사실을 강조한다. 1930년대 대공황의 원인에 관한 학설들을 비판적으로 검토한 글로는 Devine(1994)을 참조하라.

15 Duménil and Lévy(1993)와 Devine(1994)에 따르면, 1920년대 미국의 이윤율은 1929년 대공황 발발 직전까지 상승하고 있었다. 그러나 크리스 하먼은 이 책에 수록된 최근 논문에서 질먼(Joseph Gillman)과 메이지(Shane Mage) 등의 연구를 인용하면서, 1930년대 대공황 역시 이전 시기부터 진행돼 온 이윤율 장기 저하의 결과라고 주장한다.

16 2007~2008년 세계 경제 위기의 심도를 1930년대 대공황, 1973~1974년 불황, 1982년 불황 등과 비교해 분석한 논의로는 장시복(2008)을 참조하라.

17 Pollin(2008)을 참조하라.

18 독점위기론자인 포스터(Foster)도 금융화론에 대해서는 비판적이다. "금융화가 현대 경제에서 중요한 것은 사실이다. 그러나 그렇다고 해서 진정한 문제가 다른 곳, 즉 생산에 바탕을 둔 계급 착취의 전체 체제에 있음을 보지 못해서는 안 된다. 이런 의미에서 금융화는 자본축적 그 자체에 영향을 미치는 질병을 보상하는 하나의 방식일 뿐이다." 이에 대해서는 Foster(2008), p 18을 보라.

19 2009년 2월 15일자 〈뉴욕 타임스〉에 따르면, 2008년 사사분기에 일본의 국내총생산은 연율로 무려 12.퍼센트나 감소해 1974년 이래 가장 큰 폭으로 줄어든 반면, 같은 시기에 금융 위기의 진앙지인 미국의 국내총생산은 연율로 3.8퍼센트 감소하는 데 그쳤다.

20 〈파이낸셜 타임스〉의 논설위원 마틴 울프는 "지금은 케인스적 처방을 요구하는 케인스적 상황이다" 하고 주장한다. 이에 대해서는 Wolf(2008)를 보라.

21 러시아의 경제학자 콘드라디에프(1938년 스탈린에 의해 처형당함)가 주장한 50~60년 주기의 장기 순환 중 장기 호황 국면을 콘드라디에프 A 국면이라고 하

고, 장기 불황 국면을 콘드라디에프 B 국면이라고 한다.

22  케인스주의에 친화적인 폴 크루그먼(Paul Krugman)도 1930년대 대공황을 종식
시킨 것은 다름 아닌 제2차세계대전이었음을 다음과 같이 솔직하게 인정한다.
"경제를 구출한 것, 그래서 뉴딜을 구출한 것은 제2차세계대전으로 알려진 엄청
난 공공사업 프로젝트였는데, 이것이 최종적으로 경제에 필요했던 재정 부양을
제공했다." 이에 대해서는 Krugman(2008)을 보라.

23  Bryan and Rafferty(2006)에 따르면, 19세기 말과 20세기 초의 국제 금본위제에
서는 금이 세계 금융시장의 조정자 구실을 수행했는데, 1971년 브레턴우즈 체제
가 붕괴한 뒤, 즉 변동환율 제도로 이행한 뒤에는, 이 기능을 각종 파생금융상품
이 수행하게 됐다. 선물, 옵션, 스왑 등에서 보듯이 파생금융상품은 각종 금융자
산의 현재 가격과 미래 가격을 연동시키고 상이한 종류의 금융자산들의 가격을
연결시킴으로써 위험과 변동을 최소화하는 방식으로 세계 금융시장을 조정해 왔
다는 것이다. 따라서 파생금융상품이 투기를 조장해 금융시장의 불안정을 심화
시킨다는 이유로 이를 제거하는 것은, 곧 세계 금융시장의 조정자를 제거하는
것이고 그 결과 자본주의 경제의 불안정성은 도리어 격화될 수 있다.

24  Davis(2008)를 참조하라.

25  우리나라 진보 진영 다수가 숭상하는 친케인스주의자 조셉 스티글리츠(Joseph
Stiglitz)가 다름 아닌 신자유주의 쿠데타의 주역 폴 볼커를 오바마 정부의 재무장
관 후보자로 추천한 사실은 '초록'(케인스주의와 신자유주의)이 얼마나 '동색'인
지를 잘 보여준다. 오바마는 결국 역시 월스트리트 금융가인 가이스너 뉴욕 연방
은행 총재를 재무장관으로 지명했다.

26  예컨대 마르크스주의 경제학자 이채언(2008)은 오바마가 "금융의 민주화, 자본
의 탈세계화, 상품의 지방화"를 지향하는 '시장경제 2.0' 시대를 열 것으로 기대
한다.

27  예컨대 Moseley(2008)는 다음과 같이 주장한다. "현재의 위기는 마르크스적 위기
라기보다 민스키적 위기다. 현재 위기의 주요 원인은 생산에서 잉여노동이 불충
분했기 때문이 아니라 금융자본가들이 고수익을 좇아 과도하게 위험을 떠안았기
때문인데, 이는 주택 가격이 영원히 상승할 것이라는 잘못된 가정에 근거를 둔
것이었다." Mohun(2008)도 다음과 같이 주장한다. "(현재 위기는) 임금 상승이
이윤을 압박하는 문제가 아니다. 이것은 기술 진보가 이윤율을 저하시키는 문제
도 아니다. 즉, 수익성 있는 사업 부문의 고갈과 관련된 문제가 아니다. 그래서
고전 마르크스주의 관점의 전통적 설명은 들어맞지 않는다." 1980년대 이후 이윤
율 상승을 어떻게 해석하는가 하는 것은 마르크스주의 경제학자들 사이에서 중
요한 쟁점이다. 나는 1980년대 신자유주의 전환 이후에 이윤율이 회복된 사실을

부정하지 않는다. 그러나 1980년대 이후의 이윤율 회복이 1970년대부터 시작된 이윤율의 장기 저하 추세 자체를 반전시키지 못했다는 사실, 다시 말해서 신자유주의 시대에 회복된 이윤율 수준이라는 것이 제2차세계대전 이후 자본주의의 장기 호황 시기(이른바 '황금시대') 이윤율에 한참 미달됐다는 사실, 즉 1980년대 이후 이윤율 회복은 추세적 회복이 아니라 순환적 회복일 뿐이라는 사실 역시 인정해야 한다. 아울러 Husson(2008)이나 Kincaid(2008) 등이 제시하는 1980년대 이후 이윤율 회복의 수치들은 실은 투자 자본스톡에 대한 이윤의 비율로 정의되는 이윤율이 아니라 부가가치에 대한 이윤의 비율로 정의되는 이윤 몫(이는 마르크스가 착취율이라고 부른 비율의 대용 변수로 볼 수 있다)에 관한 수치들이다. 따라서 이들이 제시하는 자료는 이윤율 상승이 아니라 착취율 상승을 보여줄 뿐인데, 이는 물론 나와 같은 이윤율 저하 공황론자들도 인정하는 사실이다. 아울러 1980년대 이후 이윤율 회복은 마르크스의 이윤율 저하 이론을 논박하는 증거가 되기는커녕, 신자유주의의 반노동 공세 속에서 임금 억압과 착취율 상승, 이른바 '다운사이징'과 비생산 노동의 구조조정, 'IT 혁명'과 '신경제'로 인한 유통 시간과 유통비의 절약에 힘입은 현상으로서, 이런 이윤율 저하 경향에 대한 '상쇄 요인'들은 마르크스 이론으로 얼마든지 설명할 수 있다.

28 Ticktin(2008)을 참조하라.

29 Wallerstein(2008)을 참조하라.

30 한편, 다카하시 데쓰야(2008)에 따르면, 최근 일본에서 양극화가 심화되면서 '프리터'(free arbeiter의 약어. 이는 일정한 직업 없이 아르바이트 등으로 생계를 꾸리는 일본의 젊은이들을 가리키는 용어이다) 세대들은 자신들의 절박한 상황을 타개하는 "기회가 있다고 한다면 그것은 '전쟁'이라고 주장"하는데 이는 "전쟁이 일어나면 사회 전체가 유동화해 정규 고용 노동자가 가지고 있는 기득권이 무너지고 누구나 일단 제로 지점으로 끌려가기 때문에, 자신과 같은 '못 가진 사람'에게도 기회가 찾아올 것"이라고 생각하기 때문이라는 것이다.

31 Wolff(2008)는 다음과 같이 지적한다. "보수주의자들과 자유주의자들의 정책은 위기를 해결하는 데는 아무런 쓸모가 없지만, 이들 간의 논쟁은 경제 위기에 대한 반자본주의적 분석을 공공 토론에서 배제하는 데는 성공하고 있다. 아마도 이런 배제가 ― 즉 위기를 해결하는 것이 아니라 ― 자유주의자들과 보수주의들 간의 끝없는 정책 논쟁의 기능인지도 모른다."

32 예컨대 Wade(2008)는 그 한 예다.

33 마르크스주의적 사회주의자들도 재정지출 확대, 금융 규제 강화, 투자의 사회화와 같은 케인스주의적 요구들에 대해 그것이 케인스주의적 체제 내적 요구라는 이유로 거부할 것이 아니라, 만약 그 요구들이 경제 위기 정세에서 노동자와 서

민 대중의 생활수준을 개선하고 계급의식을 고취하는 데 기여하는 것으로 판단되는 한, 트로츠키가 말한 '이행기 강령'의 관점에서 지지할 뿐 아니라 이를 국가한테서 쟁취하기 위해 공동으로 투쟁할 필요가 있다.

34 정성진(2006b), p 184를 참조하라.

35 로버트 브레너는 이 책에 수록된 필자와의 인터뷰에서 좌파의 대안은 케인스주의가 아니라 노동조합 조직 재건을 비롯한 대중운동을 강화하는 것이 돼야 한다고 주장한다.

36 반자본주의·탈자본주의 대안으로서 민주적 참여계획경제의 특징과 작동 원리에 대해서는 정성진(2007b)을 참조하라.

# 참고문헌

## 3장 신자유주의의 진정한 성격

Baily, Martin Neil, and Robert Z Lawrence, 2004, "What Happened to the Great US Job Machine? The Role of Trade and Offshoring", paper prepared for the Brookings Panel on Economic Activity, 9~10 September 2004, http://ksghome. harvard.edu/~RLawrence/BPEA%20Baily-Lawr%20Oct%208%20clean.pdf

Bellofiore, Riccardo, 1999, "After Fordism, What? Capitalism at the End of the Century: Beyond the Myths", in Riccardo Bellofiore (ed), *Global Money, Capital Restructuring, and the Changing Patterns of Labour* (Edward Elgar).

Bensaïd, Daniel, and Pierre Rousset, 2007, "Un Etrange Bilan", *Que Faire 6* (September/November 2007).

Bodin, Raymond-Pierre, 2001, "Wide-ranging Forms of Work and Employment in Europe", ILO report, www.ilo.org/public/english/bureau/inst/download/bodin. pdf

Bourdieu, Pierre, 1998, *Acts of Resistance: Against the New Myths of our Time* (Polity).

Bronfenbrenner, Kate, 2000, "Uneasy Terrain: The Impact of Capital Mobility on Workers, Wages, and Union Organising", The ILR Collection, http:// digitalcommons.ilr.cornell.edu/cgi/viewcontent.cgi?article=1001&context=reports

Bukharin, Nikolai, 1927, *Economic Theory of the Leisure Class*, www.marxists. org/archive/bukharin/works/1927/leisure-economics/

Byres, Terry, 2005, "Neoliberalism and Primitive Accumulation in less Developed Countries", in Alfredo Saad Filho and Deborah Johnston, *Neoliberalism, A Critical Reader* (Pluto).

Callinicos, Alex, and Chris Nineham, 2007, "At an Impasse: Anti-capitalism and the Social Forums Today", *International Socialism 115* (Summer 2007), www.isj. org.uk/index.php4?id=337

Campbell, Al, 2005, "The Birth of Neoliberalism in the United States", in Alfredo Saad Filho and Deborah Johnston (eds), *Neoliberalism, A Critical Reader* (Pluto).

Castells, Manuel, 2006, "The Network Society: From Knowledge to Policy", in Manuel Castells and Gustavo Cardoso (eds), *The Network Society* (Center for Transatlantic Relations).

Chang, Ha-Joon, "Breaking the Mould: An Institutionalist Political Economy Alternative to the Neoliberal Theory of the Market and the State", *Cambridge Journal of Economics 26* (2002), also available online from www.unrisd.org

Chesnais, François, 1997, *La Mondialisation du Capital* (Syros)[국역 : 《자본의 세계화》, 한울, 2007].

Duménil, Gerard and Dominique Lévy, 2004a, Capital Resurgent: Roots of the Neoliberal Revolution (Harvard University)[국역 : 《자본의 반격 — 신자유주의 혁명의 기원》, 필맥, 2006].

Duménil, Gerard and Dominique Lévy, 2004b, "The Economics of US Imperialism at the turn of the 21st Century", *Review of International Political Economy*, volume 11, number 4.

Duménil, Gerard, and Dominique Lévy, 2005, "The Neoliberal Counterrevolution", in Alfredo Saad Filho and Deborah Johnston (eds), *Neoliberalism, A Critical Reader* (Pluto).

Dunn, Bill, 2004, *Global Restructuring and the Power of Labour* (Palgrave).

Engels, Frederick, 1897, *Socialism: Scientific and Utopian* (Allen and Unwin), www.marxists.org/archive/marx/works/1880/soc-utop/

Fine, Ben, 1999, "Privatisation: Theory and Lessons for the United Kingdom and South Africa", in Andriana Vlachou (ed), *Contemporary Economic Theory: Radical Critiques of Neoliberalism* (Macmillan).

Fine, Ben, 2006, "Debating the 'New' Imperialism", *Historical Materialism*, volume 14, number 4.

Garrison, Roger, 1992, "Is Milton Friedman a Keynesian?", in Mark Skousen (ed), *Dissent on Keynes* (Praeger), available online: www.auburn.edu/~garriro/fm2friedman.htm

George, Susan, 1999, *The Lugano Report: On Preserving Capitalism in the Twenty-first Century* (Pluto)[국역 : 《21세기 자본주의의 유지 방안》, 당대, 2006].

Giddens, Anthony, 1998, *The Third Way: Renewal of Social Democracy* (Polity)[국역 : 《제3의 길》, 생각의 나무, 1999].

Giddens, Anthony, 2002, *Runaway World* (Profile).

Hardt, Michael, and Antonio Negri, 2001, *Empire* (Harvard), www.angelfire.com/

cantina/negri/HAREMI_unprintable.pdf[국역 : 《제국》, 이학사, 2002].

Harman, Chris, 1977, "Poland and the Crisis of State Capitalism", *International Socialism* (old series) 94 and 95.

Harman, Chris, 1995, *Economics of the Madhouse: Capitalism and the Market Today* (Bookmarks)[국역 : 《신자유주의 경제학 비판》, 책갈피, 2001].

Harman, Chris, 1996a, "The Crisis of Bourgeois Economics", *International Socialism* 71 (summer 1996), http://pubs.socialistreviewindex.org.uk/isj71/harman.htm

Harman, Chris, 1996b, "Globalisation: A Critique of a New Orthadoxy", *International Socialism* 73 (winter 1996), http://pubs.socialistreviewindex.org.uk/isj73/harman.htm

Harman, Chris, 2000, "Anti-capitalism: Theory and Practice", *International Socialism* 88 (autumn 2000), http://pubs.socialistreviewindex.org.uk/isj88/harman.htm [국역 : 《저항의 세계화》, 북막스, 2002].

Harman, Chris, 2002, "The Workers of the World", *International Socialism 96* (autumn 2002), http://pubs.socialistreviewindex.org.uk/isj96/harman.htm

Harman, Chris, 2003, "Analysing Imperialism", *International Socialism 99* (summer 2003), http://pubs.socialistreviewindex.org.uk/isj99/harman.htm

Harman, Chris, 2007a, "The Rate of Profit and the World Today", *International Socialism 115* (summer 2007), www.isj.org.uk/index.php4?id=340

Harman, Chris, 2007b, "Snapshots of Capitalism Today and Tomorrow", *International Socialism 113* (winter 2007), www.isj.org.uk/index.php4?id=292

Harvey, David, 1989, *The Condition of Postmodernity: An Enquiry into the Origins of Cultural Change* (Blackwell)[국역 : 《포스트모더니티의 조건》, 한울, 2008].

Harvey, David, 2003, *The New Imperialism* (Oxford University)[국역 : 《신제국주의》, 한울, 2005].

Harvey, David, 2005, *A Brief History of Neoliberalism* (Oxford University)[국역 : 《신자유주의 — 간략한 역사》, 한울, 2007].

Heath, Anthony, Roger Jowell and John Curtice, 1985, *How Britain Votes* (Pergamon Press).

Hirsch, Joachim, 1987, "The State Apparatus and Social Reproduction", in John Holloway and Sol Piccioto, *State and Capital: A Marxist Debate* (Edward Arnold).

Holloway, John, 1995, "Global Capital and the National State", in Werner Bonefeld and John Holloway (eds), *Global Capital, National State and the Politics of Money*

(St Martin's)[국역 : 《신자유주의와 화폐의 정치》, 갈무리, 1999].

Katz, Claudio, 2007, "El Giro de la Economía Argentina (Parte I)", www.aporrea. org/internacionales/a30832.html

Koechlin, Tim, 2006, "US Multinational Corporations and the Mobility of Productive Capital: A Skeptical View", *Review of Radical Political Economics*, volume 38, number 3.

Laclau, Ernesto, and Chantal Mouffe, 1985, *Hegemony and Socialist Strategy: Towards a Radical Democratic Politics* (Verso)[국역 : 《사회변혁과 헤게모니》, 터, 1990].

Marx, Karl, 1987, The 1861~63 notebooks, in Karl Marx and Frederick Engels, *Collected Works*, volumes 28~30 (Lawrence and Wishart), www.marxists.org/archive/marx/works/1861/economic/

Matthews, Robin, 1968, "Why has Britain had Full Employment since the War?", *The Economic Journal*, volume 78, number 311 (September 1968).

Rogers, Ann, 1993, "Back to the Workhouse", *International Socialism 59* (Summer 1993).

Selwyn, Ben, 2007, "Labour Process and Workers' Bargaining Power in Export Grape Production, North East Brazil", *Journal of Agrarian Change*, volume 7, number 4 (October 2007).

Shaikh, Anwar, 2003, "Who Pays for the 'Welfare' in the Welfare State?", *Social Research*, volume 70, number 2, http://homepage.newschool.edu/~AShaikh/welfare_state.pdf

Swank, Duane, and Cathie Jo Martin, 2001, "Employers and the Welfare State", *Comparative Political Studies*, volume 34, number 8.

Taylor, Robert, 2002, "Britain's World of Work: Myths and Realities", ESRC Future of Work Programme Seminar Series, www.esrc.ac.uk/ESRCInfoCentre/Images/fow_publication_3_tcm6-6057.pdf

Terrones, Marco, and Roberto Cardarelli, 2005, "Global Imbalances: A Saving and Investment Perspective", in *World Economic Outlook 2005*, International Monetary Fund, www.imf.org/external/pubs/ft/weo/2005/02/pdf/chapter2.pdf

Tomlinson, Jim, 1981, "The 'Economics of Politics' and Public Expenditure: a Critique", *Economy and Society*, volume 10, number 4 (November 1981).

## 4장 신용경색부터 세계 경제 위기의 공포까지

Aglietta, Michel, 2000, "A Comment and some Tricky Questions", *Economy and Society*, volume 29, number 1.

Corey, Lewis (aka Louis Fraina), 1934, *The Decline of American Capitalism*, www.marxists.org/archive/corey/1934/decline/

Godley, Wynne, Dimitri Papadimitriou, Greg Hannsgen and Gennaro Zezza, 2007, "The US Economy: Is there a Way Out of the Woods?", *Strategic Analysis*, November 2007, The Levy Economics Institute of Bard College.

Grahl, John, and Paul Teague, 2000, "The Regulation School", *Economy and Society*, volume 29, number 1.

Harman, Chris, 1984, *Explaining the Crisis* (Bookmarks)[국역 : 《마르크스주의와 공황론》, 풀무질, 1995].

Harman, Chris, 1993, "Where is Capitalism Going?", *International Socialism 58* (Spring 1993).

Harman, Chris, 1996, "The Crisis of Bourgeois Economics", *International Socialism 71* (Summer 1996), http://pubs.socialistreviewindex.org.uk/isj71/harman.htm

Harman, Chris, 2001, "The New World Recession", *International Socialism 93* (Winter 2001), http://pubs.socialistreviewindex.org.uk/isj93/harman.htm

Harman, Chris, 2007a, "The Rate of Profit and the World Today", *International Socialism 115* (Summer 2007), www.isj.org.uk/index.php4?id=340

Harman, Chris, 2007b, "New Labour's Economic 'Record'", *International Socialism 115* (Summer 2007), www.isj.org.uk/index.php4?id=335

Husson, Michel, 1999, "Surfing the Long Wave", *Historical Materialism 5* (Winter 1999), http://hussonet.free.fr/surfing.pdf

Husson, Michel, 2008, "La Hausse Tendancielle du Taux d'Exploitation", *Imprecor*, http://hussonet.free.fr/parvainp.pdf

Kincaid, Jim, 2001, "Marxist Political Economy and the Crises in Japan and East Asia", *Historical Materialism 8*.

Lapavitsas, Costas, 2008, "Interview: The Credit Crunch", *International Socialism 117* (Winter 2008), www.isj.org.uk/index.php4?id=395

Magdoff, Fred, 2006, "The Explosion of Debt and Speculation", *Monthly Review*, November 2006, www.monthlyreview.org/1106fmagdoff.htm

Papadimitriou, Dimitri, Anwar Shaikh, Claudio Dos Santos and Gennaro Zezza, 2005, "How Fragile is the US Economy?", *Strategic Analysis*, February 2005,

The Levy Economics Institute of Bard College.

Terrones, Marco, and Roberto Cardarelli, 2005, "Global Balances, a Savings and Investment Account", *World Economic Outlook*, International Monetary Fund.

## 5장 전반적 성장 속의 일시적 위기일 뿐이다

Bank for International Settlements, 2006, "76th Annual Report" (June 2006), www.bis.org/publ/arpdf/ar2006e.htm

Bush, Ray, 2007, *Poverty and Neoliberalism: Persistence and Reproduction in the Global South* (Pluto).

Freeman, Richard, 2005, "What Really Ails Europe", http://theglobalist.com/StoryId.aspx?StoryId=4542

Fine, Ben, and Alfredo Saad-Filho, 2004, *Marx's Capital* (Pluto)[국역 : 《마르크스의 자본론》, 책갈피, 2006].

Harman, Chris, 1984, *Explaining the Crisis: A Marxist Reappraisal* (Bookmarks).

Harman, Chris, 2007a, "The Rate of Profit and the World Today", *International Socialism 115* (Summer 2007), www.isj.org.uk/index.php4?id=340

Harman, Chris, 2007b, "Rate of Profit Warning", *Socialist Review*, November 2007, www.socialistreview.org.uk/article.php?articlenumber=10144

Harman, Chris, 2008, "From the Credit Crunch to the Spectre of Global Crisis", *International Socialism 118* (Spring 2008), www.isj.org.uk/index.php4?id=421

IMF, 2006, *World Economic Outlook* (April 2006), www.imf.org/external/pubs/ft/weo.htm

Kincaid, Jim, 2007, "Production versus Realisation: A Critique of Fine and Saad-Filho on Value Theory", *Historical Materialism*, volume 15, number 4.

Lardy, Nicholas R, 2007, "China: Rebalancing Economic Growth", www.peterson institute.org/publications/papers/lardy0507.pdf

Marx, Karl, 1981, *Capital*, volume three (Penguin). An alternative version is available online: www.marxists.org/archive/marx/works/1894-c3/

Moseley, Fred, 2007, "Is the US Economy Heading for a Hard Landing?", www.mtholyoke.edu/courses/fmoseley/HARDLANDING.doc

OECD, 2007, *Economic Outlook 82* (December 2007), www.oecd.org/dataoecd/60/0/39727868.pdf

World Bank, 2006, "Global Economic Prospects 2006", http://go.worldbank.org/CGW1GG3AV1

World Bank, 2007, "China Quarterly Update" (September 2007), http://siteresources. worldbank.org/cqu_09_07.pdf

## 6장 이윤율은 장기적으로 하락하고 있다

Ark, Bart van, Robert Inklaar and Robert H McGuckin, 2003, "ICT and Productivity in Europe and the United States, Where do the Differences Come From?", *CESifo Economic Studies*, volume 49, number 3, www.ggdc.net/~inklaar/ papers/ictdecompositionrev2.pdf

Aziz, Jahangir, and Li Cui, 2007, "Explaining China's low Consumption", IMF, working paper, www.imf.org/external/pubs/ft/wp/2007/wp07181.pdf

Aziz, Jahangir, and Steven Dunaway, 2007, "China's Rebalancing Act", *Finance and Development*, volume 44, number 3, IMF, www.imf.org/external/pubs/ft/fandd/ 2007/09/aziz.htm

Belfield, Richard, and Christopher Hird, 1991, *Murdoch, the Decline of an Empire* (Little, Brown).

Brooks, Ray, 2004, "Labour Market Performances", in Eswar Prasad (ed), *China's Growth and Integration into the World Economy*, IMF, www.imf.org/external/ pubs/ft/op/232/op232.pdf

Dasgupta, Sukti, and Ajit Singh, 2006, "Manufacturing, Services And Premature De-industrialisation in Developing Countries", Centre for Business Research, University of Cambridge, working paper, www.cbr.cam.ac.uk/pdf/WP327.pdf

Duménil, Gerard, and Dominique Lévy, 2004, *Capital Resurgent: Roots of the Neoliberal Revolution* (Harvard University).

Gordon, Robert, 2000, "Does the 'New Economy' Measure up to the Great Inventions of the Past?", *Journal of Economic Perspectives*, volume 14, number 4, http://econ161.berkeley.edu/Teaching_Folder/Econ_210c_spring_2002/ Readings/Gordon_Inventions.pdf

Harman, Chris, 1984, *Explaining the Crisis: A Marxist Reappraisal* (Bookmarks).

Harman, Chris, 1993, "Where is Capitalism Going", *International Socialism 58* (Spring 1993).

Harman, Chris, 2001, "The New World Recession", *International Socialism 93* (Winter 2001), http://pubs.socialistreviewindex.org.uk/isj93/harman.htm

Harman, Chris, 2006, "China's Economy and Europe's Crisis", *International Socialism 109* (Winter 2007), www.isj.org.uk/index.php4?id=160

Harman, Chris, 2007, "The Rate of Profit and the World Today", *International Socialism 115* (Summer 2007), www.isj.org.uk/index.php4?id=340

Hutchinson, Robert, 2008, "Knowledge and Control: A Marxian Perspective on the Productivity Paradox of new Technology", *Rethinking Marxism*, volume 20, number 2.

ILO, 2002, "Women and Men in the Informal Economy", www.ilo.org/public/english/employment/infeco/download/menwomen.pdf

IMF, 2005, *World Economic Outlook* (April 2005), www.imf.org/external/pubs/ft/weo/2005/01/

Kotz, David, 2008, "Contradictions of Economic Growth in the Neoliberal Era", *Review of Radical Political Economy*, volume 40, number 2.

Kumar, Arun, 2006, "Flawed Macro Statistics", in *Alternative Economic Survey, India 2005~2006* (Daanish).

Li, Minqi, 2008, "An Age of Transition", *Monthly Review* (April 2008), www.monthlyreview.org/080401li.php

Lavina, Editha, and Emma Xiaoqin Fan, 2008, "Diverging Patterns of Profitability, Investment and Growth in China and India during 1980~2003", *World Development*, volume 36, number 5.

Marx, Karl, 1961 [1867], *Capital*, volume one (Moscow), www.marxists.org/archive/marx/works/1867-c1/

O'Hara, Phillip Anthony, 2006, "A Chinese Social Structure of Accumulation for Capitalist Long-Wave Upswing?", *Review of Radical Political Economics*, volume 38, number 3.

Tevlin, Stacey, and Karl Whelan, 2000, "Explaining the Investment Boom of the 1990s", US Federal Reserve (March 2000), www.federalreserve.gov/Pubs/feds/2000/200011/200011pap.pdf

Unni, J, 2001, "Gender and Informality in Labour Markets in South Asia", *Economic and Political Weekly* (Bombay), 30 June 2001.

## 7장 1930년대 대공황과 오늘날의 위기

Alexander, Arthur, 1998, *Japan in the context of Asia* (Johns Hopkins University).

Arnold, Tony, and Sean McCartney, 2003, "National Income Accounting and Sectoral Rates of Return on UK Risk-Bearing Capital, 1855~1914", Essex University, school of accounting, finance and management, working paper, November

2003, www.essex.ac.uk/AFM/Research/working_papers/WP03-10.pdf

Balderston, Theo, 1985, "The Beginning of the Depression in Germany 1927~30", *Economic History Review*, volume 36, number 3.

Bernanke, Ben, 2000, *Essays on the Great Depression* (Princeton).

Berstein, Michael A, 1987, *The Great Depression* (Cambridge University).

Brown, Ernest Henry Phelps, and Margaret H Browne, 1968, *A Century of Pay* (Macmillan).

Burkett, Paul, and Martin Hart-Landsberg, 2000, *Development, Crisis and Class Struggle* (Palgrave Macmillan).

Carchedi, Gugliemo, 2008, "Dialectics and Temporality", *Science and Society*, volume 72, number 4.

Corey, Lewis, 1935, *The Decline of American Capitalism* (Bodley Head), www.marxists.org/archive/corey/1934/decline/

Dumenil, Gerard, and Dominique Levy, 1993, *The Economics of the Profit Rate* (Edward Elgar).

Eichengreen, Barry, 1992, "The Origins and Nature of the Great Slump Revisited", *Economic History Review*, new series, volume 45, number 2.

Eichengreen, Barry, 2004, "The British Economy Between the Wars", in Floud and Johnson, 2004.

Eichengreen, Barry, and Kris Mitchener, 2003, "The Great Depression as a Credit Boom Gone Wrong", *BIS Working Papers*, 137, www.bis.org/publ/work137.pdf

Flamant, Maurice, and Jeanne Singer-Kerel, 1970, *Modern Economic Crises* (Barrie & Jenkins).

Floud, Roderick, and Paul Johnson (eds), 2004, *The Cambridge Economic History of Modern Britain*, volume two (Cambridge University).

Friedman, Milton, and Anna Schwartz, 1965, *The Great Contraction 1929~33* (Princeton).

Galbraith, John Kenneth, 1993, *American Capitalism* (Transaction).

Gillman, Joseph, 1956, *The Falling Rate of Profit* (Dennis Dobson).

Gordon, Robert J, 2004, "The 1920s and the 1990s in Mutual Reflection", paper presented to economic history conference, "Understanding the 1990s: The Long-term Perspective", Duke University, 26~27 March 2004, www.unc.edu/depts/econ/seminars/Gordon_revised.pdf

Grossman, Henryk, 1992 [1929], *Law of Accumulation and Breakdown of the Capitalist System* (Pluto), www.marxists.org/archive/grossman/1929/breakdown/

Gup, Benton E (ed), 2004, *Too Big to Fail* (Praeger).

Hansen, Alvin H, 1971, *Full Recovery or Economic Stagnation* (New York).

Harman, Chris, 2007, "The Rate of Profit and the World Today", *International Socialism 115* (Summer 2007), www.isj.org.uk/?id=340

Hatton, Timothy J, 2004, "Unemployment and the Labour Market 1870~1939", in Floud and Johnson, 2004, http://econrsss.anu.edu.au/Staff/hatton/pdf/FandJUnemp.pdf

Hart, Albert G, and Perry Mehrling, 1995, *Debt, Crisis and Recovery* (ME Sharpe).

Hayashi, Fumio, and Edward C Prescott, 2002, "The 1990s in Japan: A Lost Decade", *Review of Economic Dynamics*, volume 5, issue 1, www.minneapolisfed.org/research/WP/WP607.pdf

Kaufman, George, 2004, "Too Big to Fail in US Banking", in Gup, 2004.

Kindleberger, Charles P, 1973, *The World in Depression 1929~39* (Allen Lane)[국역: 《대공황의 세계》, 부키, 1998].

Kossis, Costas, 1992, "A Miracle Without End", *International Socialism 54* (Spring 1992).

Krugman, Paul, 1998, "Japan's Trap", http://web.mit.edu/krugman/www/japtrap.html

Kuhn, Rick, 2007, *Henryk Grossman and the Recovery of Marxism* (University of Illinois).

Mage, Shane, 1963, "The 'Law of the Falling Rate of Profit', its Place in the Marxian Theoretical System and its Relevance for the US Economy", PhD thesis, Columbia University, released through University Microfilms, Ann Arbor, Michigan.

Marx, Karl, 1962 [1894], *Capital*, volume three (Moscow), www.marxists.org/archive/marx/works/1894-c3/

Mason, Joseph R, and Daniel A Schiffman, 2004, "Too Big to Fail, Government Bailouts and Managerial Incentives", in Gup, 2004.

McCormack, Gavan, 2002, "Breaking Japan's Iron Triangle", *New Left Review 13* (January_February 2002).

Middleton, Roger, 1985, *Towards the Managed Economy* (Routledge).

Parker, Randall E, 2007, *Economics of the Great Depression* (Edward Elgar).

Pilling, Geoffrey, 1986, *The Crisis of Keynesian Economics* (Barnes & Nobel).

Preobrazhensky, Evgeny, 1985 [1931], *The Decline of Capitalism* (ME Sharpe).

Robbins, Lionel, 1934, *The Great Depression* (Macmillan).

Scarpetta, Stefano, Andrea Bassanini, Dirk Pilat and Paul Schreyer, 2000, "Economic Growth in the OECD Area", OECD economics department working papers, number 248, www.sourceoecd.org/10.1787/843888182178

Skidelsky, Robert, 1994, *John Maynard Keynes*, volume 2 (Papermac)[국역 : 《존 메이너드 케인스》, 후마니타스, 2009].

Steindl, Josef, 1976, *Maturity and Stagnation in American Capitalism* (Monthly Review).

Stevens, Rod, 1988, "The High Yen Crisis in Japan", *Capital and Class 34* (Spring 1988).

Temin, Peter, 1976, *Did Monetary Forces Cause the Great Depression* (Norton).

Temin, Peter, 1996, "The Great Depression", in Stanley L Engerman and Robert E Gallman (eds), *The Cambridge Economic History of the United States, volume two, the 20th century* (Cambridge University).

Tett, Gillian, 2004, *Saving the Sun* (Random House).

Turner, Graham, 2008, *The Credit Crunch* (Pluto).

Wilmarth, Arthur E, 2004, "Does Financial Liberalization Increase the Likelihood of a Systemic Banking Crisis", in Gup, 2004.

Wolferen, Karel van, 1993, "Japan in the Age of Uncertainty", *New Left Review*, first series, 200 (July~August 1993).

## 8장 미국 서브프라임 모기지 사태와 세계 경제 위기

곽노완, 2008, "서브프라임 붕괴와 마르크스주의 공황론의 새로운 지평", 《마르크스주의 연구》, 제5권 3호.

김명록, 2008, "증권화와 서브프라임 위기", 《마르크스주의 연구》, 제5권 3호.

김수행, 2006, 《자본주의의 위기와 공황》, 서울대학교 출판부.

김정주, 2008, "세계 경제 위기와 달러 헤게모니", 《마르크스주의 연구》, 제5권 2호. 경상대학교 사회과학연구원.

양동휴, 2008, "1930년대 세계대공황과 금융위기", 《세계 경제위기와 자본주의의 미래》, 서울대학교 민교협 공개토론회.

장시복, 2006, "1990년대 이후 미국경제의 발전과 대외불균형", 《진보평론》, 29호, 도서출판 현장에서 미래를.

—, 2008a, "서브프라임 모기지 사태와 위기의 정체경제학", 《문화과학》, 55호.

—, 2008b, "1990년대 이후 미국 경제의 모순적 발전과 세계 경제의 위기", 《대토론회 2 : '신자유주의'의 위기와 대안적 질서의 모색》, 한국사회포럼 2008 대토론회 발표문.

정성진, 2007, 《마르크스와 트로츠키》, 한울.

—, 2008, "맑스주의는 현재의 대공황을 보는 정확한 시각", 〈민중의 소리〉

조복현, 2008, "미국의 금융위기와 경기 침체 : 정치적 금융위기 가설", 한국사회경제학회 2008 정기 봄 학술대회, 2008년 4월 25일.

* * *

Beitel, Karl, 2008, "The Subprime Debacle", *Monthly Review,* volume 60, number 1.

Brenner, Robert, 2002, *The Boom and the Bubble: The U.S. in the World Economy* (Verso)[국역 : 《붐 앤 버블》, 아침이슬, 2002).

Froud, Julie, Sukhdev, Johal, Adam, Leaver & Williams, Karel, 2006, *Fiancialization and Strategy: Narrative and Numbers* (London: Routledge).

Glyn, A., 2006, *Capitalism Unleashed: Finance. Globalization and Welfare* (London: Oxford University Press)[국역 : 《고삐 풀린 자본주의》, 필맥, 2008].

Henwood, Doug, 1997, *Wall Street: How It Works and for Whom* (Verso)[국역 : 《월스트리트 : 누구를 위해 어떻게 움직이나》, 사계절, 1999].

—, 2003, *After the New Economy* (New York: New Press)[국역 : 《신경제 이후》, 필맥, 2004].

IMF, 2008, *World Global Financial Stability Report* (International Monetary Fund).

Joint Economic Committee, 2007, *Subprime Lending Crisis: The Economic Impact on Wealth, Property Values and Tax Revenues, and How We Got Here* (Washington D.C.: Joint Economic Committee).

—, 2008, *The U.S. Housing Bubble and the Global Financial Crisis: Vulnerabilities of the alternative Financial System* (Washington D.C.: Joint Economic Committee).

Li, Minqi, 2008, "An Age of Transition: The United States, China, Peak Oil, and the Demise of Neoliberalism", *Monthly Review*, volume 59, number 11.

Mandel, M., 2000, *The Coming Internet Depression: Why the High-Tech Boom will Go Bust, Why, the Crash will Be Worse That You Think, and How to Prosper Afterwards* (New York: Basic Books)[국역 : 《인터넷 공황》, 이후, 2001].

Maki, D. and Palumbo, M., 2001, "Disentangling the Wealth Effect: A Cohort Analysis of Household Savings in the 1990's", Board of Governors of the Federal Reserve System.

Marx, Karl, 1976, *Capital I* (Penguin Books Limited)[국역 : 《자본론》 1권, 비봉출판사, 2003].

— , 1981, *Capital III* (Penguin Books Limited)[국역 : 《자본론》 3권, 비봉출판사, 2004].

Mishel, Lawrence, Bernstein, Jared, and Allegretto, Sylvia, 2005, *The State of Working America 2006/2007* (Economic Policy Institute).

O'Sullivan, M., 2000, *Contests for Corporate Control in the U.S. and Germany* (New York: Oxford University Press).

Partnoy, Frank, 2003, *Infectious Greed: How Deceit and Risk Corrupted the Financial Markets* (Holt Paperbacks)[국역 : 《전염성 탐욕 : 기만과 위험의 금융 활극과 시장의 부패》, 필맥, 2004].

Reuters, 2008, "Nobel Winner Krugman Says World Recession Likely", *Reuters*.

* * *

BEA, National Income and Product Account(NIPA), www.bea.gov

BEA, U.S. International Transactions, www.bea.gov

BIS, Annual Report, www.bis.org

Federal Reserve Boards, Flow of Funds, http://www.federalreserve.gov

KBS, 〈KBS 스페셜 : 서브프라임 시한폭탄은 터지는가?〉, 2008년 1월 27일.

NYSE, http://www.nyse.com/

OCC, http://www.occ.treas.gov

Standard & Poor's, S&P/Case-Shiller Home Price Indices.

## 9장 21세기 세계 대공황

곽노완, 2008, "서브프라임 붕괴와 마르크스주의 공황론의 새로운 지평", 《마르크스주의연구》, 제5권 제3호.

다카하시 데쓰야, 2008, "프리터 세대의 전쟁대망론", 〈한겨레〉, 11월 18일.

이정구, 2008, "중국에서의 자본축적의 특징과 이윤율 추이 : 1990~2002", 《현대중국연구》, 제10집 제1호.

이채언, 2008, "대공황과 시장경제 2.0", 〈교수신문〉, 11월 10일.

조복현, 2008, "미국 금융위기와 신자유주의 경제질서", 사회경제학계 학술대회 발표논문, 11월 14일.

장시복, 2008, "미국발 세계 경제 위기의 성격에 대한 비교사적 연구", 사회경제학계 학술대회 발표논문, 11월 14일.

정성진, 2006a, "21세기 자본주의의 위기와 대안", 《진보평론》, 29호.

—, 2006b, 《마르크스와 한국경제》, 책갈피.

—, 2007a, "세계대공황으로 귀결될 공산이 크다", 〈참세상〉, 8월 14일.

—, 2007b, 《마르크스와 트로츠키》, 한울.

채만수, 2008, "대공황과 혹세무민지설들", 《정세와 노동》, 제39호, 10월.

\* \* \*

Amin, S., 2008, "Financial Collapse, Systemic Crisis? Illusory Answers and Necessary Answers", Paper introducing the World Forum of Alternatives, Caracas, October.

Arrighi, G., 2007, *Adam Smith in Beijing* (Verso).

Bryan, D. and Rafferty, M., 2006, "Financial Derivatives: The New Gold?", *Competition and Change,* vol. 10, no. 3.

Crotty, J., 2008, "Structural Causes of the Global Financial Crisis: A Critical Assessment of the 'New Financial Architecture'", *PERI Working Paper*, no. 180, September.

Davis, M., 2008, "Can Obama See the Grand Canyon?", *Tom Dispatch*, October 15.

Devine, J., 1994, "The Causes of the 1929~1933 Great Collapse: A Marxian Interpretation", *Research in Political Economy*, vol. 14.

Duménil, G. and Lévy, D., 1993, *The Economics of the Profit Rate*, Aldershot.

Duménil, G. and Lévy, D., 2008, "Global Debts Undermine World Hegemony", *ZNet*, September 5.

Foster, J. B., 2008, "The Financialization of Capital and the Crisis", *Monthly Review*, April.

Geier, J., 2008, "Capitalism's Worst Crisis Since the 1930s", *International Socialist Review,* no. 62. November/December.

Harman, C., 2008, "Misreadings and Misconceptions", *International Socialism*, no. 119.

Husson, M., 2008, "Le capitalisme toxique", *Inprecor.*

Kincaid, J., 2008, "The World Economy–A Critical Comment", *International Socialism*, no. 119.

Kliman, A., 2008, "A Crisis for the Centre of the System", *International Socialism*, no. 120.

Krugman, P., 2008, "Franklin Delano Obama?", *The New York Times*, November 10.

Kuhn, R., 2008, "The Problem Is Capitalism, Not Just the Banks", *MRZine*, October 17.

Lapavitsas, L., 2007, "The Credit Crunch", *International Socialism*, no. 117, Winter.

Lo, D., 2006, "Making Sense of China's Economic Transformation", *Department of Economics Working Paper*, SOAS, no. 148.

Mohun, S., 2008, "An Era of Rampant Inequality", *Workers' Liberty*, April 21.

Moseley, F., 2008, "The Long Trends of Profit", *Workers' Liberty*, March 19.

Pollin, R., 2008, "How to End the Recession", *The Nation*, November 24.

Post, C., 2008, "Their Crisis, Our Consequences: Is This What 1931 Looks Like?", *Solidarity*.

Saez, E., 2008, "Striking It Richer: The Evolution of Top Income in the United States (Update Using 2006 Preliminary Estimates)", March.

Ticktin, H., 2008, "Financial Turmoil Heralds Return to Keynesianism", *Weekly Worker*, no. 715, April 3.

Wade, R., 2008, "Fiancial Regime Change", *New Left Review*, no. 53, September/October.

Wallerstein, I., 2008, "The Depression: A Long-Term View", *Commentary*, no. 243, October. 15.

Wolf, M., 2008, "The World Wakes from the Wish-Dream of Decoupling", *Financial Times*, October 21.

Wolff, R., 2008, "Policies to 'Avoid' Economic Crises", *MRZine*, 6. 11.

# 미국 서브프라임 모기지 사태와 세계 경제 위기 일지

2007년 3월 12일 미국 2위 모기지 회사인 뉴센추리파이낸셜(New Century Financial)이 영업 중단.

3월 20일 서브프라임 모기지 회사인 피플스초이스홈론(People's Choice Home Loan)이 파산법 적용 신청.

4월 2일 뉴센추리파이낸셜, 파산법 적용 신청.

5월 3일 스위스 금융 그룹 UBS가 1억 2400만 달러의 손실을 입어 헤지펀드 딜런리드캐피털(Dillon Read Capital) 청산.

6월 28일 영국 펀드 캘리버(Caliber)가 자산의 82퍼센트를 손실 입어 청산 예정 발표.

7월 10일 신용평가기관 무디스(Moody's)와 스탠더드앤드푸어스(S&P)가 12억 달러 규모의 주택저당증권(MBS)에 '부정적' 등급 부여.

7월 26일 미국 웰스파고(Wells Fargo) 은행이 서브프라임 모기지의 도매 대출 사업 부문을 폐쇄함.

7월 30일 미국 헤지펀드 소우드캐피털(Sowood Capital)이 자산 50퍼센트 이상 손실로 청산 절차 돌입.

7월 31일 미국 5위 투자은행 베어스턴스(Bear Stearns)가 소속 헤지펀드에 대한 파산 신청과 환매 중단.

8월 2일 독일 KfW 은행 등이 IKB 은행의 손실에 대비해 90억 유로 규모의 구제금융 지원을 결정.

8월 6일 미국 10위 모기지 회사인 아메리칸홈모기지인베스트먼트(AHMI)가 파산보호 신청.

8월 16일 미국 모기지 업체 컨트리와이드파이낸셜(Countrywide Financial)에 115억 달러 긴급 투입.

8월 17일 미국 연방준비제도이사회가 재할인율을 6.25퍼센트에서 5.75퍼센트로 인하하고 대출 기간을 최장 30일 연장함.

8월 21일 미국 16위 모기지 회사인 퍼스트매그너스파이낸셜(First Magnus Financial)이 파산보호 신청.

8월 22일 미국 4위 투자은행 리먼브러더스(Lehman Brothers)와 HSBC 은행이 모기지 사업부 폐쇄 발표. 미국 15위 모기지 회사인 어크레디티드홈렌더스홀딩스(Accredited Home Lenders Holdings)가 모기지 대출 중단 발표. 제이피모건(JPMorgan), 시티그룹(Citigroup), 뱅크오브아메리카(BOA), 와코비아(Wachovia) 등 4개 은행이 연방준비제도이사회에게서 총 20억 달러 차입.

8월 31일 부시 대통령 서브프라임 모기지 관련 종합 대책 발표.

9월 18일 미국 연방준비제도이사회가 연방 기금 금리 50bp, 재할인율 25bp 인하.

9월 19일 패니메이(Fannie Mae)와 프레디맥(Freddie Mac)의 서브프라임 모기지 매입 한도가 상향 조정됨.

9월 21일 HSBC 은행이 미국 서브프라임 모기지 사업부 폐쇄 발표.

9월 30일 인터넷 은행의 선구자인 넷뱅크(NetBank) 파산. 1990년대 초 저축대부조합 위기 이후 최대의 저축대부조합 파산임.

10월 15일 시티그룹, 뱅크오브아메리카, 제이피모건이 자산담보부기업어음(ABCP) 시장 안정화를 위해 800억~1000억 달러의 펀드를 조성하는 데 합의함.

10월 22일 미국 2위 주택 공급 업체인 노이만홈즈(Neumann Homes)가 파산 신청.

10월 24일 메릴린치(Merrill Lynch)가 삼사분기 79억 달러 상각 발표.

10월 30일 미국 연방준비제도이사회가 연방기금 금리 25bp 인하(4.5퍼센트), 재할인율 25bp 인하(5퍼센트).

12월 6일 부시 미국 대통령이 주택 차압 사태를 해결하기 위해 향후 5년간 일부 서브프라임 모기지 금리를 동결할 것이라고 발표.

12월 10일 UBS가 100억 달러 규모의 자산 상각 계획 발표.

12월 12일 연방준비제도이사회가 연방 기금 금리 25bp, 재할인율 25bp 인하. 미국, 영국, 유럽연합, 캐나다, 스위스 중앙은행이 단기 금융시장 안정을 위한 유동성 공급 확대 방안 발표.

**금융시장으로 위기 확산과 지급불능 위기 (2008년 상반기부터 2008년 9월 중순까지)**

2008년 1월 11일 뱅크오브아메리카가 모기지 회사 컨트리와이드파이낸셜을 40억 달러에 인수.

1월 15일 메릴린치가 한국(한국투자공사), 쿠웨이트(쿠웨이트투자공사), 일본(미즈호 은행)한테

서 66억 달러의 자금을 조달할 계획을 발표. 시티그룹이 98억 3000만 달러의 손실을 기록했고 배당금을 40퍼센트 삭감하고 4200명을 감원할 계획이라고 발표.

1월 16일 미국 연방준비제도이사회가 300억 달러 규모의 유동성 공급.

1월 18일 부시 미국 대통령이 개인에 대한 세금 환급과 기업 투자에 대한 세금공제 등을 내용으로 하는 약 1500억 달러 규모의 경기 부양책 발표.

1월 22일 미국 연방준비제도이사회가 연방 기금 금리 75bp 인하(3.5퍼센트), 재할인율 75bp 인하(4퍼센트).

1월 30일 미국 연방준비제도이사회가 연방 기금 금리 50bp 인하(3.0퍼센트), 재할인율 50bp 인하(3.5퍼센트).

2월 12일 미국 정부와 시티그룹 등의 6개 대형 은행들이 주택 차압으로 집을 잃을 위기에 처한 모기지 대출자를 돕기 위해 주택 차압 일시 중단을 골자로 하는 구제책 발표.

2월 17일 영국 정부가 모기지 은행인 노던록(Northern Rock)을 국유화함.

2월 20일 제너럴모터스(GM)의 금융 자회사인 GMAC가 신용 시장 경색과 자동차 판매 부진으로 자동차 금융 부문에 대한 구조조정 계획을 발표.

3월 7일 미국 연방준비제도이사회가 신용경색 완화를 위해 ① 기간입찰대출(TAF) 규모를 당초 300억 달러에서 500억 달러로 확대하고 ② 환매조건부채권(RP) 거래를 통해 1000억 달러 규모의 추가 유동성 공급을 실시할 계획임을 발표.

3월 11일 미국 등 주요 나라의 중앙은행이 신용 위기 완화 대책 발표.

3월 16일 제이피모건이 주당 2달러 정도에 베어스턴스를 인수할 것이며, 미국 연방준비제도이사회가 재할인창구를 통한 유동성 지원

외에 인수 관련 거래를 위한 총 300억 달러의 자금을 지원할 것이라고 발표.

3월 18일 미국 연방준비제도이사회가 연방 기금 금리를 75bp 인하(2.25퍼센트), 재할인율도 75bp 인하(2.5퍼센트).

3월 24일 미국 뉴욕 연방준비은행이 제이피모건의 베어스턴스 인수와 관련해 290억 달러를 지원하기로 합의.

3월 31일 미국 정부가 금융 감독 체제 개편안 발표.

4월 2일 버냉키 미국 연방준비제도이사회 의장이 의회 증언에서 "베어스턴스와 유사한 사태가 발생할 가능성은 낮으며 상반기 중 미국 경기가 후퇴할 가능성은 있다"고 발언.

4월 8일 IMF가 전 세계 신용 손실이 9450억 달러에 이를 것이라고 추정.

4월 10일 골드만삭스(Goldman Sachs)의 최고 경영자가 "신용 위기의 끝에 근접해 있다"고 발언. 유럽중앙은행이 정책 금리를 종전 수준인 4.0퍼센트를 유지한 반면, 영란은행은 5.25퍼센트에서 5.0퍼센트로 25bp 인하.

4월 30일 미국 연방준비제도이사회가 연방 기금의 금리를 25bp 인하(2.0퍼센트).

5월 5일 마이크로소프트(Microsoft)가 야후(Yahoo) 인수 포기 발표.

5월 6일 미국 연방주택기업감독청이 패니메이에 대한 잉여자본금 의무 보유 비율을 완화할 계획 발표.

5월 7일 미국 증권거래위원회(SEC) 위원장 크리스토퍼 콕스가 투자은행들의 자본 규모와 유동성 공표 의무화 추진을 언급.

5월 13일 버냉키 미국 연방준비제도이사회 의장이 "금융시장 여건이 개선되고 있으나 여전히 정상화와는 거리가 있다"고 발언.

5월 16일 아이슬란드 중앙은행과 스웨덴·노르웨이·덴마크 중앙은행 사이에 각각 5억

유로 규모의 통화스왑 계약 체결 발표.

5월 21일 〈파이낸셜 타임스〉가 "신용평가기관 무디스가 전산 관련 실수로 수십억 달러 규모의 구조화 채권 상품에 실제 신용도보다 높은 등급(AAA)을 부여했다"고 보도.

6월 13일 앨런 그린스펀 전 연방준비제도이사회 의장이 "신용 위기는 끝났거나 조만간 종료될 전망이며 심각한 경기 침체를 겪을 가능성도 감소했다"고 발언.

7월 3일 유럽중앙은행이 정책 금리를 25bp 인상(4.25퍼센트).

7월 11일 미국 모기기 대출업체 인디맥(IndyMac)이 부실 누적과 예금 인출로 영업 정지.

7월 13일 미국 재무부와 연방준비제도이사회가 패니메이와 프레디맥에 대한 긴급 지원 대책 발표.

7월 15일 버냉키 미국 연방준비제도이사회 의장이 상원 금융위원회 증언에서 미국의 경제와 금융 시스템이 심각한 도전에 직면해 있다고 언급.

9월 7일 미국 정부가 패니메이와 프레디맥에 대한 2000억 달러의 구제책 발표.

9월 14일 메릴린치가 500억 달러에 뱅크오브 아메리카에 인수됨.

9월 15일 리먼브러더스 파산보호 신청.

9월 16일 미국 연방준비제도이사회가 미국 최대 보험회사 AIG에 구제금융 850억 달러를 지원.

## 위기의 세계화와 실물경제의 위기 (2008년 9월부터 현재까지)

9월 16일 영란은행이 200억 파운드 유동성 공급. 유럽중앙은행이 유동성 위기에 따른 시장 불안을 해소하기 위해 700억 유로를 추가

로 지원. 일본은행은 2조 5000억 엔의 지금을 금융시장에 공급. 일본과 오스트레일리아, 인도 등의 은행이 금융시장에 투입한 자금이 총 270억 달러에 달함.

9월 18일 로이즈TSB 은행이 영국 최대 모기지 회사인 HBOS를 120억 파운드에 인수함. 미국, 영국, 일본, 캐나다, 스위스, 유럽연합 등 세계 6개 중앙은행은 미국 연방준비제도이사회가 다른 5개국 중앙은행에서 인출할 수 있는 교환 예치 한도액을 1800억 달러 추가해 2470억 달러로 확대한다고 발표.

9월 25일 미국 최대 저축은행 워싱턴뮤추얼(Washington Mutual)이 파산. 제이피모건에 인수됨.

9월 26일 신용경색으로 자금 사정이 악화한 제너럴모터스 등 미국 자동차 3사에 250억 달러의 '특혜성' 융자금을 조달하는 법안이 의회 통과.

9월 28일 베네룩스 3국(벨기에, 네덜란드, 룩셈부르크) 정부가 주요 은행 포르티스(Fortis)를 구제하기 위해 112억 유로를 긴급 투입하기로 결정. 영국 정부가 모기지 은행 브래드퍼드앤드빙글리(B&B)를 국유화.

9월 29일 미국 4위 은행인 와코비아가 시티그룹에 인수된다고 발표. 7000억 달러에 달하는 구제금융을 근간으로 하는 '긴급경제안정화법안'이 미국 하원에서 부결.

10월 1일 '긴급경제안정화법안'이 미국 상원 통과. 예금 인출 사례를 우려한 아일랜드 정부가 자국에 본사를 둔 6개 은행의 예금을 정부가 100퍼센트 보호해 줄 것이라고 발표.

10월 3일 '긴급경제안정화법안'이 미국 하원 통과.

10월 7일 미국이 2퍼센트인 기준 금리를 1.5퍼센트를 내리는 등 7개 나라의 중앙은행이 공동으로 금리 인하 조치 단행.

10월 9일 아이슬란드가 3대 은행인 카우프싱(Kaupthing), 란즈방키(Landsbanki), 글리트니르(Glitnir)를 국유화함.

10월 10일 미국 워싱턴에서 '제63차 IMF와 세계은행 연차 총회' 개최. 주요 합의 내용은 ① 주요 금융기관의 추가 파산 방지, ② 금융기관에 유동성 공급 확대, ③ 금융기관의 자본 확충에 대한 지원, ④ 예금자 보호를 포함한 지급보증 강화, ⑤ 자산 유동화 시장의 정상화.

10월 12일 프랑스, 독일 등 유로화 사용 15개국의 모임인 유로존과 영국은 금융 위기에 대한 구체적인 합의안 마련. 주요 내용은 ① 내년 말까지 정부의 은행 간 대출 보증(지급보증), ② 주요 은행의 도산 방지, ③ 파산 직전에 몰린 은행의 재자본화(정부의 지분 인수 등을 통한 자본 확충).

10월 12일 오스트레일리아, 뉴질랜드, 아랍에미리트연합, 포르투갈 등이 자국 내 모든 계좌의 예금을 보호하겠다고 발표. 노르웨이는 자국 은행을 지원하기 위해 545억 달러의 채권 발행 계획 발표.

10월 13일 유럽 각국이 유동성 공급 발표. 영국 정부는 로열뱅크오브스코틀랜드(RBS), 로이즈TSB, HBOS 등 3개 은행에 370억 파운드의 공적자금 투입 예정 발표. 독일은 5000억 유로, 프랑스는 3200억 유로, 스페인은 1000억 유로 규모의 구제금융 계획 발표.

10월 14일 미국 부시 행정부가 의회 승인을 받은 7000억 달러 구제금융 중 2500억 달러를 수천 개 민간 은행의 주식을 취득하는 데 투입하고, 이 가운데 절반은 9개 대형은행의 우선주를 구입하는 데 사용하겠다고 발표. 아이슬란드가 IMF에 구제금융 신청.

10월 15일 헝가리와 우크라이나가 IMF에 구제금융 신청.

10월 16일 제너럴모터스가 1600명 감원 발표.

10월 17일 독일 의회가 5000억 유로 규모의

은행 구제책 승인.

10월 21일 일본 중앙은행이 정책 금리를 20bp 인하(0.3퍼센트).

10월 24일 1달러=95.35엔으로 1995년 8월 이후 약 13년 2개월 만에 엔고 수준으로 상승. 주가 하락과 급격한 엔고로 일본 정부가 긴급 대책 검토.

10월 26일 IMF가 향후 2년 동안 165억 달러에 이르는 구제금융을 우크라이나에 지원한다고 발표.

10월 28일 미국 재무부가 시티그룹 등 9개 대형 은행에 대한 자본 투입을 시작할 계획이라고 발표.

10월 29일 미국 연방준비제도이사회가 연방 기금 금리를 50bp 인하. 연방 기금 금리 수준이 1퍼센트로 낮아져 사상 최저 수준에 도달.

10월 30일 한·미 간에 300억 달러 규모의 통화스왑 협정 체결.

11월 3일 미국 정부가 제너럴모터스의 크라이슬러 합병 관련 자금 지원 요청을 거절함.

11월 10일 중국 정부가 6000억 달러에 달하는 경기부양책 발표. AIG에 대한 구제금융이 850억 달러에서 1500억 달러로 확대.

11월 12일 영란은행이 영국 경제가 2008년 중반부터 이미 침체에 돌입했고 금리가 시장의 예상대로 움직일 경우 2009년 하반기까지 약 1.9퍼센트 마이너스 성장을 할 것으로 전망.

11월 15일 워싱턴에서 세계 경제 위기 극복을 위한 G20 정상회의 개최.

11월 18일 시티그룹이 5만 명 감원 발표.

11월 24일 미국 정부가 시티그룹에 200억 달러 추가 지원 발표.

11월 25일 미국 연방준비제도이사회가 금융 위기 해결을 위해 8000억 달러 추가 공급 결정.

11월 26일 유럽연합이 유럽연합 국내총생산의 1.5퍼센트에 해당하는 총 2000억 유로 규모의 경기부양책 발표.

12월 2일 미국 자동차 3사 제너럴모터스, 크라이슬러, 포드가 총 340억 달러 규모의 구제 금융을 요청.

12월 10일 미국 정부와 민주당이 합의한 140억 달러 규모의 미국 자동차 긴급 구제안이 하원에서 통과.

12월 12일 미국 상원이 자동차 구제 법안을 거부. 일본 정부가 급격한 경기 침체와 고용 악화에 대응하기 위해 23조 엔의 '긴급경기대책안' 발표.

12월 16일 미국 연방준비제도이사회는 1퍼센트이던 연방 기금 금리를 0~0.25퍼센트로 하향 조정. 이는 1954년 연방준비제도이사회가 지표 금리 제도를 도입한 이후 가장 낮은 수준. 이로써 2007년 8월 이후 10차례에 걸쳐 5.25퍼센트이던 기준 금리가 0~0.25퍼센트까지 하락함.

12월 19일 부시 미국 정부가 제너럴모터스와 크라이슬러에 최대 174억 달러를 지원하기로 결정.

12월 29일 부실자산구제계획(TALP) 기금을 통해 제너럴모터스와 크라이슬러에 각각 40억 달러 지원.

2009년 1월 1일 뱅크오브아메리카와 웰스파고가 각각 메릴린치와 와코비아 인수 완료.

1월 7일 미국 연방준비제도이사회가 미국 경제가 2009년에도 계속 위축될 것이며 2010년에 가서야 완만하게 회복될 것으로 전망.

1월 16일 미국 정부가 자금난에 시달리는 크라이슬러에 15억 달러 지원 발표.

1월 19일 시티그룹이 2008년 사사분기 83억 달러 적자 발표.

1월 20일 로열뱅크오브스코틀랜드가 400억 달러 손실 발표.

1월 24일 프레디맥이 약 350억 달러의 추가 지원을 정부에 요청.

1월 28일 국제노동기구(ILO)가 미국발 금융 위기로 인한 세계 경제 침체로 2009년에 전 세계 실업자 수가 2억 3000만 명에 이를 것으로 전망.

2월 10일 미국 정부가 금융 안정에 2조 달러 투입 결정. 미국 상원에서 8380억 달러 규모의 경기부양안이 통과됨.

2월 27일 미국 정부가 정부 소유의 보통주 지분을 40퍼센트 확대해 시티은행을 사실상 국유화하기로 결정.

# 도표 목록

# 찾아보기